KB175994

세계의
도시와
항만 네트워크

지리학적으로 바라본 도시와 항만

세계의
도시와
항만 네트워크

지리학적으로 바라본 도시와 항만

하야시 노보루
지음

전지영
옮김

이담북스

이 책은 2020년 대한민국 교육부와 한국연구재단의 지원을 받아 발간되었음. (NRF-2020S1A5C2A02093112)

항(서커우 컨테이너 터미널): 중국 광동성의 주장 삼각주 남부에 위치한 선전항 서커우(蛇口), 치완(赤湾), 옌톈(盐田) 등 10개의 항구가 있다. 선석(berth)은 총 ▮베이며, 2015년 컨테이너 물동량은 2,420만TEU로 싱가포르, 상하이에 이어 세계 ▮.(사진제공: 나고야항관리조합)

로스앤젤레스항: 로스앤젤레스시 중심부에서 남쪽으로 약 30km 떨어진 산페드로 만(灣)에 위치한 북미 최대의 컨테이너 항만이다. 컨테이너 화물의 약 절반은 중서 부를 중심으로 한 타지역의 전용 화물이고, 2016년 파나마운하의 확장으로 캐나다 를 포함한 북미 태평양 연안의 여러 항구 간 경쟁에 직면하게 되었다.(사진제공: 나 고야항관리조합)

▮겔항(쿠바): 수도 하바나의 서쪽 약 40km에 있는 근대 항만이다. 미국과 가장 가 ▮ 항만이며, 1980년에 무려 125,000명의 쿠바인이 이곳에서 탈출한 것으로 알려 ▮다. 브라질 정부의 지원을 받아 신항만 건설이 진행 중이며, 대형 외항선 2척이 정 ▮ 수 있는 700m 선석은 이미 완공되었다.(사진제공: 나고야항관리조합)

친황다오항(秦皇島港)(석탄터미널): 중국 허베이성 동부 연안에 위치하고, 배후가 산 시성 북부, 네이멍구자치구 서부, 산시성 북부로 광대한 석탄산지가 형성되어 있다. 이곳의 석탄산출량은 중국 전체의 30~40%를 차지하고 있으며, 1978년부터 2000년 까지 석탄 출하 전용 선석건설이 진행되어 국내 최대의 석탄 전용항이 되었다.(사진 제공: 나고야항관리조합)

브리즈번항(호주): 퀸즐랜드주의 주도 브리즈번에 있는 항만으로, 멜버른항, 보타니항(시드니 신항)과 함께 호주 항만 중 상위에 있다. 항만의 역사는 브리즈번강 하구 부근부터 시작하여 상류에 있는 시내 중심부까지 항행할 수 있게 되었지만, 현재 항만은 피셔맨섬에 자리잡고 있다.(사진제공: 나고야항관리조합)

뉴욕항: 뉴욕뉴저지항만공사가 관리·운영하는 항만 시설로 석유 수입량은 국내 최대, 컨테이너 취급 화물량은 국내 2위이다. 컨테이너 화물은 서쪽의 뉴어크엘리자베스항 해상 터미널서 취급하고 있고, 동측의 여객 운송항의 중요성은 이전보다 저하되고 있다.(사진제공: 나항관리조합)

나고야항 신포 부두: 항만 내 최대의 자동차 출하 거점으로, 특히 토요타 자동차가 각지에서 매일 2,500대씩 집결되어 유럽, 중동, 오세아니아, 아프리카 등지로 출하되고 있다. 신포 부두 면적은 50만m²로 완성 자동차 25,000대를 수용할 수 있으며, 서비스 공장, 자동차 테스트코스도 완비되어 있다.(사진제공: 나고야항관리조합)

사카타항: 야마가타현을 관통하는 모가미강 하구에 위치하며, 예로부터 홍화와 쌀 등의 농산물을 집화하여 일본 각지에 출하해왔다. 현재는 현내(県内) 유일의 주요 만 및 국제 무역항으로서 지역경제와 생활을 지탱하는 역할을 하고 있다. 항구 근처토 오아시스 사카타'는 중심 시가지에 가까워서 관광 시설로 이용하고 있다.

아오모리항: 에도시대 초기 히로사키번(弘前藩)이 무쯔만(陸奥湾) 가장 안쪽에 상창을 개장하고 크게 번창하였다. 1908년 혼슈와 홋카이도를 연결하는 세이칸 연선을 취항하면서 철도 수송과 선박 수송의 결절점 역할을 담당하게 되었지만, 38년 연락선의 운행은 중단되었다. 그러나 이후에도 혼슈와 홋카이도 구간의 중한 페리 발착지로 유지되었고, 화물 취급량의 대부분은 페리를 이용한 차량의 이김이었다.

키타마에선(모형): 에도 중기부터 메이지 초기에 걸쳐 홋카이도와 오사카 구간을 서행 항로로 왕래한 회선(回船)이다. 통상 센고쿠선(千石船)으로 불리고 있으나, 베자이선(弁才船), 돈구리선이라고도 불렸다. 사이고쿠(西国)에서 쌀·소금·술 등을 구매해 키타쿠니(北国)에서 팔았고, 홋카이도(蝦夷)와 동북(奥州)에서는 다시마와 청어 등을 구매해 동해에서 시모노세키를 돌아 세토나이카이 제도와 오사카로 운반해 팔았다.

=가항: 나라 시대부터 아시아 대륙과 교류가 있었고, 에도시대 중기 이후 키타마에선의 중계항으로 번창해 왔다. 메이지 시대에 이르러 러시아, 조선 사이에 정기 항로=개통되어 동해 측의 관문으로서 중요한 역할을 해 왔다. 특히 태평양 측의 한신과 토카이 경제권에 지리적으로 근접한 조건을 이용해 아시아 대륙과 국제 무역도 활발=기루어졌다.

　지리학에는 일반지리학과 지역지리학이 있다. 이는 지리학의 접근 방법에 따른 차이로 일반지리학은 사회 · 경제 · 문화 등 현상의 성질에 주목하는 반면, 지역지리학은 도시나 농촌 등 지역 전체를 파악하는 것에 따른 분류라고 할 수 있다. 교통 현상은 일반지리학의 연구 대상이지만 항만, 공항, 철도역 등이 그 일부를 구성하는 도시는 도시라는 지역에 주목하는 도시지리학으로서 연구된다. 현대의 도시는 교통뿐만 아니라 경제 · 사회 · 문화 · 정치 등 많은 현상이 복잡하게 얽힌 공간이다. 그리고 가능하다면 이 모든 것을 규명하고 도시의 전모를 파악하고자 하지만, 한 번에 이 모든 걸 파악하기는 어렵다. 또한, 도시도 국내는 물론 세계 곳곳에 존재하기 때문에 모든 도시를 대상으로 하는 것은 사실 불가능하다.

　이러한 제약과 한계로 인해 일반적으로는 한정된 도시 중에서 특정한 현상에 초점을 맞춰, 그 현상을 공간적 시점에서 규명하고자 한다. 점이 공간적 현상에 접근해 가는 도시지리학의 연구 방식이다. 이 책은 교통현상 중에서도 바다와 강에 위치한 항만에 주목하며, 도시에서 항만이 가진 의미와 도시의 역사적 발전에 따른 항만의 역할을 보고자 한다. 항만은 중요한 교통 결절점 중 하나였으나, 현대에 와서는 주로 화물 운송의 중계지 역할을 하고 있다. 경제 활동의 한 부분인 화물운송이 경제학 분야에서 항만이 논해지는 것은 어쩌면 지

극히 당연하다. 한편, 일반지리학의 학문영역 안에 경제지리학이 있고, 경제지리학에서 항만을 대상으로 연구하는 경우에 경제학과는 달리 공간적 시점에서 접근하고자 한다.

항만을 대상으로 한 경제학 연구 즉, 항만 경제학에 많은 학문적 축적이 되어 있다. 이와 비교해 지리학 분야에서의 항만 연구는 그다지 축적되어 있지 않다. 특히 일본에서는 항만을 중심으로 연구하는 지리학자는 드물고, 경제지리학의 한 분야인 교통지리학에서 부분적으로 다루어지고 있는 정도이다. 저자는 이전부터 항만에 관심을 가지고 항만경제학, 경제지리학, 도시지리학을 연구하면서 항만에 대해 생각해 왔다. 이에 본서는 도시의 역사적 발전과 깊이 관련된 항만을 경제와 공간적 시점을 통해 파악해 보고자 한다. 20세기 후반에 들어서면서 항공기가 화물 운송 분야에서 중요한 역할을 하게 되었으나, 해상운송을 비롯한 수상 교통이 세계 무역에 차지하는 비율은 여전히 높다. 현재 항만은 글로벌 가치사슬의 확대와 운송의 효율적인 향상을 위한 대응 방안 등 연구해야 할 내용은 무궁무진하다.

본서는 학문적 의의와 문제의식을 전제로 전부 12장으로 구성되었으며, 크게는 4개 부분으로 구성된다. 우선 제1~2장에서는 도시와 항만의 지리학적 접근과 항만의 지리적 조건에 대해 논한다. 항만에서 발전한 도시는 세계 곳곳에 많이 존재하고 있고, 이때 지형과 기후 등의 지리적 조건은 항만의 입지와 이후 형성에 깊은 관련이 있다. 다음으로 제3~6장은 항만의 역사적 발전에 대해 논한다. 먼저 제3장에서는 구미(歐美)를 중심으로 해상 교통의 발전과 항만 기능의 변화에 관해 서술한다. 특히 산업혁명을 계기로 세계의 해운·항만이 크게 변화한 점을 지적한다. 제4장 이후로는 일본의 수상 교통과 항만의 역사적 발전 과정을 고찰한다. 섬나라 일본은 해양과 해운에 크게 의존해 왔고, 특히 근현대 이후로는 국가의 경제 발전에 해운·항만은 매우 중요한 존재가 되었다.

　제7~9장은 도시와 항만의 지리적 관계 및 항만과 경제의 상호 관계에 대해 논한다. 항만과 도시가 공간적으로 일치하고 있는 경우(항만도시)도 적지 않지만, 양자가 지리적으로 떨어져 있는 경우가 오히려 더 일반적이다. 정도에 따른 차이는 있지만, 많은 도시는 항만으로부터 어떠한 영향을 받고 있다. 예전에는 화물을 하역하는 데 많은 에너지가 필요했고, 이는 항만이 도시로 발전해 가는 요소 중 하나였다. 그런데 '컨테이너'라는 기술 혁신으로 화물 운송의 유동성이 높아졌고, 항만과 도시의 분리 현상이 일부 지역에서 나타나게 되었다. 그러나 역사적으로 도시와 항만이 불가분의 관계였던 시대는 길었다. 따라서 제8장에서는 도시 입지 모델을 항만 시스템의 발전 과정에 적용할 수 있는지에 대해 검토한다.

　마지막으로 제10~12장은 항만의 배후지 즉, 배후지의 지역성과 자동차의 수출입 실태에 대해 논한다. 배후지는 항만에 있어서 필수 불가결한 존재이며, 배후지의 지역성은 지리학의 연구 대상으로 매우 중요한 주제다. 특히 저자의 오랜 연구 대상 지역인 캐나다와 나고야권을 중심으로 항만과 배후지가 어떻게 연계되어 있는지 살펴본다. 캐나다는 무역 의존도가 크기 때문에, 국가 전략으로 게이트웨이인 항만과 내륙부의 배후지를 원활히 연결하는 것이 매우 중요하다. 또한, 나고야권은 자동차 산업의 비중이 크기 때문에, 자동차의 수출뿐만 아니라 자동차의 수입 거점으로서도 중요성을 가지고 있다. 항만의 생산권이면서 동시에 소비권이기도 한 배후지와의 연계에 관해 검토한다.

　이상 살펴본 것처럼, 제1장에서 제12장까지 도시와 항만에 관한 지리학 연구로 경제활동의 공간적 측면은 물론 역사적 측면도 살펴보았다. 이 책이 나오기까지 수많은 만남과 교류가 있었다. 특히 항만 관련 학회 관계자나 실무 관계자, 단체에 계신 분들께서 다방면에 걸쳐 많은 지원을 해주셨다. 일일이 이름을 나열할 수는 없지만, 여기서나마 감사의 마음을 전하고 싶다. 이 책이 도시와 항만의 지리학 연구에 조금이나마 보탬이 된다면 이보다 더한 기쁨은 없을 것이다.

2017년 9월 아이기구릉이 바라다 보이는 이시오다이에서

하야시 노보루

물자의 환적 기능은 다른 교통 수단과 연결되는 지점에서 생겨난다. 항만은 그 대표적인 예로, 육상 교통과 수상 교통으로 운반되어 온 물자가 이 연결지점에서 환적된다. 철도와 자동차의 연결지점, 자동차와 항공기의 연결지점 등, 시대의 흐름에 따라 항만 이외에서도 환적하게 되었다. 항만의 환적에 관한 역사는 길고, 현대에서 국제적 규모의 환적은 항만이 뛰어나다. 또한, 항만이 수상과 육상의 교통 결절점에서만 발생한다고 볼 수 없다. 예를 들어, 육상 교통을 이용하는 배후지 없이 항만이 생겨나는 경우도 있다. 파도나 바람으로 인하여 한 번에 긴 항해를 할 수 없었던 시대에는 배의 피난이나 보급을 위해 기항지가 필요했다. 이때 항구의 배후에 넓은 경제권이 존재할 필요가 없었고, 항해에 필요한 지원이 가능하기만 하면 되었다. 현재도 해안 근처에서 석유, 석탄, 철광석 등이 산출되면 그것을 운반하기 위한 항만이 만들어진다. 이러한 항구에는 경제적 배후지가 없다.

이처럼 항만은 기본적으로 수상 교통과 육상 교통이 연결되는 지점이지만, 예외의 경우도 있다. 예를 들어 배후지가 좁거나 존재하지 않더라도 항만 업무에 종사하는 사람들은 있고, 이들이 생활하는 마을 혹은 도시가 형성되었다. 다시 말해 배후지가 있고 그곳에서 어떠한 산업이 발생하면서 마을 혹은 도시는 어느 정도의 규모를 가지게 된다. 항만도시에서 항만은 그 도시의 경제적 기반을 구성하는 데 중요한 위치를 차지한다. 그리고 항만과 도시가 밀접하게 연결되면서 양자는 불가분의 관계로 발전한다. 국제적인 거래가 오늘날만큼 활발하지 않았던 시대에는 대량 수송 수단으로서 수상 교통이 중요한 역할을 했다. 당시에는 국내 규모의 물자 운송에서 바다와 하천 위를 이동하는 배가 중요한 역할을 했다. 국가 간의 물자거래, 즉 무역이 활발해지자 바다 위를 항해하는 선박의 중요성은 더욱 커졌다. 시대의 변화와 상관없이 한 번에 대량으로 운반하는 선박은 지금도 끊임없이 움직이고 있다.

본서의 책 제목에서 알 수 있듯이 항만 이외에 도시와 지리학도 키워드다. 항만 배후에 있는 도시를 지리학적 관점에서 봤을 때, 어떠한 점을 말할 수 있는지에 관한 접근 방법을 결정한다. 경제학, 토목공학, 해양학 등 항만에 관심을 둔 학문은 이외에도 있다. 본서는 장소와 공간에 구애(拘礙)를 받는 지리학, 특히 도시지리학과 경제지리학이 항만을 어떻게 파악하는가에 대한 이해에 목적을 두고 있다. 역사적으로 해상과 육상 간에 물건의 환적 기능 자체는 변하지 않았다. 그러나 기능을 담당하는 사람과 집단 그리고 조직, 이들이 모이는 마을과 도시는 크게 변화했다. 항구를 이해하기 위해서는 항만뿐 아니라 그 배후지에도 눈을 돌릴 필요가 있다. 예전에는 마을(도시) 그 자체였던 항만, 현재는 도시의 일부로 기능하고 있는 항만을 공간적 관점에서 고찰하고자 한다. 이 부분이 본서의 가장 중요한 목적이다.

2022년 1월
하야시 노보루

항만은 해상과 육상의 결절점으로 물건, 사람, 정보 등이 모이는 장소이기도 하다. 이렇게 형성된 항구로 인하여 마을이 발생하여 도시로 발전한 사례는 세계의 곳곳에 있다. 이러한 도시는 항만에서 이뤄지는 무역 활동이 도시 발전의 주요한 원천이 된다. 하지만 만약 항만이 쇠퇴하여 사라져버린 도시라 할지라도 도시구조 속에 그 역사적 유산은 남아 있다. 즉 항만기능이 사라져도 도시는 여전히 존재하고, 이는 역사적으로 도시와 항만의 관계가 변화하고 있음을 말한다. 또한 세계화로 항만기능이 사라져도 도시에서 생산 및 소비되고 있는 공산품 등은 어떠한 형태로든 연결되어 있고, 이러한 예로 내륙지역에 항만 업무의 일부를 담당하는 내륙장치장과 내륙항을 들 수 있다. 결국 도시는 직간접적으로 항만과 연결되어 있다. 이상은 본서에서 이야기하고자 하는 내용의 극히 일부분으로 도시와 항만은 국가와 지역에 따라 교역 상품에 따라 자연조건에 따라 시대적 상황에 따라 상이하고, 이러한 내용을 종합적으로 다루고 있다.

이 책에 앞서 번역된 『환태평양 게이트웨이 지리학』과 함께 전 세계에서 '게이트웨이' 역할을 하는 장소는 어디이며, 특히 부산은 어떤 유형에 속하는지 파악하고자 기획되었다. 부산은 항구에서 항만도시로 발전한 역사적 배경이 있고, 따라서 세계 도시와 항만을 연계하여 잘 설명된 본서를 번역하므로 부산을 더 잘 이해하고자 하였다. 특히 본서 제2장에는 1980년대 이후 동아시아의 허브항으로 발전하기 시작한 부산항에 관해 세계 여러 항만과 비교하면서 지리학적 시점으로 잘 설명되어 있다.

본서를 번역하면서 세계의 항만과 관련된 도시, 강, 산 등의 지명과 그와 관련된 인물들을 접할 수 있었다. 특히 일본 항만과 관련된 도시의 역사와 그 배경에 관해서도 많은 공부를 할 수 있었다. 단순한 생각에 일본어에서 한국어로 잘 번역할 수 있을 거라고 야심 차게 시작했지만, 막상 일본어와 한국어의 표현 방식에는 큰 차이가 있었고, 항만 관련 용어 외에 지명과 인물 그리고 역사적 배경지식의 부족으로 난관에 봉착하기도 하였다. 하지만 일본어를 한국어로 번역을 하면서 한국어의 일본식 표현을 깨닫게 되었고, 습관적으로 사용했던 표현을 한국어로 조금이나마 자연스럽게 표현할 수 있게 되었다. 비록 미흡하고 부족한 역서이지만, 읽는 분들에게 조금이나마 지리학적 관점에서 도시와 항만의 연계성에 관심을 가질 수 있는 기회가 되기를 진심으로 바란다.

이 책을 출간하는데 도움을 주신 부경대 글로벌지역학연구소 박상현 소장님과 현민 교수님, 전임연구원 백두주 박사님, 정호윤 박사님, 문기홍 박사님께 감사를 드린다. 마지막으로 표와 그림이 많은 책을 편집해주시고 세심하게 봐주신 이담북스 기획·편집팀께도 감사의 마음을 전한다.

2022년 8월

전지영

목차

제1장 도시와 항만의 지리학적 접근

제2장 항만의 지리적 조건과 항만 기능의 유지

도시와 항만의 지리학적 접근

제1절 항만의 지리학적 접근과 도시 입지

1. 항만의 지리학적 접근

『도시와 항만의 지리학』이라는 주제로 한 권의 책을 저술하고자 한다면, 우선 그 목적을 밝힐 필요가 있다. 도시에 관한 지리학 연구는 오랜 역사가 있고, 항만을 대상으로 한 연구도 그 안에 포함된다. 그러나 항만은 도시지리학보다는 오히려 교통지리학 분야에서 연구되었다(柾, 1975). 교통지리학은 교통 현상을 공간적 관점에서 연구하는 분야로, 항만을 도로, 철도, 항공 등 사람과 화물을 운송하는 교통 수단의 일부분으로 연구되어 왔다(奧野, 1991; 靑木, 2008). 교통 수단의 일부분이라는 표현은 항만만으로는 운송의 역할을 할 수 없고, 실제로 운송 기능을 담당하는 배나 선박이 출입하는 장소로 기능한다는 의미이다. 항만은 육상과 해상의 결절점으로 사람이나 화물을 싣고 내리는 장소이기에 교통 시설이 틀림없다. 그러나 이 시설은 단순히 교통 기능뿐만 아니라, 이를 뒷받침하는 관련 기능과 언뜻 보기에 교통과는 관계가 없는 것처럼 생각되는 기능마저 집결된 장소이기도 하다. 때와 장소에 따라서 내용에 차이는 있지만, 공업, 유통업, 상업, 서비스업 등 다양한 산업이 항만에 근접해 입지하고 있다. 이러한 산업에 종사하는 사람들의 거주 장소도 항만 근처에 입지하고 있어, 전체적으로 항만 지구가 형성되어 있다. 결국 항만은 단순히 교통 기능을 가진 장소뿐만 아니라, 복합적인 기능 집적지 즉 도시로 파악할 필요가 있다(野沢, 1978; 北見, 1993). 교통 수단의 일부분인 항만을 도시지리학적 관점에서 접근하는 의의는 바로 여기에 있다.

도시지리학 연구에서 항만이 잘 다루어지지 않았던 이유 중 하나가 항만 기능의 전문성에 있다. 이 전문성이란 항만과 관련된 활동은 매우 복잡할 뿐만 아니라 보이는 것과 달리 항만 내부 활동을 이해하기 어렵다. 특히 국제 무역의 경우, 자국 기업과 해외 기업 간 거래 업무에 실질적으로 관련된 항만업자, 선사, 항만 관리자 등의 업무 내용은 매우 전문적이다. 컨테이너나 산적(散積) 등의 형태로 수송되는 화물의 종류, 업무에 종사하는 전문 기업 수와 종류는 다양하다(加藤, 1992). 업무 분담의 역할과 조직도 복잡하고, 기업 간 연락과 제휴 방법도 각기 다르다. 이러한 전문성과 복잡성으로 인해 지리학자가 항만을 연구 대상으로 연구하는 경우는 그다지 많지 않다. 오히려 경제, 경영, 무역, 물류 등을 전공으로 하는 경제 관련 연구자가 항만 업무에 경제학 이론을 가지고 분석하는 것이 일반적이다(柴田, 1972).

도시지리학에서 항만은 연구 대상으로 다소 먼 존재이며, 도시 연구의 한 부분으로 토지 이용과 운송 기능의 개념으로 접근하는 방식이었다. 이는 경제 관련 연구자가 그다지 관심이 없는 항만의 공간 형태와 지역구조 등에 관련된 분야에서 지리학자의 연구가 축적되었다(山路, 1971; 1975). 특히 사방이 바다로 둘러싸여 있는 일본에서는 각지에 항구가 있었고, 항구는 그 지방의 산업과 사회에 깊은 연관성을 가지면서 발전했다. 다시 말해 지방 항구는 어디서나 가까이 접할 수 있는 존재로, 지방에 관한 지역 연구의 대상으로 연구되어 왔다(今野, 2008; 蓮見, 2008). 산업(경제)과 취락(도시)의 양면적 성격을 갖는 항만은 경제지리학적 접근(住藤, 1958), 혹은 취락(도시)지리학적 접근(鈴木, 1968) 방법으로 연구되었다.

항만과 지리학 간 다소 소원한 관계성은 다른 교통 수단에서도 볼 수 있다. 도로, 철도, 항공 모두 각각 전문적인 시스템을 바탕으로 운행되고 있다. 지리학에서 관심을 두는 점은 교통 수단 그 자체보다는 오히려 교통 수단을 이용함으로써 나타나는 도시와 지역의 구조적 특성이다. 항만의 경우, 국내나 해외에 화물을 출납하는 도시와 그 배후의 지역구조 그리고 그곳에 거주하는 사람들의 사회, 생활, 문화 등에 관심을 기울인다. 항만으로 인해 국제 무역과 국내의 이출입에 의존하는 도시와 지역이 존재할 수 있다. 또한, 항만도 배후 산업활동과 도시 기능이 뒷받침되어야만 비로소 제 역할을 할 수 있다.

해외와 거래인 국제 무역만이 항만의 기능은 아니다. 역사적으로 보면 많은 항만이 국내 여러 지역과의 교류 창구로 그 역할을 해 왔고, 배후 도시와 지역을 형성했다. 지금도 국내 규모의 이출입은 항만의 중요한 업무다. 본서는 이처럼 폭넓은 규모에 따른 화물 거래의 중개 역할을 하는 항만을, 항만의 전문적 업무에 주목하면서 도시와 지역의 교통 결절점으로서 고찰한다. 그리고 급변하는 현재의 항만뿐만 아니라, 현대 항만의 주춧돌이 된 과거 항만의 역사적 발전 과정에도 주목하고자 한다. 도시와 항만의 밀접한 관계를 시간적·공간적으로 규명하는 것이 본서 연구의 접근방식이다.

2. 도시의 입지 형태에 따른 항만의 역할

세계 곳곳에는 항만과 밀접한 관계가 있는 많은 도시가 존재한다. 특히 규모가 큰 도시는 그 내부나 근처에 항만이 있는 경우가 적지 않다. 그렇다고 모든 도시가 항만과 직접적인 관련이 있는 것은 아니다. 내륙 도시는 항만에서 멀리 떨어져 있어 그 관계성을 찾기가 어렵다. 그러나 세계화가 진행되고 있는 오늘날, 도시에서 생산 또는 소비되고 있는 공업제품과 상품 중에는 어떠한 형태로든 해외와 연결되어 있고, 이는 해외 수출품 또는 해외 수입품이다. 이 물품들은 항만을 통해 유통되기 때문에, 눈에 보이지 않는 곳에서 항만이 기능하고 있다고 볼 수 있다. 일본은 무역 대국이라는 이미지가 이전만큼 높게 평가되고 있진 않지만, 무역 없이 국가 경제가 지탱되지 않는다. 그리고 내륙부에는 항만 업무

일부를 담당하고 있는 내륙장치장(inland depot), 내륙항(inland port) 등이 있다. 이는 수출입 업무가 정체되기 쉬운 바다 쪽 항만을 피하고, 내륙부에서 통관 수속 등을 대체하기 위해서 만들어졌다. 공업제품을 비롯한 많은 화물은 컨테이너 운송을 할 수 있게 되었다. 컨테이너화로 화물은 선박, 철도, 트럭 등 다른 운송 수단을 이용해 원활히 이동한다. 반드시 항만에서 컨테이너에 짐을 내리거나, 실을 필요가 없게 되었다. 항만은 단순한 통과 지점으로 변해가고 있지만, 그러나 항만이 없으면 무역은 성립되지 않는다.

이렇듯 정도의 차이는 있지만, 도시는 직간접적으로 항만과 연결되어 있다. 그러나 도시와 항만이 강한 유대로 이어지게 된 것은 그리 오래되지 않았다. 섬나라 일본의 경우, 근대부터 본격적으로 여러 나라와 교역이 시작되었고, 이로 인해 근대적인 항만 시설이 정비되었다. 이 시기부터 항만과 그 배후 도시 간에는 밀접한 연계가 있었다. 생사, 면직물, 도자기 등 내륙 도시에서 생산된 공산품들이 인근 항만에서 외국항로의 화물선으로 운송되었다. 패전 후에 일본은 국력을 회복하기 위해 공업화에 더욱 힘썼고, 배후 도시들도 공산품 생산에 매진했다. 외화벌이의 목적은 전쟁 전과 같지만, 핵심은 국민 소득을 증가시켜 풍요로운 생활을 영위하는 것이다. 이로 인하여 항만 시설 정비에 관심이 집중되어 항만과 그 배후 도시나 지역과의 연계가 더욱 공고해졌다. 항만 운영과 관련된 자치체 · 관리 조합 등의 공적 기관과 하역 및 수송 · 보관 등의 업무를 담당하는 민간기업은 항만의 배후지를 확장하기 위해 노력해왔다. 배후 도시에 있는 기업은 생산된 제품이 유리한 조건으로 수출될 수 있는 항만을 찾았다. 그리고 화물을 취급하는 항만과 항만을 이용하는 기업 간에 서로 유리한 조건을 위한 흥정을 했다.

일본의 경우에는 제2차 세계대전 후, 도시와 항만 간의 연계가 강화되었다. 근대 이전에도 바다와 하천을 이용한 수상 교통은 이뤄지고 있었다(小林, 1999).

당연히 항만이 있었고, 화물 및 사람의 수송과 관련된 도시도 존재했다. 그러나 당시 도시의 규모가 작고, 항만이라기보다는 오히려 항구에 가까웠다. 많은 도시취락(都市集落)은 항구와는 상관없이 농촌사회 속에서 중심지로서 기능하고 있었다. 서구와 마찬가지로 봉건영주의 거주지이기도 했던 죠카마치(城下町)는 행정 기능을 담당했지만, 기본적으로는 소매·서비스업의 거점이었다(今井, 2001). 그 밖에 현지 자원을 활용한 수공업품을 생산한 마을도 있었다. 도시지리학에서는 일반적으로 도시취락을 중심지 형태, 자원(가공)입지 형태, 교통 입지 형태로 나눈다(Yeates, 1997). 앞에서 말한 죠카마치와 상업중심 마을(商業町)은 중심지 형태, 수공업품을 생산하는 마을은 자원(가공)입지 형태이다. 마지막으로 교통 입지 형태는 항구 또는 항만 기능을 가진 마을이다(그림 1-1).

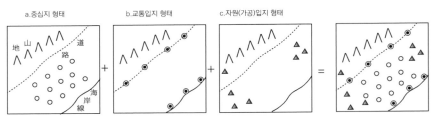

그림 1-1 도시의 입지 형태

도시취락을 세 가지 형태로 보는 방식은 도시 입지에 대한 역사적인 연구 성과이다. 여기서 말하는 교통 입지 도시란 화물이 환적되거나 사람이 환승하는 장소에 사람과 산업이 집중되어 도시가 형성된 곳을 말한다. 다시 말해 항구나 항만에서 취급하는 화물, 여행자의 숙박·휴식·식사 등을 위한 시설이 모여 있는 장소를 교통 입지 도시라고 할 수 있다. 그렇다고 이러한 도시가 반드시 바다 근처일 필요는 없고, 강가나 큰길을 따라서도 형성될 수 있다. 이곳은 또한 다른 교통 수단의 중계지로, 화물과 사람이 연계되는 곳이기도 했다. 그리고 항구와 항만은 육상 교통이 오늘날과 같이 편리하지 않았던 당시에 수상 교통의 결절점으로 중요한 역할을 담당했다.

3. 역사적 발전 과정에서 형성된 도시와 그 입지 형태

도시의 입지 형태를 3가지로 나눠 설명하는 지리학의 개념은 비록 단순하긴 하지만, 도시 기능의 본질을 잘 파악하고 있다. 중심지 형태 도시는 소매, 서비스, 행정, 종교, 관광 등의 기능이 있다(Berry and Parr, 1988). 이러한 기능에 따라 상업도시, 행정도시, 종교도시, 관광도시 등으로 구분할 수도 있지만, 그렇게 나누게 되면 오히려 더 복잡하고 이해하기 어렵다. 중심지 형태 도시의 본질은 중심 시설, 사업소, 기관 등이 도시 안에 존재하고, 그곳으로 사람, 물건, 정보 등이 집중되고 분산되는 것에 있다. 이 중심지 개념은 독일의 경제지리학자 크리스탈러(Walter Christaller)에 의해 만들어졌다(Christaller, 1933). 그는 도시의 본질이 기능에 있음을 간파하고, 경제 거리의 개념을 활용하여 도시의 입지를 설명했다. 그 이전 지리학이 기능보다 형태를 중시하여 경관적 접근으로 일관했음을 바로잡고자 했다. 기업과 사람은 거리(교통비)를 의식하고 행동하기 때문에 총거리가 최소가 되는 도시 중심부에 기능이 집적하게 된다.

두 번째 형태의 자원(가공)입지 도시는 산업혁명 이후에 등장했다. 이 도시에는 주로 현지에서 생산되는 천연자원을 활용해 공산품을 만들기 위한 공장이 생겼고, 그곳에 일하기 위해 노동자도 모여들었다. 공산품을 생산하는 기업과 인구의 집적이 도시 형성으로 이어져 근세 이전에는 존재하지 않았던 도시가 생겨났다. 철광석과 석탄을 이용해 철강을 생산하는 도시, 면화와 양모에서 섬유와 의복 등을 생산하는 도시 등 다양한 도시가 탄생했다. 19세기 말부터 20세기 초에 걸친 제2의 산업혁명기에 금속, 기계, 석유, 화학 등 공산품 생산 중심 도시가 선진국에서 생겨났다. 초기에 교통 수단이 발달하지 않았기 때문에 공장은 자원 산지를 중심으로 입지했다. 그러나 철도와 자동차를 이용한 교통 수단이 보편화되면서 거리에 따른 제약이 약해졌기 때문에 공장 입지는 자원 산지보다는 오히려 소비지 근교로 입지 장소가 변하게 되었다. 이는 공장 입지가 소비지에 가까울수록 질 좋은 노동력을 얻기 쉬울 뿐만 아니라 시장 동향에 맞는 생산을 할 수 있다.

세 번째 형태인 교통 입지는 도시와 항만의 관계에서 중요한 단서다. 중심지 입지는 주로 소비지와 연계되어 있고, 자원(가공) 입지는 생산지와 연계되어 있다. 교통 입지는 그 중간쯤으로 생산지와 소비지를 연계하는 위치에 있다. 두 거리 간 길이가 길수록 연계 기능이 필요하다. 비록 생산지와 소비지가 함께 육상에 위치해 있다 할지라도, 어떠한 지점에서 화물과 사람의 이동을 연계해야 한다. 단수 교통 수단으로 생산지와 소비지를 직접 연계하는 것은 가능은 하지만, 복수 교통 수단으로 연계하는 것이 좀 더 일반적이다(그림 1-2). 다른 교통 수단과의 중계지에는 환적이나 환승에 관련된 업무를 필요로 하기 때문에 이러한 업무 처리를 위한 시설과 인력이 구비되어야만 한다. 역사적으로 봤을 때, 이러한 연계 기능은 지금보다 더 많은 지점에서 이루어지고 있었다. 왜냐하면,

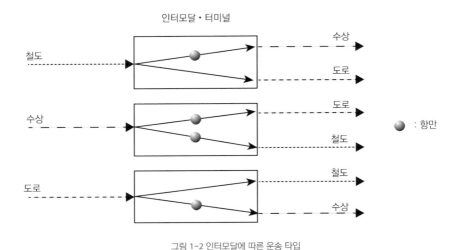

그림 1-2 인터모달에 따른 운송 타입

그 당시에는 수송과 이동의 속도가 느렸기 때문에 그만큼 중계지가 많이 필요했다. 그러나 교통 수단의 속도 증가로 중계지를 둘 필요성이 줄어들었고, 규모가 큰 중계지로 기능이 집약되었다.

항만은 수상 교통과 육상 교통의 중계지이기 때문에, 육상 교통의 중계지 이상으로 대규모 항만 시설과 설비를 필요로 한다. 수상 교통은 지형과 기상 등 자연조건에 좌우되기 쉽기 때문에 시설과 설비 건설에 특히 주의해야 한다. 수출·수입의 목적으로 화물을 수송하는 경우, 해상의 수송 거리는 육상의 그 어떤 수송 거리보다도 길다. 규모의 경제 측면에서 봤을 때, 대량으로 한 번에 수송하는 편이 유리하기 때문에 환적 화물을 위한 넓은 공간이 필요하다. 따라서 철도 화물역과 트럭터미널 등과 비교해서도 일반적으로 항만 면적이 더 넓다. 이렇게 넓은 항만 면적이 필요한 것은 항만에는 환적 화물 공간 이외에도 생산 활동을 하는 기업용 공간 때문이다. 그 한 예로, 임해 공업 지역은 항만과 공업 생산 용지가 거의 구별할 수 없을 정도로 근접해 있다. 도시의 입지 형태 개념에서 보면, 이는 교통 입지와 자원(가공)입지가 결합된 형태이다.

제2절 항만 발전 과정과 지리학의 학문적 발전

1. 지리학의 학문적 발전과 항만 연구와의 관계

수많은 학문 분야에서 항만 연구가 이루어지고 있다. 이러한 연구는 현대의 항만 그리고 과거의 항만과 항구를 연구 대상으로 하고 있다. 그리고 항만은 역사적으로 발전해 온 과정이 있기 때문에 특히 역사학 분야에서 항만 발전 과정을 규명하는 연구가 많다. 한편, 경제학과 경영학 분야에서는 현대 항만을 대상으로 한 연구가 일반적이다. 게다가 항만 그 자체보다도, 오히려 항만 경제, 무역 실무, 물류 시스템, 항만 경영을 중심으로 한 연구가 많다. 항만은 과거부터 지금까지 계속해서 진화하고 있다. 최근 컨테이너의 발명과 그 실용화로 세계 무역의 주요 품목 대부분이 컨테이너를 이용해 운반되고 있다(그림 1-3). 컨테이너 전용 선박의 규모도 크게 확대되었고, 증가하는 컨테이너의 수송 수요에 대응하기 위해서 '규모의 이익(scale merit)'도 도모하고 있다(그림 1-4). 이러한 기술혁신은 컨테이너 하역을 위한 갠트리 크레인의 도입, 컨테이너 부두 연장, 안벽의 수심 정비 등을 촉진했고, 이를 통해 항만의 모습이 크게 변화되었다. 따라서 항만은 현재 모습에 안주하지 않고 계속해서 진화해 나갈 것이고, 이러한 과정을 규명할 필요가 있다.

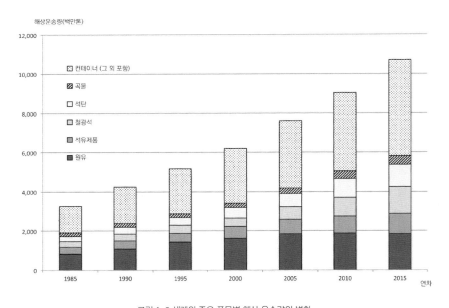

그림 1-3 세계의 주요 품목별 해상 운송량의 변화

출처: Clarksons 「Shipping Review Database」, IHS 「World Fleet Statistics」,
Lloyd's Register of Shipping 「Statistical Tables」, Fearnley 「Review」

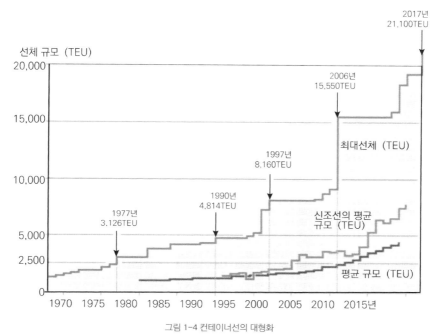

그림 1-4 컨테이너선의 대형화

주) TEU=Twenty-foot Equivalent Unit의 줄임말로, 20피트 규모의 컨테이너를 의미함.

출처: Clearance Jobs, com 웹사이트 게재 자료

항만과 관련된 많은 학문 분야 안에서 지리학은 어떻게 독자성을 드러낼 수 있을까? 이 점에 관해서는 지리학이 지금까지 쌓아온 학문적 연구 방법 안에 힌트가 있다. 근대 지리학의 여명기에 지리학자들의 관심은 환경론에 집중되어 있었다. 환경론은 지금까지도 많은 연구자에 의해 환경 문제로 연구되고 있다. 초기의 지리학은 그러한 환경론과는 사뭇 달랐다. 예를 들어, 인간은 자연환경 에 어떻게 적응할 수 있는가 혹은 인간 활동이 환경에 얼마나 제약을 받는가에 관해 연구했다(Taylor, 1937). 인간은 넓은 의미에서 자연환경의 일부분으로 자 연 생태계를 잘 이용하지 않으면 살아갈 수 없다. 근대 교통 수단이 개발된 지 얼마 되지 않았던 당시 자연의 영향은 매우 컸다. 특히 수상 교통이 외양항해의 어려움으로 받는 영향은 컸다. 수상 교통발전의 역사와 비교해 보면, 지리학 또

한 자연환경의 영향을 받았고, 그로 인해 환경과의 관계에 관심을 갖게 되었다.

1930년대에서 1960년대에 걸쳐 근대 항만은 크게 발전했다. 이 시기는 세계적 규모의 전쟁이 발생한 시기와 전후 눈부신 산업 발전 시기로 나눠진다. 선박의 대형화와 항행 속도의 증가라는 면에서 현저한 발전이 있었다. 지리학은 근대과학의 합리적 사고를 바탕으로 한 연구가 중심이 되었고, 특히 이론 구축과 최적성 추구에 관심이 집중되었다(Morrill, 1974). 그러한 연구 중에는 근대 경제학의 이론을 바탕으로 한 경제입지 연구가 큰 진척을 보였다. 앞서 설명한 도시의 세 가지 형태도 기본적으로는 입지론적 사고에 기초하고 있다. 항만을 어디에 건설하는 것이 최적인지에 관해 오직 경제적 측면에서만 고려한다. 예를 들어 항만 건설을 최소 비용으로 실현할 수 있는가 혹은 이윤의 극대화를 기대할 수 있는가 등 경제중심주의 사고방식이 지배적이었다(Lloyd and Dicken, 1979). 이러한 경제적 합리성을 의문시하는 시각은 급하게 공업화를 추진하고자 하는 선진 각국의 지리학에서는 나타날 수 없었다.

1970년대 석유파동은 고도 경제성장이 한계에 이르렀음을 알렸다. 세계 불황으로 항만 경제도 침체기에 빠져, 이 시기가 지나가기를 기다렸다. 지리학에서는 지금까지 낙관적이었던 경제중심주의가 뒤로 물러나고, 구조론적 사고가 나타나기 시작했다. 그동안 드러나지 않았던 자본주의의 모순이 도시문제와 공해문제를 통해 드러나게 되었고, 자본주의의 근본까지 거슬러 올라가 세계를 재검토해야 한다는 풍조가 나타났다(Harvey, 1985). 새로운 뉴트럴 시대의 경제란 정치와 사회 등 각 요인이 경제와 복잡하게 얽힌 자본주의를 말한다. 이러한 시대의 국제무역은 값싼 천연자원을 대량으로 사용하여 획일적인 공산품을 생산하고 수출하는 시대는 아니다. 석유 가격이 급등하여 운송비가 상승함에 따라 해상수송에도 합리적인 방안이 필요하게 되었다.

2. 석유파동 이후 세계 경제와 지리학 연구의 변화

석유파동은 동서냉전의 종결 계기가 되었다. 사회주의경제는 값싼 자원으로 획일화된 공산품을 생산하는 데 익숙해져 세계 경제의 구조적 변화를 따라갈 수 없게 되었다(Sidaway, 2001). 에너지를 절약하고, 변화하는 수요에 대응할 수 있는 생산방식체제로 전환하지 않으면 기업은 살아남을 수 없다. 냉전의 종결로 세계 경제는 시장경제로 변했고, 경제의 패권 경쟁이 치열해졌다. 중국을 비롯한 신흥국가에서 공산품의 대량생산이 본격화되면서 세계 각지의 기업들과 경쟁하게 되었다. 그리고 인터넷 보급으로 고도정보화사회에 접어들며 지구는 상대적으로 축소되었다. 노동력도 국경을 초월한 일상적인 이동이 가능했고, 세계 무역도 확대되었다.

도시문제와 지역 격차 문제를 깊게 파고드는 정치경제적 접근 방식으로 대부분의 연구가 이루어졌다. 그러나 1980년대에 들어서면서 문화, 민족, 젠더에 대한 관심이 높아지게 되었다(Pacione, 1997). 석유파동 이후 세계 불황을 극복하기 위해 고안된 다품종 소량생산 방식이 여러 산업 분야에 정착됐다. 그리고 개성화와 차별화를 두기 위해 이데올로기가 아닌 문화의 힘에 눈을 돌렸다. 사회주의 체제하에서 억제되어 있던 민족의식이 대두되면서 민족 정체성을 주장하기 시작했다. 서로의 문화를 존중하고, 더 나아가 국제 교류를 추진하고자 하는 움직임이 생겨났다. 노동력의 국제분업에 따른 생산체제도 성장해 원료 자원, 공업 부품, 최종 제품의 국제 이동은 더욱 증가했다.

현재 노동력의 국제 이동은 대부분 항공기에 의해서 이뤄지고 있다. 고부가가치 제품도 항공으로 운송되는 비중이 증가하고 있다. 그러나 현재까지도 국제화물은 대부분 해양수송으로 운송되고 있다. 국제분업체제를 최대한 활용하기 위해서 기업은 세계적 시각으로 자원 배치와 활용에 고심하고 있다(Hayter and Patchell, 2011). 길어지는 공급사슬(supply-chain)의 시간거리와 비용거리를 어떻게 단축할지가 매우 중요한 과제이다. 기업간 경쟁에서 이기기 위해서는 효율적인 로지스틱스 시스템을 구축해야 한다(그림 1-5). 이 시스템상에서 항만은 중요한 위치에 있다. 1960년대 시작된 컨테이너화로, 어떻게 화물을 연속적·효율적으로 수송할 것인가를 두고 많은 방안을 추진했다(山田, 2010, 2015).

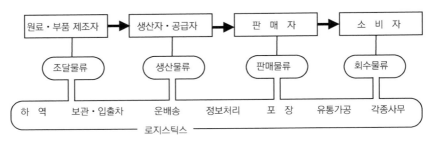

그림 1-5 로지스틱스 시스템

3. 항만 공간과 해양물류의 변화와 지리학적 접근

가공무역 체제하에서 값싼 원료를 수입하여 만든 완제품을 선진국에 수출하던 일본은 신흥국의 대두로 무역 환경 변화에 대응해야만 했다. 또한, 완제품의 수입 증가와 부품이나 중간재의 수출이라고 하는 측면이 더해져 복잡한 무역구조를 가지게 되었다. 특히 아시아의 경제 발전으로 세계 항만 물류의 구도가 변화되어, 일본 주요 항만의 거점성이 상대적으로 크게 저하되었다. 규모의 경제와 속도의 경제를 추구하는 경향이 강해지고, 이러한 흐름을 따라가지 못하는 기업과 산업은 도태되는 시대가 되었다. 항만 설비는 기계화, 자동화, 정보화가 진행되었다. 이렇듯 진화해가는 현대 항만에서 이전에 평범하게 느껴졌던 분위기는 더 이상 찾아보기 어려워졌다.

항만 설비의 현대화가 진행되는 와중에 항만을 수변 공간으로 재평가하려는 움직임도 나타나기 시작했다. 많은 항만에서 친수공간 재생사업을 계획하고 실행했다. 그림 1-6은 호주 시드니의 수변 공간 사례이다. 시드니항은 오래된 역사를 가지고 항만 기능을 담당해왔고, 그러한 항만 기능을 시드니항에서 12km 떨어진 남쪽에 위치한 보타니항으로 이전되었다. 결국 시드니항의 오래된 항만 지구는 재생사업으로 서비스 기능을 가진 지구로 변화되었다. 그림 1-6은 달링 하버로 재생사업 후 변화된 지역을 보여주고 있으며, 1988년 호주 건국 200주년을 기념해 레크리에이션, 쇼핑, 전시관, 박물관 등으로 이루어진 수변 공간이 탄생했다. 달링하버는 항만 기능을 담당하지 않게 되었지만, 항만과 해양에 관련된 서비스 시설에 따른 새로운 기능을 가지게 되었다.

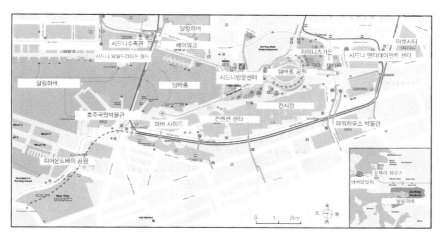

그림 1-6 시드니 달링하버의 수변 공간

출처: New South Wales 주정부의 웹사이트 게재 자료

항만의 수변 공간 재생사업은 넓은 의미에서 포스트모더니즘 흐름의 일부라고 할 수 있다. 도시지리학은 경제와 사회의 새로운 움직임 즉, 획일화에서 개별화에 초점을 맞춰 도시의 문화적 다양성을 이해하고자 했다(Harvey, 1989).

재생사업의 대상이 된 이전의 항만 지구는 화물을 취급하는 전통적인 경제활동과는 성격이 다른 새로운 경제활동의 공간으로 변모했다. 이러한 새로운 공간에서는 재화가 아닌 문화적 서비스가 거래되고 있다. 레저, 놀이, 예술, 음악 등과 관련된 시설에 사람들이 모여들면서 이전과는 다른 공간의 가치를 창출하고 있다. 공업사회의 항만 공간에서 탈공업사회의 항만 서비스 공간으로 변화되었다.

지리학은 항만도시와 항만 지구의 변화를 토지 이용과 지역구조 등 공간적 변화의 관점에서 파악해 왔다(日下, 1995). 또한, 지리학은 국제노동분업과 이를 지탱하는 국제해상물류를 눈여겨보고 있었다. 한국, 중국 등은 수출지향형 산업에 힘을 쏟았고, 이로 인해 일본은 항만의 재편·강화를 해야만 했다. 공업사회를 경험한 일본은 탈공업화의 길에 들어섰고, 이러한 일본의 경험에 비하면 한국, 중국 등 이들 나라의 공업화 역사는 짧다. 다시 말해 이들 나라는 단번에 공업화의 길에 들어선 인상이 강하고, 항만에서도 과감한 투자가 이뤄졌다. 한편 이들 나라의 '개발독재' 산업정책에 당혹감을 느끼는 일본도 국가 차원의 적절한 대응 방안을 모색해야 한다.

국제무역은 무역자유화를 바탕으로 하지만, 나라별 정책에 따라 다를 수도 있

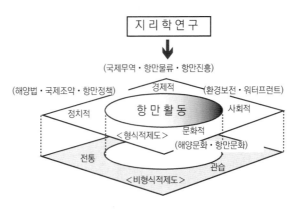

그림 1-7 제도론적 시점에서 본 지리학의 항만 연구

다. 국가 간 국제관계에서 두 나라 간 또는 다국가 간 거래가 우선시되기는 하나, 결국 국익이 중시된다. 지리학은 국제관계의 관점에서 국가가 생존 공간으로서의 본연의 자세를 논했던 시대도 있었다(Sidaway, 2001). 지금은 정치지리학이라는 학문으로, 정치가 경제와 사회에 유형, 무형의 영향을 주고 있다고 본다. 사실 국제무역에는 개별 기업의 경영 노력도 중요하지만, 국가 간에 결정된 규칙을 따르는 일도 매우 중요하다. 최근 지리학에는 각종 제도를 따르는 주체가 행동하는 시장경제의 흐름에 주목하고 있다(林, 2013). 여기서 말하는 제도는 폭넓은 개념이며, 협정, 조약, 법률 이외에 민족, 언어, 습관 등도 포함된다. 넓은 의미에서의 정치 · 사회 · 문화적인 행동규범을 가지고 기업, 가계, 개인의 공간적 행동을 규명하고자 하는 방법론이 지리학에서 대두되었다. 이러한 새로운 관점에서 도시와 항만의 관계를 파악하고자 한다(그림 1-7).

제3절 지리학의 주요 개념으로 본 항만 연구

1. 지리학의 주요 개념으로 본 항만

제2절에서 서술한 것처럼, 20세기 이후 항만의 발전 과정과 지리학의 연구 관심 · 방법은 연결되어 있다. 항만은 그 시대에 필요한 재화를 국제 규모로 교환하는 창구이며, 경제와 사회의 발전 단계를 반영하면서 그 모습이 변해간다. 또한, 지리학도 시대에 따라 변하는 세태의 영향을 받아 개념을 정립하여 경제와 사회의 성립을 설명하고자 한다. 해상수송, 항만의 관리 · 운영, 항만 업무, 항만의 배후지 등 항만의 결절점에서 전개되는 현상에 대해서도 개념으로 설명

하고자 한다. 과거부터 지금까지의 지리학적 사고 방법과 개념은 결코 지난 것이 아니다. 시대에 뒤처지지도 않고, 지금의 연구에서도 충분한 이론적 근거가될 수 있는 참고문헌이다. 이러한 참고문헌을 통해 항만과 얽혀있는 다양한 연구 과제에 접근할 수 있다.

시간을 거슬러 올라가 보면, 처음 지리학은 자연환경과 생태에 관심을 가졌다. 다시 말해 항만이 어떠한 자연환경에서 건설 가능한지 그리고 해운과 같은수상 교통은 자연조건을 얼마나 잘 이용하고 있는 점에서 알 수 있다. 항만은지형, 기후 등 자연조건을 고려하면서 건설해야만 한다. 즉, 항만 건설에 적합한 장소는 깊은 수심을 확보할 수 있고 파도가 잔잔한 곳이며, 그곳에 항만이건설되면 주변에 도시가 형성될 가능성이 크다. 과거에 비해 토목 기술이 발달한 현재도 항만 건설의 자연조건에 대한 고려는 필요하다. 기존 항만의 이용이한계에 도달해 신항을 건설하는 경우라도, 해안 지형과 해양 상황을 충분히 고려해 건설해야만 한다. 항만 부지 확보를 위한 매립, 준설 기술은 이전과 비교할 수 없을 정도로 발전했지만, 그렇다고 항만이 가진 자연환경의 복잡한 특성을 가볍게 취급할 수는 없다.

환경과 생태에 관한 관심은 예전과 사뭇 다르다. 현재 도시와 항만의 규모에따른 경제활동은 자연환경에 큰 영향력을 행사한다. 해양과 하천 그 자체는 이전과 크게 달라지지 않았기 때문에, 결과적으로 환경에 악영향을 미치고 있다.항만 주변의 해양 오염과 대기오염이 기술혁신과 법적 제도의 정비로 억제되고는 있지만, 여전히 많은 문제점을 가지고 있다. 그리고 우리는 과거와 같은 백사청송(白沙靑松)을 되찾을 수도 없다. 그렇다면 얼마나 본연과 가까운 자연환경으로 되돌릴 수 있을까? 이 문제에 관해서 항만 관계자들은 지금도 시행착오를반복하고 있다. 생태에는 자연생태 외에 도시와 항만에 관련된 많은 주체가 서로 관련된 관계성 개념이 있으며, 그것은 자연생태에 대한 인문생태, 사회생태의 존재이다. 특히 현대의 도시와 항만에는 다수의 주체가 복잡하게 얽혀있어, 옛날처럼 단순하지 않다. 생태계를 에코시스템이라고 부르고 있듯이, 인문·사회 분야에서도 도시시스템, 항만시스템과 같은 개념을 사용해 주체 간 상호 관계를 연구하고 있다(遠藤, 1996).

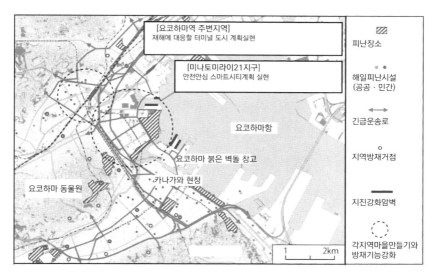

그림 1-8 요코하마항의 방재 대책
출처: 요코하마시 웹 자료

그림 1-8은 일본을 대표하는 항만 중 하나인 요코하마항의 방재 대책을 그림으로 나타낸 것이다. 1995년 1월 발생한 한신대지진으로 고베항이 입은 피해, 2011년 3월 발생한 동일본대지진으로 이와테현, 미야기현 등에서 항만이 큰 피해를 입었다. 그리고 1923년 9월 간토대지진으로 요코하마항에 막대한 손해를 끼쳤다. 지진과 해일은 항만 피해에 어쩔 수 없는 재해다. 항만의 해안부 지형 조건을 잘 활용하여 건설하였다고 하더라도, 자연재해에서 벗어났다고 할 수 없다. 동일본대지진 이후, 요코하마항을 비롯한 일본의 항만은 지진·해일

에 대한 대책을 종래보다 더욱 강화하였다. 특히 태평양 측의 주요 항만에 피해를 어떻게 감소할 것인가, 재해 발생 후 신속한 대응을 통해 일상적 기능을 회복할 것인가 등 재해에 대한 대응 방안을 모색하기 시작했다(御厨, 2016). 자연재해 발생 시 항만의 피해를 줄이고 일상 회복을 위한 현실적인 대응 방안에 중점이 맞춰졌다.

2. 경제입지, 운송비, 거리의 개념

환경·생태의 개념은 생물과 사회를, 입지는 경제를 바탕으로 한 개념이다. 일반적으로 말하는 입지는 경제입지를 말하며, 비용의 최소화와 이익의 최대화를 바탕으로 경제활동 장소를 정하고자 한다(林, 2004). 비용과 이익을 좌우하는 많은 요인 중에서도 특히 운송비는 중요하며, 운송비는 운송 수단, 운송 경로, 적재량 등에 따라 차이가 생긴다. 항만은 육지와 바다의 결절점에 위치하기 때문에 육상운송과 해상운송 두 가지 모두 중요하다. 육상에서는 화물을 배후지에서 항만으로 운송하는 비용과 반대로 항만에서 배후지로 운송하는 데 필요한 비용이 항만마다 다르다. 항만을 이용하는 기업 입장에서는 저비용으로 안전하게 화물을 목적지까지 운송해 줄지가 가장 중요한 요인이다. 국내 항만을 이용하는 것보다 이웃 나라 허브항을 이용하는 편이 경제적으로 유리하다면, 화물은 운송비가 덜 드는 곳으로 이동한다. 해상 운송비도 화물 취급량과 해상 경로에 따라 다르다.

국제무역으로 원료나 제품을 해상운송할 경우, 기업은 해상운송의 운임에 관심이 많다. 자동차의 경우 일본에서 태평양을 횡단하는 데 한 대당 10만 엔 정도의 운송비가 든다. 따라서 기업은 운송비를 부담하더라도 국내 생산을 할 것인지, 아니면 현지 생산으로 전환할 것인지 판단해야만 한다. 그렇다고 국제무역은 해상 수송비만 고려하면 되는 것이 아니다. 상대국 육상 운임과 도중에 랜드브릿지를 이용한다면 그 운송비도 고려해야 한다(辻, 2007). 아메리카 랜드브릿지(ALB: American land bridge)란 북미 대륙과 아시아 대륙 등 철도나 도로를 이용하여 횡단하는 것으로, 일본에서 북미를 경유해 유럽으로 화물 운송을 할 경우에 미국 동해안에서 대서양을 통해 운송한다. 이전에는 생각할 수 없었던 운송 시스템이 지금은 대륙을 횡단하는 철도나 도로가 해상과 해상을 잇는 교량처럼 활용된 복합운송 경로가 일반화되어있다.

지리학은 '거리의 과학'으로서 경제입지에 영향을 미치는 거리 요소를 현대 항만 연구에도 활용할 수 있다. 예를 들어 일본이 해외에서 원자재를 수입할 때, 어느 항만에서 화물을 운송하는 것이 합리적인지 거리 요소를 고려해야 한다. 그리고 원자재 수입항은 수입 이후의 제조 가공 공장 위치를 고려하여 결정한다. 그 한 예로 제지 원료인 펄프, 칩의 화물은 규모가 큰 제지공장 주변의 항만에서 수입되는 것이 일반적이다(그림 1-9). 같은 목재 수입이라도 1차 가공품이 컨테이너 운송으로 국내에 들어오는 경우는 소비시장과 가깝고 최종 가공을

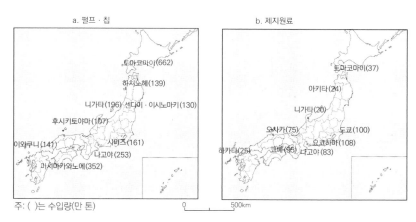

그림 1-9 펄프·칩, 제지 원료 주요 수입항(2007년)

출처: 국토교통성 웹 자료

하기 쉬운 대도시권 주요 항만에서 수입된다. 따라서 거리 요소는 경제활동이 이루어지는 장소의 입지 선택에 영향을 미친다.

3. 각종 제도에서 드러나는 항만의 문화적 특성

철도는 길게 뻗은 선로와 도중 정차역을 떠올리는 것이 일반적이다. 항만의 경우는 해상, 호수 위, 하천 위의 항로를 떠올릴 수 있다. 철도의 선로는 정비, 유지를 위해서 노력과 비용이 필요하다. 항만은 선로에 해당하는 항만 설비의 정비·유지에 노력을 기울일 필요가 있다. 항만에는 초기 항만을 건설한 주체와 현재, 관리·운영하고 있는 주체가 있다. 항만은 공적 주체 즉, 국가나 지방 자치체 등에 의해서 건설되는 경우가 많다. 방파제, 호안(護岸) 등의 토목건설도 수반되므로 민간기업의 단독사업으로는 불가능하다. 해면, 부두, 창고 등 공용으로 이용하는 공간도 많다. 자연히 공적 조직이나 단체 등이 관련된 경우가 많으며, 실제로 자치단체의 항만 관리자, 항만관리 위원회(port authority) 등이 깊이 관여하고 있다.

자치단체 등의 항만 관리자는 항만의 관리나 경영에 관여하지만, 실제로 항만의 화물 취급 업무는 전문 기업, 단체, 조직이 담당하고 있다. 즉, 항만은 철도와 비교하면, 많은 기업이나 조직에 의해서 운영되고 있다. 철도는 주로 국내를 염두하고 운영되는 것에 비해, 항만은 수출입 업무가 이루어지고 있어 국제적 시야를 염두해 두고 운영되어야 한다. 또한, 항만은 외국 기업과 접촉할 기회도 많고, 해운 물류기업 유치를 위해 대외적으로 존재감을 드러낼 필요도 있다. 항만은 국내외 많은 항만과 제휴할 잠재적 가능성을 가지고 있다. 단, 철도 회사는 독자적인 운송 수단을 가지고 있지만, 항만 그 자체에는 운송 수단이 없다. 운송은 항만에 기항하는 선박회사가 담당하는 업무이며, 항만은 화물을 하역하는 업무를 담당한다.

　이와 같이 항만은 건설, 관리, 운영, 이용 면에서 많은 조직의 힘으로 유지되고, 성격이 다른 복수의 주체를 통합하기 위해서 많은 제도나 구조를 전제로 한다. 단, 단순히 제도를 정비한다고 항만 활동이 활발해진다고 할 수 없다. 항만과 관련된 주체 상호 간에 원활한 의사소통으로 통합되지 않으면, 항만 기능이 충분히 발휘되지 않는다. 주로 국내 운송을 담당하는 철도와는 달리, 국제 운송을 담당하는 항만은 그 기능이 국제경제의 영향에 따라 항만 경쟁력이 좌우된다. 특히 최근 일본은 동아시아 신흥 공업국의 적극적인 항만 정책에 국제 경쟁력이 약해지는 경향이 있다(池上編, 2013). 국책이나 국제 전략이 자주 화제가 될 정도로 항만은 국제 정치, 경제 정세와 깊은 관련이 있다. 1980년대 이후 지리학은 효과적인 연구 방법으로 항만을 둘러싼 여러 제도를 고찰하는 제도론적 접근이 주목을 받았다.

　Institution은 제도의 폭넓은 개념으로, 법률이나 규칙 등 인간의 행동을 결정에 따라 규제한다는 의미 이외의 내용도 포함하고 있다. 습관, 풍습, 풍토, 관례 등도 포함하는 문화에 가까운 개념으로, 각 지역 전통에 따라 시행되어 온 항만 운영이나 항해술 등을 이해하는 데도 효과적이다. 특히 항만의 역사를 연구할 경우에 지역 고유의 제도적 구조를 파악할 필요가 있다. 이러한 지역성은 국제 거래가 활발해짐에 따라 점차 희미해져 세계 표준을 기준으로 통합되고 있다. 그러나 기업마다 기업문화가 있듯이, 항만에도 독자적인 힘이나 특징이 있다. 그 한 예로 오래전 항만 기능을 했던 곳을 수변 공간으로 재생할 경우, 다른 항만과 차별화를 도모하기 위해서 그 항만만이 가지는 문화적 특성을 살릴 수 있다.

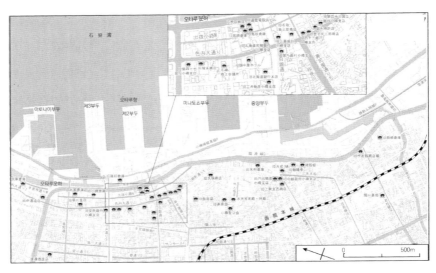

그림 1-10 오타루항, 오타루운하와 중심시가지

출처: 오타루시 웹 자료

그림 1-10은 오타루항과 오타루운하를 따라 형성된 시가지이다. 메이지 시대에 홋카이도가 개발되기 시작하면서 오타루항은 물자와 사람이 드나드는 관문 역할을 했다(内藤, 2015). 오타루항은 삿뽀로의 외항으로 곡물, 석탄, 목재 등을 실은 배가 빈번히 출입했고, 결국 하코다테항을 제치고 홋카이도 제일의 항만으로 발전했다. 다이쇼 말기에 건설된 운하를 따라 석조 창고들이 120여 개나 만들어졌고, 항만 배후 시가지에는 수많은 상사와 은행이 모여 그 일대에 경제 거점이 형성되었다. 그러나 제2차 세계대전 후, 홋카이도의 항만 물류 관문은 동해 측의 오타루항에서 태평양 측에 신설된 토마코마이항으로 옮겨졌다.

그 후 오타루는 역사가 오래된 오타루운하로 인하여 관광도시로 명성을 가지게 되었다(田村, 2009). 이용하지 않는 운하를 매립해 시가지를 재생하려는 계획을 반대하는 시민들이 많았다. 이러한 매립 반대가 전국적으로 확산되면서 운하 보존 운동이 일어났고, 그 결과 운하 매립 계획은 범위가 축소되어 실시되었다. 이 운동을 계기로 '운하의 마을 오타루'의 존재가 일본 전역에 알려져 관광도시로 발전하게 되었다. 남겨진 운하는 오타루의 역사적인 관광자원이 되었고, 오타루의 근대문화와 지역사회와의 관계를 보여주는 상징물이 되었다. 이러한 오타루의 사례를 통해 문화와 사회 등을 포함한 넓은 의미의 제도적 시각에서 도시와 항만의 관계를 규명할 실마리를 찾을 수 있다.

칼럼 1. 항과 미나토, port와 harbor

항(港)과 미나토(湊), 모두 항구를 가리키는 한자인데, 어떻게 구분할 수 있을까? 아마도 현재는 대부분 항(港)을 사용하고, 미나토(湊)는 역사적으로 존재했던 항구나 하천가의 '미나토'를 말할 때 사용하고 있을 것이다. 이는 통계적으로 조사한 것이 아니기 때문에 확실하다고 할 수는 없다. 본서에서도 미나토를 사용할 때 약간 주저하면서 일본 역사 속에 등장하는 일부 미나토에서 사용하였다. 강가나 하구 부근의 '항구'에 미나토를 사용하기 쉬운 것은 미나토의 한자 어원이 물이 흘러드는 모습을 나타내는 것과 관련 있다. 미나토의 근원이 되는 주(奏)라는 한자에는 물건이 모인다는 의미가 있고, 주(奏)에 물(水)이 붙어 물의 흐름이 모이는 곳이라는 의미가 되었다고 생각한다. 물의 흐름은 강의 흐름 외에도 운하나 하구 부근의 수역도 이 안에 포함된다. 어찌 됐든 물건이 모이는 곳, 특히 수운을 이용하여 모이는 장소를 미나토라고 부른 것 같다.

한편, 일본에서는 옛날부터 수상 교통의 결절점을 말할 때, 수상 측을 항이라 부르고, 육상 측을 미나토라고 불렀다는 설도 있다. 다소 복잡하고 혼동되기 쉽지만, 방파제나 선창 등 시설 지구와 그 배후 지구를 구별했다는 것이다. 결절점의 특성으로 육상 측과 수상 측에 각 지역에서 도로와 수운을 이용해 물건과 사람이 모였을 것이다. 양자가 만나 거래가 이루어지는 장소가 미나토였고, 이러한 시설로 수상 측에 항이 있었을 것이다. 처음에는 규모가 작았던 수상 시설이 그 규모를 확장하면서 항(港)의 의미도 확장되었다. 그리고 항은 육상 부분도 포함하면서 해상과 육상의 구별 없이 수상 교통의 결절점 전체를 나타내게 되었다. 결국, 미나토는 항만의 확대 혹은 근대화와 함께 사라진 것은 아닐까?

항과 미나토의 차이와 비슷한 관계로 영어의 port와 harbor가 있다. 이 경우도 지금은 대부분 항을 나타낼 때 port를 사용하고, harbor를 사용하는 경우는 드물다. 일반적으로 port는 상업 등의 목적으로 설치된 항을 말하며, harbor는 지형을 이용하여 선박을 안전하게 정박시키는 곳으로 이해할 수 있다. 이 경우 항구의 목적에 따라 구분하며, 다만, port와 harbor의 차이를 설명하는 설은 이뿐만이 아니다. 다른 설에 따르면 port는 육상 측을 강조하는 경우에 사용하고, harbor는 수상 측을 강조하는 경우에 사용한다. 이러한 두 가지 설을 종합해 보면, 주로 산업 목적을 가진 육상의 장소가 port이며, 수상 측의 정박지는 harbor라는 것이다.

수많은 요트가 정박한 곳을 요트 harbor라고는 하지만, 요트 port라고 하지는 않는다. 이는 아마도 port는 버는(생산하는) 곳이고 harbor는 노는(소비하는) 곳이라는 이미지 때문일 것이다. 요트와 모터보트 등 레저용 배가 정박되어 있는 수역이나 시설을 '마리나'라고 한다. 수상 교통과 관련된 전반적인 일들이 더욱 다양화되고 복잡해질수록 그것을 표현하는 말도 늘어간다. 이러한 다양한 단어의 표현은 비단 바다와 항구에만 국한된 것이 아니다. 따라서 우리는 단어를 사용할 때 신중할 필요가 있다.

제2장

항만의 지리적 조건과
항만 기능의 유지

제1절 항만의 지리적 환경, 항만 활동, 항만 입지의 조건

1. 수상과 육상의 교통 결절점으로서 항만과 장소의 조건

항, 항만은 해양과 육상의 접점으로 양자를 연결하는 역할을 한다. 해양 외에 하천이나 호수가 육상과 만나는 지점인 경우도 있기 때문에 일반적으로 수상과 육상의 교통 결절점이라 할 수 있다. 다만 항구 중에는 단순히 고기를 낚거나 배를 띄워 즐기는 목적으로 존재하는 곳도 있다. 그러나 전국 혹은 세계적인 규모로 봤을 때 항만의 주된 기능은 수상 교통과 육상 교통의 연결기능이다. 초기 항만은 규모가 작고, 교통 연결기능도 국지적으로 한정되어 있었다. 그러나 경제가 발전함에 따라 교통 운송량이 많아지면서 이에 대처하기 위해 항만 시설의 규모도 확대되었다. 또한 운송 거리도 길어지면서, 항만에서는 국내뿐만 아니라 해외와 거래되는 화물의 하역이 이루어졌다. 항만은 배후 도시의 경제성장과 함께 그 규모가 확대되었다. 도시에서 필요로 하는 물자의 반입, 도시에서 생산된 제품의 반출을 위해서 항만은 필수불가결한 존재였다. 국제적으로 이름이 알려진 대부분의 대도시 부근에는 항만이 있으며, 항만과 도시는 서로 강한 유대 관계를 맺으며 발전해 왔다(遠藤, 1991).

이처럼 항만과 도시는 밀접한 관계가 있지만, 그렇다고 모든 도시가 항만과 직접적인 관련이 있는 것은 아니다. 항만은 수상에 건설되어야 하므로 항만 기능을 가진 도시, 즉 항만도시는 그 수가 제한된다. 항만 건설이 가능한 수상의 조건은 동일하지 않으며, 특히 지형이나 지질 등 자연조건이 중요한 요소다. 조석간만의 차가 큰 해안에서는 물자하역이 어렵기 때문에 항만에 갑문을 설치하여 조석간만의 영향을 받지 않는 항만도 있다. 유럽에서 계선독(박선거)이 항만을 의미하는 것은 선박 수리를 위한 드라이독(dry dock, 간선거)과 구별하기 위해서다. 그림 2-1은 벨기에 앤트워프항에서 감조하천(感潮河川)인 스헬데강의 수위 변화에 영향을 받지 않도록 설치된 갑문(LOCK)의 위치를 나타낸 것이다. 북해로 흘러드는 스헬데강의 조석간만의 차는 5m나 되기 때문에 갑문을 만들어 독의 수위를 일정하게 유지해야 화물을 하역할 수 있다. 그림 왼쪽에 있는 듀르간 갑문(2015년 5월 건설 중)은 기존 칼로 갑문이 선박의 대형화에 대응할 수 없게 되자, 길이 500m, 폭 66m, 깊이 -17.8m로 세계에서 가장 큰 규모로 건설되었다.

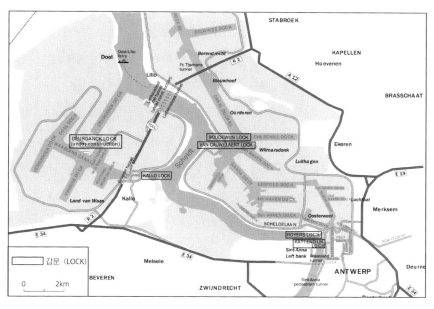

그림 2-1 앤트워프항의 스헬데강과 계선독을 구분하는 갑문(LOCK)
출처: 앤트워프항의 웹 자료

파도가 거세기로 유명한 북해를 비롯해 항만 입지에 적합하지 않은 해안은 전 세계에 많이 있다. 이런 경우에는 거센 파도의 영향을 잘 받지 않는 삼각주 위나 삼각강, 피오르의 동부 등에 항만을 건설한다. 그러한 예로 벨기에 앤트워프항과 네덜란드 로테르담항을 들 수 있으며, 이들 항만은 삼각주 위에 건설되었다(科野, 1969). 영국 템스강은 전형적인 삼각강으로 하구에서 60km 상류에 런던항이 있다. 체코 북부, 독일 동부를 흐르는 엘베강도 삼각강으로, 함부르크항은 이 강 하구에서 100km로 꽤 떨어진 곳에 위치해있다. 피오르에 건설한 항만으로는 노르웨이 피오르시티항, 미국 버지니아주 노퍽항, 캐나다 밴쿠버항 등이 있다.

항만 건설과 관련된 토목 기술이 발달하지 않았던 시대에는 자연조건이 좋은 '천연 양항'이 항만 입지의 적지로 주목받았다. 그러나 비록 지형 조건이 뛰어난 천연 양항일지라도 그것만으로 항만이 발전하는 것은 아니다. 오히려 중요한 것은 배후 도시의 경제활동이다. 배후 도시에서 국내 규모의 이출입, 국제 규모의 수출입에 관련된 경제활동이 어느 정도 행해지고 있는가다. 이러한 활동에는 자원·에너지의 산출이나 제품 생산 등 물건을 생산하는 활동뿐만 아니라, 이러한 제품을 소비하는 활동도 포함된다. 거리에 대한 제약은 존재하겠지만, 공간적으로 거래를 실현하기 위한 인프라로서 항만이 존재한다. 이러한 경제활동의 규모가 커질수록 거래되는 물건의 양은 많아지고, 다른 운송 수단을 중계하는 기능도 필요하게 된다. 지리학에서는 장소 조건을 위치(site)와 관계(situation) 두 측면에서 파악하는 경우가 많다. 따라서 발전 가능성이 있는 항만은 자연조건의 장점(site)과 배후 도시와의 관계(situation) 모두 좋은 조건을 가지고 있다.

위치와 관계 조건은 고정적이지 않다. 토목·건설 기술의 발전으로 불리한 자연조건을 극복하거나, 육상 교통의 발전으로 항만과 도시의 관계가 밀접해질 수도 있다. 좋은 자연조건으로 생겨난 항만이 지속적인 발전을 한다고 말할 수 없다. 결국 항만의 취급 규모가 커짐에 따라 항만 설비를 증대할 필요가 있다.

항구가 소규모일 때는 문제가 없었지만, 넓은 항만 용지가 필요하게 될 때 그로 인해 쉽게 대처할 수 없는 경우도 발생한다. 이 경우 설비 투자를 통해 시대에 맞은 새로운 항만이 건설된다면 계속 발전할 수 있다. 그렇지 않다면 항만은 발전할 수 없다. 제1장에서 말한 오타루항이 토마코마이항에 홋카이도 제일의 지위를 빼앗긴 것은 항만 배후에 산지가 있어 시가지의 확장이 어려운 지형 조건, 즉 위치(site)의 조건이 그 한 요인이었다(岡本ほか, 2008). 물론, 국제적 측면에서 보면 동해에서 태평양으로 그 중심이 변화된 관계(situation)의 조건도 있었지만, 태평양에 위치한 토마코마이는 평지가 펼쳐져 있어 대규모 굴입식항만 건설로 위치(site)의 조건이 변화되어 새로운 시대를 맞이할 수 있었다(石井 編, 2014)(그림 2-2). 어쨌든, 항만의 장소적 조건을 생각할 때 위치와 관계라고 하는 두 측면에 주목할 필요가 있다.

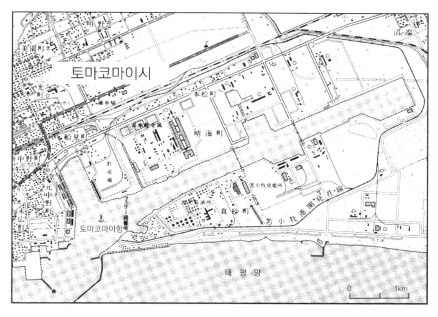

그림 2-2 굴입식 토마코마이항 서측 항구
출처: 5만 분의 1 지형도 '토마코마이'를 이용하여 작성

2. 항만설비, 항만 경영, 항만 업무의 특징

항만은 도로나 교량과 같이 교통 인프라의 일종이지만, 화물과 물자를 단순히 통과시키기 위한 인프라는 아니다. 기차역이나 공항처럼 특정한 설비와 그것을 움직이는 인력으로 이루어져 있다. 항만설비는 대규모로 넓은 부지를 필요로 한다. 선박이 접안하는 부두에는 화물을 하역하는 설비와 이를 조작하는 전문인력이 필요하다. 1960년대 무렵부터 컨테이너 방식에 의한 운송이 보급되기 시작하면서 항만의 화물 하역 방식은 변했다. 그전까지는 화물을 하역하는 데 시간이 걸렸기 때문에, 부두에서 복수의 교량(橋梁)을 바다 측으로 연장해 많은 선박이 동시에 접안할 수 있도록 했다. 그러나 컨테이너를 대량으로 운송하는 전용선이 등장함에 따라, 컨테이너 크레인에서 단시간에 컨테이너를 하역할 수 있게 되었다. 이로 인해 빗살 모양으로 뻗은 교량 대신에 대형 컨테이

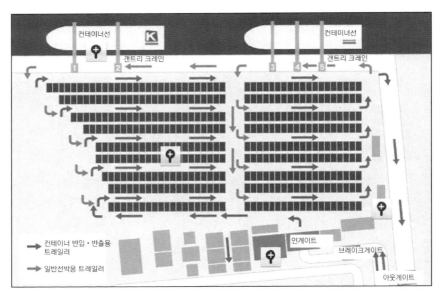

그림 2-3 컨테이너 부두의 터미널 오퍼레이션
출처: 카와사키기선주식회사의 웹 자료

너선 전용부두가 필요하게 되었다(그림 2-3).

컨테이너 크레인으로 올린 컨테이너는 부두 위에서 일시적으로 대기하고 있다. 마찬가지로 컨테이너 크레인으로 내린 컨테이너도 부두 위에 쌓인다. 이러한 공간 외에도 창고, 관리동 등 부두 근처에는 항만 설비가 필요하다. 또 모든 화물이 컨테이너 형태로 운반된다고 할 수 없다. 철광석·석탄 등의 광물자원이나 곡물·목재 등의 벌크 화물은 컨테이너와는 달리 산적 화물 상태로 운송된다. 이 때문에 그 특성에 맞춘 보관 장소를 확보할 필요가 있다. 특히 자동차와 같은 큰 제품은 전용 운반선으로 운송되기 때문에 하역 전후에 주차할 공간이 필요하다.

이처럼 다양한 종류의 화물을 취급하는 항만은 전문적인 업무를 수행하는 기업의 집적지라고 할 수 있다. 항만 용지 안에 공장을 건설하여 제품을 제조하는 기업도 있으므로, 항만과 관련된 업종은 더 많다. 단, 많은 공장이 모여 형성된 일반 공업 지역과는 달리, 일반적으로 항만 용지는 항만을 관리하는 지자체나 조합 등 공적 조직에 의해 소유되고 있다. 일본의 경우는 도도부현(都道府縣)이나 시정촌(市町村) 등 지자체가 항만 용지를 보유하고, 공사와 민간기업이 조업한다. 일반적으로 상하 분리 방식으로 불리는 용지나 시설·설비의 소유와 시설·설비의 운용을 구별하여 실시하는 방식은 항만 기능의 효율성을 추구한 결과다. 항만 전체를 관리하는 당국은 공적 조직체인 경우가 많지만, 개별 업무는 각각의 기업체가 실시한다. 항만 업무의 효율성 중시는 국제적 추세이며, 항만 당국은 토지 분양으로 기업을 유치하거나 설비 갱신으로 능률성을 올리는 등 항만의 기능 강화에 노력하고 있다.

항만과 관련된 활동을 하는 기업은 경제적 가치를 창출하고 있다. 현대는 해외무역의 공급사슬(supply-chain)이 길어지는 경향에 있고, 그에 따른 항만의 중개 업무는 중요한 역할을 담당한다. 화물을 수상 교통과 육상 교통이라는 서로 다른 교통 수단 간에 이동을 원활히 하기 위해서, 여러 가지 기술적 혁신이 요구된다. 예를 들어 규모가 큰 기계나 장치를 운송하기 위해 특수한 포장을 한다. 크기가 일정하지 않기 때문에 운송 중에 파손되지 않도록 일일이 꼼꼼하게 포장해야 한다. 또한, 항만 용지 내 생산 공장이 있는 경우, 직접적인 제품 생산을 통해 가치를 창출하고 있다. 이와 같이 항만과 관련된 주체의 종류는 매우 다양하고, 그 주체들이 어떠한 형태로든 경제적 가치와 많은 고용 기회를 창출하고 있다.

3. 삼각주 위와 삼각강에 형성된 항만

일본 주요 항만의 상당수는 해양의 만(灣) 안쪽에 위치하고 있다. 외양(外洋)의 영향을 피해 가능한 한 평온한 상태를 확보하기 위해서였다. 그러나 세계적인 규모로 건설된 항만의 위치를 보면, 만 안쪽 이외에 하천 안이나 하천을 따라 건설된 경우도 적지 않다. 예를 들어 뉴올리언스항은 미시시피강의 강기슭, 방콕항은 차오프라야강의 좌안(左岸)에 있으며, 모두 삼각주 위에 위치한다(그림 2-4). 인도의 콜카타항과 할디아항은 갠지스강의 지류인 후글리강의 좌안과 우안에 위치한 갑문을 갖춘 하천항이다. 양곤의 주요 항구인 양곤항과 이 항을 보완하기 위해서 최근에 정비가 진행되고 있는 틸라와항은 양곤강의 좌안에 있다. 유럽 최대 규모로 유로포트라고도 불리는 로테르담항은 라인강 하류의 왼편 지류인 니우어마스강(Nieuwe Maas) 양쪽을 중심으로 형성되어 있고, 이 항구들은 모두 삼각주 즉 델타 위에 건설되어 있다. 그러나 같은 하천이라도 하천 내륙부에 형성된 캐나다 몬트리올항과 미국 서부의 포틀랜드항은 다르다. 몬트리올항은 세인트로렌스강 하구에서 1,600km나 거슬러 올라간 지점의 좌안에 있으며, 포틀랜드항은 태평양 연안으로 흐르는 컬럼비아강 하구에서 170km 상류부로 컬럼비아강과 윌라메트강의 합류 지점에 위치하고 있다.

그림 2-4 태국 방콕항의 컨테이너 터미널
출처: SITC 웹 자료

삼각주와 단어가 비슷해 보여 혼동되기 쉬운 삼각강은 천연 양항으로 항만의 입지로 선택되는 경우가 많다. 삼각강은 평야를 흐르는 하천이 침강하여 생긴 삼각형의 후미로서 하천의 토사 공급량이 적기 때문에 해진(海進)시 하곡(河谷)의 토사 유입이 진행되지 않아 이러한 지형의 후미가 되었다. 예를 들어 뉴욕항은 허드슨강의 삼각강, 부에노스아이레스항은 라플라타강의 삼각강 안쪽에 형성된 항만이다. 이 중 뉴욕항은 뉴욕주와 그 서쪽 뉴저지주에 걸쳐있는 뉴욕 · 뉴저지항만공사가 관리 · 운영하는 교통 인프라의 일부를 이룬다. 부에노스아이레스항은 하구 폭이 270km나 되는 라플라타강의 우안을 따라 형성되어 있으며, 배후에 수도 부에노스아이레스가 있다(그림 2-5). 그 밖에 삼각강 항만으로 포르투갈 타호강 우안의 리스본항, 영국 서부의 머지강에 형성된 리버풀항 등이 있다. 삼각주 위에 형성된 항만과 마찬가지로 삼각강 부근의 항만도 기본적으로는 육지 쪽에 위치하고 있다. 항만의 위치를 크게 육지 측과 바다 측으로 구분할 경우, 이 항구들은 모두 육지 측의 항만 즉 메인랜드 포트(mainland port)라고 할 수 있다.

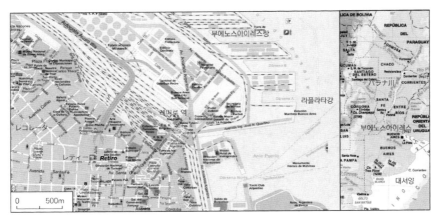

그림 2-5 아르헨티나 부에노스아이레스항
출처: Viagem 웹 자료

　일본에서도 시나노강 하구 부근의 강변에 형성된 니가타항은 메인랜드 포
트이다. 그러나 하구에서 멀리 떨어진 내륙부에 큰 항만이 형성되지는 못했다.
섬나라 일본은 연간강수량이 많은 만큼 하천 수량도 많지만, 지형이 험준하기
때문에 비교적 단시간 내에 하천의 물이 바다로 흘러간다. 이 때문에 내륙부는
풍부한 수량을 이용해 큰 배를 운송 수단으로 사용하기는 어려웠다. 일본 내륙
부에 규모가 큰 항만이 건설되기 어려웠던 것도 이렇듯 자연환경의 영향이 컸
다. 섬나라로 평지가 한정적이었던 일본에서는 삼각주 위나 그 근처에 마을과
도시가 형성되었고, 항만은 하천이 바다로 흘러가는 부근에 형성되었다. 그러
나 항만이 생겨도 상류에서 흘러들어오는 토사의 퇴적 때문에 항구기능을 유
지할 수 없는 도시들도 적지 않았다. 예를 들어 아이치현의 쓰시마는 중세까지
는 키소강의 지류인 텐노강 항구로 번성했지만, 에도시대 이후 토사가 퇴적되
기 시작하면서 항구기능을 상실하게 되었다(山村, 2004). 항구는 자연환경의
영향을 받기 쉽다는 점에서 다른 교통 수단과는 다소 다른 성질을 가지고 있다.

4. 해만(海灣), 섬, 산호 등을 이용해 바다에 형성된 항만

도쿄만(東京灣), 이세만(伊勢灣), 오사카만(大阪灣)은 만(灣)으로 유입되는 하천을 수상 교통으로 이용한다. 그러나 현재 하천이 아닌 만 그 자체가 항만의 입지 장소로서 완만한 형태의 항만이 건설되므로 파도가 거친 태평양의 영향을 덜 받을 수 있게 되었다. 이러한 항만은 바다에 접한 해안항(sea port)으로 도쿄, 요코하마, 나고야, 오사카, 고베의 각 항만이 세계적인 규모의 해안항이라 할 수 있다. 만은 양측이 길게 뻗은 지형으로 가장 안쪽을 외해(外海)로부터 보호하는 역할을 한다. 이러한 역할을 해안 근처의 도서(島嶼), 사구, 산호초 등이 하기도 한다. 이 경우 만약 해안선이 직선이라도 지형으로 장벽을 만들면 외양의 영향을 덜 받기 때문에 해안부에 항만을 건설할 수 있다. 폴란드 그단스

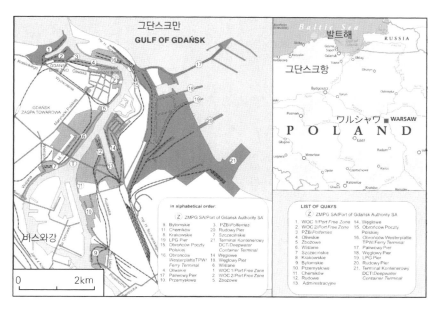

그림 2-6 폴란드 그단스크항

출처: MARITIME VOTAL 웹 자료

크항에서는 사구, 하와이 호놀룰루항에서는 산호초 그리고 세네갈 다카르항에서는 섬이 이러한 역할을 하고 있다. 이 중 그단스크항은 사구에 의해 해안선을 따라 흐르는 비스와강의 양쪽 기슭에 형성되었다(그림 2-6). 호놀룰루항의 경우는 산호섬과 그 맞은편 해안 양쪽에 항만이 있다. 반도의 가장 끝에 위치하는 다카르항은 앞바다의 고레섬이 강한 파도로부터 보호하는 역할을 하고 있다.

피오르 해안과 리아스식 해안은 해안항 형성에 적합한 지형 조건을 가지고 있다. 피오르 해안은 빙하 침식으로 만들어진 협곡 빙하가 소실된 후 침수하여 생긴 좁고 긴 만으로 수심이 깊어 항만을 건설하기에 좋은 조건을 가지고 있다. 예를 들면 샌프란시스코만은 피오르 지형이며 외양인 태평양과는 반도에서 멀리 떨어져 있어 파도가 잔잔한 항만이다. 피오르 해안은 북반구에 많으며, 노르웨이 베르겐항과 캐나다 서해안의 관문인 밴쿠버항도 피오르 해안에 형성되었다. 피오르의 형성 원인은 산악지역에서 발달한 빙하이기 때문에 항만의 배후에는 산이 많고 평지는 적다. 이 때문에 항만 확장에 제약을 받는다. 그 한 예로 초기 건설된 밴쿠버항이 좁아지자, 남쪽으로 40km 떨어진 조지아해협이 면한 곳에 신항이 건설되었다.

스페인 가르시아 지방에서 전형적으로 볼 수 있는 리아스 해안도 항만의 입지에 적합한 곳이다. 육지의 지반이 단단하고 큰 하천이 없기 때문에 침식작용이 없고, 육지에서 흘러드는 토사의 퇴적도 없다. 이 때문에 해수면 상승으로 하천이 흐르는 협곡은 물이 빠진 계곡이 되고, 해수가 유입된 만 안쪽에 항구가 형성된다. 스페인 북서부 가르시아 지방의 리아 데 비고(Ría de Vigo)의 해안선에 있는 비고는 스페인 최대의 어항이다(그림 2-7). 그 밖에 가르시아 지방의 리아스식 해안은 리아 데 알로우사(Ría de Arousa), 리아 데 무로스 노아(Ría de Muros Noia) 등이 있다.

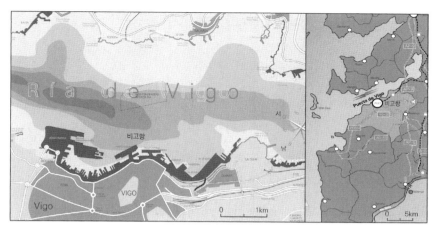

그림 2-7 스페인 비고항

출처: PUERTO DE VIGO 웹 자료

일본에서도 산리쿠(三陸) 해안의 미야코(宮古), 카마이시(釜石), 오후나토(大船渡), 리쿠젠타카타(陸前高田), 와카사만(若狭湾)에 접한 쓰루가(敦賀), 오바마(小浜), 마이즈루(舞鶴), 미야즈(宮津), 나가사키현의 나가사키(長崎), 이즈하라(厳原), 고노우라(郷ノ浦) 등 리아스식 해안을 따라 항만이 존재한다. 산리쿠라는 지명은 무쯔(아오모리), 리쿠츄(이와테), 리쿠젠(미야기)의 세 지방에서 유래했지만, 미야코항에서 북쪽은 지반이 융기함에 따라 해안 단구가 발달했고, 직선적인 해안선으로 항만에 적합하지 않았다. 미야코항보다 남쪽은 융기 완만했기 때문에 해수면 상승으로 침수가 진행되면서 복잡한 해안선을 그리게 되었다. 리아스식 해안에서 후미의 충적평야는 험준한 협곡에 몇 안 되는 생활의 터전이다. 이러한 지형 환경이 동일본 대지진의 해일 피해를 크게 했다. 와카사만을 따라 후쿠이현의 쓰루가항이 민간의 인적·물류 관련 역할을 담당하고, 교토부의 마이즈루항이 군사·방위 관련 역할을 하고 있다(山本, 1981).

제2절 항만 기능의 조건과 컨테이너 항만

1. 항만 수심, 부두 공간, 컨테이너 하역설비

선박이 안전하게 정박할 수 있는 항구의 자연조건은 지형 조건만은 아니다. 선박 규모가 커짐에 따라 종전보다 깊은 수심이 요구된다. 예를 들어 총 6,500톤의 선박이 항만을 출입하기 위해서는 항로의 깊이가 12m 이상 되어야 하며, 부두에 착안했을 때도 이 깊이가 유지되어야 한다. 그러나 실제로 세계 각지에 있는 항만의 70% 이상은 수심 10m를 확보하지 못하고 있다. 해수면 수위가 만조와 간조에 큰 차이가 있는 항만은 화물하역에 지장이 생기기 쉬우며, 일반적으로 조석간만의 차가 3m 미만이 적당하다고 본다. 한국 인천항은 조석간만의 차가 9.5m나 되기 때문에 내항에 갑문을 설치하여 수위를 조절하고 있다. 인천항 남항에 항만 설비 확대가 어려워, 2015년 송도에 신항이 건설되었다. 앞 절에 언급한 앤트워프항은 갑문을 설치하여 조석간만의 문제를 해결했다. 또한 17세기 말 감조하천인 템스강에 항만을 건설한 런던도 갑문 설치를 통해 문제를 해결했다. 영국 등 유럽의 항만은 수위 변화에 영향을 받지 않도록 설치한 갑문을 박선거(wet dock)와 건선거(dry dock)로 구별한다. 일본에서는 건선거를 독이라고 부르는 경우가 많다.

템스강의 조석간만의 차는 7m 정도다. 컨테이너화로 런던의 항만 기능은 틸버리와 펠릭스토우로 그 기능을 이전하였고, 런던항은 금융·업무센터로 재개발되었다. 런던 북동쪽 150km에 위치한 펠릭스토우는 영불해협에 건설된 신항으로 영국 최대의 컨테이너 항만이다(그림 2-8). 펠릭스토우의 인구는 3만 명 미만으로 항만과 도시의 직접적인 연계는 약하지만 배후지는 넓으며, 운송 수단의 비율은 트럭 70%, 철도 30%이다. 일본 아리아케해는 5.6m, 세토나이 카이의 후쿠야마 부근은 4.2m로 조석간만의 차가 크다. 또한 히로시마항도 조석간만의 차가 4m로, 삼각주 위의 강변 선착장을 석조 계단으로 만들어 수위 변화에 대응했다.

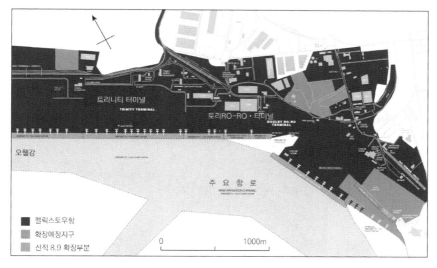

그림 2-8 영국 펠릭스토우항

출처: Port of Felixstowe 웹 자료

항로의 수심이 얕은 경우, 준설(浚渫)로 수심을 유지해야 한다. 특히 삼각주 위에 항만이 건설된 경우에 토사가 퇴적되기 쉽고, 해류로 표사(漂砂)가 항만 내부에 퇴적되기도 한다. 많은 양의 토사가 퇴적되는 장소는 항만 입지에는 적합하지 않다. 예를 들어 나고야항은 시계방향으로 흐르는 해류에 의한 토사 퇴적으로 항만 건설에 불리한 자연조건을 가지고 있었다. 그러나 뛰어난 기술과 자본력으로 불리한 항만 건설 조건을 극복했다. 실제로 나고야항은 지속적인 항로의 준설 작업으로 문제를 해결했다(名古屋港史編集委員会編, 1990). 또한 하천이 범람해 홍수를 발생시키는 경우 항만에 손해를 끼칠 수 있다. 특히 일본처럼 지진, 해일, 태풍 등 항만에 큰 피해를 끼치는 자연현상이 많은 곳에서는 항만 건설과 정비 시에 충분한 대응책을 모색해 둘 필요가 있다.

소규모 화물을 취급하면 항만의 부지면적은 그다지 넓지 않아도 된다. 그러나 화물 취급량이 증가하게 되면 그에 따라 항만 부지가 확대되어야 한다. 항만 배후에 확대할 만한 공간이 없다면, 잠재적인 항만 발전은 어려워진다. 예를 들어 항만 배후의 경사면을 깎거나 바다를 매립하거나 해서 항만 부지를 확보할 수 있지만, 이러한 공사에는 많은 공사자금이 필요하다. 또한 컨테이너화로 인하여 컨테이너선 하역을 위한 전용부두가 필요하고, 컨테이너 크레인을 설치하거나 컨테이너를 보관할 넓은 공간도 확보되어야 한다. 항만을 유지하기 위해서는 항만 건설에 적합한 자연조건과 자금력 확보가 중요하다.

2. 컨테이너 운송업무의 표준화와 항만 하역

1780년대 영국 운하회사에서 석탄 운반을 위해 운송용 컨테이너를 개발했다. 1900년대 초, 철도에서 화물 전용차로 옮겨 실을 수 있는 밀폐형 컨테이너가 등장하였는데 그 당시 기업마다 컨테이너 크기가 달랐다. 현재 사용되고 있는 표준화된 선박용 컨테이너는 미국 해운선사 창업자 말콤 맥린(M. McLean)이 만든 것이다. 그는 1930년대 뉴저지주에서 트럭 운전사로 일하던 중 컨테이너에 대한 아이디어를 생각해 냈고, 1950년대 자신이 설립한 해운선사 씨랜드(현재 머스크)에서 실용화했다. 지금까지 많은 항만 노동자의 인력으로 시간이 걸리는 하역작업이 컨테이너 사용으로 노동시간이 매우 절약되었다. 항만의 화물 도난과 항만 앞바다에서 대기하는 시간도 없어졌다. 표준화된 컨테이너 단위는 TEU(Twenty Feet Equivalent Unit)로, 이는 길이 20피트짜리 컨테이너 1박스를 의미한다. 이보다 큰 40피트 또는 45피트 컨테이너도 20피트로 환산하기 때문에 TEU가 기본적인 단위다.

항만 내 컨테이너 터미널은 선석, 갠트리 크레인, 컨테이너 야적장, 컨테이너 화물 집화소, 출입구 구역 등으로 구성되어 있다. 이 중 선석은 선박이 정박하고 화물을 하역하는 장소다(그림 2-9). 포스트 파나마급 컨테이너선, 즉 파나마운하를 통과할 수 없을 정도로 큰 선박의 경우, 이 선석은 길이 325m, 수심 13m 이상이어야 한다. 컨테이너를 싣고 내리는 크레인의 능력은 시간당 처리 수, 컨테이너의 최대중량, 컨테이너를 옆으로 늘어놓았을 때 커버할 수 있는 최대 개수를 통해 알 수 있다. 최신형 크레인은 컨테이너 선상에서 가로 방향으로 18~20개 박스 정도를 처리할 수 있다. 동시에 작동하는 크레인 수가 많을수록 하역작업은 빨리 끝나지만, 그러기 위해서는 설비 투자에 상당한 자본을 투입해야 한다.

하역 구역은 크레인을 이용해 컨테이너를 옮기는 곳이다. 선상에서 컨테이너를 들어 올려 컨테이너 야적장으로 운반한다. 선박에 컨테이너를 실을 경우, 컨

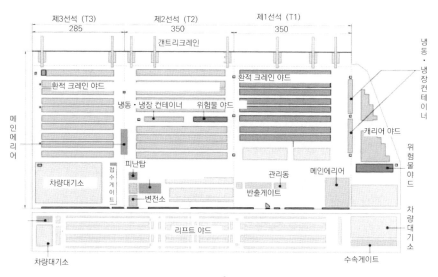

그림 2-9 컨테이너 터미널 시설(나고야항 나베타컨테이너터미널)

출처: 나고야 유나이티드 컨테이너터미널주식회사 웹 자료

테이너 야적장에서 컨테이너를 운반한 뒤 크레인으로 선박에 옮긴다. 스트래들 캐리어는 하역과 운반을 동시에 할 수 있는 자동 주행기로 컨테이너를 지정된 장소로 운반할 수 있다. 섀시(chassis)는 타이어가 달린 트럭 전용 짐받이이며, 크레인으로 컨테이너를 옮겨 그 위에 내린다. 트럭과 섀시가 하나가 된 것을 트 랙터 헤드 섀시라고 부른다.

컨테이너 야적장은 일시적으로 컨테이너를 보관하는 장소다. 물품이 적재된 컨테이너라면 3단까지 쌓아 올릴 수 있고, 빈 컨테이너라면 7~8단까지도 쌓 을 수 있다. 컨테이너 부두 공간이 부족할 경우, 빈 컨테이너를 높이 쌓아 공간 을 확보할 수 있다. 냉장·냉동 설비를 갖춘 컨테이너를 리퍼 컨테이너라고 하 는데, 이는 전체 컨테이너의 5% 정도를 차지한다. 냉장·냉동이 필요한 식품, 의료품, 고온에서 열화하기 쉬운 필름, 미술품의 운송에는 리퍼 컨테이너가 적 합하다.

컨테이너 화물 집합소 출입은 모두 출입구에서 이뤄진다. 출입구 구역은 컨 테이너 화물을 어느 구역에 운반할 것인지를 체크하는 중요한 시설이다. 컨테 이너 부두에서 외부로 운송할 경우에 운송지를 확인할 수 있다. 현재, 출입구 구 역의 전자 시스템을 이용하여 효율적으로 컨테이너 출입을 체크하고 있다. 출 입구 구역의 시스템을 포함하여 컨테이너 부두의 컨테이너 하역 작업은 매우 조직적으로 이루어지고 있다. 보통은 통제소에서 컨테이너 부두의 전체 작업 을 통제하고 조절한다.

3. 해상과 육지를 연결하는 항만의 역할과 변화

컨테이너 부두에서 컨테이너 하역 작업이 원활히 이뤄지기 위해서는 컨테이 너가 항만으로 들어오거나 나갈 때가 중요하다. 특히 컨테이너선을 운항하는 선사의 일정에 따라 지정된 컨테이너를 하역할 수 있도록 항만 주변의 교통이 원활해야 한다. 항만 내 설비는 항만 당국의 관리하에서 통제·조절되지만, 항만 외부는 관리가 어렵다. 따라서 다른 책임조직과 공간적으로 연결된 상태 하에서 컨테이너 화물이 운송된다. 운송 형태는 컨테이너에만 국한되지 않지만, 특히 운송 시간이 중요한 화물은 컨테이너로 운송하는 경우가 많다. 국제 공급망은 이러한 운송 공간을 국가 간 도시 간 서로 연결함으로써 실현된다.

항만과 도시의 관계에서 항만은 도시의 일부이긴 하나, 상당히 주체적인 성격을 갖는다. 그것은 항만이 공항과 철도역 등 교통과 운송 같은 전문적인 인프라를 갖춘 독자적인 시스템 하에서 움직이고 있기 때문이다. 또한 항만에는 공항, 기차역과는 달리 해양, 하천, 운하 등의 수역이 존재한다. 한편, 항만 배후에는 도시가 있으며, 이곳에서 생산된 제품이 항만으로 들어와 선박으로 운송된다. 그리고 도시에서 소비되는 원료나 제품이 항만에서 하역되어 운송된다. 만약 도시가 존재하지 않는다면 물건의 수출입이 발생하지 않기 때문에 항만도 필요 없다. 반대로 만약 항만이 존재하지 않으면 도시는 수상 교통을 통한 운송을 할 수 없게 된다.

다시 말해 항만은 수역(대부분 해양)과 육지(배후 도시) 사이에 있고, 두 곳을 연결하는 공간이다. 바다 건너 멀리 떨어진 곳은 국내외 항만과 도시가 있고 잠재적으로 그곳들과 연결된다. 항만 정비는 항만 당국과 도시 관공서가 함께 시행하는 것이 바람직하다. 항만 업무는 항만 당국이, 항만설비 및 인재와 관련된 재정·예산은 도시 관공서가 담당하고 있다. 또한 항만 당국은 항만 전체의 관리·운영, 개별적인 업무는 각 전문 기업·조직이 맡고 있다. 이렇듯 항만 업무는 세분화되어 있어 매우 복잡한 양상을 띠고 있다.

또한 공항이나 철도역과 같이, 항만에도 기술 혁신이 진행되고 있어 그에 따른 분업 구조로 변화해야 한다. 1960년대 이후 컨테이너화는 가히 혁명적이었고, 이로 인해 항만의 세력 관계에 다양한 영향을 미쳤다(今野, 1980). 최근 선박 대형화의 움직임에 대응하기 위해 선석을 연장하거나 수심을 깊게 할 필요가 대두되었다. 기술 혁신의 배후에는 빠른 국내외 화물 운송에 대한 요구가 있었다. 특히 국제 분업생산체제로 인하여 세계적 규모의 화물 운송에 관심을 보이기 시작했다. 이는 시장 경쟁의 형태로 운송업무가 전개되고, 항만은 그 연결고리로서 중책을 담당하고 있다.

4. 항만과 도시의 공간재구성, 선박 대형화, 환경보존 움직임

세계의 주요 항만은 국제 무역의 증대에 따라 그 규모를 확대했다. 항만의 지리적 특성으로 항만 공간은 한 방향으로 확장되기 쉽다. 항만의 초기 형성지는 일반적으로 토지 이용의 밀도가 높기 때문에, 그곳에서 서서히 멀어지면서 밀도가 낮은 곳으로 항만 용지가 확장된다. 항만 업무의 기술 혁신과 선박의 대형화가 진행되면, 그에 따른 공간이 필요하다. 이러한 공간을 항만 중심부에서 구하기 어렵기 때문에, 부두는 점차 수평 방향 또는 반도 모양으로 확장되고 이렇게 확장된 부두는 새로운 항만 업무의 중심이 된다.

항만에 따라서는 육지에서 새로운 용지를 확장하려는 경우도 있다. 이러한 경우 배후 도시와 공간을 둘러싼 마찰이 발생한다. 항만과 도시 사이의 공간은 토지 이용 밀도가 높은 경우가 많다. 항만은 오래된 지역을 재개발하고 새로운 항만 기능을 부여하여 활성화를 도모하고자 한다. 다시 말해 수변 공간 개발 등으로 노후화된 지역의 활성화를 도모한다. 만약 항만 기능을 화물하역 업무라고 생각한다면, 시민을 위한 수변 공간 개발사업은 그 기능에서 벗어난다고 할 수 있다. 그러나 도시에 가까운 바다와 강을 시민들에게 개방해야 한다고 본다면, 이러한 사업은 추진되어야 한다.

항만 용지를 확장할 경우 요구되는 것은 깊은 수심이며, 이는 공항과 철도 역과 다른 점이다. 단지 넓은 용지만을 확보할 것이 아니라, 대형 선박이 접안할 수 있을 만큼의 깊은 수심이 필요하다. 컨테이너선은 다음과 같이 Small feeder, Feeder, Feedermax, Panamax, Post Panamax, New Panamax, Ultra Large Cantainer Vessel(ULCV: 초대형 컨테이너선) 7가지로 구분된다. 이 중 Post Panamax, 즉 E급 컨테이너선은 길이 366m, 폭 49m이며, 15.2m보다 깊은 수심이 아니면 접안할 수 없다. 컨테이너를 싣는 방법에 따라 다르겠지만, 이 정도 크기면 1.2만~1.35만 개의 컨테이너를 실을 수 있다. 선복을 따라 세로 방향으로 컨테이너를 실었을 경우 최대 22개를 배치할 수 있다. 이 정도의 배는 시간당 150개의 컨테이너를 적재해야 하고, 시간당 30개를 옮길 수 있는 크레인이 5개 있어야 한다. 2012년 시점, 최대 규모의 ULCV의 선박은 전 세계 161척 있다. 단, 이 크기의 컨테이너선이 하역할 수 있는 항만은 전 세계 51곳밖에 없다. 그림 2-10, 2-11은 2008년 1월 시점 세계 컨테이너선의 선박 수와 적재량을 규모별로 나타낸 것이다. 단 Feeder, Feedermax의 구별은 하지 않았다. 이에 따르면 선박 수에서는 Feeder가 전체의 40% 가까이 차지하지만, 적재량에서는

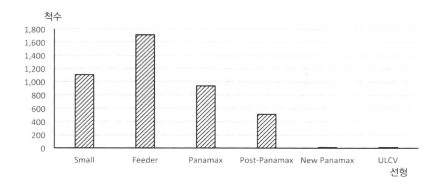

그림 2-10 세계 컨테이너선 총 수(2008년)

출처: Man Diesel & Turbo 웹 자료

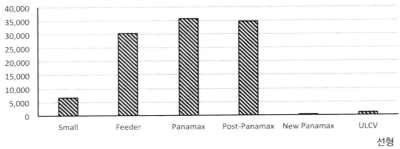

그림 2-11 세계 컨테이너선 총 적재량(2008년)

출처: Man Diesel & Turbo 웹 자료

Panamax, Post Panamax가 전체의 30% 정도를 차지한다.

　주요 항만에 요구되는 점은 깊은 수심을 가진 선석만은 아니다. 해양 및 하천 생태계의 유지와 보존을 위해 항만의 수질과 대기 등 환경도 고려해야 한다. 처음 항만이 건설되었을 때는 고려하지 않았던 부분이며, 이러한 보존을 위해 자금과 기술이 필요하다. 선박의 디젤 기관으로 항해 시 이산화탄소나 질소산화물을 대기 중에 배출하고, 항만에 정박 중에도 엔진 가동으로 오염되고 있다. 이로 인해 항만의 대기가 오염되기 때문에, 육상의 케이블을 통해 전력을 보내는 장치를 갖춘 항만도 있다. 이 방식은 그다지 보급되지 않았지만, 항만의 환경을 깨끗이 유지하는 것으로 항만의 환경 조건을 향상시키고 시민들이 항만에 관심을 가질 수 있다.

제3절 단일 기능, 복합 기능, 환적 기능을 가진 항만

1. 특정 화물 취급에 특화된 항만

철광석, 석탄, 목재, 밀 등 일반적으로 벌크 화물이라고 하는 것을 제외하면, 세계 무역품의 약 90%는 컨테이너로 운반되고 있다. 따라서 항만에 대한 관심이 컨테이너 항만에 집중되기 쉽지만, 벌크 화물을 취급하는 항만도 무시할 수 없다. 선진국의 항만에서는 제품 수출입을 대부분 컨테이너로 운송한다. 반면 원료, 에너지, 자원 등은 항만 내 다른 부두에서 하역하고 있다. 이러한 벌크 화물은 항만 근처의 공장에서 사용되거나 가공되어 배후 도시로 보내진다. 넓은 범위에서 항만의 기능을 보면, 물자와 화물 취급뿐만 아니라 제조·가공, 유통, 서비스 등의 기능도 포함할 수 있다. 이러한 기능은 다양한 교통 수단에 의해 유지되고 있다. 선박을 이용한 해상 교통, 그 외 배후지역 사이에 트럭이나 철도 등 육상 교통을 이용하는 경우도 있다. 항만을 기종점으로 하는 트럭이나 철도의 경우 항만은 중요한 출발지이자 도착지이다.

원료와 에너지 자원 산지가 배후에 있는 개발도상국의 항만은 대부분 적출항이다. 예를 들어 원유를 실어 나르는 페르시아만의 항만이나 광물자원을 실어 나르는 아프리카의 항만 등이 이에 해당한다. 사우디아라비아 라스타누라항은 중동에서도 손꼽히는 석유와 천연가스의 적출항이다. 바다 위로 솟아오르듯 뻗어나가는 기다란 반도와 거기서 수직으로 튀어나온 2개의 부두가 특징적이다. 참고로 라스타누라(Ras Tanura)의 Ras는 곶을 의미한다. 이 항구에는 유조선이 접안할 수 있는 선석이 모두 18개 있으며, 최대 55만 톤의 유조선이 입항할 수 있다. 총 용량 3,300만 배럴의 석유를 저장할 수 있는 탱크가 설치되어 있으며, 이곳에서 석유를 가득 실은 유조선이 일본을 향해 1만km의 여정으로 항해한다.

　이러한 종류의 화물 전용 항만은 호주와 캐나다 등 선진국에도 있다. 두 나라 모두 광산물 자원과 농산물이 풍부하다. 특히 호주는 동부의 뉴캐슬항, 에벗포인트항 등에서 석탄, 북부의 포트헤들랜드항, 케이프램버트항, 댐피어항에서는 철광석이 해외로 수출된다(그림 2-12). 헌터강 하구의 뉴캐슬항은 세계 최대급의 석탄 수출항이며, 에벗포인트항은 석탄 수출항 외에 그레이트 배리어 리프 관광의 중심지이기도 하다. 수심이 깊은 포트헤들랜드항은 호주 최대 철광석 수출항이며, 호주 내륙의 철광석 산지 4곳에서 철도로 운반되어 항만에서 전용선으로 주요 수출국인 일본, 중국, 한국에 운송된다.

　수출용 석탄 전용항인 뉴캐슬(2011년 인구 14.8만 명)의 배후에는 동서 500km, 남북 500km의 범위에 광대한 석탄 매장지가 분포되어 있다. 이곳은 시드니분지 내에 위치해 있으며, 18세기 말 석탄 매장량이 많은 곳으로 알려

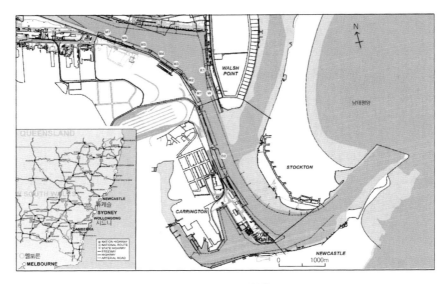

그림 2-12 호주 뉴캐슬항

출처: Dredging Today.com 웹 자료

져 채탄을 시작했다. 탄전은 전부 5곳이며, 철도로 접근 가능한 것이 강점이다. 초기에 석탄은 남쪽으로 160km 떨어진 시드니에서 판매되었으나, 인도 수출을 계기로 해외 수출이 본격화되었다. 뉴캐슬은 석탄 자원으로 제철업과 조선업이 번성해 공업도시로 발전했고, 최근 항만 지구의 수변 공간 개발사업도 진행하고 있다.

2. 컨테이너 화물, 벌크 화물, 자동차 등을 복합적으로 취급하는 항만

국제무역에서 운송되는 대부분의 화물은 컨테이너 형태로 거래되고 있다. 따라서 최근 컨테이너 물동량으로 항만 활동의 지표를 보고 있다. 그러나 모든 항만이 컨테이너 화물만 취급하는 것은 아니다. 철광석, 석탄, 목재, 밀 등의 벌크 화물이나 원유, 천연가스, 자동차 같은 특수한 대형 기계 등을 취급하는 항만도 있다. 일본의 항만 중에서 나고야항이 국제무역(수출입)과 국내무역(이출입)을 합한 화물량(2015년)이 가장 많았다(표 2-1). 나고야항의 국제무역 비율은 66.6%이며, 그 중 수출은 국제무역 전체의 41.8%를 차지했다. 주된 수출품으로는 완성 자동차가 3,124.9만 톤, 자동차 부품이 970.8만 톤, 산업 기계가 276.5만 톤이며, 그중 자동차 부품은 일본 주요 항만 중 제1위, 산업 기계는 제2위였다. 한편, 수입은 액화천연가스(LNG)가 1,861.9만 톤으로, 이는 전 항만 중 제3위, 원유 891.7만 톤, 철광석 1,128.8만 톤, 목재 139.2만 톤은 모두 제7위였다. 자동차 부품과 산업 기계는 대부분 컨테이너 화물로 운송할 수 있지만, 그 외는 어렵다.

표 2-1 주요 항만 수출입과 이출입별 화물 취급량(2015년)

단위 : 톤

| 순위 | 항만 | 총계 | 외국무역(A) | | 국내무역(B) | | 외국무역 비율(%) | 수출비율 (%) |
			수출(C)	수입(D)	이출	이입	A/(A+B) ×100	C/(C+D) ×100
1	나고야	207,621,287	57,694,254	80,490,082	37,764,352	31,672,599	66.6	41.8
2	치바	162,830,327	10,774,134	89,889,590	34,317,220	27,849,383	61.8	10.7
3	요코하마	117,014,290	31,141,288	42,554,570	17,462,551	25,855,881	63.0	42.3
4	토마코마이	106,301,025	1,053,457	16,228,427	43,983,734	45,035,407	16.3	6.1
5	키타규슈	100,097,507	6,966,531	25,718,011	32,396,770	35,016,195	32.7	21.3
6	고베	92,386,563	22,606,633	27,286,802	17,639,134	24,453,994	54.4	44.9
7	미즈시마	89,907,610	8,842,019	47,557,104	21,912,778	11,595,709	62.7	15.7
8	도쿄	87,189,132	13,222,318	35,645,161	14,216,486	24,105,167	56.0	27.1
9	오사카	86,475,366	9,253,254	27,430,682	22,172,280	27,619,150	42.4	25.2
10	카와사키	85,813,387	10,616,740	47,628,491	15,477,710	12,090,446	67.9	18.2
11	사키이센보쿠	74,258,492	4,429,859	27,003,746	18,980,988	23,843,899	42.3	14.1
12	키사라즈	72,283,844	4,794,477	48,550,821	10,066,473	8,872,073	73.8	9.0
13	오이타	67,777,803	6,544,245	35,101,507	17,732,602	8,399,449	61.4	15.7
14	욧카이치	61,945,302	3,856,819	37,717,174	15,072,960	5,298,349	67.1	9.3
15	카시마	61,879,080	5,331,416	38,119,713	11,920,446	6,507,505	70.2	12.3
16	키이레	51,187,479	0	25,531,698	25,648,371	7,410	49.9	0.0
17	토쿠야마쿠다마쯔	45,904,436	2,563,282	14,475,700	14,816,781	14,048,673	37.1	15.0
18	후쿠야마	44,319,639	7,625,951	27,753,913	5,868,363	3,071,412	79.8	21.6
19	센다이시오가마	42,580,692	1,920,100	9,745,794	14,072,464	16,842,334	27.4	16.5
20	와카야마시모쯔	40,628,825	5,231,590	18,674,003	8,801,271	7,921,961	58.8	21.9
21	히가시하리마	39,084,733	3,059,325	18,791,715	8,915,046	8,318,647	55.9	14.0
22	카고시마	38,722,283	4,711	1,153,781	17,430,003	20,133,788	3.0	0.4
23	하카타	35,873,784	7,233,273	11,260,353	5,114,146	12,266,012	51.6	39.1
24	히메지	35,406,213	1,097,199	20,682,513	5,450,232	8,176,269	61.5	5.0
25	칸다	35,184,332	5,520,690	1,700,761	16,263,457	11,699,424	20.5	76.4
26	하코타테	34,545,832	642,017	665,560	18,154,857	15,083,398	3.8	49.1
27	우베	33,194,634	2,817,131	11,807,620	15,675,918	2,893,965	44.1	19.3
28	니가타	32,948,886	1,189,550	16,732,988	6,472,855	8,553,493	54.4	6.6
29	이바라키	29,058,610	1,250,180	5,684,095	11,245,457	10,878,878	23.9	18.0
30	하치노헤	27,405,685	357,071	6,813,403	10,439,617	9,795,594	26.2	5.0

출처: 국토교통부 웹 자료

치바항의 경우 국제무역의 비율은 61.8%로 나고야항과 비슷한 수준이다. 치바항은 원유와 LNG 수입량이 일본 제1위, 수출에서 화학약품이 제1위, 강재(鋼材)가 제8위이다. 컨테이너 화물 취급량이 263.1만TEU인 나고야항과 비교하면, 치바항은 나고야항 전체의 3.7%인 9.6만 TEU이다(표 2-2). 이 부분이 두 항만의 차이점이다. 컨테이너 화물 취급량은 도쿄항이 나고야항의 1.8배 많지만, 수출입과 이출입의 합계에서는 전 항만 중에서 제8위다. 도쿄항은 수출 항목에서 자동차 부품과 산업 기계가 제4위이지만, 벌크 화물에서는 수출, 수입 모두 상위 10위 안에 들어있지 않다. 도쿄항의 특징은 수입 컨테이너 화물(223.2만TEU)이 수출 컨테이너 화물(191.7만TEU)을 크게 웃돌고 있는 점으로, 이는 도쿄권이라는 거대한 시장을 배후로 해외에서 다양한 제품을 수입하고 있다는 것을 의미한다.

표 2-2 주요 항만 컨테이너 취급량(2015년)

단위 : TEU

순위	항만	국제 · 국내 총계	합계	국제컨테이너		국내 컨테이너
				수출	수입	
1	도쿄	4,629,161	4,149,507	1,917,199	2,232,308	479,654
2	요코하마	2,787,296	2,513,511	1,330,019	1,183,493	273,785
3	고베	2,706,967	2,115,065	1,132,247	982,819	591,902
4	나고야	2,630,804	2,466,272	1,286,964	1,179,308	164,532
5	오사카	2,221,827	1,970,321	897,329	1,072,992	251,507
6	하카타	925,593	822,192	404,276	417,916	103,401
7	나하	523,006	78,607	38,369	40,238	444,399
8	시미즈	506,965	429,651	223,747	205,904	77,314
9	키타큐슈	498,798	433,076	221,769	211,307	65,722
10	토마코마이	307,799	196,402	93,800	102,602	111,397
11	센다이시오가마	226,212	139,347	71,406	67,941	86,865
12	히로시마	222,969	145,329	73,822	71,507	77,640
13	니가타	221,924	161,276	78,666	82,610	60,648
14	욧카이치	206,690	172,337	93,515	78,822	34,353
15	미즈시마	166,000	119,710	61,007	58,703	46,290
16	토쿠야마쿠다마쯔	136,632	68,211	45,609	22,602	68,421
17	카고시마	116,657	1,677	678	999	114,980
18	카와사키	107,707	76,787	36,426	40,361	30,920

| 순위 | 항만 | 국제 · 국내 총계 | 합계 | 국제컨테이너 | | 국내 컨테이너 |
				수출	수입	
19	치바	96,492	42,357	24,710	17,647	54,135
20	미즈마카와에노	84,780	65,266	31,200	34,066	19,514
21	시부시	81,881	63,856	29,432	34,424	18,025
22	후쿠야마	80,081	74,399	34,875	39,524	5,682
23	후시키토야마	78,293	74,784	36,820	37,964	3,509
24	쯔루가	71,805	38,864	19,571	19,293	32,941
25	니하마	71,684	0	0	0	71,684
26	시모노세키	62,987	62,757	31,344	31,414	230
27	아키타	61,814	59,159	31,654	27,505	2,655
28	료쯔	59,879	0	0	0	59,879
29	카나자와	58,275	58,150	29,161	28,989	125
30	하치노헤	58,065	26,909	14,784	12,125	31,156

출처: 국토교통부 웹 자료

　수출입과 이출입의 합계가 제3위인 요코하마항은 나고야항과 비슷한 특징이 있다. 수출에서는 완성 자동차(2위), 자동차 부품(2위), 산업 기계(3위), 강재(10위)가 많고, 수입에서는 LNG가 제9위이다. 수출입 컨테이너 화물량도 251.4만TEU로 나고야항의 246.6만TEU와 비슷한 규모다. 요코하마항의 수입 컨테이너는 수출 컨테이너의 0.89배로 도쿄항처럼 수입에 치우쳐 있지 않다. 이러한 점으로 볼때 도쿄권에서는 컨테이너 형태의 소비재 수입이 많은 도쿄항, 자원 등 벌크 화물의 수입에 특화한 치바항, 그리고 완성 자동차와 컨테이너 화물이 많은 요코하마항이 서로 역할을 분담하고 있다고 볼 수 있다.

3. 컨테이너 화물을 중계하는 환적항

환적항이란 인근의 항만으로부터 화물을 받아 모선(母船)으로 옮겨 싣는 데 이용되는 항만을 말한다. 이러한 운송이 이루어지는데 주로 2가지 이유가 있다. 첫 번째는 운송 수단이 다른 수상 교통과 육상 교통의 경우이다. 같은 수상 교통을 이용해 운반하더라도 하천이나 운하를 항해하는 선박과 외양을 항해하는 선박은 규모나 성능이 매우 다르다. 이 때문에 화물을 환적할 필요가 있다. 두 번째 이유는 대량 수송을 통해 운임비를 줄이기 위해 한 곳에 화물을 모은 후 최종 목적지별로 선박 운송하기 위해서이다. 이는 '규모의 이익' 추구가 주된 목적이다.

환적 운송의 대부분은 컨테이너 화물이며, 그 취급량은 일반적으로 TEU 단위를 사용한다. 환적에 따른 컨테이너 물동량을 국가별 비교할 때 첫 번째 이유인지 두 번째 이유인지 구분할 필요가 있다. 중국이나 유럽에서는 하천이나 운하를 이용한 운송이 발달했기 때문에 첫 번째 이유에 해당하는 경우가 많다. 이에 반해 국제 허브항인 싱가포르나 부산은 비교적 가까운 해외 항만으로 컨테이너 화물을 모아 해외로 보내거나, 반대로 해외에서 보내는 컨테이너를 근해의 해외 항만으로 운송한다. 이 경우가 두 번째 이유에 해당한다.

싱가포르항의 경우 해외 환적 화물이 싱가포르항의 컨테이너 화물량에서 차지하는 비율(환적화물량)은 2011년 기준 84.4%를 차지한다. 같은 해 싱가포르항에서 갠트리 크레인으로 선박에 실었거나 육상에 내린 컨테이너 화물량은 2,843.1만TEU였다. 이 중 실제로 2,400.0만TEU는 싱가포르항을 경유하는 환적 화물이다. 이 항만은 연간 3,000만TEU나 되는 컨테이너 화물을 취급하지만, 직항 화물은 전체 20%에도 못 미친다. 아시아에서 싱가포르항 다음으로 부산항이 환적률 44.2%로 높았고, 컨테이너 직항 화물량은 792.2만TEU였다. 그 외 화물 환적률은 홍콩이 24.5%, 상하이가 21.5%다.

환적률이 80% 이상인 싱가포르항에는 브라니(Brani), 케펠(Keppel), 파시르판장(Pasir Panjang), 탄종파가(Tanjongpagar) 4곳의 컨테이너 터미널에서 1일 6만 개의 컨테이너 화물 적하차가 이루어지고 있다(그림 2-13). 매일 대략 컨테이너선 60척이 접안하고 있으며, 12시간 이내에 화물 작업을 끝내고 출항할 수 있다. 그림 2-13에 나타나 있지 않지만, 1997년부터 개장한 파시르판장은 최첨단 기술력을 도입한 컨테이너 터미널로 수심 15m의 선석과 컨테이너 18개를 동시에 들 수 있는 안벽용 크레인이 설치되어 있다. 1명의 오퍼레이터가 최대 6개의 크레인을 조작할 수 있는 오버헤드 브릿지 크레인 시스템으로 움직이고 있다. 도시국가 싱가포르 GDP에서 운수·창고업이 차지하는 비율은 10% 정도지만, 14%를 차지하는 서비스업 안에 운수·보관 서비스, 비즈니스 서비스 등이 포함되어 있다. 항만의 자동화, 정보 시스템화로 더 이상 고용 기회의 증가를 기대하기 어렵지만, 서비스 부문에서 새로운 고용 기회를 기대할 수 있을지도 모르겠다.

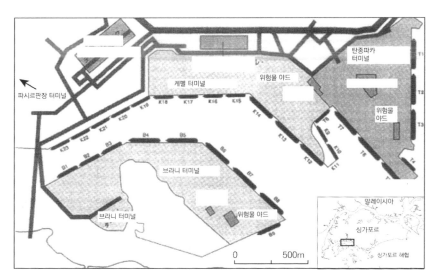

그림 2-13 싱가포르항 터미널
출처: 일본재단 도서관 게재 자료

제4절 동아시아 허브항을 둘러싼 움직임과 새로운 환적항

1. 동아시아 허브항으로 발전한 부산항과 도시 구조

일본 항만은 국내 주요 항만의 총 컨테이너 화물량은 1,658.2만TEU(2010년)인 데 반해, 이 중 환적 화물을 취급하는 컨테이너 화물량은 47.7만TEU로 환적률은 2.8%에 지나지 않는다. 이는 동아시아 국가들의 항만과 다르게 일본 항만은 컨테이너 화물 직항지로 특화되어 있다고 말할 수 있다. 그러나 여기서 간과할 수 없는 점은 부산항 등 이웃 국가들의 항만을 경유해 일본으로 대량의 컨테이너 화물이 운송된다는 점이다. 경제적 합리성을 따지면, 해외 허브항에 화물을 모아 그곳에서 한 번에 운송하는 것이 좋을지도 모른다. 단, 허브항이 아닌 국가 입장에서는 다를 수 있다. 자국과 관련된 화물을 자국 항만을 경유해 운송하고, 그 운송으로 발생하는 부가가치로 항만과 도시를 발전시키고자 한다면 말이다.

2007년 부산항은 일본의 57개 항만과 61편의 피더서비스(Feeder Service)를 실시하고 있었다(그림 2-14). 피더서비스란 규모가 작은 항만에서 큰 항만으로 화물을 모으거나 반대로 화물을 분산시키는 것을 말한다. 규모가 큰 항만은 주요 항로의 편수가 많고 편리하기 때문에 컨테이너선의 기항지가 되기 쉽다. 부산항은 일본뿐만 아니라 중국의 28개 항만과 53편, 동남아시아의 21개 항만과 55편 그리고 러시아의 5개 항만 16편의 피더서비스가 이루어지고 있다. 부산항은 중국, 일본, 동아시아, 러시아 동부와 지리적으로 가까운 위치적 조건과 깊은 수심을 가진 자연조건을 활용해 국가 차원의 전략으로 허브항이 추진되었다.

역사적으로 일본과 관계가 깊은 부산항은 1876년 개항되었다(坂本·木村, 2007). 부산항은 한국 전체 수출입 컨테이너 화물의 75%를 취급하고 있고, 컨테이너 물동량은 1,868만TEU(2014년)로 세계 6위이다. 1980년 당시 부산항은 세계 16위로 고베항(4위), 요코하마항(13위)과 비교하면 비약적으로 발전하였다. 그리고 2014년 도쿄항은 28위, 요코하마항은 48위로 두 항의 총 물동량은 788만TEU로 부산항의 절반에도 못 미친다. 부산항은 깊은 수심의 자연조건을 이용해 역사적으로 발전해 온 북항과 1997년 건설하기 시작한 신항에서 컨테이너 화물을 취급하고 있으며, 2011년 물동량은 북항이 600만TEU, 신항이 1,000만TEU였다.

부산은 리아스식 해안의 특징을 보여주는 지형 위에 형성된 도시로 한국전쟁 당시 각지에서 피난 온 사람들로 인구가 급증했다. 부산광역시는 인구 320만

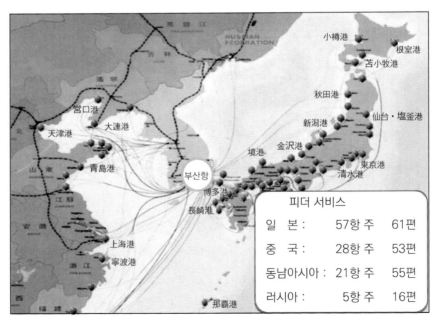

그림 2-14 부산항 피더서비스

출처: 죠에쯔시 웹 자료

명(2015년), 부산역은 부산항과 가깝고, 부산역에서 서울역으로 15~20분 간격
으로 KTX가 출발한다. 부산역 북쪽에는 상업 · 업무 중심지구인 서면이 위치
해 있으며, 이곳은 지하철의 주요 환승 지점이기도 하다. 서면에서 더 북쪽으로
가면 부산대역을 중심으로 번화가 · 주택지가 펼쳐진다. 평지가 취약한 부산 북
항의 노후화와 항만 확장을 위해 북항에서 서쪽으로 25km 떨어진 곳에 신항이
건설되었다(그림 2-15). 신항의 배후에는 FTZ(Free trade area)의 조건을 활용
한 기업들이 집중되어 있다(朴 · 禹, 2008). 이 중에는 일본에서 수입된 원료를
가공해 다시 일본에 수출하는 로지스틱스 기능을 가진 기업도 있다. 동아시아
전체의 경제 상황을 전략적으로 판단하면서 기업경영을 하고 있다.

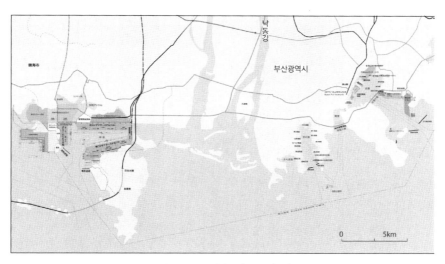

그림 2-15 부산북항(동쪽)과 신항(서쪽)
출처: 부상항만공사 웹 자료

2. 아시아 허브항 등장과 일본의 대응

부산항이 동아시아 허브항으로 두각을 나타낸 때는 1980년대 이후다. 1970

년대까지는 고베항, 오사카항이 한국과 관련된 화물을 취급하고 있었다. 이때만 하더라도 일본 항만이 허브항의 기능을 하고 있었다. 그러나 그 당시 일본 항만이 허브 기능을 하고 있었다는 인식이 그다지 없었고, 일본 국내에서 생산되는 공산품을 해외로 보낼 때 발생하는 운송비를 줄이기 위해 한국 화물을 취급했다고 보는 편이 더 현실적이다. 일본과 비교해 국내시장 규모가 작은 한국은 주변국의 화물을 취급하여 운송하면 국제 경쟁력을 가질 수 있다고 판단했다. 이에 한국 정부는 지리적으로 유리한 조건을 갖춘 부산항을 허브항으로 발전시키는 정책을 추진하게 되었다.

부산항을 이용하는 선사 · 화주에게 입항료를 면제해 주는 등 각종 인센티브가 주어졌기 때문에 컨테이너 취급 비용이 도쿄항이나 요코하마항보다 20~40% 낮았다. 이러한 제도는 다른 항만에서도 일반적으로 시행되고 있기 때문에 부산항만의 특별한 혜택은 아니다. 그럼에도 불구하고 부산항이 경쟁력을 가질 수 있는 데에는 하역 업무를 하는 10곳의 오퍼레이터 회사 간 가격 경쟁이 치열한 점, 고도 자동화 시스템으로 하역 업무를 효율적으로 수행하고 있는 점 등이다. 예를 들어 부산 신항의 오퍼레이터 회사는 컨테이너 야적장을 완전 자동화하여 수심 18m 선석에 12기 갠트리크레인을 배치하여 1.2만TEU 컨테이너선 3척을 동시에 접안시켜 하역할 수 있다.

일본에서 출발하는 컨테이너 화물이 모두 부산항을 경유하는 것을 아니다. 예를 들어 일본에서 미국으로 보내지는 컨테이너 화물(2012년 전체 66.2만TEU) 중 7.9%는 부산항을 경유했지만, 도쿄항 경유는 9.5%였다. 즉 도쿄항에서 6.2만TEU의 컨테이너 화물이 모인 후 미국으로 운송되었다. 그러나 이와 반대로 미국에서 일본으로 보내는 컨테이너 화물(전체 83.9만TEU)의 6.3%는 부산항을 경유했다. 일본 항만 중에서 요코하마항 경유가 6.3%로 가장 많았고, 그다음은 고베항으로 3.9%였다. 일본 항만 안에서 화물 수출은 도쿄항, 화물 수입은 요코하마항에서 이루어졌다. 그러나 동해 쪽에서 생산·소비되는 제품 등은 태평양과 세토나이에 있는 항만 구간을 트럭으로 운송하는 것보다 부산항을 이용하는 배편이 편리했다. 이는 육상 운임비가 해상 운임비보다 비싸고, 국제 정기 항로 배편 수가 많기 때문이다.

동아시아 허브항인 부산항의 피더서비스에 대한 일본 기업의 높은 의존도에 위기감을 느낀 일본 정부는 그에 따른 대응책을 모색했다(小林ほか, 2001). 기본적인 대응책은 태평양과 세토나이에 있는 주요 항에 내항 피더서비스를 실시해 화물을 모으는 것이다. 그러기 위해서는 이러한 기능을 수행할 주요 항을 지정하고, 항만 정비에 집중적인 투자를 해야 한다. 2004년 일본은 케이힌항(도쿄, 요코하마), 이세만항(나고야, 욧카이치), 한신항(오사카, 고베)을 슈퍼중추항만으로 지정하고, 그 다음 해에 항만법을 개정해 지원했다. 2010년 케이힌항과 한신항을 국제컨테이너전략항만으로 지정했다. 그 외 나고야항, 카시마항, 미즈시마항 등이 국제벌크전략항만으로 지정되었다. 벌크에는 곡물, 철광석, 석탄의 세 분야가 있고, 이러한 원료 수입 전용 항만 정비를 위해 지정했다.

그러나 일본 정부의 노력에도 불구하고, 일본 항만의 컨테이너 취급량은 회복되지 않았다. 중국을 비롯한 경제 발전이 눈부신 아시아 지역을 중심으로 컨테이너 화물 취급량이 증가하고, 국제해운회사의 일본 이탈이 빠르게 진행되었다. 일본이 항만 정비에 노력을 기울여도 컨테이너선은 사용료가 저렴한 다른 아시아의 항만을 이용했다. 또 일본 국내 기업은 비교적 비싼 내항 피더서비스 이용에 부담을 느껴 일본 내 주요 항에 컨테이너 화물을 모으는 일도 쉽지 않았다. 자본주의 시장을 전제로 한 경제활동 중 일부인 항만 활동에 국가정책이 관여하는 것은 공공적 성격을 가진 항만 인프라를 생각하면 이해할 수 있다. 그러나 치열한 국제경쟁에서 정책의 유효성에 한계가 있는 것도 사실이다.

3. 유럽과 아시아의 자동차 환적항

항만의 환적이라고 하면 컨테이너 화물을 환적하는 이미지를 생각하기 쉬운데, 자동차처럼 제품 그 자체가 환적되는 경우도 많다. 이는 선진국 외에 신흥국에서도 자동차를 생산하므로 자동차 무역이 광범위해졌기 때문이다. 가격별 자동차가 다양해졌고, 가격에 따라 다양한 소비 시장으로 운송되기 때문이다. 운송 전략상 유리한 항만이 환적항으로 자동차를 다양한 소비시장으로 보내게 된다. 그중에는 해외 자사 공장에서 생산한 자동차를 자국의 항만까지 운송하여 자국에서 생산된 수출용 자동차와 함께 보내는 경우도 있다. 이 경우에 신차 외에 중고차 수출도 증가하여 자동차의 환적 패턴은 더욱 복잡하다.

유럽은 벨기에 제브뤼헤항과 앤트워프항, 이탈리아 지오이아타우로항이 자동차 허브항으로 알려져 있다. 이러한 항만은 유럽 외 아시아에서 생산된 자동차를 모은 후, 중소형 자동차 전용선으로 환적해 유럽과 아프리카로 운송한다. 이 세 항만은 다른 특징을 가지고 있으며, 제브뤼헤항은 전 유럽 관문의 성격을 가지고 있다. 앤트워프항은 유럽 내륙, 지오이아타우로항은 지중해와 북아프리카의 환적항 역할을 하고 있다. 벨기에 두 곳의 항만은 2010년 총 123만 대, 지오이아타우로항은 12만 대 자동차를 취급했다.

수도 브뤼셀에서 북동쪽 90km로 북해와 접한 제브뤼헤항은 배후에 서플랑드르주를 비롯한 유럽 주요 도시들과 고속도로로 연결되어 있다. 내륙 화물 운송의 절반은 자동차, 20%가 철도 운송이다. 피더서비스는 벨기에 외에 네덜란드, 프랑스, 영국 등에서도 실시하고 있다. 앤트워프항은 스헬데강 하구에서 65km 떨어진 곳에 있으며, 하천 양쪽에 항만 시설이 있다. 내륙으로 흐르는 하천을 이용해 바지선을 운항하고 있다. 지오이아타우로항은 이탈리아반도 최남단에 가까운 석호를 이용한 수심 18m의 양항이다(그림 2-16). 제철업을 이용

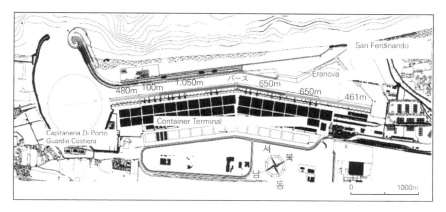

그림 2-16 이탈리아 남부 지오이아타우로항

출처: Wiquipedia Porto di Gioia Tauro 웹 자료

한 지역개발은 좌절되었지만, 컨테이너 물동량은 이탈리아 제1위, 유럽 전체 9위 항만으로 발전했다.

아시아의 자동차 주요 환적항은 싱가포르항다. 2009년 일본유센, 카와사키기선 등이 합병하여 자동차 전용 터미널 운영회사를 설립한 것이 계기가 되었다. 동남아시아와 인도에서 생산된 자동차가 이 항만에 모여 세계 각지로 보내진다. 2010년 자동차 취급 대수는 약 80만 대였다. 싱가포르항이 동남아시아, 인도 등지의 자동차를 중심으로 환적하고, 일본 항만이 중국, 한국, 대만 등 동아시아에서 생산된 자동차를 환적하고 있다. 그중 나고야항은 연간 15만 대 정도의 자동차를 환적하고 있다. 자동차 생산 배후지역을 가진 나고야항은 토호쿠, 큐슈, 세토나이에서 생산된 수출용 자동차와 나고야에서 생산된 자동차를 수출하고 있다. 또한 나고야항은 일본계 동남아시아 자동차공장에서 생산된 자동차를 남미로 보내기도 하고, 반대로 남미산 자동차를 아시아로 보내기도 한다.

칼럼 2. 천연 양항의 의외의 약점

천연 양항이란 충분한 수심, 묘박에 적합한 해저지질과 바람과 파도와 외해의 영향이 적은 평온한 수면을 가진 항구를 일컫는 말이다. 일본 산리쿠(三陸)와 와카사(若狹)에 많은 리아스식 해안과 빙하로 덮인 북반구의 해안부에서 많이 볼 수 있는 피오르 지형이 이러한 조건을 갖춘 항구가 되기 쉽다. 리아스식 해안은 하구라는 의미의 스페인어 'ria'에서 유래된 용어로 작은 만이 다수 발달한 침수해안을 말한다. 리아스식 해안은 육지가 침수됨으로써 만들어진 들쭉날쭉 복잡한 해안으로 근해에 섬이 많은 것이 특색이다. 그러나 일반적으로 리아스식 해안의 항구는 규모가 작고 배후지도 넓지 않다. 이는 단단한 암반과 하천 길이가 짧은 것과 관련이 있다. 또한 토지 침식이 없고, 상류에서 대량의 토사가 유입되지 않기 때문에 해안 근처에 넓은 평지도 없다. 수심이 깊은 것은 임해부의 토사 퇴적이 거의 없기 때문이다.

피오르 지형도 리아스식 해안처럼 해저까지 깊은 수심이 있다. 이 지형은 빙하에 의한 U자형 침식지형에 바닷물이 침입했기 때문이다. 그러나 피오르 지형도 리아스식 해안과 마찬가지로 하천에서 흐르는 토사 퇴적의 유입이 없어 배후에 산지와 구릉인 경우가 많다. 물론 예외적으로 피오르 지형에 있는 항구 중 배후가 평지인 경우도 있다. 일반적으로 평지는 도시와 산업이 발전하기에 좋은 조건이며, 아무리 수심이 깊은 항구라도 배후가 발전하지 못하면 항구도 발전하기 어렵다. 산업혁명 이전 도시와 산업 규모가 크지 않았기 때문에 '천연 양항'은 훌륭한 자연조건을 갖추었다. 그러나 산업이 발전해 도시에 인구가 집중하면서 평지가 발전에 유리한 조건이 되었다. 그렇다면 왜 리우데자네이루와 밴쿠버 등 평지가 부족한 지역에 항구가 형성되었을까? 아마도 당시에는 파도가 잔잔하고 수심을 확보할 수 있는 바다의 지형 조건이 우선시되었을 것이다.

　반대로 일본에서는 태평양과 접한 항구인 요코하마항과 고베항이 '천연 양항'으로 불려 왔다. 리아스식 해안이나 피오르 지형은 아니지만, 하천이 짧고 평지가 적다. 도시 발전과 함께 항구를 확장해야 했고, 매립 사업이 반복되었다. 따라서 도시 발전을 위한 토지가 필요했기 때문에 바다 매립지와 배후 경사지도 시가지로 변모해 갔다. 죠카마치 중심이 해안과 가까웠던 에도(현재 도쿄)와 오사카와 달리, 나고야는 키소삼천을 비롯한 크고 작은 하천의 토사 퇴적으로 나고야 도시 중심은 해안에서 멀리 떨어진 곳에 위치한다. 근대에 들어서면서 규모가 큰 항만이 필요했고, 나고야항의 최대 난점인 얕은 수심은 네덜란드의 근대적인 준설 기술을 통해 극복되었다.

　항만 형성의 토대인 지형·지질 등 자연조건만으로 항만과 도시의 입지를 설명할 수 없다. 그러나 도쿄, 오사카, 나고야 3대 도시권이 모두 광활한 충적평야 위에 있고, 평야와 해양의 접점에 구축된 항만이 도시와 산업의 발전을 지탱해 온 역사를 살펴보면, 지역 발전의 초기 조건으로 지형과 같은 자연조건이 중요하다. 비록 '천연 양항'은 아니더라도 오히려 배후가 평지인 조건을 가지고 얕은 수심은 준설 기술로 극복할 수 있다. 이런 과정을 거치면서 대도시권의 주요 항만이 지금의 위치에 있게 되었다.

제3장

도시, 수상 교통, 항만의 역사적 발전

제1절 근세 이전 수상 교통과 도시 입지

1. 중세에서 근대에 걸친 유럽 선박의 진화

산업혁명 이전 선박을 이용한 수상 교통은 육상 교통과는 비교할 수 없을 정도의 운반 능력을 발휘했다. 그러나 오늘날의 선박과 비교하면 100톤 이상 되는 짐을 싣고 수심이 깊은 해양을 이동하는 일은 쉽지 않았다. 예를 들어 인도양과 아라비아해에서 중세 무렵까지 사용된 다우(Dhow)는 수심이 얕은 연안 교역선으로 사용되었다. 13세기경 스페인, 포르투갈에서 지금보다 더 많은 짐을 운반할 수 있는 캐러벨(Caravel)이라 불리는 작은 범선이 등장했다. 이 배는 돛대 3개, 승선원은 5~6명, 50톤 정도 크기로 연안 인근 어로와 운송용으로 사용됐다. 당시에는 아직 외양의 거세고 높은 파도를 견딜 수 없었다. 캐러벨은 이후 선체가 커져 1430년대부터 1530년대에 걸쳐 100~200톤까지 대형화되었다. 1492년 크리스토퍼 콜럼버스(C. Columbus)가 3척의 배로 서인도 제도를 발견했는데, 이 중 2척이 50톤, 75톤의 캐러벨이었다. 나머지 1척은 산타마리아호로 중량이 100톤인 카라크(Carrack)였다. 카라크는 스페인에서는 나오, 포르투갈에서는 나우로 불리며, 모두 '배'를 뜻하는 단어에서 유래되었다. 원양항해를 전제로 개발된 유럽 최초의 선박이며, 대서양의 높은 파도에도 선체를 안정적으로 유지할 만한 크기와 대량 수송에 적합한 선창(船艙)을 가지고 있었다.

캐러벨은 16세기 말, 카라크는 17세기 초에 사라졌고, 이는 갤리온(Galleon)이라 불리는 좀 더 큰 배들이 새롭게 등장했기 때문이다. 갤리온은 카라크가 발전된 형태로 선체의 폭과 전장의 비율이 1:4로 이전보다 긴 것이 특징이다. 평균적인 크기는 400톤으로 많은 짐을 실을 수 있었고, 그중에는 1,000~1,500톤의 배도 있었다. 세련된 디자인에 흘수(吃水)가 얕았기 때문에 속도 면에서도 뛰어났지만, 반면 안정성이 떨어진다는 단점도 있었다. 갤리온은 조종하기가 쉬워 화물을 효율적으로 운송할 수 있었다.

그림 3-1은 스페인 무역선인 마닐라 갤리온(아카풀코 갤리온이라고도 불림)이 1년 또는 2년에 걸쳐 태평양을 건너 필리핀과 누에바 에스빠냐(현재 멕시코)의 아카풀코 구간 항로다. 마닐라 갤리온은 '인도의 부를 스페인에 운반한다', '동쪽으로 가기 위해 서진한다'는 콜럼버스의 꿈을 현실로 만들었다(伊東, 2008). 콜럼버스 사후에도 60년 가까이 취항했으나, 멕시코 독립전쟁과 나폴레옹 전쟁으로 사라졌다. 1565년부터 250년 동안 모두 110척의 갤리온선이 취항했고, 필리핀의 향신료, 도자기, 상아, 칠기 등이 남아메리카로 운반되었다. 특히 중국산 견직물이 많아 아카풀코행 '실크선'으로 운반된 견직물은 멕시코를 횡단한 뒤 카리브해의 베라크루스항에서 다시 스페인까지 운반되었다. 이 경로를 이용하면 네덜란드령이었던 아프리카 남단의 희망곶을 거치지 않고 스페

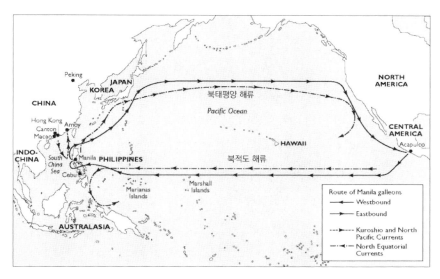

그림 3-1 스페인 무역선 마닐라 갤리온 항로

출처: SKYSCRAPERCITY.COM 웹 자료

인으로 갈 수 있었다.

오랜 범선 역사의 대미를 장식하듯 등장한 것이 클리퍼(Clipper)다. Clip에는 빠르게 이동한다는 의미가 있었고, 문자 그대로 빠른 속도로 화물과 승객을 수송한다는 점이 가장 큰 특징이다(杉浦, 1979). 클리퍼의 빠른 속도는 그 당시 남아시아에서 영국까지 12~15개월이나 걸렸던 항해가 클리퍼로 3개월을 단축한 것에서 알 수 있다. 1850년 홍콩에서 런던으로 운항하던 클리퍼가 하루 만에 436해리(약 785km)를 주행했다는 기록도 있다. 1840년대 중반부터 클리퍼의 배 종류가 단일화되기 시작하여 캘리포니아 클리퍼, 차이나 클리퍼, 티 클리퍼 등 모두 빠른 속도가 무기로 이용되었다. 특히 티 클리퍼는 신선도가 중요한 홍차를 유럽 시장에 빨리 운반하기 위해 그 위력을 유감없이 발휘했다.

2. 해양, 하천, 호수 등 지형 조건을 고려한 도시 입지

고대나 중세에 도시가 형성되고 발전하는 과정에서 해양이나 하천 또는 이를 이용하는 수상 교통 사이에는 깊은 관계가 있었다. 국가 단위의 통합이 이뤄지지 않아 적대적인 세력으로부터 공격이 가능했던 시대에 이러한 외부 공격으로부터 어떻게 도시를 보호할 것인가는 큰 관심사였다. 방어를 중시한 도시의 입지 선정과 도시 방위책이 초기 도시 건설에 필수 요소였다. 특히 지형 조건은 가장 중요한 요소였으며, 해양, 하천, 호수 등을 잘 고려해 그 주변을 중심으로 도시가 형성되었다. 예를 들어 해양의 경우, 바다 쪽으로 돌출한 반도형 지형은 주위의 바다가 방위선 역할을 한다. 반도가 아닌 육지에서 떨어진 도서(島嶼)라면 주변 도시와 완전히 격리되어있기 때문에 철저히 주변 도시로부터 보호되면서 도시를 형성할 수 있다. 보스턴이나 홍콩이 반도 끝에 도시가 형성된 사례중 하나다. 미국 독립의 계기가 된 보스턴차회사사건(1773년)으로도 알려진 보스턴은 쇼멋반도에서 시가지화가 시작되었다. 마치 반도를 둘러싸고 있는 것처럼 건설된 많은 부두를 통해 국내외 교역이 활발히 이루어졌다(그림 3-2).

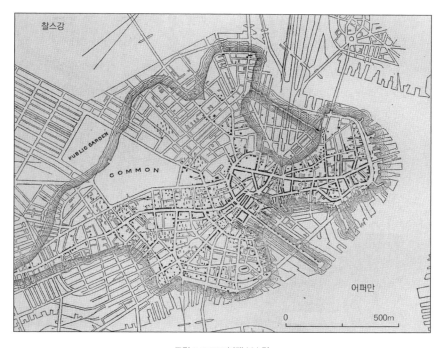

그림 3-2 1770년대 보스턴
출처: University of Texas Libraries 웹 자료

같은 해양이라도 출입구가 좁은 만 안쪽에 도시가 형성되면 안전성이 높아진다. 출입구가 좁기 때문에 외부 침입은 어렵고, 설사 침입을 받더라도 만 안쪽에서 반격할 수 있다. 이러한 사실을 통해 해양과 접한 만이 도시를 보호하고 있다고 볼 수 있다. 이 같은 사례로 대서양에서 내륙 쪽으로 조금 들어간 위치에 있는 어퍼만에 접한 뉴욕을 들 수 있다. 뉴욕 서쪽에는 빙하의 침식작용으로 형성된 허드슨강이 흐르고 있는데, 이 강이 수상 교통의 역할을 해 왔다. 브라질 리우데자네이루도 구아나바라만 안쪽에 군사 전략상 안전한 곳에 위치해 있다.

실제로 나폴레옹에게 쫓겨난 포르투갈 정부가 1809년 이곳을 포르투갈-브라질 연합왕국 수도로 정한 역사가 있다.

　하천도 해양과 같이 도시를 방위할 수 있는 지형적 조건을 갖추고 있다. 단, 이 경우 직선으로 흐르는 하천이 아니라 구불구불하거나 모래톱을 가진 하천이어야 한다. 다시 말해 하천 자체가 참호 역할을 하므로 외적의 침입이 어렵다. 하천의 곡류는 높낮이 차가 있는 지형보다는 평탄한 지형에서 발생하기 쉬우며, 따라서 이러한 지형에 도시가 형성된다. 미시시피강 하구 부근에 형성된 뉴올리언스는 서쪽에서 동쪽으로 흐르는 하천의 일부가 남쪽으로 만곡(彎曲)이 된 곳에 있다(그림 3-3). 1718년 프랑스인들이 처음 이곳에 들어온 것이 도시의 기원으로, 뉴올리언스(New Orleans)라는 지명의 철자에서 떠올리듯 파리 남서쪽 130km에 있는 오를레앙(Orleans)에서 유래했다. 뉴올리언스는 한때 스페인령이었으나, 그 후 다시 프랑스령이 되었고 또다시 미합중국이 점령한 복

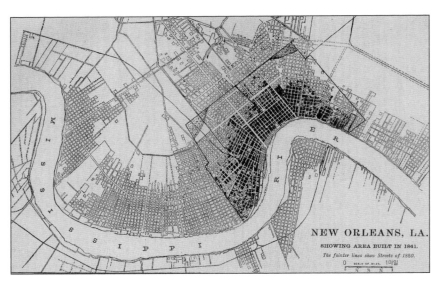

그림 3-3 1840년대 뉴올리언스와 미시시피강

출처: University of Texas Libraries 웹 자료

잡한 역사를 가졌다. 그리고 1812년 영미전쟁 때 영국군의 공격을 받기도 했다. 결국 미시시피강은 군사 전략상 많은 의미가 있는 곳이다.

강의 모래톱은 일반적으로 그리 넓다고 할 수는 없다. 그러나 이는 현재의 도시 규모를 기준으로 했을 때를 말하며, 처음 도시가 형성되었을 때는 충분한 규모였다. 이 경우도 바다 위 섬과 마찬가지로 물에 의한 단절이 도시를 보호하는 역할을 했다. 프랑스 수도 파리의 발상지는 센강의 모래톱이며, 파리라는 이름은 이곳에 살던 갈리아의 일족 파리시에서 비롯되었다. 시테섬으로 불린 이 모래톱 위를 남북 방향으로 고대 로마 시대의 군용 도로가 지나갔다. 즉 시테섬은 군사적으로 중요한 위치에 있었다. 다리 건설을 위한 토목 기술이 발달하지 않았던 당시에 센강을 건너는 데 모래톱은 매우 중요한 역할을 했다. 단순히 군사적인 역할 외에도 교통이동을 위한 장소로서도 하천의 도하지점인 모래톱은 도시형성에 유리한 조건을 갖추고 있었다.

3. 경제적 측면에서 본 도시 입지와 수상 교통 관계

고대부터 중세의 도시형성 과정에서 해양과 하천은 수상 교통에 크게 공헌하였다. 이는 해양과 하천이 도시를 외적으로부터 방위하면서 도시 발전을 위해 물건과 사람을 원활하게 운송하는 데 중요한 역할을 했기 때문이다. 해양의 경우, 배가 정박하기 쉬운 파도가 잔잔한 지형은 도시형성에 좋은 자연조건이다. 그러나 배후에 인구가 증가할 만한 토지와 산업이 없으면 물자와 사람의 운송 수요가 발생하지 않게 되고 도시 발전은 어려워진다. 한편, 하천의 도하지점과 강의 합류 지점, 하천 유역의 연접지역, 하천의 천이점(knick-point) 등 여러 지형적 특징이 도시의 기원과 연관되어 있다.

템스강을 따라 발전한 런던이 도화 지점의 한 예다(若生, 1993). 템스강의 강

폭은 하구에서 60km 떨어진 런던이 약 225m 그리고 90km 떨어진 테딩턴은
약 75m이다. 하구는 간만차가 큰 북해에 접한 기수역이기 때문에 런던의 간만
차는 6.2m로 컸고, 그 영향은 테딩턴에까지 미쳤다. 현재 템스강의 폭이 넓지
않지만, 이곳에 마을이 생기기 전에는 이 일대가 습지대로 덮여 있어 강을 건너
기가 쉽지 않았다. 그런 와중에 모래와 자갈이 쌓여 강을 건너기 적합한 장소가
있었다. 그곳이 바로 런던의 발상지로, 이후 이곳을 중심으로 도시가 형성되었
다(그림 3-4). 강을 건너는 지점 즉, 도하 지점은 육상 교통과 하천 교통을 연결
하는 지점이기도 했다. 실제로 런던은 강항(江港) 발상의 정치, 경제, 문화가 모
이는 도시로 역사적으로 발전했다(相原, 1989).

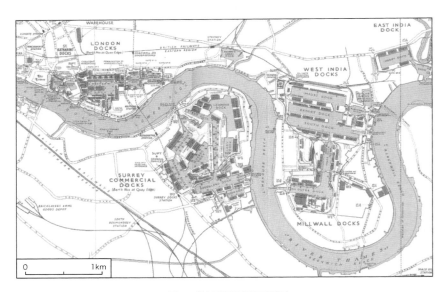

그림 3-4 템스강변의 런던 도크랜드

출처: mappa moody 웹 자료

강의 합류 지점이 도시의 발상지가 된 전형적인 사례는 미국 오하이오주의
피츠버그를 들 수 있다. 피츠버그는 미시시피강의 주요 지류(支流)를 이루는 오

하이오강 상류에 위치하는데, 오하이오강은 피츠버그에서 앨러게니강과 머농거 힐라강이 합류하는 곳에서 시작한다. 유럽인들이 오기 전에 이곳은 미국 원주민들의 활동 지역이었다. 유럽인에 의한 식민지화 이후에는 영국과 프랑스 두 세력이 전략적 위치에 주목하여 피츠버그를 점령하고자 전쟁을 치렀다. 독립전쟁과 1812년 전쟁을 치르면서 위스키 생산을 시작하였으나, 그 후에는 철강업, 제철업의 중심지로 미국 제일의 철강 도시로 발전하였다. 그러나 탈공업화로 인하여 금융·보험·서비스업 등의 산업 전환을 도모하여 지금에 이르고 있다.

하천 유역의 연접지점이란 두 개의 다른 유역을 서로 연결하는 장소를 말한다. 예를 들어 미국 시카고는 미시간호의 남서안 게이트웨이 도시로 유명하다. 그러나 이 도시가 발전할 수 있었던 것은 서쪽으로 광대한 개척지가 펼쳐져 있어, 이곳을 배후지로 물자와 사람의 이동을 연결하는 기능을 했기 때문이다. 개척 초기에는 서쪽 미시시피강 유역과 미시간호 유역을 일리노이-미시간운하로 연결해 두 지역의 교류를 도모했다. 그러나 운하를 이용하는 시기는 짧았고, 서부 개척을 위해 도입된 철도가 그 역할을 맡게 되었다. 운하, 철도, 자동차로 운송 수단은 계속 변했지만, 시카고의 발전은 멈추지 않았다. 시카고의 발전 과정에서 실시된 주요 사업으로 시카고강의 역류사업을 들 수 있다. 시카고강은 원래 미시간호로 흘러갔으나 하천오염이 심해 미시시피강으로 흘러갈 수 있도록 강의 흐름을 바꿨다.

마지막으로 하천의 천이점에 도시가 형성된 사례로 캐나다 제2의 도시 몬트리올을 들 수 있다. 유럽인들이 세인트로렌스강을 따라 동쪽에서 서쪽으로 거슬러 올라가는 과정과 초기 캐나다의 발전 과정은 닮았다(林, 1999). 세인트로렌스강 하구 부근은 강폭이 넓고 대서양 출입구로서 전략적으로 중요한 위치에 있었기 때문에 요새 도시 퀘벡시티가 건설되었다. 세인트로렌스강을 따라 서쪽으로 식민지화가 진행되었지만, 도중에 강 폭도 좁고 수심도 얕았다. 특히 물살이 급변하는 장소의 강바닥에 있는 장애물에 주의할 필요가 있었다. 몬트리올은 세인트로렌스강에 있는 커다란 모래톱 위에 세워진 도시다. 모래톱이라고 해도 평탄한 지형뿐 아니라 중앙에 구릉지도 있다. 몬트리올의 몬트(mont)는 프랑스어로 산을 뜻하며, 강에 떠 있는 배에서 모래톱 위의 구릉을 볼 수 있다.

4. 로마제국과 중화제국에 건설된 도시를 연결하는 수상 교통망

고대부터 중세까지 많은 양의 짐과 사람을 운송하기에 수상 교통보다 더 편리한 수단은 없었다. 이 때문에 당시 도시는 오늘날 그 배후에서 볼 수 있는 넓은 세력권을 갖지 못했다. 그러나 해양이나 하천을 이용한 수상 교통이 가능한 지역에서는 예외적으로 세력권을 형성할 수 있었고, 그러한 예로 로마제국과 중화제국을 들 수 있다. 이들 제국은 수상 교통망을 이용해 도시와 지역을 서로 연결하여 물자와 사람의 광역적 이동을 가능하게 했다. 그러나 같은 수상 교통이라도 로마의 경우는 지중해라는 해양을 이용한 수상 교통이었던 것에 반해, 중화제국은 내륙부에 운하망을 정비하여 물자와 사람의 광역적 이동을 가능하게 했다.

로마의 경우는 지중해라는 자연 지형의 존재가 컸으며, 지중해가 없었다면 광대한 로마제국은 존재하지 않았을 수도 있었다. '모든 길은 로마로 통한다'라는 속담처럼 로마제국은 로마에서 방사형으로 뻗은 군사 도로가 정치, 경제, 문화 면에서 제국 내부 단일화를 유지해 주는 역할을 했다. 그러나 도로운송과 비교하면 해상운송은 매우 효율적이었고, 제국 내의 여러 도시 간 물자와 인력의 운송을 담당했다. 특히 중요한 것은 도시로의 식량운송으로, 예를 들어 주변 지역에서 로마로 밀을 육상운송하는 것보다 이집트에서 지중해를 이용해 해상수송하는 편이 더 효율적이었다. 그러나 같은 수상 교통이라도 로마제국의 하천 교통은 그다지 발달하지 않았다. 이는 지중해로 흘러드는 하천의 규모가 작았기 때문이며, 라인강, 도나우강 등 유럽대륙을 가로지르는 대규모 하천은 당시 로마제국의 변방에 흐르고 있었다.

로마제국의 북쪽 경계선에 라인강과 도나우강이 흐르고 있고, 라인강 서쪽, 도나우강 남쪽은 제국의 영역 안에 포함되어 있었다. 국경선이기도 했던 라인강을 따라 군사적 목적으로 도시가 건설되었고, 이들 도시에 로마 문화가 정착되었다. 라인강의 하천 항해는 각 주둔지의 군에 의해 보호되었기 때문에 강은 교역로로 이용되었다. 쾰른, 코블렌츠, 마인츠 등 라인강 주변의 도시는 라인강 동쪽에 거주하고 있는 게르만인과 교역을 했다. 한편 도나우강은 당시에 북쪽의 오랑캐들로부터 제국을 방어하는 중요한 역할을 담당했다. 빈, 부다페스트, 베오그라드, 소피아와 같은 현 국가의 수도는 당시 방위 기지가 도시 기원이 되었다. 375년부터 시작된 게르만 민족의 대이동으로 서고트족(Visigoth)이 도나우강을 넘어왔기 때문에 북부 국경의 의미는 사라졌다.

그림 3-5는 로마의 외항이었던 오스티아의 포르투스를 나타낸 것이다. 이곳은 티레니아해에 면한 정육각형 포구가 인상적인데, 이는 113년 트라야누스 황제가 예전 항구를 확장해 만든 것으로 현재까지도 그 유적이 남아 있다. 고대 로마 최초의 식민시(콜로니아)가 된 오스티아는 기원전 620년경 로마에서 필요한 소금을 생산하여 테베레강을 이용해 운반하기 위해 형성되었다. 이후 북아프리카 연안을 지배하던 카르타고의 위협에 대비해 군사도시 역할을 하게 되었고, 포에니전쟁에서 카르타고에 승리한 후에 상업항으로 발전했다. 외항 오스티아가 담당한 역할은 남이탈리아와 시칠리아의 그리스 식민지에서 보내오는 식량을 로마에 중계하는 것으로, 이는 기원전 5세기경부터 시행되었다. 로마에 이르는 오스티아가도(街道)가 건설되었는데, 테베레강을 배로 30km로 거슬러 올라가는 것이 더 편리했다.

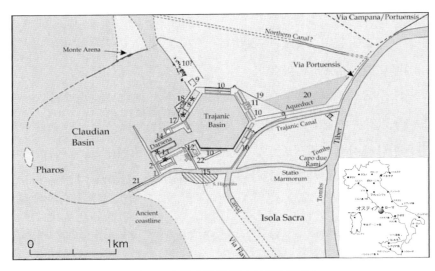

그림 3-5 로마제국시대에 존재한 오스티아항 포르투스
출처: Archaeology 웹 자료

　아시아 중화제국은 대륙 내부를 흐르는 하천과 운하를 연결해 수로망을 구축하고, 이를 이용해 사람과 물자를 운반한 점이 특징이다. 기본적으로는 남부의 장강과 중앙부의 황하 수계를 이용해 인공적으로 건설된 운하망이 도시 간 이동을 가능하게 했다(그림 3-6). 이 '대운하'는 송대에서 명대에 걸쳐, 북쪽에 위치한 정치 중심의 북경, 비옥한 농업지역이 풍부한 남부 평야의 항저우, 거기에 서아시아와 통하는 상업도시 낙양을 삼각형의 정점으로 하는 형태로 이용되었다. 중국에서는 하천의 흐름 방향에 따라 동서축 이동은 용이한 반면 남북 방향의 이동은 어려웠다. 이 때문에 중화제국의 대운하는 대량의 농업생산 지역인 남부의 부를 북부로 운송하는 것이 주목적이었다. 부의 이동에 따른 경제적 안정을 확보할 수 있다면, 정치적 통일도 가능하다. 주목할 점은 동쪽으로 흐르는 장강 수위보다 40m나 높은 북쪽의 대지를 향해 갑문식 운하를 설치했다는 점이다. 둑을 만들어 수위를 높이는 운하는 로마제국에도 있었지만, 중화제국의 갑문식 운하는 그 이상의 기능을 발휘했다. 이러한 뛰어난 기능을 가진 대운하도 19세기 중반 황하의 유로가 바뀌어 운하가 분단된 이후에는 그다지 이용되지 않았다. 그렇지만 장강 델타 지역을 중심으로 여전히 화물의 운송 수단으로 수상교통이 이용되고 있다.

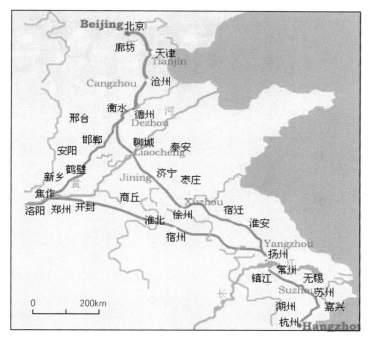

그림 3-6 중국 대운하
출처: Laurus Travel 웹 자료

제2절 산업혁명과 수상 교통의 근대화

1. 산업혁명의 배경과 운하 교통의 역할

물과 바람의 흐름 등 자연에너지를 이용한 수상 교통은 산업혁명으로 커다란 변혁을 맞이한다. 증기기관의 발명으로 화석연료에너지를 이용하여 선박을 움직일 수 있게 되었기 때문이다. 이러한 산업혁명은 기술혁신과 이에 수반하여 일어난 사회경제적 이념이다. 17세기를 '이성의 시대(Age of Reason)'라 부르듯 자연계에 존재하는 법칙과 진리를 받아들여 과학적 사상에 기초한 발명이 이 시대에 계속해서 이루어졌다. 물리학, 화학, 공학 분야에 새로운 지식이 나타났고, 이것이 기술혁신의 발명으로 연결되었다. 기술혁신을 산업분야에 응용하면 막대한 이익을 기대할 수 있다. 그것을 예측하고, 발명이나 기술혁신의 소유권을 보호하는 움직임도 현저해졌다.

발명이나 기술혁신으로 이익을 창출한 기업가는 열심히 자본을 축적하여 막대한 경제적 부를 가지게 되었다. 이러한 부의 축적은 자본주의 시장을 통해 실현되었기 때문에 이러한 시대는 자본주의 시장이 확대되고 확립한 시대였다. 이 시장은 원료나 제품 등 물자가 원활히 운송되지 않으면 이익이 창출되기 어렵다. 새롭게 발명된 증기기관을 이용한 육상 교통 수단이나 수상 교통 수단이 이러한 목적을 위해 이용되었다. 과학 사상의 발전, 산업 분야의 기술혁신, 기계적인 교통 수단의 이용 그리고 자본주의 시장의 확대와 확립은 서로 관계를 가진 일련의 움직임으로 파악해야 한다.

산업혁명은 육상 교통 수단인 철도와 증기기관을 탑재한 수상 교통 수단을 만들어냈다. 그리고 간과할 수 없는 점은 이 시기의 수상 교통보다 운하 교통이 앞서 존재했다는 사실이다. 운하 그 자체의 역사는 길지만, 특히 이 시기에 건설된 운하가 영국과 미국에서 원료와 제품을 대량으로 운송하는 수단으로서 활약한 점에 주목할 필요가 있다. 1761년 영국 브릿지워터운하가 석탄 산지와 맨체스터를 잇는 10마일 구간에 건설되었다(그림 3-7). 이 운하 건설 자금은 운하의 이름인 제3대 브릿지워터 공작(Francis Egerton, 3rd Duke of Bridgewater)이며, 그는 소유한 석탄 광산에서 공업생산지로 석탄을 대량으로 운송하면서 부를 축적했다. 그 후 이 운하는 항만도시 리버풀까지 연장되었고, 운하 건설은 여기에서 그치지 않고 더욱 확장되었다. 1830년 영국 전역에 2,000마일이었던 운하망은 그 후 20년간 두 배로 확장되어 4,250마일이 되었다. 그러나 운하의 이용 시기는 의외로 짧았고, 운하를 대신하여 철도와 자동차로 대체되었다. 산업혁명 초기, 운하를 이용한 대량의 물자 운송은 산업 발전에 기폭제 역할을 했다.

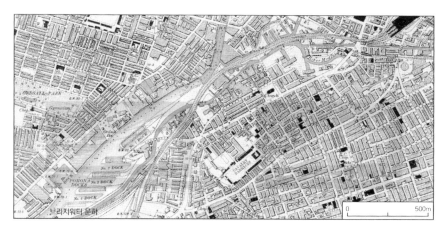

그림 3-7 브릿지워터 운하(맨체스터 시가지)(1869년)

출처: The Transport Archive 웹 자료

1825년 미국 이리운하도 이용 기간은 그리 길지 않았지만, 19세기 미국 국토 발전에 많은 영향을 끼쳤다. 1825년 당시 900억 달러의 막대한 자금을 들

여 건설된 이 운하는 뉴욕에서 올버니를 경유하여 버팔로까지 580km의 장거리 구간을 연결하였다(그림 3-8). 이 운하로 운행 소요일이 3주에서 6일로 단축됐으며, 밀 1톤의 운임비가 120달러에서 6달러로 낮아졌다. 당시 미국 대도시 중 보스턴, 볼티모어, 필라델피아, 뉴올리언스에 이어 다섯 번째 위치에 있던 뉴욕은 이리운하의 개통으로 미국 전역에서 가장 많은 선박이 드나드는 항만도시가 되었다. 이는 이리운하를 이용해 버팔로와 서부 개척의 관문인 시카고 방면으로 향하는 선박이 증가했기 때문이다. 그러나 1959년 세인트로렌스 수로의 개통, 철도와 자동차 이용의 확대로 이리운하의 이용이 감소되어 관광용으로 사용되었다.

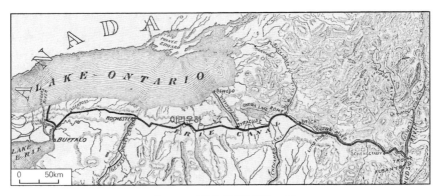

그림 3-8 1825년 개통된 이리운하(1896년)

출처: The Eric Canal 웹 자료

2. 클리퍼선의 활약과 해도(海圖)의 등장

19세기 초 국제 항해에서 필수적인 항로도가 정비되었다. 정확도가 높아진 항로도를 이용해 선박이 가장 많이 항해한 구간은 유럽과 북미 사이를 연결하는 항로였다. 이 항로를 운항한 선박은 클리퍼선으로 운항 속도가 빨랐다. 바람의 영향을 덜 받도록 디자인된 선형은 가늘고 길어 시속 20노트(약 37km) 정도의 속도로 항해할 수 있었다. 승선원은 25~50명 정도였고, 속도를 최우선시하였기에 일반 선박으로는 실을 수 없는 특수 화물 운송을 담당했다. 1830년경 클리퍼선은 북대서양뿐만 아니라 세계 각지에서 활약했다.

이렇게 활약한 클리퍼선도 19세기 중반에 등장한 증기선에 그 자리를 내주게 된다. 클리퍼선의 무기는 장거리를 바람을 타고 질주할 수 있다는 점이었다. 그러나 증기선은 풍향과 상관없이 직선으로 항해할 수 있었고, 한 번에 많은 화물을 운반할 수 있었다. 또한 1869년 페르디낭 드 레셉스(F.M.V. de Lesseps)가 수에즈운하를 건설한 점도 클리퍼선에 타격을 주었다. 클리퍼선으로 아시아와 유럽을 잇는 거리가 단축되었지만, 수에즈운하 건설로 그 기회를 잃었기 때문이다(酒井, 1992). 결국 증기선의 발명과 수에즈운하 건설로 클리퍼선은 역사

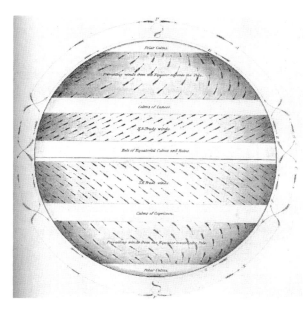

그림 3-9 모리의 지구 탁월풍(卓越風) 지도

출처: Ocean Motion 웹 자료

에서 사라지게 되었다.

클리퍼선과 함께 이 시대를 특징지은 것은 항해도의 등장이다. 이 항해도는 미국 해군이었던 매튜 모리(M.F. Maury)의 공헌이 컸으며, 그는 1841년부터 1861년에 걸쳐 세계 항해기록을 수집, 분석하여 실제 사용할 수 있는 해도를 완성했다. 그림 3-9는 모리가 지도로 지구상에서 부는 주요한 바람의 흐름을 나타낸 것이다. 그는 바람의 흐름과 해류를 체계적으로 정리해 1847년 처음으로 북대서양 해역의 해도를 발표했다. 1855년『바다의 자연지리학(The Physical Geography of The Sea)』을 출판해 현재의 해양학에 토대가 되었다.

모리가 완성시킨 해도를 이용하면 항해 일수를 크게 단축할 수 있었다. 예를 들어 뉴욕에서 리우데자네이루를 32일이나 빨리 갈 수 있었다. 탁월풍과 해류를 잘 이용하면 특별히 항해 기술의 수준을 높일 필요도 없었다. 이는 자연의 힘을 잘 이용하면 우리가 생각하는 것보다 더 자유롭게 이동할 수 있다는 것이다. 또 그는 호주에서 유럽과 북미를 갈 때 그동안 아프리카 희망봉을 경유했던 노선보다 남미 케이프혼을 경유하는 편이 더 빨리 도착할 수 있음을 보여주었다. 증기선이 등장하기 전까지 범선은 탁월풍 항해도를 이용하여 그 기능을 완수했다.

3. 수상 교통의 전문화, 장거리화, 대량 운송화

클리퍼선 다음으로 등장한 증기선의 약점은 석탄을 대량으로 소비하기 때문에 도중에 그 보급을 해야 한다는 점이었다. 1870년 이후 석유를 연료로 운항하는 선박이 실용화되면서 석탄을 연료로 사용된 증기선의 시대는 막을 내렸다. 석유의 사용 연료 중량은 석탄의 약 10%밖에 되지 않았다. 항해 속도와 화물 적재량도 증기선보다 뛰어나고, 항속거리도 길어졌기 때문에 증기선의 연료 보급을 위해 경유하던 케이프타운, 발파라이소, 호놀룰루, 싱가포르 등에 들르지 않아도 되었다. 또한 수에즈운하와 파나마운하의 완공이 국제 항로의 단축에 기여한 바도 컸다.

그림 3-10은 20세기 초 호놀룰루항을 나타낸 것이다. 1850년 카메하메하 3세가 하와이왕국의 수도로 정한 이후, 호놀룰루의 항만 정비를 위해 많은 투자를 했다. 샌들우드(백단향), 모피, 고래 등을 거래하는 항구로 발전하는 한편, 태평양을 항해하는 선박의 보급항 기능도 담당했다. 1875년까지 5개 부두가 건설되어 1,500톤 급의 선박이 정박할 수 있게 되었다. 항만의 확장은 이후에도 계속되어 앞바다의 얕은 해변을 매립해 2,000피트의 부두가 생겨났다. 항만 출입구는 200피트 수심은 25~30피트였으나, 1907년 미군 기갑부대가 출입구 폭을

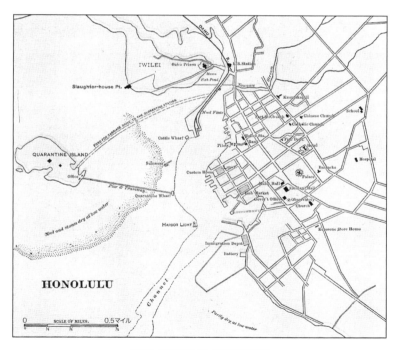

그림 3-10 하와이 호놀룰루항(1901년)

출처: University of Texas Libraries 웹 자료

1,200피트로 수심은 35피트로 확장했다. 당시 인구는 5만 명 정도였으나, 1959년 미국의 주로 편입된 후 30만 명까지 증가했다.

증기선에서 디젤선으로 바뀌면서 조선 기술의 발달로 선체 규모도 커졌다. 1871년 당시 최대 3,800톤 선박에서 1914년 47,000톤까지 커졌다. 이로 인해 1840년부터 1910년에 걸쳐 운임이 70%나 인하되었다. 이렇듯 선박의 근대화가 진행되었지만, 1870년대에도 세계적으로 범선의 운송량은 전체의 85%로 여전히 높은 비율을 차지했다. 그러나 그 비율은 이후 계속 낮아져 1910년에 14% 수준으로 떨어졌다. 유럽과 중국 사이를 잇는 장거리 항로는 범선이 사용되었는데, 이도 1878년에 그 역할을 마친다. 장거리 항해에 대응하기 위한 항만 정비도 시작되어 1880년대 들어서서는 국제 정기 여객선을 취항한다.

산업혁명이 수상 교통에 미친 영향은 운송의 전문화, 장거리화, 대량 운송화였다. 바람과 파도라는 자연에너지를 이용하는 항해부터 석탄, 석유를 연료로하는 항해까지 수상 교통의 안전성과 경제성은 비약적으로 발전했다. 규모의이익을 도모하는 다양한 기술혁신으로 운임비는 크게 인하되었다. 그 결과, 국제적 차원에서 자원, 제품, 사람을 운송할 수 있게 되었다. 이에 더해 항만을 중심으로 한 도시에 물건과 사람도 집중되기 시작하면서 현대 항만도시로 발전해가는 토대가 마련되었다. 1950년대부터 여객 이동은 항공기가 중심역할을 하게 되지만, 그전까지 항만은 많은 사람이 모이는 장소로 북적거렸다.

제3절 현대 수상 교통의 고속화, 컨테이너화

1. 전쟁이 계기가 된 20세기 수상 교통의 발전

20세기에 들어서면서 대표적인 자동차 대량생산과 같은 규모의 경제를 추구하는 움직임이 나타나기 시작했다. 그러나 선박의 경우, 항만 하역에 많은 노동력을 필요로 하기 때문에 1950년대까지 최대 1만 톤급의 배밖에 이용할 수 없었다. 이 시기 수상 교통에 큰 영향을 준 계기는 제2차 세계대전과 그 후의 움직임이다. 그 계기란 전시체제 하에서 군수 물자와 사람을 운송하게 된 점과 전시 중 미국에서 건조된 상선들을 전후에 싸게 이용할 수 있게 된 점이다. 일반적으로 이 상선을 리버티선이라 부르며, 1941년부터 1945년에 걸쳐 2,700척 이상 건조되었다. 이는 제1차 세계대전에서 사용한 선박이 노후화되었기 때문에 국가 전략상 대량으로 건조된 선박이었다.

1938년부터 1947년까지 미국 정부는 집중적으로 신형 상선을 건조하는 법안을 의회에 통과시켜 총 4,729척의 선박을 만들었다. 위에서 언급한 리버티선 외에 카고선(화물선)과 유조선도 건조되었다. 카고선은 선체 크기에 따라 5단계로 나뉘고, 유조선도 2개의 카테고리별로 만들어졌다. 리버티선을 두 달이라는 기간에 건조해, 전쟁 중인 대서양, 태평양을 향해 많은 병사와 화물을 운반했다. 종전으로 그 역할을 마친 리버티선은 일본과 그리스 등 해외 선사들이 구입했다. 항공기와 마찬가지로 전쟁의 부산물인 선박도 기술 혁신이 이루어졌다. 1956년 세계 최초 취항한 미국 컨테이너 전용선은 전쟁 중 건조된 유조선을 개조한 것이다. 이 사례를 통해서도 전쟁이 계기가 되어 발전한 선박 기술의 일면을 볼 수 있다.

선박을 통한 규모의 이익 추구는 석유 유조선의 대형화에서 잘 드러난다. 전후 경제 부흥으로 석유 사용량이 급증하여 석유의 주요 산출지인 중동과 소비지를 연결하는 장거리 항로가 잇따라 개통되었다. 1960년대까지 유조선은 10만 톤 정도였지만, 1970년대는 25만 톤 급의 VLCCs(Very Large Crude Carriers)가 건조되었다. 그 후 유조선의 규모는 더욱 커져 1970년대 말 55만 톤 급의 ULCCs(Ultra Large Crude Carriers)도 등장했다. 그림 3-11은 1957년부터 1980년까지 세계 석유 유조선의 적재량 등급별 선박 수 추이를 나타낸 것이다. 1973년 제1차 석유파동 이후부터 10만 톤 미만의 유조선 수는 감소하고, 20만 톤 이상의 유조선 수가 증가했다. 이는 규모의 이익 추구에 따른 결과다.

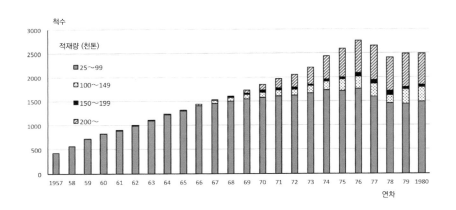

그림 3-11 석유 유조선 등급별 선박 수

출처: Wikipedia, History of the tanker 웹 자료

석유와 같은 액체나 철광석 등의 벌크는 대량 수송이 쉽다. 그러나 하역이 까다로운 화물은 배의 규모가 커져도 작업 시간이 줄지 않는다. 고대 그리스 시대에 뱃사람은 암포라(amphorae)라 불리는 몸통에 볼록하고 깊이가 있는 도기 항아리를 사용하여 운송 단위를 통일하려고 했다. 그리고 1930년대 파렛트

(pallet)가 운송용으로 이용되면서 지게차가 파렛트 단위로 적하차를 하였다. 제2차 세계대전 중 미군은 파렛트를 이용해 효율적으로 대량의 화물을 운반하고자 했다. 당시 1.3만 개 각각의 짐을 배에 싣는 데 3일이 걸렸으나, 파렛트 이용하는 방식으로 바꾼 결과, 같은 양의 짐을 불과 4시간에 실을 수 있게 되었다. 이후 파렛트 방식에서 컨테이너 방식으로 변화하게 되고, 이는 새로운 세계 운송 시스템으로 발전하였다.

2. 증기선, 증기터빈선의 대서양 횡단

1838년 4월 8일 증기선 한 척이 영국 브리스톨 북서쪽에 있는 항구도시 애본머스(Avonmouth)를 출항하여 5,820km 떨어진 뉴욕으로 향했다. 대서양을 횡단하는 이 배의 이름은 그레이트웨스턴으로 처녀항해였다. 이 배는 뉴욕에 도착할 때까지 15일 15시간 소요되었다. 전날 뉴욕에 도착한 경쟁선 시리우스의 최고 속도인 8.03노트를 웃도는 8.66노트로, 당시 경이로운 속도로 대서양을 횡단하였다. 영국 그레이트웨스턴 철도의 기술자였던 이삼바드 브루넬(I. K. Brunel)이 이 배의 설계자이며, 그는 대서양 횡단은 머지않아 범선에서 증기선으로 대체될 것으로 보고 철도 간부를 설득하여 배를 건조했다. 배는 총 2,340톤이고, 승객 수는 148명, 선체의 절반 가까이 보일러가 차지했다. 뉴욕 도착 당시 석탄 200톤이 남아 있었다.

목재 범선보다 철제 증기선은 기술적 제약이 적어 선체를 크게 할 수 있었다. 1860년대 증기선은 승객 수가 1,500명이 넘는 5,000톤도 건조되었다. 대서양 횡단 소요 시간도 8~9일까지 줄어들어, 최초 그레이트웨스턴이 항해했을 시기와 비교하면 운항 편수도 증가했다. 증기선은 증기의 힘으로 스크루 프로펠러를 회전시켜, 그 추진력으로 앞으로 나아간다. 20세기 초 증기터빈이 개발됐고,

이를 이용한 선박이 지금까지의 소요 시간을 더 줄였다. 여기서 말하는 터빈은 날개차로, 증기에서 실린더 내의 피스톤을 왕복운동시키는 종래의 증기엔진보다 효율성이 우수하다.

표 3-1은 아일랜드 남부에 있는 퀸스타운(1849~1892년의 지명으로, 현재 코브)에서 미국 뉴저지주 샌디훅까지 항해한 역대 여객선의 대서양 횡단기록을 나타낸 것이다. 대서양 횡단은 어느 구간을 항해하느냐에 따라 소요 시간이 다르지만, 이 표는 모두 같은 구간의 기록이다. 대략 5,300km 거리를 1872년은 8일 남짓 항해했고, 1883년은 7일 걸렸고, 1907년은 5일 걸려 도착했다. 항해 시간의 단축은 속도 향상에 따른 것으로, 1872년 당시 시속 14.5노트가 1908년 에는 25.0노트로 70%나 향상되었다.

대서양 횡단 항해 소요 시간은 이후에도 계속 단축되어 1906년에 건조된 모리타니호는 1909년 퀸스타운과 앰브로즈(뉴욕 입구) 구간 5,156km를 4일 10시간 만에 돌파했다. 항해 속도도 빨라져 1936년 8월 비숍록(영국-영불해협 부근)과 앰브로즈 구간 5,384km를 4일 만에 돌파한 퀸메리호는 30.14노트로 처음으로 30노트대를 기록했다. 퀸메리호는 증기터빈으로 스크루 프로펠러 4개를 풀회전하며 운항한 횡단기록을 더 이상 단축하기 어려운 수준에 도달했다.

퀸메리호가 대서양 횡단 정기선으로 취항하던 시기는 유럽에서 북미로 이주하는 이민자 수가 가장 많던 시기였다. 그러나 배로 운송하던 많은 이민자도 1950년대 상업 운항을 하게 된 항공기의 등장과 함께 끝을 맺었다. 마지막 정기선으로 취항한 유나이티드 스테이츠의 선체는 주로 알루미늄으로 이뤄져 가벼웠고, 1952년 7월 사흘 반 만에 대서양을 횡단했다. 1960년대에 들어서면 이동은 날짜가 아닌 시간으로 측정할 수 있게 되었고, 선박 이동은 항공기에 의해 완전히 대체되었다.

표 3-1 대서양 횡단 항해(퀸즈타운~샌디훅 구간) 소요 시간 추이

연차	기간 (월 일)	선박명	선박회사명	소요일시분	시속 노트 (km)
1872	5월17일~5월25일	아드리아	W.스타	7 일 23 시간 17 분	14.53 (26.91)
1875	7월30일~8월7일	게르만	W.스타	7 일 23 시간 7 분	14.65 (27.13)
1876	10월27일~11월4일	브리타닉	W.스타	7 일 13 시간 11 분	15.43 (28.58)
1877	4월6일~4월13일	게르만	W.스타	7 일 11 시간 37 분	15.76 (29.19)
1882	4월9일~4월16일	알래스카	구이온	7 일 6 시간 20 분	16.07 (29.76)
1882	5월14일~5월21일	알래스카	구이온	7 일 4 시간 12 분	16.67 (30.87)
1882	6월18일~6월25일	알래스카	구이온	7 일 1 시간 58 분	16.98 (31.45)
1883	4월29일~5월6일	알래스카	구이온	6 일 23 시간 48 분	17.05 (31.58)
1884	4월13일~4월19일	오래곤	구이온	6 일 10 시간 10 분	18.56 (34.37)
1885	8월16일~8월22일	에트루리아	커나드	6 일 5 시간 31 분	18.73 (34.69)
1887	5월29일~6월4일	움브리아	커나드	6 일 4 시간 12 분	19.22 (35.60)
1888	5월27일~6월2일	에트루리아	커나드	6 일 1 시간 55 분	19.56 (36.23)
1889	5월2일~5월8일	시티오브파리	인만	5 일 23 시간 7 분	19.95 (36.95)
1889	8월22일~8월28일	시티오브파리	인만	5 일 19 시간 18 분	20.01 (37.06)
1891	7월30일~8월5일	마제스틱	W.스타	5 일 18 시간 8 분	20.10 (37.23)
1891	8월13일~8월19일	체트니크	W.스타	5 일 16 시간 31 분	20.35 (37.69)
1892	7월20일~7월27일	시티오브파리	인만	5 일 15 시간 58 분	20.48 (37.93)
1892	10월13일~10월18일	시티오브파리	인만	5 일 14 시간 24 분	20.70 (38.34)
1893	6월18일~6월23일	캄파니아	커나드	5 일 15 시간 37 분	21.12 (39.11)
1894	8월12일~8월17일	캄파니아	커나드	5 일 9 시간 29 분	21.44 (39.71)
1894	8월26일~8월31일	루카니아	커나드	5 일 8 시간 38 분	21.65 (40.10)
1894	9월23일~9월28일	루카니아	커나드	5 일 7 시간 48 분	21.75 (40.28)
1894	10월21일~10월26일	루카니아	커나드	5 일 7 시간 23 분	21.81 (40.39)
1907	10월6일~10월10일	루시타니아	커나드	4 일 19 시간 52 분	23.99 (44.43)
1908	5월17일~5월21일	루시타니아	커나드	4 일 20 시간 22 분	24.83 (45.99)
1908	7월5일~7월10일	루시타니아	커나드	4 일 19 시간 36 분	25.01 (46.32)

출처: Wikipedia Blue Ribund 웹 자료

3. 컨테이너선 취항과 컨테이너 시대의 도래

현재 컨테이너선은 우리에게 친숙하지만, 1950년대 컨테이너선이 등장했을 때 일대 해운업계에는 혁명적인 사건이었다(津田, 1970). 미국의 운송기업가

말콤 맥린(M. McLean)이 세계 최초로 컨테이너선을 취항했다. 1950년대 중반 주간고속도로(Interstate Highway)를 정비하기 이전 일로, 도로가 혼잡하고 지체되는 트럭 수송을 대신할 수단으로 컨테이너선을 고안했다. 운임비와 소요 시간을 줄이기 위한 목적으로 도입된 컨테이너는 배, 철도, 자동차 같은 다른 종류의 운송 수단 사이를 연결해 운반한다는 점에서 혁신적인 운송 기술의 등장이라 할 수 있다. 컨테이너선 도입 이전의 항만은 화물하역에 시간이 걸려, 바다 위를 달리는 시간보다 항구에 정박하는 시간이 더 길 정도였다.

맥린이 최초로 사용한 15,000톤 ldeal-X 컨테이너선은 1956년 4월 26일 뉴욕 뉴저지항을 출발해 휴스턴항으로 향했다. 당시 표준 컨테이너는 가로 8피트, 세로 8피트, 길이 32피트 크기로 배에는 58개 컨테이너가 실렸다. 맥린은 통상 운송비인 1톤당 5.83달러가 컨테이너라면 0.16달러의 운송비가 들 것으로 예상했다. 사실 이 정도의 운송비가 가능할지 당시에는 아무도 예상할 수 없었다. 맥린은 자신이 운영하던 회사의 명칭을 1960년 씨랜드(Sea-Land)로 바꾸고 본격적인 물류 비즈니스를 시작했다. 씨랜드사는 베트남 전쟁 당시 인도차이나로 한 달에 1,200개의 컨테이너를 운송하는 것으로 이름을 알렸지만, 1999년 세계 최대 해운사인 머스크(Maersk)에 인수되었다. 1965년 세계 최초 컨테이너선 ldeal-X는 현역에서 물러났다.

Ideal-X가 등장한 지 6년 후인 1962년, 뉴욕 뉴저지항만당국은 컨테이너선의 잠재적 능력을 예측해 뉴어크항 인근에 컨테이너선 전용 터미널을 설치했고, 이곳이 포트엘리자베스마린터미널이다(그림 3-12). 1965년 맥린이 설립한 씨랜드사는 북유럽과 서유럽 구간을 정기적으로 연결하는 컨테이너선 항로를 개통했다. 1967년 셀룰러 스탠더드(cellular standard)라 불리는 컨테이너 선박이 1980년대 초까지 표준 크기였다. 이는 파나마운하를 통과하는 데 지장이 없도록 최대 화물선의 크기가 제한되어 있었고, 이 운하를 운행하

CSX라인
노픽 서던
콘레일 쉐어 지구

그 외 철도
프론트 브릿지
터미널
마린 터미널

그림 3-12 뉴욕 뉴저지항

출처: Port of New York and New Jersey 웹 자료

는 선박이 파나맥스형 선박이다. 1988년 이 선박 크기를 넘어선 오버파나맥스형 컨테이너선이 등장하면서 선사는 규모의 이익을 추구했다. 부품, 완성품, 원재료 등 종류를 불문하고, 컨테이너선은 세계화의 흐름에 중요한 운송수단으로 이용되었다.

칼럼 3. 생사를 가른 터닝 포인트

　목적지에 가능한 한 빨리 도착하고 싶다는 바람은 시대나 지역을 불문하고 사람들이 공통적으로 품고 있는 생각이다. 크리스토퍼 콜럼버스(C. Columbus)는 당시에 동쪽 항로를 이용해 인도로 가는 경로보다 빨리 도착할 수 있는 경로가 서쪽 항로에서 발견될 수 있을 거라는 확신으로 시작한 항해에서 신대륙을 발견했다. 에도막부가 카와무라 즈이켄(河村瑞賢)에게 동해 측 쌀 생산지에서 시모노세키를 통해 오사카-에도에 이르는 서쪽 순회 항로의 정비를 명령한 것도 태평양 측의 소비지에 쌀을 운송하기 위해서였다. 장애물 없는 해상을 항해하려면 실질적으로 최단 거리인 대권항로(大圈航路)로 가는 것이 최선이다. 그러나 이는 어디까지나 도면상 즉 해도상의 이야기이며, 실제로는 해류, 풍향, 해저 지형, 수심 등 자연조건을 고려하여 항로를 선택해야 한다. 기후, 기상 등 계절과 시기에 따라 변하는 요소도 살펴볼 필요가 있기 때문에 항해는 상상 그 이상으로 힘들다.

　1912년 4월 14일 밤, 북대서양에서 빙산과 부딪혀 다음날 새벽에 침몰한 타이타닉호 사고는 당시 세계 최대의 해난사고였다. 1,500명 가까운 희생자를 낸 이 대참사에 대해서 여러 차례 영화로 만들어졌고 모르는 사람이 없다고 해도 과언이 아니다. 비극이 발생한 배경에는 유럽과 미국을 잇는 대서양 항로의 속도 경쟁이 원인으로 알려져 있다. 소요 시간이 아닌 더 안전한 코스를 선택했다면 빙산과 충돌할 일이 없었다고 생각하는 사람도 있지 않을까? 그러나 이는 어쩌면 비즈니스를 잘 이해하지 못하는 사람의 생각이며, 목적지에 경쟁 관계의 선박보다 빨리 도착하기 때문에 많은 승객을 모을 수 있고 비즈니스가 성립되는 것이다. 그러나 여기서 문제는 소요 시간과 안전성은 양립하기 어렵다는 점이다. 직선 거리로 단시간에 항해하려 할 때 빙산과 부딪힐 확률은 높아진다. 그렇다면 이 모순을 어떤 식으로 해결해 비즈니스를 성공시킬지가 포인트다.

당시 북대서양 항로를 운영하던 선사는 당국의 지시로 일정한 규칙에 따라 정기선을 운항하고 있었다. 늦겨울부터 여름까지 캐나다 래브라도 앞바다에서 흘러나오는 빙산이 정기선 항로에 모습을 드러내는 경우가 종종 있었다. 이 때문에 1월 15일부터 8월 14일까지 서경 47도, 북위 42도 지점까지는 대권항로를 이용했고, 여기서 방향을 바꿔 항정선(rhumb lines)을 따라 뉴욕으로 향했다. 이렇게 노선이 바뀌는 점을 일반적으로 터닝 포인트라고 불렀다. 항정선은 경선과 동일한 각도를 가진 직선으로 대권항로와 다르다. 4월 중순 대서양을 횡단하기 위해 처녀항해에 나섰던 타이타닉호도 이 정해진 전환점에서 방향을 돌렸다. 이 항로는 3월에서 6월 사이에 상당히 큰 빙산이 나타나기 쉬운 해역의 남단에서 25마일 가까이 벗어나 있어 안전한 항로인 듯 보였다. 그러나 해도를 자세히 보면, 이 항로는 4월에서 6월 사이에 빙산이 나타나는 해역으로 해도상에 점으로 표시되어있는 범위의 북쪽 100~300마일을 지나고 있다. 따라서 반드시 안전한 항로라고 할 수 없었다.

타이타닉호의 선장이 이 항로를 선택한 것은 오랜 경험으로부터 안전하다고 판단했기 때문일 것이다. 이는 후에 밝혀진 사실이지만, 1912년은 20세기 내에서 북대서양에 빙산이 나타난 횟수가 네 번째로 많던 해이기도 했다. 타이타닉호 사고 이후, 유럽 정기선은 안전을 위해 서경 45도, 북위 35도 지점에서 미국으로 가는 항로 방향을 바꾸도록 변경했다. 사고 이전과 비교하면 거리상으로는 220마일, 시간상으로는 10시간 정도 길어졌다. 그러나 안전을 우선시하지 않을 수 없다. 미국으로 가는 배의 방향을 바꾸는 전환점을 좀 더 남쪽으로 옮겼더라면 이런 대참사가 일어나지 않았을까 생각해 본다.

제4장

일본의 도시와
항만의 역사적 발전

제1절 일본 중세 수상 교통과 도시

1. 중세 수상 교통과 항구 교역

사방이 바다로 둘러싸인 일본은 예부터 바다를 이용한 수상 교통이 발달했다. 배는 착안하기 쉬운 장소를 선택해 정박하고, 뭍으로부터 사람과 짐을 싣고 목적지로 향한다. 반대로 사람과 짐을 실은 배가 물가에 도착하고, 그곳에서 다음 목적지도 이동한다. 배의 정박지와 물가에는 사람과 짐을 싣고 내리는 것을 생업으로 하는 사람이 있었으며, 그 수가 많아지면서 마을이 형성되기도 했다. 다시 말해 자연 발생적으로 생겨난 항구가 각지에 존재하면서 지역 간 교류를 돕는 중계지 역할을 했다. 이러한 항구는 주변과 국내뿐만 아니라 먼 나라에도 영향을 미친다. 그리고 항구 중에는 역사적 발전을 이루어 항만도시로 성장한 곳도 있다.

역사적 기록에 의하면, 10세기 말에 고려와 송나라에서 일본으로 사절단 배와 무역선이 왕래하기 시작했다고 한다. 11세기에 들어서면서 다자이후(하카타), 이시미, 에치젠(쯔루가), 와카사, 쯔시마 등지에 송나라와 고려 상인들이 매년 방문하게 되었다(児玉偏, 1992). 12세기에 이르러서는 헤이시(平氏) 정권의 적극적인 유치로 송나라배(宋船)가 세토우치(瀬戸内)를 경유하여 셋츠(摂津)의 오와다노토마리(大輪田宿)[1]에 기항했다. 이밖에 히젠(肥前)의 칸자키(神埼), 이마즈(今津), 사쯔마(薩摩) 등에도 기항했다. 한반도와 중국대륙에서 일본으로 건너오는 사람도 있었으며, 그들은 직물, 향약, 도자기, 서적 등 이외에

---

1 효고현 고베시 효고구에 위치한 항구로, 현재 고베항 서쪽 일부에 해당한다. (이하 모든 각주는 옮긴이의 것이다.)

건축 · 조선 · 주조(鑄造) 등의 기술과 종교, 예능 등을 가지고 왔다. 지리적 근접성으로 한반도와 중국대륙은 일본의 남서부를 중심으로 교류하였다.

한편, 일본 국내 각 지역 간 수상 교통을 살펴보면, 10세기 이후 나라의 제도 신설로 각 지역 연안에 후나쇼(船所)를 설치하여 항구에 출입하는 배와 카지토리(梶取)를 통괄하는 기능을 했다(兒玉偏, 1992). 카지토리란 헤이안시대 말부터 중세까지 장원(莊園)²의 공물인 쌀을 영주(領主)에게 배로 운반하는 역할을 한 책임자를 말한다. 11세기에 들어서면 장원은 텐노케(天皇家), 셋칸케(摂関家), 다이지샤(大寺社) 등으로 세분화되고, 공물과 임시 공사(公事)를 수도(都)로 운송하기 위한 항구, 즉 포구를 독자적으로 확보하려고 했다. 예를 들면 오노미치(尾道)는 장원에서 북서쪽으로 25km 정도 떨어진 곳에 있는 빈고노국(備後国) 오타노쇼(大田莊)(현재 히로시마현 세라마치)의 쿠라사키치(倉敷地)에 건설되었다. 쿠라사키치란 공물 등을 영주에게 운반할 때 먼저 보관하는 중계지다. 와카사국(若狭国)은 니시쯔노쇼(西津莊) · 쿠라미노쇼(倉見莊)의 포구로서 타가라스 포구(현재 오바마시 타가라스), 미카오 포구(현재 미카타군 미코)가 설치되었다. 이곳은 모두 장원에서 떨어진 곳에 위치해 있지만 복잡한 강어귀의 지형적 특징을 살린 항구였다.

12세기 말부터 13세기 초까지 일본 각지에 카이선(廻船)³을 이용해 교역하는 사람들이 등장했다(兒玉編, 1992). 치쿠젠국(筑前国) 노케쇼(野介莊)에는 소금 장사를 하는 사람, 이즈미노국(和泉国) 사카이항에는 철 · 철기를 취급하는 주물사(鑄物師)가 카이선으로 각지를 돌며 교역을 했다. 이러한 형태의 교역은

---

2 나라시대부터 무로마치시대에 있었던 귀족 · 사찰의 사유지

3 항구에서 항구로 여객 또는 화물을 운반하며 돌아오는 배. 중세 이후 발달하여 에도시대에는 히가키 카이선 · 타루카이선 외에 서쪽순항항로 · 동쪽순항항로 등이 형성되면서 배를 이용한 운송망이 발달했다.

태평양측 지역과 동해측 지역에도 이루어졌으며, 예를 들어 도기상(陶器商)이 아쯔미(渥美), 토코나메(常滑), 세토(瀬戸)의 도자기를 토호쿠 중부까지 운반했던 사실이 히라이즈미(平泉)·야나기노고쇼(柳之御所) 유적 발굴 조사에서 찾아볼 수 있다. 도쿄를 중심으로 한 칸도 지방과 큐슈 지방 간에 해상 교통을 이용한 교류가 있었음은 가마쿠라를 중심으로 한 물자이동을 통해 알 수 있다. 막부는 병선(兵船)을 큐슈에 파견하거나 스루가(駿河)와 카즈사(上總) 두 나라의 쌀을 교토에 보냈다. 한편, 가마쿠라에는 토사(土佐)의 활과 어조(魚鳥), 건어물을 12세기 말까지 운반한 것으로 알려져 있다.

그림 4-1은 아쯔미반도에 분포하는 옛가마터와 이곳에서 생산된 제품이 발견된 지점을 나타낸 것이다. 헤이안 말기부터 가마쿠라시대 초기까지 아쯔미반도의 가마 생산 전성기이며, 이 시기에 병, 항아리, 사발, 밥공기, 접시, 기와 등이 구워졌다. 옛가마터는 100곳 가까이 되었고 가마는 500기 이상 있었으며,

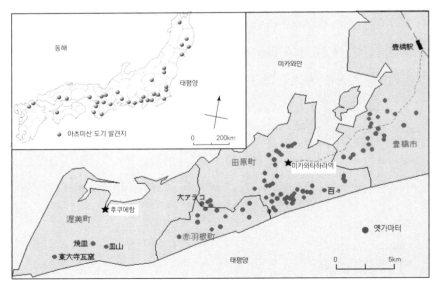

그림 4-1 아쯔미반도 옛가마터와 아쯔미산 도기(陶器) 발견지 분포

출처: 아이치박물관 웹 자료

가마에 도기 굽는 조건을 고려해 남향 경사면에 가마를 설치했다. 그리고 도기 제품은 무게가 있었기 때문에 해상운송이 적합했다. 이러한 지리적 특성을 이용한 생산과 운송이 이루어졌다. 운송 지역은 대부분 히라이즈미와 가마쿠라였다. 그 외 시즈오카 방면과 이세만 주변이었다. 츄고쿠, 시코쿠, 큐슈 방면은 중국에서 도기를 수입하였기 때문에 이곳 제품은 거의 운송되지 않았다.

2. 무로마치 말기 10대 항인 삼진칠주(三津七湊)의 교역

일본에서 가장 오래된 바다의 법률 즉, '회선식목(回船式目)'이 있다. 이 해상법은 '회선대법(回船大法)', '선법도(船法度)', '선법(船法)'이라도 불리기도 하였으나, 최근에는 회전식목이라는 명칭으로 통일되었다. 원래는 뱃사람들 사이에 통용되는 해상법으로, 지방마다 달랐던 바다에 관한 관습이 해운의 발전과 함께 통일되어 문서로 만들어지게 된 것이다(住田, 1942). 이 해상법은 무로마치시대 말기 무렵에 제정된 것으로 추정하고 있으며, 전체 31개 조로 구성되어 있다. 이후 후세에 내용이 추가되어 41개 조로 구성된 것도 있다. 이 회선식목에는 배의 차용에 관한 규정, 화물이 손상되었을 때의 보상, 선박끼리 충돌했을 때의 책임 등에 관하여 상당히 구체적인 항목이 적혀 있다. 특히 항목 중에서 조난선의 처리 방법에 관해 언급한 부분도 있는데, 조난선은 사찰에 봉납하는 것을 우선시한다고 명시되어 있었다. 이러한 바다에 관한 규정은 세계 각지에서 필요했던 것으로, 유럽에서는 이탈리아 베네치아가 상업의 번성과 함께 처음으로 등장했다. 무로마치시대의 회선식목은 당시로서는 선진적인 내용을 포함하고 있었고, 이는 그 무렵 일본의 해운계가 상당히 높은 수준에 있었음을 말해준다고 할 수 있다.

당시 이 회선식목에는 일본에서 중요한 역할을 했던 10대 항인 삼진칠주(三

津七湊)의 이름이 기록되어 있다. 삼진(三津)이란 아노항(이세국伊勢国 아노군安濃郡), 하카타항(치쿠젠국筑前国 나카군那珂郡), 사카이항(셋츠국摂津国 스미요시군住吉郡과 이즈미노국和泉国 오시마군大島郡)의 세 항을 말한다(그림 4-2). 다만, 중국 명대의 역사서 『무비지(武備志)』에서는 사카이항 대신에 보우항(사쓰마국薩摩国 카와베군川辺郡)이 거론되고 있다. 하카타항을 제외하면 모두 일본열도 남측에 위치하는 항이다. 그리고 칠주(七湊)란, 산코쿠항(에치젠국越前国 사카이군坂井郡), 모토요시항(카가노국加賀国 이시카와군石川郡과 노미군能美郡), 와지마항(노토국能登国 후게시군鳳至郡), 이와세항(엣츄국越中国 카미니카와군上新川郡), 이마마치항(에치고노국越後国 나카쿠비키군中頸城郡), 츠치자키항(데와국出羽国 아키타군秋田郡), 토사항(무쓰국陸奧国 하나와군鼻和郡)의 7개 항을 말한다. 이 항구들은 일본열도의 북측인 동해에 위치하고 있으며, 중국대륙과 한반도에서 교역을 하던 당시, 대륙 측에서 보면 일본의 바깥 쪽에 위치한 항이라고 할 수 있다. 모두 하천이 바다로 흘러가는 하구 부근에 위치하고 있어, 하천 교통을 이용한 방안을 고려하고 있었다.

삼진 중에서 유일하게 동해에 접하고 있는 하카다항은 1161년에 타이라노키요모리(平淸盛)가 건설한 일본 최초의 인공 항(소데노항袖の湊)이 그 기원

그림 4-2 삼진칠주 위치

이다. 스미요시 신사에 보관되어있는 하카타 고지도(古圖)를 보면, 하카타항은 나카강과 히에강이 유입되는 레이센항, 이곳과 작은 언덕으로 가로막힌 쿠사가 강, 쇼후쿠사(聖福寺)와 쿠시다궁이 있는 중심부, 거기서 중심부와 다리로 연결된 오키노하마라고 하는 데지마(出島)로 이루어져 있었다(그림 4-3). 예로부터 견수사(遣隋使), 견당사(遣唐使)의 경유지이기도 했던 하카타항은 스미요시 신사와 하코자키궁 등의 사찰·신사와 장원영주(莊園領主) 등의 일·송(日宋) 사무역(私貿易)의 거점지였다(大庭, 2009). 이후 헤이안 말기에는 다이토오가 (大唐街)로 불리게 되는 '송나라사람 거리'가 하코자키궁(筥崎宮) 주변에 형성되었다. 이들 송인(宋人)은 선단(船団)을 이루어 왕성하게 왕래하였고, 하카타에 거처를 마련하여 사찰과도 관계를 맺어 나갔다. 특히, 송상인은 고슈(綱首)로 불리며 일·송 관계에 힘썼는데, 그러한 연유에는 1195년 송나라에서 돌아

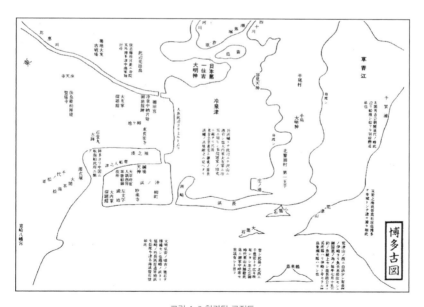

그림 4-3 하카타 고지도

주) 가마쿠라시대에 그려진 지도를 현대적으로 표현한 지도

출처: Playing Housing Times 웹 자료

온 영서(榮西)가 처음으로 승구사(承久寺)를 세웠을 때 물심양면으로 도움을 준 것에서 잘 보여준다.

사카이항의 지명은 오사카만 북쪽의 셋츠국, 남쪽의 이즈미노국 그리고 동쪽에 위치하는 카와치국의 경계선, 즉 사카이(堺)가 접하고 있는 것에서 유래한다. 11세기경부터 사카이로 불리게 된 이곳은 바닷가의 작은 어촌마을이 아니라 바다의 신들과 깊은 관계를 가진 항이었다. 이는 오사카만의 기슭에는 요도강과 야마토강에서 바다로 운반된 토사가 파도에 의해 언덕 모양으로 쌓여 형성된 사력단구가 있었는데, 이 사력단구 위에 아구치신사와 스미요시신사가 모셔져 있었기 때문이다. 일찍이 에나쓰(榎夏)라고 불렸던 사카이는 요도강을 경유하여 교토로 갈 수 있을 뿐 아니라, 이즈미노국을 거쳐 키노국(紀伊国) 쿠마노(熊野)로도 갈 수 있는 교통의 요충지였다. 사카이에는 천황가와 조정에서 필요로 하는 물자를 조달하는 쿠고인(供御人)을 비롯하여 신분적 특권을 가진 요리우도(寄人), 토네리(舍人), 메시쯔기(召次), 신징(神人) 등이 거주하고 있었다. 이들은 여러 활동에 종사했고, 전문적 기능을 가진 집단으로 활약한 사람도 적지 않았다. 특히 단남주물사(丹南鑄物師)가 그 예로, 이 기능 집단은 서일본을 중심으로 주물제품을 팔 뿐만 아니라, 방문지에서 곡물과 비단을 구입한 후 사카이로 돌아와 이를 판매하여 이익을 챙기기도 하였다.

사카이항이 해외 교역항으로 명성을 떨친 시기는 견명교역선(遣明交易船)으로 중국으로 향한 쿠보(장군)선과 호소카와(관령)선이 1469년에 귀국했을 시기로, 오닌(応仁)·분메이의 난(1467~1477년)으로 인하여 전란 중이었던 세토나이카이(瀬戸内海)를 피해 큐슈에서 토사(土佐) 앞바다를 경유해 당초 예정했던 효고항이 아닌 사카이항에 도착했기 때문이다. 이러한 견명교역선을 이용하여 이루어진 감합무역은 해금정책(海禁政策)을 취한 명나라가 감합한 배에만 허용한 무역이었다. 이렇듯 명나라의 감합을 허가받은 무로마치 막부는 직

영의 감합선을 파견할 뿐만 아니라, 무역을 하고자 하는 슈고다이묘(守護大名)
와 대사사(大寺社)에게도 감합을 허용했다. 이러한 유력자에게 감합을 허용한
이유는 감합무역으로 큰 이익이 발생할 것으로 예상되었고, 감합이 허용된 유
력자로부터 수입(사례금)을 얻을 수 있다고 보았기 때문이다.

그림 4-4는 자유무역항으로서 번창했을 무렵의 사카이항 고지도이다. 환호
(環濠)로 둘러싸인 사카이 마을은 중앙을 남북 방향으로 종단하는 기슈가도와
중앙부의 가도가 서로 교차하고, 횡단하는 동서 방향의 오쇼지(大小路)에 의해
서 네 개의 촌락으로 나누어져 있었다. 이러한 도로와 평행하도록 만들어진 바
둑판 모양의 거리에 경간(京間) 60간(약 118m)을 기준 치수로 하는 지역으로
정연하게 구획되어 있었다. 시가지의 동쪽 끝에는 남북에 걸쳐 사원이 배치되
어 있으며, 이러한 계획적인 시가지 구조는 죠카마치(城下町)와 공통점도 많
았다. 마을을 나누는 방법도 죠카마치와 같이 거리에 접한 양쪽이 하나의 마을

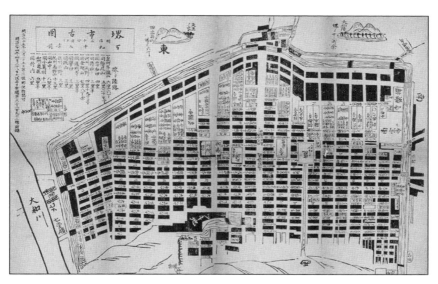

그림 4-4 사카이 고지도

출처: 미쯔이스미토모토라스토 부동산의 웹 자료

이 되는 두 마을을 기본으로 하고 있어, 각 네거리에는 마을 경계의 표시가 되는 출입구가 있었다.

3. 도시와 지방을 수상 교통으로 연결

아주 오래전 수도였던 나라와 교토가 지방을 수상 교통으로 연결할 경우, 항구나 포구에서 육상 교통으로 연결될 필요가 있다. 사이고쿠 방면에서 세토나이카이를 지나는 경우는 요도강 하구 부근에서 강 전용배에 옮겨 싣고 강을 올라간다. 중세 무렵 에구치, 히라카타, 요도를 경유하여 오구라이케(巨陵池)에 도착하였고, 이곳에서 다시 카모강과 카쯔라강까지 강 전용 배로 이동했다(그림 4-5). 요도에서 남쪽으로 키쯔강을 거슬러 올라가면 나라 방면으로 갈 수 있었다. 784년 나가오카경 건설이 시작된 지 얼마 지나지 않아 요도강과 산고쿠강(칸자키강) 하구 부근을 연결하는 공사가 진행되었고, 이 공사로 칸자키강이 서일본과 수도를 연결하는 주요한 수로가 되었다. 특히 이 하구인 카와시리가 세토나이카이 항로의 발착지로 중요한 위치를 차지하게 되었다.

카와시리 일대는 삼각주가 발달한 지역으로, 칸자키강 등 중소하천의 퇴적

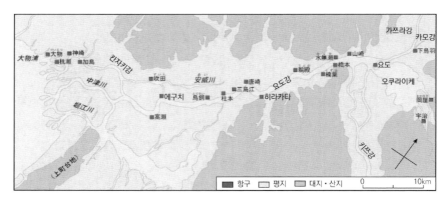

그림 4-5 중세 요도강 유역의 항구
출처: 지도설명 아마가사키 역사 웹 자료

작용으로 지형이 끊임없이 변하고 있었다. 그러나 오히려 이러한 불안정한 지형 조건이 모두 항만 기능을 가지고 있었고, 세토나이카이를 이용하여 어업·운수·교역 등에 종사하는 사람들이 거주하며 마을을 형성했다. 특히 장원제 보급으로 물자 유통이 활발해지면서 이러한 항구의 역할이 중요해졌다. 카와시리까지 배로 운반된 짐은 바닥이 얕은 강 전용배로 옮겨져 요도항까지 이동했다. 삼면이 바다로 둘러싸인 카와시리 일대는 파도와 바람을 막기에 그다지 적합한 장소가 아니었고, 어떤 때는 입항하려는 배가 착안하지 못해 침몰하기도 하였다. 이 때문에 강 하구를 조금 거슬러 올라간 칸자키가 배 정박지로 번영하게 되었다. 칸자키와 더불어 중요한 역할을 한 곳이 바로 다이모쓰다. 이곳은 서일본 각지에서 만들어진 토기류 뿐만 아니라 중국에서 수입된 백자, 청자 등 고급 도자기도 다수 발굴되고 있다. 서일본 장원에서 영주가 거주하는 도읍지에 공물과 지역 특산품을 중계하는 기능을 중심으로 다양한 계층의 사람들이 교류하는 도시였을 것이다.

앞서 설명한 아노항(安濃津)은 삼진칠주 중에서도 매우 중요한 항구였다. 지도상에서 위치를 확인해 보면 나라(奈良)의 동쪽과 이세평야의 중앙에 있다. 아노항의 중앙에 산지가 있어 장애물이 되긴 하지만, 키나이(畿內)와 아즈마노쿠니(東國)를 연결하기에는 더할 나위 없는 출입구다. 실제로 아노항은 아즈마노쿠니에서 이가(伊賀), 야마토(大和), 오미(近江)로 가는 길목이며, 또 남쪽으로 내려가면 산구가도(參宮街道)를 지나 이세신궁에 이른다. 안노항은 이세신궁의 미쿠리야(御厨)[4]가 있어 이세신궁에 보내는 공물의 호쿠세이 지방에서 생산된 물자를 운송하는 기항지로 번영했다. 그러나 1498년 8월 메이오지진과 그로 인한 해일로 안노항은 큰 피해를 입었다. 이 때문에 항구의 실태에 관한

---

4   신에서 받치는 공물을 조리하는 장소

자료가 거의 없고, 항구의 정확한 위치에 관해서도 이와타강 하구 북쪽의 니에자키(贄崎) 부근이라는 설과 이와타강 하구 오른쪽 기슭의 아코기가즈카(阿漕塚)라는 설이 있다(그림 4-6). 다만 1996년 아코기가즈카 부근에서 이루어진 발굴 조사에서 몇 가지 발굴물과 유구가 발견되면서 이 부근이 항구였다는 증거자료가 되었다. 정치적 중심이 키나이였던 당시에 안노항은 아즈마노쿠니 방면을 연결하는 중요한 역할을 했다.

그림 4-6 안노항의 추정 위치

4. 중세 도시의 다양한 성격

중세의 항구도시는 이 무렵 존재하던 여러 종류의 도시 중 하나에 불과하다. 또 각지에 남아 있는 발굴물에서 그 특징이 다양하고 지역마다 형성 배경이 달랐음을 알 수 있다(市村ほか, 2016). 항구도시를 포함한 중세의 도시 전체에는

나라, 교토, 가마쿠라라는 나라의 중심에 주요 도시가 있고, 이에 더해 새롭게 등장한 다이묘가 죠카마치를 만들었다. 초기 죠카마치의 성곽은 지형 조건을 우선시하여 산성(山城)이 많았으나, 이후에 평산성(平山城), 평성(平城) 등 경사가 완만한 땅에 성을 쌓았다. 죠카마치는 군사와 정치의 중심이며, 무사가 거주해 마을을 형성했다. 그들은 일상생활을 영위하기 위해 상업 기능이 필요했고 다이묘의 보호와 통제하에서 상업활동이 이루어졌다. 통제적인 이찌자(市座)[5] 제도는 후에 철폐되면서 라쿠이찌라쿠자(楽市楽座)[6]가 확산되었다.

죠카마치와 함께 몬젠마치(門前町)가 발전한 것도 중세 시대의 특징이다. 정치와 경제 외에 종교와 오락을 찾는 서민들이 생겨났다. 그리고 사찰에 참배하는 것이 유행하면서 몬젠마치가 형성되었다. 이러한 예로 이세신궁 내궁 앞 우지, 외궁 앞 야마다 그리고 엔랴쿠지 히요시신사 입구 앞 사카모토가 있다. 이

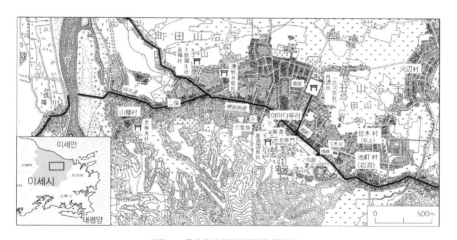

그림 4-7 중세 도시 야마다무라의 공간 구조

출처: マーク・シュナイダー(2008):「中世都市山田の成立と展開—空間構造と住人構成をめぐって—」
『都市文化研究 Studies in Urban Cultures』第10号 pp.81-95.

---

5   중세 시장의 특권 판매좌석으로, 영주에게 시좌역을 납입하면 보호를 받았다.

6   전국시대부터 근세 초기에 걸쳐 전국 다이묘가 죠카마치를 번영을 위한 산업정책.

중 야마다는 이세신궁 외궁 경내의 주요한 출입구인 이치노토리 문 앞에서 형성되어 미야강 지류인 키요강, 세타강, 토요강에 둘러싸여 발전했다. 야마다에는 신궁의 토지관리와 제사를 담당하는 중하급 구성원과 상인·농민이 거주하였다(マーク·シュナイダー, 2008)(그림 4-7).

　지나이쵸(寺内町)도 종교적 배경을 가지고 있다. 이곳에는 정토진종 불교사원과 도량 등을 중심으로 하는 자치적 조직이 있고, 환호(環濠)와 토루(土壘) 등을 쌓아 자체적으로 방위하는 마을도 많았다. 이러한 도시에는 몬토(門徒)가 상공업자로 거주하면서 상업 기능을 담당했다(金井, 2008). 이시야마혼간지(셋쯔), 요시자키도량(에치젠) 등이 이에 해당하는 사례들이다. 이시야마혼간지는 혼간지제8세 렌뇨(蓮如)가 1496년 야마시나혼간지(山科本願寺)의 탑두(塔)를 건립한 것이 시초다. 1532년 야마시나혼간지가 없어지면서 소뇨(証如)가 이곳으로 혼간지를 옮겨왔다. 옮겨 온 혼간지는 사방이 강으로 둘러싸인 요충지였기 때문에 츄고쿠 지방으로 가는 거점으로 삼기 위해 혼간지 이전을 요구한 오다 노부나가(織田信長)와 대립했다. 요시자키도량도 렌뇨가 창건한 정토진종 혼간지파, 진종 오타니파의 절이다. 히에이잔 사찰의 박해에 고심하던 렌뇨가 오미에서 에치젠으로 도망쳐 1471년 아사쿠라 토시카게의 귀의를 권유받아 요시자키산에 건립하여 호쿠리쿠 지역의 포교를 위한 거점으로 삼았다.

　오다 노부나가와 도요토미 히데요시에 의한 쇼쿠호(織豊) 정권이 발생하기 이전에 자치적 성격을 가진 도시가 항구 주변으로 많이 발생한 것은 우연은 아니다. 원래 항구는 해외를 포함한 바깥 세계와 연계성을 가지고 있다. 물건, 사람, 정보의 교류를 통해서 부를 축적하는 기술이 뛰어났으며, 명일무역(明日貿易) 중계지인 사카이와 하카타에 세력을 가진 상인이 배출되어 자치적인 도시 운영을 담당했다. 이세만의 오미나토와 쿠와나도 상인들의 자유로운 교역 활동으로 도시가 크게 번창했다. 그러나 중세 시기 정치체제가 불안정하여 각지에는 전란과 폭란 등이 일어났다. 따라서 이러한 사회적 혼란을 피하기 위해 도시를 스스로 방위하고자 하였다. 또한 수상 교통의 결절점인 중세 항구도시가 중요한 역할을 담당한 것은 분명하다.

제2절 해상 교통, 하천 교통을 이용한 상품 유통

1. 근세 초기 해상 교통을 이용한 물자 운송

에도 막부 이후, 모든 경제 분야는 코쿠다카세이(石高制)를 기초로 결정되었다. 영주는 연공미(年貢米)를 환금하기 위해 에도와 오사카의 시장으로 보냈다. 쌀은 다이묘가시(大名貸)에게 융자를 받기 위해 필요했고, 또 에도로 참근교대(参勤交代)에 드는 비용을 마련하기 위해 에도야시키와 오사카쿠라야시키에 대량의 쌀이 보내졌다. 에도와 오사카에는 여러 지역에서 보내온 쌀로 도시가 발전하고, 이들 지역 사이는 수상 운송으로 쌀이 운반되었다. 쌀을 중심으로 에도와 오사카에 해상운송 항로도 개척되어 대량으로 물자가 이 항로를 중심으로 이동했다. 중세까지 이루어졌던 동아시아와의 교역이 막부에 의해 금지되어 이 때문에 해상운송은 오직 일본 국내 운송에만 집중되었다.

각 지역의 번(藩)과 막부에 의해 에도와 오사카의 쌀시장으로 해상운송을 시작했다. 번은 연공미를 막부는 죠마이(城米)[7]를 각각의 카이마이선(廻米船)으로 에도와 오사카에 보냈다. 중세 이후 호쿠코쿠해운은 쯔루가, 오바마의 항구

7　에도시대에 막부에 조세로 바치던 쌀

를 경유해 오사카로 운반하였다. 그러던 중 1638년 돗토리번과 카가번이 함께 해상운송을 이용해 직접 오사카로 보내기 시작하였다. 이후 운송 경비가 절약되는 오사카 항로를 주로 이용했다. 중세 이후 키타큐슈 연안과 세토나이카이는 카이마이선 산업이 번창했다. 이로 인해 케이쵸기(1596~1615년)부터 코쿠라호소카와번은 번선(藩船)과 고용선을 사용해 오사카와 에도로 쌀을 보냈다. 또한 세토나이카이에 접한 오카야마번은 연안부 7개 마을을 카코노우라(加子浦)로 지정하고, 이곳 카이마이선을 이용하여 오사카와 에도로 쌀을 운반했다.

처음에 에도와 가까운 칸토는 히타치나카항과 시모후사쵸시항에서 수운과 육상운송을 이용해 에도시장에 쌀을 운송했다. 이후 칸에이기(1624~44년)가 되자 센다이번이 이시노마키를 선적항으로 지정하고 에도에 쌀을 보내기 시작했다. 또한 쇼호 · 쇼오기(1644~55년)에 난부번은 번선으로 직접 에도로 보내고, 1669년 쓰가루번도 에도로 쌀을 보냈다. 난부번은 자체 항에서 키타카미강 운하를 이용해 이시노마키에 도착 후 고용선을 이용해 에도로 가는 노선으로 변경했다. 키타카미강 하구에 있는 이시노미키를 거점으로 하는 카이마이선은 무쓰만 주변에도 진출하게 되었고 동해 연안에서 쓰가루해협을 거쳐 태평양을 남하하는 항로가 에도 초기에 이용되었다.

그림 4-8 동쪽순항 항로와 서쪽순항 항로의 신설
출처: 이와타시 웹 자료

해상운송을 중심으로 하는 각 번들의 카이마이선에 대해 1670년 막부는 에도상인 카와무라 즈이켄에게 무쓰노부오와 다테군의 죠마이를 에도로 보내도록 명했다. 쌀은 아라하마에서 태평양을 남하해 보소반도를 우회한 후 에도로 향했다. 당시 이즈시모다와 사가미미사미에는 막부 초소가 설치되어 있었고, 이곳을 경유해 에도만으로 가는 항로였다(그림 4-8). 이듬 해도 카와무라 즈이켄은 에도로 죠마이를 보내는 명을 받았고, 이때는 전년과 달리 서쪽순항 항로로 운반하였다. 즉, 데와사케타를 출발한 카이마이선은 아카마가세키를 지나 오사카에 도착해 다시 키이반도를 우회하여 에도로 향했다.

카와무라 미즈켄의 동쪽순항 항로와 서쪽순항 항로의 개척은 막부와 여러 번들의 도움으로 가능했다. 그 후 막부는 카이마이선 조달을 직접 관리하면서 전국적인 죠마이가 이루어졌다. 막부는 동쪽순항 항로는 이세, 미카와리, 오와리 항로, 서쪽순항 항로는 사누키시와쿠제도, 비젠히비항, 셋츠텐보 항로 등이다.

2. 상품유통과 히가키카이선(菱垣廻船),[8] 타루카이선(樽廻船),[9] 키타마에선(北前船)[10]의 해운

에도가 소비도시로 성장하면서 이미 도시로 발전한 오사카에서 생활물자 조달이 필요했다. 이러한 상황에 맞춰 1619년 이즈미노국 사카이의 상인들은 오사카에서 에도로 일용품을 보내는 사업을 시작했다. 이후 칸에이기(1624-1645년)에 오사카키타하마의 선박회사가 에도로 가는 선박을 마련했다. 이 선박을 히가키카이선이라 불렀는데, 그 이름의 유래는 배의 양 선현(船舷)에 목제 마름모 격자를 장식했기 때문이다. 초기 히가키카이선은 항해 도중 도난이나 해난을 당하기 일쑤였다. 이에 화물검사와 해난을 방지할 목적으로 1694년 에도토

---

8 에도와 오사카 구간을 왕래한 배

9 에도시대 카미가타와 에도 구간의 정기 화물운송선

10 에도시대에서 메이지시대에 걸쳐 동해를 통해 홋카이도와 오사카 구간의 화물을 운송한 배

쿠미토이야(江戸十組問屋)[11]를 결성했고, 이후 히가키카이선는 화주 도매상이 경영하게 된다. 같은 해 오사카에도 도매상 조직이 결성되어 에도 주문을 오사카 도매상이 받아 직접 보내게 되었다.

히가키카이선 적재는 이중구조로 하부는 술·등유·설탕·숫돌·도자기 등, 상부에는 면·다시마·염초(染草)·약종류·장신구 등이 실렸다. 초기에는 이러한 혼재가 일반적이었으나, 1730년부터 화물을 분리하여 수송하는 타루카이선이 등장하였다. 이렇게 한 이유는 해난시 상부 화물은 해상으로 떨어지지만 하부 화물은 그렇지 않아, 손해보상처리가 불공평했기 때문이다. 히가키카이선이 화물 수송에 불리한 점이 많아 타루이카이선이 주로 이용되었다. 또한 1841년 조직이 해산되면서 히가키카이선의 특권은 사라졌다. 그리고 에도와 카미가타 구간은 약 700km의 거리로, 에도 초기에는 30일 미만, 에도 말기가 되면 15일 정도로 항해가 가능했다(그림 4-9).

근세 초기 비와코 사쯔마무라와 야나가와무라의 오미상인은 료하마구미(両派組)로 불리는 조직을 결성하여 마쯔마에번의 보호를 받으며 해산물 등의 거래를 독점하였다. 오미상인이 두 마을의 출신 상인들이기 때문에 료하마구미

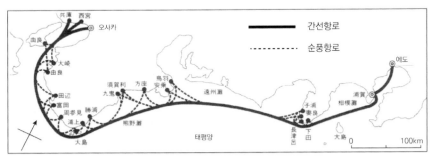

그림 4-9 에도와 카미가타 구간 항로와 타루카이선 항로도
출러: 니시미야류의 웹 자료

---

11   에도시대 에도에서 조직된 각종 화물 도매업자 조직

를 붙였고, 에조지와 에치젠쯔루가를 잇는 항로를 왕복하는 화물선을 이용했다. 그러나 청어의 흉어가 계속되면서 오미상인이 점차 쇠퇴하고, 대신 와카사, 에치젠, 카가, 노토, 엣츄, 에치고, 사도 등을 거점으로 한 키타마에선주가 활약하기 시작했다. 이들은 자신을 키타마에선이라 부르지 않고 벤자이선이라 부르는 배에 직접 구입한 상품을 싣고 장사하였다. 한 번의 항해로 큰 이익을 얻었다고 해서 '바이(倍)선'으로도 불렸다. 모든 키타마에선에 해당되는 건 아니지만 카이즈미선(買積船)[12]이 키타마에선의 특징이고, 히가키카이선과 타루카이선은 칭세키선(賃積船)[13]으로 다르다. 키타마에선은 본인이 책임을 지고 장사를 하기 때문에 리스크가 크고, 안전한 항해를 기원하며 신사나 절에 그림말이나 등롱을 달아 두기도 했다.

키타마에선은 동해, 세토나이, 카미가타를 연결하는 항로를 개척하였고, 이 항로는 카가번 3대 번주 마에다 도시쯔네(前田利常)였다. 각 번의 쌀창고가 모여 있던 오사카는 이전에는 번 안에서 쯔루가까지 배로 운반하였고, 그 후에는 육로와 비와호 수운을 이용하여 오쯔, 교토를 거쳐 오사카로 운반하였다. 당시에는 동해와 접한 번에서 오사카로 물자 운송을 하는 일반적인 노선이었지만 화물 환적과 운송에 시간이 걸려 효율적이진 않았다. 이 노선을 시모노세키, 세토나이를 경유하는 해상운송으로 변경하면서 화물이 보다 원활히 운반되었다. 카가번은 에조, 토호쿠에서 산인, 세토나이를 잇는 키타마에선 항로의 중간에 있으며, 특히 노토반도는 중요한 위치를 차지하고 있었다(그림 4-10). 반도부의 와지마, 나나오, 후쿠우라의 여러 항구 그리고 토야마만의 이와세, 후시키 등에는 키타마에선으로 부를 축적한 선주들이 많이 생겨났다. 이들은 지

---

12 본인 자본으로 상품을 구매해 배에 실어 다른 곳에 파는 상법

13 화주에게 운임을 받고 화물을 운송하는 배

역 간의 경제적 유대뿐만 아니라 음식과 정보 교류 등 문화적 교류에도 기여했다(向笠, 2010).

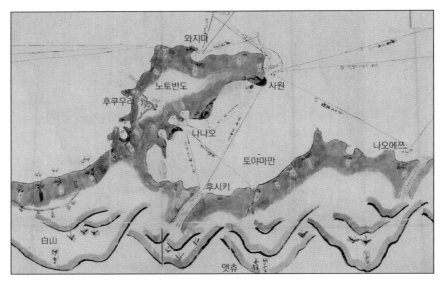

그림 4-10 키타마에선 항로도
출처: 효고현립역사박물관 웹 자료

마쯔마에, 에사시, 하코다테 방면과 오사카를 서쪽순항 항로로 연결하면서 도중의 동해와 세토나이 연안에서 특산품을 구입해 싣는 일이 빈번했다. 오사카는 술·기름·차·무명 등 세토나이의 시모쯔이, 오노미치, 타케하라, 아카마가세키(시모노세키) 등은 소금·설탕·다다미 등을 실었다. 동해와 접한 쯔루가, 오바마는 밧줄·방석·가마, 산고쿠항은 쌀·석재 등, 니가타, 사카타는 쌀·술 등이 에조지나 그 중간 기항지에서 팔렸다. 반대로 에조지는 다시마, 청어 등 해산물을 배에 실어 동해, 세토나이, 오사카로 운반했다. 청어 등 생선거름은 카미가타 방면과 세토나이 지방의 상품 작물 생산에 중요한 역할을 했다.

3. 각 지역에서 이용된 하천 교통 운송

산악지역이 많은 섬나라 일본은 대륙국가에 비해 하천 길이가 대체로 짧은 경사지형이기 때문에 급류로 수량이 많은 시기와 적은 시기의 차이가 크다. 사방이 바다로 둘러싸여 해상 교통을 이용할 수 있는 점과는 대조적이다. 이 때문에 하천을 이용한 교통, 즉 하천 교통은 불리해 보이지만, 기계적인 육상 교통이 존재하지 않았던 근세 이전에는 각지의 하천이 교통 수단으로서 이용되었다(児玉編, 1992). 특히 에도시기가 되면서 막부와 각 번들이 영내에서 수확한 쌀을 시장에서 환금하는 제도가 정해지면서 강 전용배에 쌀을 실어 하구까지 운반한 후, 다시 바다 전용 배에 옮겨실었다. 이때 쌀뿐만 아니라 지역 특산품도 운반되었다(川名, 2003). 이는 도로를 이용하는 것보다 싸고 대량 운송이 가능했기 때문이다. 생활에 필요한 잡화나 농업이나 제조에 빠뜨릴 수 없는 물자도 하천 교통을 이용해 운반되었다. 그리고 육상 도로와 연결된 장소에 강항구가 설치되어 이곳에 물자가 모였다.

근세 하천 교통은 지방의 유역(流域)교통과 에도, 오사카의 지역 교통으로 나눌 수 있다. 전자는 수량이 풍부한 하천을 이용해 쌀이나 생활·산업물자를 운반하는 교통이고, 후자는 인구 증가로 소비 수요가 증가한 에도, 오사카 주변의 하천 교통이다. 전자의 사례는 전국 곳곳에 있지만, 토호쿠의 경우 동해에 있는 쯔가루번이 이와키강을 이용해 토사미나토(아지가사와)까지 운반해 이곳에서 해상 교통으로 연결된다. 이와키강에는 강항구로 고쇼가와라, 이타야노키, 산젠지, 후지사키, 타카스기(高杉) 등이 있으며, 번의 쌀 저장소가 있다(그림 4-11). 모가미강과 그 하구의 사카타는 쯔루오카, 신조, 야마가타, 요네자와 등에서 생산된 쌀의 수송을 담당한다. 호쿠리쿠는 진즈강과 니시이와세, 오야베강과 후시키를 각각 이용한 토야마번, 쿠즈류강과 미쿠니미나토를 이용한 후쿠이번을 예로 들 수 있다.

그림 4-11 이와키강 유역의 강항구

출처: 위키피디아 이와키강 지류 일람 웹 자료

　키소삼천인 키소, 나가라, 이비는 노비평야의 형성에 깊은 관련이 있을 뿐만 아니라 이곳에 조상 대대로 살아온 사람들에게 편리한 하천 교통을 제공했다. 이 중 가장 길고 유역 면적도 가장 넓은 키소강은 하구에서 방향이 바뀌는 카사마츠까지가 하류부, 카사마츠에서 쿠로제항까지가 상류부다. 쿠로제항에서 더 위의 강 상류에는 키소협곡에서 벌재된 목재가 하나하나 떠내려가 쿠로세에 가까운 니시코오리 벌목장에 모였다. 니시코오리에서 목재는 뗏목으로 엮어 이누야마, 카사마츠를 거쳐 하구 쿠와나까지 이동한다. 오와리번의 통치를 받은 키소강은 일명 오와리강이라 불리기도 하였는데, 이 강의 이용에는 제약이 많아 그다지 이용되지 않았다.

근세에 키소강이 중류 스노마타에서 나가라강과 연결되어, 나가라강을 거슬러 올라가면 미노와지(美濃和紙)[14] 집하지인 코즈치에 도착한다. 코즈치항에서 배에 실린 미노와지는 스노마타, 오미를 거쳐 키나이에 보내졌다. 와지 이외에도 산지에서 채취한 농작물과 목재 등을 배와 뗏목을 이용하여 하류에 보냈다. 나가라강은 이비강과도 연결되어 있어 이비강 하구 쿠와나에서 실린 짐은 나가라강 중류인 카가시마항까지 강 전용배로 운반되었고, 이후 카노 죠카마치와 기후에 운반됐다. 세키가하라 전투 이후 토쿠가와가 일본을 지배하게 되었고, 겐나(元和)[15] 이후 기후는 오와리번의 지배를 받았다. 이비강 하구 쿠와나와 키소삼천 하류가 연결되면서 쿠와나는 키소강, 나가라강 하구와도 연결되었다. 이비강 상류에는 '츠다'라 불리는 연료용 장작이 북방과 보지마(房嶋) 등으로

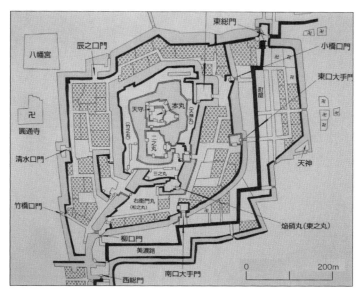

그림 4-12 죠카마치 오가키의 공간 구조
출처: 스지 웹 자료

---

14   미노 지방(현재 기후현)의 일본 고유의 제조법으로 만든 종이

15   에도시대 1615년에서 1624년까지 코미즈노오천황 연호

보내졌다. 츠다는 오가키번의 중요한 재원이었다. 이비강 선상지 끝에 위치한 수도(水都) 오가키는 죠카마치의 수운망을 구축하여 이비강을 이용하는 선적들이 모이게 되었다(그림 4-12).

에도만으로 흐르는 토네강 하구를 보소반도의 쵸시(銚子)로 변경한 목적은 홍수 대책 이외에 신전(新田) 개발, 수상 교통, 에도 방위 등이었다. 지류인 에도강을 개척하여 토네강 수계와 에도시를 연결하는 수운망을 구축하였다. 바닷길을 이용해 에도로 가는 동쪽순항 항로가 구축된 이후도 히타치 나카항과 쵸시에서 토네강을 경유해 에도로 가는 항로로 사용되었다. 반면 히가키카이선과 타루카이선으로 물자를 에도로 보낸 오사카는 배후지를 흐르는 요도강 수계가 중요한 역할을 담당했다. 비와코를 수원으로 하는 요도강은 세타강, 이후에는 우지강으로 불렸다. 이 요도강은 호즈강, 키즈강 등이 모여 마지막에 오사카만으로 흘러드는 큰 하천으로, 예부터 키나이 물류에 중요한 역할을 해왔다. '천하의 부엌' 오카가의 중심부 나카노시마 부근에는 여러 번들의 창고가 있었다. 나카노시마 하류에는 아지강, 키즈강이 흐르고, 아지강 다리 아래에는 히시키카이선과 타루카이선이 정박하고, 키즈강 하구에는 여러 배들과 키타마에선이 정박한다.

제3절 근세 항구마을, 죠카마치의 수상 교통

1. 배후지 성격과 지형 조건에 따른 항구마을의 입지 유형

중세부터 근세에 걸쳐 수운 이용이 증가한 것은 여러 지역의 경제활동이 활발해지면서 교역을 통해 보다 나은 생활을 영위하고 싶은 마음이 커졌기 때문이다. 교역 장소로 항구가 중요했고, 기존에 있는 항구를 정비하고 재개발하면서 지금보다 수준 높은 항구가 생겨났다. 이때 항구의 입지 조건으로 배후지 성격과 지형 조건에 따른 유형으로 구분할 수 있다.

여기서 배후지 성격이란 배후지의 항구가 정치·행정의 기능을 가진 죠카마치인지 아니면 농업 등의 생산력을 갖춘 지역인지 등을 말한다. 가장 최근에는 배후지를 확장하지 않고 화물 환적과 기항을 목적으로 이용되는 항구도 있다. 또한 지형 조건이란 파도가 잔잔하고 배가 정박하기에 적합한 자연환경인지를 말한다. 1615년 일국일성령(一国一城令)[16]을 실시하여 아즈치모모야마(安土桃山)[17] 시대에 전국에 3,000개나 있던 성이 170개로 줄어들었다. 그 결과 항구와 죠카마치가 같이 공존하는 곳은 줄어들고 항구도시로만 기능을 하는 곳이 늘어났다.

또한 정치·행정 기능을 가지지 않는 항구도시가 발생했고, 집약되어 규모가 커진 죠카마치의 경우는 항구기능이 내부에서 형성되기 시작했다. 섬나라 일본은 하천이 바다로 흘러드는 부근에 충적평야가 형성되어 있는 경우가 많았고, 그곳에 성을 쌓아 주변의 농업지역을 관리하는 경우가 일반적이다. 죠카마치 내부에 항구기능이 있는 경우, 항구의 지형 조건에 따라 크게 4가지 유형으로 나눌 수 있다. ① 해만(海灣), ② 하천, ③ 바다와 가까운 하구, ④ 세토나이 이상 4가지 유형이다. 세토나이를 하나의 유형으로 분류한 것은 육지에 둘러싸인 지중해의 조건을 갖추고 있는 곳으로, 일본에서 유일한 지중해 조건을 갖춘 지역이기 때문이다.

먼저, 해만에 접한 대표적인 죠카마치는 마쓰마에오바마, 하코다테, 카라쓰,

---

16   에도막부가 여러 다이묘들의 군사력을 억제하기 위해 영내에 거성 이외의 성은 파각시킨 제도

17   오다 노부나가와 도요토미 히데요시가 정권을 잡았던 시대

후쿠오카, 카고시마 등이다. 이 중 마쯔마에오바마는 정식 명칭인 후쿠야마성은 마쯔마에성으로 불리는 항구로, 홋카이도 최남단인 마쯔마에만에 접해 있다(山田, 1996). 1606년 세워진 후쿠야마관이 후쿠야마성의 전신이며, 이후 이곳에 러시아 등 외국 선박이 출몰하여 북방경비 목적으로 개수·보강되었다. 시마즈번의 죠카마치였던 카고시마는 남쪽으로 뻗은 카고시마만 서쪽에 위치해 있고 오래된 항만의 역사를 가지고 있다. 1387년 시마즈 모토히사가 이나리강 북안의 언덕 위에 성을 쌓은 것이 죠카마치의 시작이며, 이나리강 하구 부근은 해외 교역의 거점으로 번창했다. 그 후 카고시마성이 이전 위치보다 남쪽에 성을 쌓아 죠카마치도 남쪽으로 확장되었다(그림 4-13).

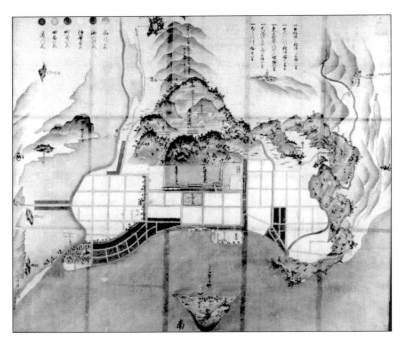

그림 4-13 1670년경 사쯔마번 죠카마치 지도

출처: 카고시마현립도서관 웹 자료

다음으로 강 항구를 가진 죠카마치의 대부분은 내륙에 형성되었다. 예를 들면 이요국 오즈(大洲) 죠카마치는 오즈분지 안에 있고, 히지강의 항구 좌안을 따라 성을 쌓았다. 히지강은 산지가 융기하기 이전부터 흐르고 있던 하천으로, 오즈에서 더 내려온 하부에 험한 협곡을 만들면서 세토나이카이로 흘러간다. 이 하구에 넓은 평지는 없고, 이 지방의 주요한 마을이 하구에서 10km 이상 거슬러 올라간 분지 안에 오즈 죠카마치가 형성되었다(그림 4-14). 오즈만큼 하구에서 멀리 떨어진 위치에 죠카마치가 형성된 예로 모리오카를 들 수 있다. 토호쿠 지방 키타카미강을 따라 형성된 모리오카성은 하구에 해당하는 이시노마키 항에서 160km 거슬러 올라간 곳에 있다. 죠카마치 바로 앞의 쿠로사와지리까지는 큰 배로 거슬러 올라갈 수 있었기 때문에, 여기까지 작은 배로 운반된 쌀을 큰 히라타배에 옮겨 실은 후 이시노마키로 보냈다. 그리고 이시노마키에서 센고쿠선에 실어 에도로 운반했다.

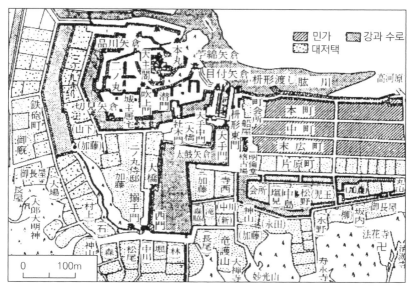

그림 4-14 죠카마치 오슈의 공간 구조
출처: 에히메현 학생학습센터 웹 자료

2. 항구마을에도 있던 에도와 오사카의 수운

항구를 가진 대표적인 죠카마치 중에 바다에 가까운 하구 부근에 항구를 가진 사례로 에도와 오사카를 들 수 있다. 에도에 근세 항구가 설치되기 이전에는 아사쿠사에 이시하마항, 시나가와에 시나가와항이 있었다. 이 중 메구로강 하구의 시나가와항은 이세 상인이 이세와 시나가와 사이의 교역을 담당했다. 본격적인 항구 건설은 이에야스 이전에 실시된 오나기강 개착으로, 이는 칸토 최대의 제염 산출지였던 교토쿠에서 에도성으로 소금을 직송하기 위해 이루어졌다. 1593년부터 1614년에 걸쳐 에도의 죠카마치를 확장하고자 에도성 남쪽 히비야 하구가 매립되었다. 매립용 토사는 북쪽에 있는 칸다산에서 조달하였기 때문에 칸다 산 부지는 매립용 토사 조달로 인해 대지가 되었다. 매립지 동안(東岸)은 자이모쿠마치로 불렸고, 이곳에 빗살 모양의 부두가 건설되었다. 매립 사업과 운하 정비가 병행되어 진행되면서 소비지 에도의 물자 거래를 담당하는 많은 하안(河岸)이 생겨났다.

에도에 이 정도 대규모 항구가 필요했던 이유는 인구증가로 대량의 소비재가 필요해졌고, 이를 먼 곳에서 수운으로 운반해야만 했기 때문이다. 그 외 각 번들의 연공미를 수송해야 했던 점 그리고 1657년 발생한 화재로 피해를 입은 에도성의 재건을 위해 건설자재를 서둘러 운반해야 했던 점도 이유로 들 수 있다. 에도의 배후지인 칸토는 도네강과 아라강을 이용한 선박 운행이 활발했다(丹治, 2007). 1654년 도네강 본류의 유로가 바뀌면서 쵸시에서 태평양으로 흐르면서 오우 지방의 물자도 도네강을 경유해 에도강, 아라강에서 에도항으로 운반되었다(그림 4-15).

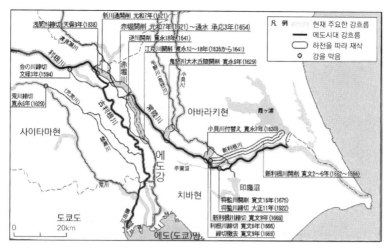

그림 4-15 에도를 중심으로 정비된 운송교통체계
출처: 일본댐협회 웹 자료

칸토와 그 외 지방에서 에도로 들어오는 물자는 스미다강 중류, 니혼바시강, 칸다강 등의 하천을 연결하는 수로 운하의 하안(河岸)에서 양륙되었다. 하안은 화물을 종류별로 분류해 쌀은 쿠라마에, 생선은 니혼바시, 야채는 칸다, 재목은 키바, 술은 신강의 각 하안에 모였다. 이러한 하안이 마을 사람들의 짐을 싣고 내리는 데 사용하는 곳이었다면, 무사는 모노아게바(物揚場)라 불리는 장소를 이용했다. 마을 사람들의 짐 보관은 창고에서 이루어졌으며, 강가를 따라 창고가 줄지어 있었다. 무가(武家)는 창고와 주택을 겸한 장소에 짐을 보관했다.

오사카의 항구는 에도보다 오래되어 견수사·견당사의 왕래 시 보안·경비의 역할을 담당했던 스미노에항과 당시 외교·교역의 거점 역할을 했던 난바항이 그 전신이다. 그러나 이후 이들 항은 쇠퇴하였고, 대신 아지강 상류의 카와구치 부두에 개항장이 마련되었다. 이곳이 바로 오사카항의 발생지다. 아지강은 에도시대 막부의 명을 받은 카와무라 즈이켄이 요도강의 홍수를 막는 데 장애물인 쿠조지마를 개착하고 직선으로 물길을 낸 결과 생겨난 강이다(古田,

1988). 에도시대 오사카성은 막부 관할 성으로 오사카성주의 지배를 받았다. 오사카성의 서쪽에는 히가시요코호리강, 니시요코호리강이 있었는데, 이 강들과 아지강을 동서 방향으로 연결하는 여러 개의 수로가 있었다. 이러한 수로는 민간에서 실시한 것으로 개발자는 토지 사용권을 얻었다.

호리강 주변에는 오사카 3대 시장으로 불렸던 자코바어시장, 텐마청과물시장, 도지마쌀시장이 있었다. 이 중 자고바어시장은 아지강, 키즈강, 토사보리가 만나는 부근에 있었고, 1700년경에 막부 공허(公許) 도매상이 80여 채 있었다. 텐마청과물시장은 요도강과 오강을 사이에 두고 오사카성과 마주 보는 위치에 있었고, 오사카산고(大坂三鄕)[18]의 주변 지역에서 청과물 거래가 활발했다. 1685년에 50채 이상의 청과물 도매상이 있었고, 1772년에는 도매조합 개설이 공인되었다. 도지마쌀시장의 기원은 여러 번에서 오사카로 보낸 쌀 거래 업무

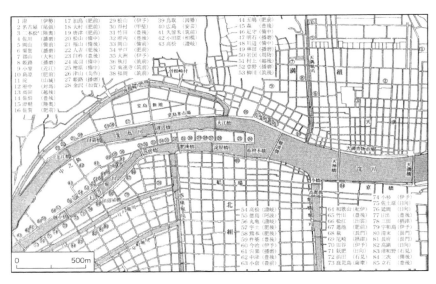

그림 4-16 오사카 나카노지마에 줄지어 있는 창고 분포

출처: 오사카시 웹 자료

---

18 에도시대 오사카성 아래에 있는 마을 조직 3곳(미나미구미南組, 키타구미北組, 텐마구미天滿組)을 말함.

를 마을 사람들이 도급받게 되면서 2대 요도야가 최초로 개장했기 때문에 '요도야 쌀시장'으로 불린 것이 시초다(高槻, 2012). 이 시장은 에도, 교토, 오쯔, 시모노세키의 쌀시장 시세에 영향을 줄 만큼 큰 영향력이 있었다. 도지마쌀시장 남쪽을 흐르는 도지마강, 나카노시마, 토사보리의 강을 따라 전국 여러 번의 창고가 줄지어 들어서 있었다(그림 4-16).

3. 세토나이카이에 접한 죠카마치의 수운

세토나이카이에 접한 죠카마치는 수운을 이용해 다른 지역으로 필요한 물자를 보냈다. 그중에서 아키노국 히로시마는 큰 항만 기능을 가지고 있었고, 이로인해 도시가 크게 번창하였다. 1589년 오타강 삼각주 위에 축성(築城)을 시작한 모리 테루모토(毛利輝元)는 2년 후, 지금까지 본거지였던 요시다군산성(현재 아키타카타시)에서 가신들을 거느리고 입성해 새로운 거점을 히로시마라 명했다. 모리 테루모토가 세키가하라 전투에서 패하면서 후쿠시마 마사노리(福島正則)가 영주가 되었으나 히로시마성의 무단 수축으로 면직되면서, 이후 키슈에서 아사노 나가마사(浅野長晟)가 입성했다. 오타강에서 오는 토사의 퇴적을 이용하여 바다 쪽에서 간척사업이 진행되었고, 1820년경까지 35곳의 새로운 마을이 생겨났다. 혼강

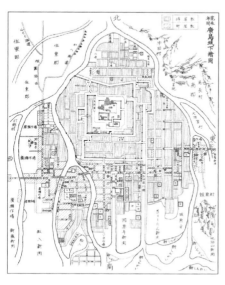

그림 4-17 1624~45년 히로시마 죠카마치 지도

출처: Wikipedia 히로시마성 웹 자료

에서 모토야스강이 분기하는 나카지마 부근에는 길을 따라 많은 점포가 줄지어 있었다(그림 4-17).

타카마쯔성은 도요토미 히데요시가 시코쿠 지역에 승전한 후, 1587년에 사누키국 영주가 된 이코마 치카마사(生駒親正)가 건설했다. 그 후 면직된 이코마를 대신해 미토의 토쿠가와 가문 마쯔다이라 요리시게(松平賴重)는 니시하마항(타카마쯔어항), 호리카와항(현재 하마노마치), 히가시하마항(현재 죠토쵸) 등을 개축했다. 항구에는 어용선, 상선, 어선, 콘피라선(金比羅船) 등이 입항했다. 이 중 콘피라선은 사누키국 코토히라에 있는 코토히라궁 참배객을 수송하는 배로 오사카, 타카마쯔, 마루가메, 타도쯔 구간을 연결했다(木原, 2008). 사누키 영주였던 이코마 치카마사의 개역 후, 사누키 서쪽은 마루가메번이 다스렸고, 야마자키씨 3대, 쿄고쿠씨 7대가 메이지 유신까지 다스렸다. 성을 둘러싼 외곽 내는 무가(武家)의 거주지였고, 마을 사람들은 북쪽 바다 쪽에 살았다. 세토나이의 수운을 이용한 경제 발전으로 죠카마치는 번성하였고, 특히 에도 후기에는 코토히라궁 참배객의 발착 항으로 번성했다. 또한 하급 무사가 부업으로 만든 부채가 코토히라 기념품으로 판매되면서 오늘날에 이르는 지역산업으로 성장하였다.

사누키국과 그 동쪽에 경계를 이루고 있는 아와국의 토쿠시마번은 이전에는 이쯔번으로 불렸다. 이 토쿠시마번은 세키가하라 전투에서 토쿠가와 편에 섰고, 1615년 아와지국과 합쳐져 25만 7,000석의 대번(大藩)이 되었다. 번명(藩名)이 이쯔에서 토쿠시마로 바뀐 시기는 3대 하치스카 미쯔타카(蜂須賀光隆) 때로, 번 내의 군역 및 신분제도가 확립되었다. 아와의 특산품 쪽(藍)이 가장 번창한 시기는 번 체제가 확립된 칸분~엔포기(1661~1680년) 이후 겐로쿠기(1688~1704년)다. 토쿠시마번의 남부 아와지는 벼농사, 서부 산간부는 담배 재배 그리고 요시노강 유역은 쪽을 생산했다(松本, 2000). 번은 쪽의 상품성에 주목해 권농정책을 실시했다. 1733년 쪽봉행소를 설치해 쪽 판매자와 쪽 구매자로부터 거래세를 받았다. 또한 1766년부터 번이 타국에 쪽 판매로 얻은 수익을 번의 재정으로 썼다. 번내 각지에서 생산된 쪽은 히라타배에 실어 요시노강에서 아와의 관문인 무야, 오카자키, 토쿠시마 죠카마치의 신마치강에 있는 쪽 취급 장소에 보내졌다(그림 4-18). 요시노강 유역에 퇴적된 부엽토는 쪽 농사에 적합했지만, 땅에 비료를 보충하기 위해 키타마에선으로 에조지에서 생선 거름, 말린 청어, 건어물 등이 항구로 들어왔다.

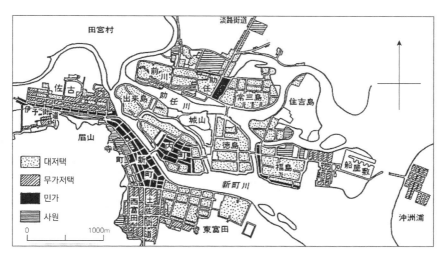

그림 4-18 에도초기 토쿠시마 죠카마치의 공간 구조

출처: 마음의 고향 토쿠시마 웹 자료

4. 죠카마치가 아닌 해만(海灣), 하천의 항구마을(港町) 수운

죠카마치가 아닌 근세 항구도시도 ① 해만(海灣), ② 하천, ③ 바다와 가까운 하구, ④ 세토나이 이상 4가지 유형으로 분류할 수 있다. 나가사키만은 일본에서 수심이 깊은 만으로 천연 양항이다. 1570년 오무라번주 오무라 스미타다(大村純

忠)가 포르투갈 선박의 기항을 허가한 이후, 나가사키는 난반무역(南蠻貿易)의 중심지로 발전하게 되었다. 1580년 나가사키 주변을 예수회에 교회령으로 바쳤다. 그러나 1588년 도요토미 히데요시가 나가사키를 직할령으로 하였고, 에도 막부가 성립하면서 나가사키는 천령(天領)[19]이 되었다. 쇄국정책을 실시한 막부는 나가사키에 데지마를 구축하였고, 이곳의 교역만 허가하였다(外山, 1988). 1636년 완성된 데지마의 면적은 4,500평 정도였다. 그리고 이곳과 인접한 지역에 1702년 중국인 거류지로 신쿠라지(약 3,500평)가 건설되었다(그림 4-19). 이후 나가사키만의 가장 안쪽에 신전(新田) 개발이 진행되었으나, 항구와 이어지는 부지가 확장된 시기는 에도막부 말기에 이르러서였다. 1869년 나가사키가 개항지로 지정됨에 따라 외국인 거류지가 오우라만을 매립하여 조성하였다.

나가사키와 마찬가지로 에도시대 사도가시마가 천령이 된 것은 섬 내에 금·

그림 4-19 에도 중기 나가사키
출처: Wikipedia 나가사키 웹 자료

---

19 천황 직할의 영지

은이 채굴되었기 때문이다. 아이강에서 산출한 금·은은 오기항으로 운반되어 이곳에서 혼슈 이즈모자키로 운반되었다. 오기항은 바다로 돌출된 반도부를 경계로 서쪽 안과 동쪽 바깥으로 나뉜다. 아이강에서 운반된 금은 배가 출항할 때까지 키사키신사의 경내에 보관된다. 1672년 오기항은 서쪽순항 항로 기항지로 어느 방향에서 강풍이 불어도 안전한 피난항이 되었다. 전국적으로 상품유통이 발전하면서 오기항에 상업용과 여가용으로 카이선이 기항하게 되었고, 그 결과 오기는 카이선 도매상의 숙박 기능을 담당했다(佐藤, 2004). 혼슈 이즈모자키에 양륙된 금·은은 말을 이용해 옮길 때 '어용'이 적힌 팻말을 세워 에도로 향했다. 이즈모자키는 오기에 비해 항구는 작고, 해안가 좁은 평지에 마을이 밀집해 있었다.

사도에는 오기항 외에 료쯔항, 후타미항, 사와네항 등이 있어 항구를 중심으로 마을이 형성되었다(三神, 1955). 이 중 료쯔항은 사도의 북동쪽으로 깊이 들어간 료쯔만의 가장 안쪽에 위치하고 있으며, 이전에는 에비스항이라 불리며 상업항·어항으로 번창했다. 1868년 니가타항이 개항되면서, 료쯔항은 니가타항의 긴급 피난 시 보조항으로 지정되었다. 또 후타미항은 료쯔항 반대편 섬의 남서쪽으로 깊이 들어간 마노만의 북서쪽에 위치하며, 이곳도 주로 피난항으로 이용되었다. 그후 에도시대에는 사도광산에서 산출된 금광석의 적출항으로, 근대 메이지 초기에는 해군의 저탄장으로 활용되었다.

하천 항구의 대표적인 곳은 쿠라시키와 오이시다다. 쿠라시키는 처음에 카메이섬으로 불린 아치신사가 있는 츠루가타산 남쪽 기슭에 어부가 사는 작은 마을이었다. 1584년 오카야마 성주 우키타 히데이에(宇喜多秀家)가 이곳에 간척사업을 하면서 광활한 농지가 생겼다. 서쪽에는 세토나이로 흐르는 타카하시강의 퇴적작용으로 츠루가타산 주변에 육지가 형성되었고, 수로로 정비된 쿠라시키강에서 '오사카 겨울 전투와 여름 전투(大坂冬の陣, 夏の陣)'로 군량미를 보냈다. 에도시대 초기에는 각 지역에서 쌀을 집적해 카미가타로 보냈다. 또

한 1746년 막부의 쿠라시키대관소를 설치한 것은 쿠라시키 마을이 경제적으로 발전했기 때문이다.

모가미강 하구에 위치한 사카타에서 74.2km 거슬러 올라가면 오이시다항에 이른다. 오이시다가 화물 환적항으로 번성한 이유는 상류에 배를 운항하기 어려운 지점들이 있어 이곳에서 작은 배로 옮겨야 하기 때문이다. 1622년 데와노국 야마가타성에 토리이씨(鳥居氏), 카미오야마성에 마쯔다이라씨(松平氏), 쯔루가오카성에 사카이씨(酒井氏), 사케노베성에 토자와씨(戸沢氏)가 다스린 이후, 성주들이 바뀔 때마다 번의 영지가 줄고 막부의 영지는 증가했다. 이 때문에 죠마이(城米)는 계속 증가해 어느 해는 22만 섬에 달했다. 이를 의무적으로 에도와 오사카에 보내야 했기 때문에 운송로인 모가미강의 수운이 발전했다(横山, 2006). 오이시다는 상하 운송의 중계항으로 모가미항이 그 역할을 담당했다. 강과 병행하는 도로를 따라 창고와 도매상이 있었고, 강 하단에는 배 수리공, 마을에는 뱃사공과 짐 하역 노동자의 집이 있었다. 현재는 모가미강의 역사를 보여주는 곳으로 관광과 마을 조성을 하고 있다(그림 4-20).

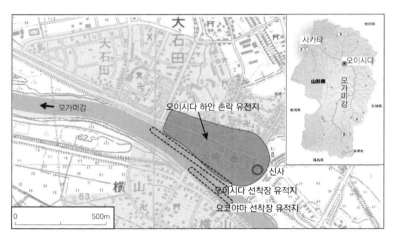

그림 4-20 야마가타현 오이시다 모가미강 선착장 유적

출처: 야마가타현 교육위원회(2011): 『모가미강 유역의 문화적 경관조사보고서』

5. 죠카마치가 아닌 하구 부근, 세토나이에 접한 항구마을 수운

근세에 바다와 가까운 하구에 위치한 대표적인 항구로 니가타항을 들 수 있다. 이 항구가 크게 발전하게 된 것은 배후로 곡창지대가 펼쳐져 있어 그곳에서 생산되는 쌀이 많았기 때문이다. 그 전제조건으로 서쪽순항 항로의 개발과 발전이 있으며, 이 경로를 통해 카미가타 방면에 쌀을 보냈다. 겐로쿠시기(1688-1704) 니가타에 무라카미, 무라마츠, 나가오카, 아이즈 등지의 연공미가 니카타로 보내졌다. 이 연공미는 총 34만 섬에 달했으나, 이보다 마을 사람들이 가진 쌀의 양이 더 많았다. 마을 사람들이 가진 쌀은 36만 섬이 넘었고, 도매상의 경제력은 영주를 능가할 정도였다.

니가타항은 배후지에서 생산된 쌀뿐만 아니라 타 지역에서 많은 물자가 들어왔다(中村, 2001). 에미시는 다시마, 청어 등 해산물, 데와노국 모가미는 홍화, 사이고쿠는 세토우치 소금, 츄고쿠는 철, 빈고노국은 다다미, 키나이 주변은 면, 조면, 장신구 등 다양한 물자가 들어왔다. 1697년 니가타항을 통과한 상품의 총액은 46만 2,000량으로, 입항한 40개국 선박의 총 수는 3,500척이나 되었다. 이 정도로 많은 물자를 취급했던 항만은 당시 토호쿠와 호쿠리쿠 지방에는 존재하지 않았다.

니가타항의 발전에 보이지 않는 역할을 한 눗타리항은 시나노강과 아가노강의 하구 부근에서 합류하고 있으며, 그 당시 아가노강의 물줄기는 동해에 유입되지 않았다(그림 4-21). 이 때문에 니가타항을 관리하는 나가오카번과 눗타리항을 관리하는 시바타번은 항만 이용과 관련하여 대립하는 일이 종종 있었다. 결국 막부의 판단으로 니가타항의 주장이 관철되어 눗타레항은 시바타번과 관련된 화물만 취급하게 되었다. 아가노강 하구 부근의 습지대로 잦은 홍수피해가 발생해 간척사업이 추진되었다. 1731년 설치된 수로가 홍수를 막아주었고,

이 수로로 아가노강의 물줄기가 동해로 직접 흐르게 되었다. 그 영향으로 시나
노강 수위가 낮아지면서 니가타항에 대형 선박 입항이 어려워졌다.

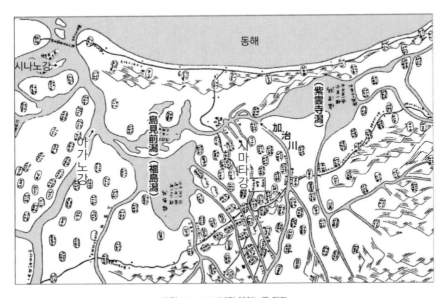

그림 4-21 1645년경 에치노국 지도

출처: 국토교통성 키타리쿠지방정비국 웹 자료

　시나노강은 일본에서 가장 긴 강이고, 두 번째로 긴 강이 토네강이다. 시나노
강 하구에는 니가타항이 있고 도네강 하구에는 쵸시항이 있다. 단, 쵸시항이 토
네강 하구에 위치하게 된 때는 1654년으로 그전까지 에도만으로 흐르고 있던
토네강의 유로가 바뀌면서 쵸시에서 직접 태평양으로 흐르게 된 이후다(澤口,
2000). 토쿠가와 이에야스의 명으로 실시된 '토네강 동천(東遷)' 유로 변경의
목적은 에도를 수해로부터 보호하고, 에도 주변의 수운 정비, 신전 개발, 북부
세력에 대한 방위 등이 있었다. 에도막부 이후 에도에 증가하는 인구로 식량을
비롯한 수많은 물자가 필요하게 되었다. 토네강 동천 이전에는 하천과 호수를
따라가면 시간은 걸렸지만 에도에 갈 수 있었다. 그리고 보소반도를 돌아 바다

로 가는 경로는 위험한 장소가 많아 종종 사고가 발생했다. 그러나 토네강이 태평양과 바로 연결되면서 쵸시에서 강을 거슬러 올라가 아라강, 스미다강을 거쳐 에도에 도착했다.

토네강은 시간이 흐르면서 토사 퇴적이 심해져 강 전용배의 운항이 어려워졌다. 이 때문에 쵸시에서 토네강을 이용하지 않고 보소반도를 크게 돌아 이즈반도의 끝부분에서 에도만으로 들어가는 경로를 이용하게 되었다. 이 경로는 카와무라 즈이켄(河村瑞賢)이 토호쿠 지방에서 에도로 쌀을 운반하기 위해 개척된 것이다(長內, 2007). 쵸시 앞바다는 해난이 많은 위험한 구역이기 때문에, 카와무라 즈이켄은 쵸시구치나 나카항에 감시소를 설치해 해난의 원인 조사를 실시하고 밀매 단속하자는 의견을 막부에 건의했다. 쵸시 앞바다는 생선이 잘 잡혀 멀리 키슈 방면에서도 잡으러 왔다. 이러한 어부들이 쵸시 주변에 거주하면서 보소 앞바다 정어리잡이를 위해 출항했다. 이렇게 잡아 말린 정어리 등은 목화재배 등 농업생산에 필수적인 어비였다.

6. 죠카마치가 아닌 세토나이에 접한 항구마을

세토나이카이는 평균 수심이 −32.3m의 얕은 해역이며, 지구 평균기온이 현재보다 낮았을 때 바다 수온이 지금보다 낮았기 때문에 츄고쿠 지방과 시코쿠 지방이 육지로 이어져 있었을 것으로 추정한다. 기온 상승으로 태평양과 동해에서 바닷물이 흘러들어와 현재와 같이 온화한 지중해성 해역이 되었다. 그러나 이러한 지중해성 기후와는 달리 외양에서 들어오는 조류로 인해 조석간만의 차가 크다. 게다가 섬과 같은 지형의 영향을 받아 조류는 복잡한 움직임을 보이기 때문에 마치 강의 흐름과 같은 특징을 보이는 곳도 있다. 나루토해협과 쿠루시마해협 근처에서 볼 수 있는 소용돌이는 현재 관광자원이 되었지만, 근세에는 항해에 위험한 바다의 난소로 두려움의 대상이었다.

에도시대 참근교대를 위해서 에도로 가는 사이코쿠 다이묘가 하리마노국 무로쯔에서 육로로 이동한 것도 이러한 해난을 두려워했기 때문이다. 오사카만으로 가는 아카시해협 부근의 강한 해류는 항해하기 어려웠다. 무로쯔는 나라시대부터 이미 이름이 알려진 '셋빤고하쿠(摂播伍泊)'의 하나로 손꼽히고 있었다. 셋빤고하쿠란 오사카, 난바 방면에서 세토우치 방면에 걸쳐 있는 주요 항구로, 카와지리(아마가사키), 오와다노(효고), 우오즈미(아카시), 카라(마토가타), 무로쯔의 5항이다. 단순한 기항지가 아니라 해상과 육상 교통의 환승지였던 무로쯔는 적을 때는 200명, 많을 때는 400명이나 되는 참근교대 무사들이 숙박하는 항구도시로 발전했다. 보통 1개소밖에 인정되지 않는 본진이 무로쯔에는 6개소나 있었다. 참근교대 무사들은 왕복하는 길에 무로쯔에 들러 이곳에서 배를 타고 고향으로 돌아갔다.

'무로쯔 천채(室津千軒)'란 본진과 본진예비 숙박업소 뿐만 아니라 거상의 저택, 유곽, 요정 등 수많은 업종이 모여 있는 모습을 말한다. 히메지번은 무로쯔에 둔 봉행소를 조선통신사 일행과 사이코쿠 다이묘를 접대하는 찻집으로 재건축하는 등 무로쯔의 발전에 기여했다. 죠카마치와 같은 딱딱한 분위기와는 달리 부호와 많은 유녀가 모인 해변의 항구마을로 자유로운 분위기를 가지고 있었다. 서쪽으로는 산지가 있어 평지가 부족했지만, 무로쯔 항구에는 무사를 실은 배 뿐만 아니라 말린 정어리를 가득 실은 키타마에선 등 수많은 배가 기항했다.

빈고노국 토모(토모노우라)도 세토나이카이의 중요한 기항지였다. 그 이유는 앞서 설명한 세토나이카의 강한 조류 때문이다. 만조 시 세토나이카이에는 분고수도(豊後水道)[20]나 키이수도(紀伊水道)[21]에서 해류가 흘러들어와 그 해류가 토모 부근에서 부딪친다. 이와 반대로 간조 시에는 토모 부근을 경계로 해류가 동서로 나뉘어 흘러간다. 세토나이카이의 항해에는 배가 이 조류의 흐름을 이용해 항해했다. 물살이 원하는 방향으로 바뀔 때까지 항구에서 기다리는 이른바 '조류를 기다리는 항구'로 토모노우라는 최적의 위치에 있었다.

앞서 언급한 무로쯔와 마찬가지로 토모노우라도 만 입구에 위치하고, 항구 맞은편에는 센스이섬과 코고섬이 있어 잔잔한 파도가 쳤다(그림 4-22). 좋은 자연조건을 갖춘 토모노우라는 전략적으로도 중요한 위치에 있었다. 전국시대가 되자, 모오리씨가 대두하면서 촉의 중앙부에 '토모성'을 구축했다. 또한

그림 4-22 빈고노국 토모노우라
출처: 2만 5천 분의 1 지형도

---

20   시코쿠와 큐슈 사이의 해협

21   토쿠시마현과 와카야마현 사이의 해협

오다 노부나가에게 추방된 무로마치 막부 15대 쇼군 아시카가 요시아키(足利義昭)가 막부 무사들과 함께 거점을 토모로 옮겨 '토모막부'로 불렸다. 에도시대에 들어서면서 빈고노국의 후쿠시마 마사노리(福島正則)가 토모성을 확장하려고 했다. 그러나 이를 토쿠가와 이에야스는 반대하였고, 후쿠시마는 이어 이에야스의 사촌 동생 미즈노 카쯔나리(水野勝成)가 빈고노국 후쿠야마번의 영주가 되었다.

토모노우라는 에도시대에 항구마을로 크게 번성했다. 빈고나다(備後灘)[22]로 돌출한 누마쿠마 반도의 남쪽 좁은 평지에 이 항구마을은 최전성기에 사원이 30개 가까이 있었던 사실에서 이곳이 경제적으로 얼마나 풍요로웠는지 알 수 있다. 세토나이를 중심으로 해운업자, 배 수리공, 약주를 담그는 사람, 숙박·음식업에 종사하는 사람 등 많은 사람이 동서 600m, 남북 1,000m의 좁은 공간에서 생활하고 있었다. 타테바(焚場)라 불리던 배 밑바닥을 수리하는 곳에는 만조 시 건진 배 밑바닥을 간조 시 나뭇잎으로 그을려 보수하는 작업을 했다. 배 밑바닥에 붙은 따개비나 굴을 불로 그을려 떨어뜨렸다. 이는 배의 수명을 늘리기 위한 작업이었다. 그리고 방파제의 부두, 상야등(常夜燈), 선박 검사소 등 항구 시설도 잘 갖추어져 있었다. 에도막부 말기 토모노우라에서 일어난 몇 가지 일화들은 이 항구가 변하는 시대에 정치적 무대였음을 잘 말해준다.

---

22 세토나이카이 중앙부의 해역

칼럼 4. **7리 뱃길로 연결된 두 마을 이야기**

큰 강에 다리를 놓을 수 없었던 시절, 사람들은 나룻배를 타고 강을 건넜다. 나룻배를 타고 내리는 곳을 나루터라고 했다. 나룻배는 오랫동안 여러 나라와 지역에서 이용해 왔고, 비록 다리가 강에 놓여도 나룻배가 바로 사라지지 않았다. 섬나라 일본은 해안에 가까운 평야에 강폭이 큰 하천이 많다. 강을 건너야 하는 나그네에게 강은 장애물이 되었다. 이런 상황에서 나룻배는 해결 수단이 었지만, 모든 하천에서 나룻배가 이용된 것은 아니었다. 예를 들어 옛 토카이도를 남북방향으로 가로질러 흐르는 후지강, 아베강, 오이강, 텐류강 중 후지강과 텐류강에는 나룻배 편이 있었지만, 아베강, 오이강은 이용할 수 없었다. 급류가 많고 강폭도 넓었던 오이강은 물이 불어나기 쉽고 이로 인해 발이 묶여 숙박을 하려고 해도 근처에 숙소가 없어 왔던 길을 되돌아 가기도 했다.

토카이도에서 유일하게 해상을 배로 건너는 곳이 아쯔타슈쿠(熱田宿)와 쿠와나슈쿠(桑名宿)를 잇는 '7리 뱃길(七里の渡し)'이었다. 어원인 7리는 나룻배의 이동 거리에서 유래했는데, 이는 이세만 만조 시 육지에서 가까운 노선을 이동할 수 있을 경우의 거리다. 간조시 해안선이 앞바다로 이동하면 거리는 멀어져 '10리 뱃길'이 된다. 원래 이 경로는 1601년 토카이도에 전마제를 실시하게 되면서 해상 뱃길이 된 곳인 키소, 나가라, 이비의 키소삼강을 시작으로 많은 하천이 모여 있었기 때문이다. 이 삼강의 하구 부근에서 많은 하천이 모이게 된 것은 경동지괴로 인한 지각변동으로 당시에 이러한 일은 아무도 상상할 수 없었다. 어찌 됐든 빠른 이동을 하기에 이만 한 경로는 없었다.

아츠타슈쿠은 여관이 248채(텐포 14년)로 토카이도에서 가장 여관이 많은 곳이었다. 그다음이 쿠와나슈로 에도후기에 120채 있었다. 왜 이 두 곳에 여행

자가 많았을까? 아츠타는 미야슈쿠로도 불리며, 3종 신기(神器) 중 하나인 '쿠사나기의 검(草薙の劍)'을 모시는 신사가 있었기 때문이다. 그 뿐만 아니라 오와리번의 죠카마치 나고야와 토카이도를 연결하는 결절점이기도 했다. 내륙 죠카마치와 이세만을 연결하는 호리강 출입구에 위치하고 있으며, 나고야의 외항인 아쯔타항이 있었다. 참근교대로 토카이도를 지나는 사이코쿠 다이묘가 숙박하는 본진과 접대소도 있었다. 뗏목으로 키소강을 내려오고 해상으로 운반된 목재를 모아 거래하는 시장도 아쯔타에 있었다. 목재 뿐만 아니라 이세만 주변에서 잡힌 어패류도 아쯔타어시장을 통해서 죠카마치 나고야로 보내졌다. 아쯔타는 나고야항의 개항으로 나고야에 편입되었지만, 그전까지 다양한 경제활동이 이루어진 마을이었다.

한편 쿠와나는 세키가하라 전투에서 공을 세운 토쿠가와 4천왕 혼다 타다카츠(本多忠勝)가 다스리는 10만 석 규모의 죠카마치로 출발했다. 이곳은 이세신궁 참배를 가기 위한 동쪽 관문이자 키소삼강의 수운 관문이었다. 특히 온타케산이 본류(本流)인 키소강 하구에 위치하고 있는 점이 중요하다. 이 유역 일대에서 산출되는 원목, 장작, 쌀, 면, 생사, 도자기 등이 쿠와나항에 모여 각지로 운반됐다. 7리 뱃길은 아쯔타와 쿠와나를 잇는 나룻배를 두고 이야기한다. 그러나 근세에 이 두 항구가 배후에 큰 경제권을 성장시키는 중요한 기능을 하고 있었다는 점도 기억해야 한다.

제5장

근대 일본의 항만 건설과 도시 발전

제1절 근대 항만 건설 과정

1. 막부 말기 조약체결로 개항된 항구

근대 일본의 도시와 항만은 그 이전의 모습과 달리 개항으로 인해 크게 변화된 점이 우리에게 강한 인상을 준다. 일본의 도시는 물론 항만도 서구 여러 나라의 영향을 받으면서 근대 국가를 형성했다. 무엇보다도 정치체제의 개혁을 통해 메이지 정부는 부국강병정책을 목표로 하여 도시와 항만의 건설을 진행시켰다. 그러나 적어도 항만에 대해서는 일본 정치체제가 크게 변화되기 이전, 즉 에도막부 말기 미일수호통상조약의 체결로 일본 항구가 외국에 개항했다는 사실에 주목할 필요가 있다(石井, 2010). 1858년 체결된 이 조약은 카나가와(요코하마), 나가사키, 니가타, 효고에 개항하여 미일 양국 간에 교역할 목적이었다. 4년 전인 1854년에 맺어진 미일화친조약으로 시모다, 하코다테를 개항하여 석탄ㆍ물ㆍ식료 등을 교역한다는 내용과 비교하면 미일수호통상조약이 더 많은 내용을 포함하고 있다. 미일수호통상조약이 체결된 해에 일본은 네덜란드, 러시아, 영국, 프랑스와도 조약을 맺었고, 이를 안정5개국조약(安政伍力国条約)이라 한다. 이 조약체결로 인하여 에도막부는 외교 정책의 재검토를 단행했다.

미일수호통상조약이 체결되었을 당시, 미국은 토카이도와 연결된 카나가와의 개항을 원했다. 그러나 막부는 외국인 거류지를 일본인 마을과 격리할 목적으로 카나가와 동쪽에 있는 한촌(寒村)인 요코하마에 개항장을 마련하게 되었다. 조약체결 다음 해에 요코하마는 개항장으로 2개의 부두, 관사가 설치되었다. 무역에 종사하는 일본인이 거주하는 지역은 세관의 남쪽 일대에 마련되었다. 도로는 해안과 병행하는 방향과 수직으로 교차하는 방향으로 각각 건설되었다. 반면 외국인 거류지는 일본인 마을에서 분리하기 위해 강을 사이에 둔 남쪽 구릉지 일대로 지정했다(宮川, 1971). 초기 무역은 '상관(商館)무역' 또는 '거류지무역'이라 불리는 특수한 형태의 거래로 일본인 상인이 직접 수출업무에 종사하지 않고 각지에서 상품을 모아 상관에 전달하는 형태였다. 수입도 상관이 수입한 상품을 매입하여 일본 국내에서 판매하는 수동적인 형태였다.

　미일수호통상조약은 하코다테를 포함한 5개 개항장을 약속했지만, 처음부터 무역을 시작한 곳은 요코하마, 나가사키, 하코다테의 3개 항이었다. 이 중 하코다테는 미일화친조약으로 개항을 약속하였기 때문에 요코하마보다 일찍 개항했다(須藤, 2009)(그림 5-1). 역사적으로 하코다테는 키타마에선의 교역이 활발한 곳이었다. 타카타야 카헤(高田屋嘉兵衛)의 활약으로 쿠나시리, 이투루프 항로 개척과 조선(造船)으로 막부는 많은 이익을 얻고 있었다. 1854년 4월 미국 동인도함대 사령관 매슈 페리(M. C. Perry)는 개항 예정지 예비조사를 위해

그림 5-1 막부 말기의 하코데항
출처: jhm 웹 자료

하코다테를 방문하여 미시시피호 함상에서 마쯔마에번 카로(家老)[1]와 회담했다. 페리는 하코다테의 항만 지형 조건을 높이 평가하고 칠기·도자기 등을 가지고 돌아갔다. 미일화친조약으로 개항한 하코다테는 역사적으로는 일본 최초 무역항으로 지정된 항만이지만, 개항장으로의 실질적인 역할은 미일수호통상조약 체결과 함께 시작되었다.

북쪽 지방인 하코다테처럼 남쪽 지방인 나가사키 또한 항만역사가 근대 이전부터 있었다. 특히 나가사키는 막부의 쇄국정책 아래에서 유일하게 해상무역 창구로 인정받은 항만이었다. 소위 특혜 항만으로, 무역 뿐만 아니라 해외 문화도 유입되는 관문 역할을 했다. 막부는 네덜란드 상인은 데지마에서 중국인은 당인(唐人) 저택에서 각각 일본인과 거래하는 것을 허가하였다(橫山, 2011). 쇄국정책을 하던 폐쇄적인 시대에 나가사키를 유일한 무역 창구로 지정한 것은 국토의 서쪽 끝이라면 대외적 영향이 전국에 미칠 우려가 적다고 판단했기 때문이다. 에도 막부가 외교 정책을 개국으로 바꾸면서 나카사키의 이러한 지리적 의미는 사라졌다. 결국 에도와 가까운 요코하마에 항만이 생기므로 나가사키가 지금까지 담당했던 국가 차원의 교역 기능이 점차 요코하마로 이동했다. 이를 뒷받침하듯, 영국인 무역상이 나가사키에서 발행해 온 일본 최초의 신문이 1861년에 폐간되고, 이듬해 요코하마에서 다른 신문으로 간행되었다.

2. 막부 말기의 개항 예정지인 효고(고베)와 니가타

1858년 미일수호통상조약으로 개항이 약속된 효고는 실제로는 10년 후인 1868년에 개항되었다. 역사적으로 효고항은 헤이안시대 말기에는 타이라노키

---

1   중세 다이묘 중 최고직위

요 모리(平清盛)가 송일무역(宋日貿易)을 위해 항구를 정비하고, 무로마치시대에는 아시카가 요시미츠(足利義満)에 의한 명일무역(明日貿易)의 거점지로 번성했다. 에도시대에 이르러 효고항으로 불리게 되면서 사이코쿠 각지에서 오사카 방면으로 향하는 선박의 기항지로 번성했다. 산요도(山陽道)도 효고항과 연결하기 위해 우회하여 지나갔고, 해상운송과 육상운송의 결절점으로 발전했다. 이러한 역사를 근거로 에도막부 말기 개국 시에 외국선의 정박지로 지정되었지만, 실제로 항만이 건설된 곳은 효고항이 아니라 그 동쪽에 위치한 고베였다. 이러한 위치 변경에는 1865년 영국, 프랑스, 네덜란드, 미국의 연합함대가 효고 앞바다에서 적합한 항만을 조사했을 때, 영국공사 해리 파크스(H. S. Parkes)가 효고항보다 고베가 항만에 적합하다고 판단했기 때문이다. 처음에는 효고항 와다곶에서 묘호절 카와시리에 이르는 임해부를 외국인 거류지로 하고, 그 앞바다에 방파제를 쌓아 안쪽을 개항장으로 할 계획이었다. 그러나 파크스가 고베 앞바다를 천연 양항으로 평가하면서 카와사키에서 오노하마에 이르는 지역을 개항장으로 선택하였다.

개항장이 효고항이 아닌 고베가 된 또 다른 이유는 역사적으로 번창해 온 효고항에는 당시 이미 2만 명의 사람이 살고 있어, 거류지 개발이 제한되었기 때문이다. 고베라면 넓은 땅도 있고, 실제로 거류지는 코이강과 이쿠타강 사이에 건설되었다(土居, 2007). 거류지는 500m 사방의 비교적 좁은 토지였으나, 1873년까지 4차례에 걸쳐 토지 경매가 실시되었고 최종적으로 126구획의 마을이 되었다. 그림 5-2는 이쿠타강 공사에 관여한 존 윌리엄 하트(J. W. Hart)의 거류지 설계도다. 거류지는 거류지회의에서 운영하였고 도로, 하수, 가로등 등의 정비 및 관리를 했다. 경비는 토지 임차료와 토지세를 징수하여 치안유지비 등으로 충당했다. 고베의 외국인 거류지 자치조직에 대한 사회적 평가는 높았으며 1899년 반환 때까지 자치조직은 유지되었다.

그림 5-2 고베 외국인거주지 설계도

출처: 고베시 웹 자료

　1869년 1월 1일 니가타항은 개항되었다. 1858년 미일수호통상조약으로 개항이 약속되었으나, 실제 개항까지 10년 이상이나 지연된 것은 항만의 지형 조건과 막부 말기의 정권 다툼 때문이었다. 고베와 마찬가지로 니가타도 항만의 역사는 길고, 에도 막부의 명을 받아 카와무라 즈이켄이 서쪽운항 항로를 개척하면서 동해와 오카사, 에도 방면을 연결하는 거점 항으로 발전했다. 개항장으로 지정된 후, 네덜란드 선박이 조사를 위해 방문했을 때 시나노강 하구 부근은 수심을 충분히 확보할 수 없다고 판단했다. 따라서 개항장으로 니가타 이외의 항구를 지정하도록 요구했다. 시나노강은 토사 퇴적량이 하천 퇴적량보다 많았기 때문에 요코하마, 고베와는 사정이 달랐다. 개항 당시 니가타에 요구한 항만 기능 중 포경선의 정박지 역할이 포함된 것도 개항장 건설이 늦어진 이유다. 결국 니가타항은 다이쇼시대에 이르러서야 근대 항만으로 정비되었다(新潟市編, 2011).

3. 메이지 정부의 지방 항만 건설사업

막부 말기에 열강의 압력에 타협하듯이 체결된 조약에 따라 여러 개항장이 지정되었다. 그러나 정치체제가 흔들리는 시기의 개항으로, 열강의 압력에 의한 개항이기도 했다. 메이지 시대에 들어서면서 항만 건설은 신정부의 주요한 정책 과제가 되었다. 신정부가 내건 식산흥업(殖産興業) 및 부국강병정책(富国強兵政策)의 나라 만들기는 외국과의 무역을 전제로 하고 있었다. 그러기 위해서는 근대 항만을 건설해 해운업을 발전시켜야 했으나 항만 건설에 드는 막대한 자금이 필요했다. 이에 따라 정부는 우선 항만 건설에 앞서 사전 조사를 실시했다. 전국적인 규모로 항만 건설을 위한 조사를 실시한다는 발생 자체가 근세 이전에는 없었다. 하루빨리 열강을 따라잡기 위해서 계획에 따라 사업을 추진할 필요가 있다고 신정부는 판단했다.

1871년 메이지 정부는 '도로교량 하천항만 등 통행금 징수건(道路橋梁河川港湾等通行銭徴収ノ件)'을 공포했다. 그 2년 뒤 대장성에서 '하항도로 수축규칙(河港道路修築規則)'을 공포했다. 전자는 항만을 포함한 교통시설의 사용료 징수권을 사기업도 승인하여 교통시설 정비 촉진을 도모하고자 했다. 후자는 항만 건설에 있어서 국가와 지방 자치체 간의 책임 분담과 비용 분담을 명확히 하고자 했다. 메이지 정부는 항만 등의 교통시설이 국가 건설의 토대로 보고 항만 건설을 위한 조사를 진행했다. 일본 부현(府県) 내 선박 출입항 위치, 항만 수심, 포대(砲臺)와 등대의 상황, 항만 소재지 민가(民家) 수와 화물 취급 도매상의 유무 등을 조사했다. 정부는 항만에 관한 기본적 정보를 파악하고, 국가 건설의 초석이라고도 할 수 있는 항만 정비에 나섰다.

이후 메이지 시대의 항만 건설은 일본의 주요 항인 요코하마와 고베 등이 아닌 지방의 항만 건설에서 시작되었다. 메이지 3대 축항이라고 불린 노비루, 미쿠니, 미스미의 3항이 나가사키항의 건설사업으로 모두 메이지 10년대에 진행되었다(寺谷, 1993). 이 중 노비루 축항사업은 토호쿠 지방 개발을 꾀하는 정부가 공사비 전액을 부담하므로 정부에 불만을 가진 불평사족(不平士族)을 구제하려는 목적도 있었다(西脇, 2012). 이와테현 내를 흐르는 키타카미강 수계(水系)와 미야기현과 후쿠시마현을 흐르는 아부쿠마강 수계를 잇는 중계 역할을 할 수 있는 신항을 건설하고, 아부쿠마와 아가노 두 수계와 아사카 수로도 합쳐 토호쿠, 니가타를 수운으로 연결하는 장대한 구상이었다. 정부는 네덜란드인 토목기술자 코르넬리스 요하네스 판 도른(C. J. van Doorn)을 이시노마키만에 파견하여 노비루 이외의 후보지도 검토하였는데 지형 조건과 센다이 방면 연결을 고려하여 노비루 축항을 결정했다(田村, 1971; 1985). 그림 5-3은 도른이 설계한 노비루축항 설계도이며, 그림 오른편의 나루타키강과 왼쪽편의 키타카미운하가 연결되는 장소에 항(내항)의 건설을 구상했다. 1881년 키타카미운하가 완공되고, 그 다음 해 노비루항 입구와 이어지는 신나루세강도 완공되었다. 그

그림 5-3 노비루축항계획과 신시가지

출처: 테이산운하사전 웹 자료

러나 1884년 태풍으로 돌제가 붕괴되면서 항만 기능은 크게 저하되었다. 항만 바깥으로 방파제가 필요했지만 건설 비용을 조달이 어려워 결국 노비루항 건설은 포기했다. 또한 토호쿠 본선이 개통된 점도 항만 필요성의 저하로 이어졌다.

4. 해외 토목 기술을 도입해 정비한 미쿠니항, 미스미항, 나가사키항

후쿠이현 미쿠니항(사카이항)은 키타마에선의 기항지로 오래된 역사를 지니고 있으며, 쿠즈류강 하구에 위치한다. 쿠즈류강은 중류에서 히노강, 아스와강과 합류해 동해로 흘러간다. 이 강의 상류에서 운반되어 온 토사 퇴적량이 많아, 하구 부근은 배 접안이 어려웠다. 홍수 피해도 주민들의 골칫거리였 기 때문에 지역 주민들의 요청으로 메이지 정부는 네덜란드 토목기술자 조지 아르놀 에셔(G. A. Escher)를 파견하여 조사하도록 했다. 에셔는 쿠즈류강 하구 우안에 방파제와 도랑둑을 겸한 511m 돌제를 만들고, 또 좌안에 단풍나무와 벚나무 등의 가지를 얽어 암석을 해저에 고정시키는 소다수제(粗朶水制) 공사 시행을 제안해 완공했다(그림 5-4). 총공사비 30만 엔 중 8만 엔은 지역 부담으로 조달되었

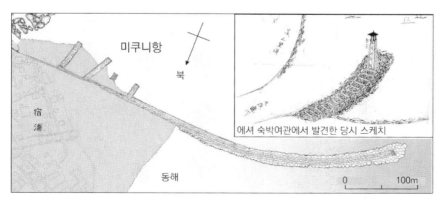

그림 5-4 미쿠니항(후쿠이항)의 돌제
출처: 후쿠이항 웹 자료

다. 1878년부터 1882년까지 네덜란드 기술자인 요하니스 드 레거(J. de Rijke)에 의해 공사가 진행되었으나, 겨울철 악천후와 콜레라 유행으로 난공사였다.

쿠마모토현 미스미항은 우토반도에 있으며 아마쿠사만과 이어지는 시마바라만에 면한 곳이다. 쿠마모토현은 해외 무역을 위해 쓰보이강 하구에 항만 건설계획을 정부에 신청했다. 1881년 정부에서 파견한 네덜란드인 로벤호르스트 뮐더(R. Mulder)는 우토반도 앞쪽이 항만 건설에 더 적합하다고 생각했다. 실제로 쿠마모토 시가지에서 남동쪽으로 25km 떨어져 있지만, 해양 수로에 면한 지형으로 항만 건설에 좋은 조건을 갖추고 있었다. 1884년부터 3년 동안 내륙에 물길 트는 공사를 진행했다. 그러나 배후에 산이 있어 토지를 확장하기는 어려웠다. 이후 동쪽에 미스미동항이 건설되었지만 아마쿠사 본섬과 다리가 연결되어 항만 기능은 크게 저하되었다.

토호쿠 개발을 국가 목표로 삼고 추진했던 노비루항과 달리 미쿠니항과 미스이항은 메이지 정부가 자체 공사부담비를 줄인 것에서 보여주듯이 항만에 따라 주력 항이 달랐다. 1885년 내무성 직할 사업으로 추진된 나가사키항 개수공사는 메이지 정부의 주안 사업이었다. 이 경우도 정부가 파견한 네덜란드인 토목기사 드 레거의 계획을 중심으로 선진 기술을 도입하고자 했다. 나가사키항의 주된 공사는 항내 준설공사, 사방공사(沙防工事), 나카지마강 유로 변경 공사이다. 포대가 있던 지점에서 외국인 거류지까지 준설공사를 실시하여 준설 토사로 매립지를 넓힌다. 사방공사는 만 내로 흘러드는 하천 토사 유입을 방지하기 위하여 석보(石堡), 저수지, 식림(植林), 호안공사(護岸工事)를 실시한다. 유로 변경 공사는 나카지마강을 데지마 배후로 흐르게 하여 토사를 항내 방류하는 것을 목적으로 했다(그림 5-5). 나가사키항은 제1기 공사부터 제3기 공사까지 실시하면서 근대 중요 항만으로 변모해 갔다.

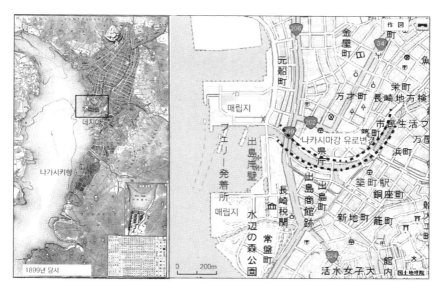

그림 5-5 나가사키항 나카시마강의 유로 변경
출처: 일본건설사연합회 웹 자료

　메이지 정부가 공을 들여 근대 항만으로 변모한 나가사키항은 준설과 매립
으로 항만이 정비되었을 뿐만 아니라 시가지 모습도 변해갔다. 특히 항만과 배
후지를 연결하는 교통로를 도보에서 인력거와 짐마차의 통행을 전제로 한 폭
이 넓은 도로로 확장시켰다. 나가사키항은 북쪽으로 우라카미가도, 동쪽으로
나가사키가도 그리고 남동쪽으로 모기가도가 뻗어 있다. 우라카미가도는 나가
사키항 제1기 공사로 생겨난 매립지에서 시가지 해안을 따라 북쪽으로 확장되
면서 발전했다. 나가사키가도에는 히미고개(日見峠)라는 가파른 언덕이 있었
는데, 1882년에 이곳에 단축 공사가 완료되면서 통행이 편해졌다(松尾, 1999).
카고시마 방면으로 향하는 모기가도도 도로 폭 확장공사를 진행했다. 모기마을
은 거류지에 거주하는 외국인들의 피서지였기 때문에 옛 모기가도와 달리 마
차길이 정비되었다.

제2절 근대 중기 항만 건설과 정비

1. 요코하마항의 근대 항만 건설사업

1870년부터 시작된 메이지 정부의 일본 주요 항만 조사는 1880년대 말에 일단락되었다. 이 조사 결과로 정부는 본격적으로 주요 항만 건설에 나서기 시작했다. 그 첫 시작은 1888년에 항만 건설사업이 결정된 요코하마항이다(小林, 1999). 1872년 요코하마는 신바시와 철도가 연결되었다. 그전까지 도로로 하루 걸렸던 거리가 철도 개통으로 35분으로 단축되었고, 이 때문에 요코하마와 도쿄 간의 연결성이 강해졌다. 또한 일본 수도와 가까운 항만으로 정비사업계획이 구상되었다. 그러나 1875년 네덜란드 토목기사 판 도른이 제안한 계획과 이듬해 카나가와현이 리처드 헨리 브런턴(R. H. Brunton)에게 의뢰해 만든 계획안은 모두 실현되지 못했다.

결국 제안된 항만 건설 계획은 진행되지 못했고, 요코하마항의 화물 취급량은 크게 증가하기 시작했다. 이 때문에 요코하마상법회의소(橫浜商法会議所)를 중심으로 다시 계획안을 제안하고 카나가와현과 세관 등도 가세해 건설계획 움직임이 활기를 띠기 시작했다. 이러한 움직임으로 정부는 앞서 말한 것처럼 요코하마항의 건설사업 계획을 결정했다. 결정된 건설사업은 내무부 고문 헨리 스펜서 퍼머(H. S. Palmer)가 제출한 계획서였고 여전히 외국인 기술자의 계획에 의존하는 상태였다. 계획서가 제출된 이듬해인 1889년 9월부터 4년간 수축 1단계 공사가 시작되었다. 공사예산의 200만 엔 중 139만 엔은 에도막부가 시모노세키 사건의 배상금으로 미합중국에 지불한 것 중 반환된 금액으로 충당하였다. 공사 도중에 발생한 재해와 방파제 붕괴로 예정보다 3년 늦게 완공되었고 총 예산도 35만 엔이 초과되었다.

항내에 건설된 2개의 방파제로 둘러싸인 선박 정박지는 150만 평의 넓이로 잔교(棧橋) 접안과 정박도 용이하게 되었다. 준공 시 1개밖에 없던 잔교는 화물 취급량의 증대로 증설해야만 했다. 1898년 항만 시설 확장공사가 시작되었고, 이 공사를 계기로 요코하마항은 국제적 수준의 항만으로 발돋움하게 되었다. 지금까지와 크게 다른 점은 해안 전면을 매립하고 그 바깥쪽에 옥상, 창고, 기중기 등이 설치된 계선부두를 건설했다는 것이다(그림 5-6). 이곳은 철도선이 깔려 있어 요코하마정거장과 연결되었다. 1905년 12월에 공사는 끝났지만 부두 설비는 계획대로 완공되지 않았다. 그 당시 세관장은 항만 시설 확장공사로 이익을 보고 있는 요코하마시가 부담해야 할 부분은 부담해야 한다고 주장했다. 이 주장을 계기로 정부와 자치단체의 공동 부담에 따른 항만 경영 논리가 명확해졌으며, 이후 고베항 건설 등에도 이러한 정신은 계승되었다.

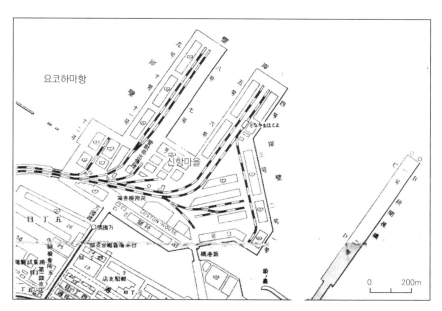

그림 5-6 요코하마항 중앙부 오산다리

출처: YOKOHAMA xy통신 웹 자료

2. 나고야항 건설 과정과 오사카항·고베항의 정비

막부 말기에 열강 국가 사이에 맺어진 수호조약으로 요코하마와 고베에 개항장이 설치되었지만, 이세만 주변은 이러한 움직임과는 거리가 멀었다. 근세는 토쿠가와 일가의 세력하에 있던 오와리나고야도 메이지 유신 이후는 사회와 경제가 정체 상태에 있었다. 옛 죠카마치에서 활발했던 각 산업 진흥을 위해 근대적인 항만이 필요했으나, 나고야에는 그러한 항만은 없었다. 메이지 초기 나고야항은 욧카이치항으로 가서 아츠타항을 이용하거나, 혹은 타케토요선 개통 이후 타케토요항을 이용하거나 하였다. 나고야의 외항 기능을 담당해야 할 아츠타항은 수심이 얕은 지형으로 항만 기능을 완수하기에는 부족했다. 이러한 얕은 수심의 원인은 키소삼강 등이 배출한 많은 토사량과 이세만 해류가 아츠타 부근까지 토사를 보냈기 때문이다.

이러한 불리한 지형 조건에도 불구하고 지역 정·재계는 여러 차례에 걸쳐 메이지 정부에 축항 허가를 내달라고 청원했다. 그러나 정부는 지형 조건을 이유로 축항 계획을 허가하지 않았고 15년 가까이 교착 상태가 지속되었다. 그러나 이러한 축항 계획이 지지부진한 데는 비단 지형 조건 때문만은 아니었다. 옛 오와리와 옛 미카와가 합병한 지 얼마 되지 않았을 당시, 아이치현 의회에 다수를 차지하는 미카와 출신(농촌지역)의 의원이 축항 계획에 강하게 반대했다. 미카와 입장에서 볼 때 멀리 떨어진 나고야에 항만을 건설해도 현지에 이익은 없다는 것이 반대 이유였다. 이에 따라 아이치현은 일본 도도부현에는 없는 '3부제(三河部)'라는 예산제도를 마련해 미카와 의원을 설득했다. 이는 현의 예산을 전체, 도시지역, 농촌지역으로 3분할 한 제도로, 축항 계획이 농촌지역 미카와 부에 악영향을 미치지 않는다는 것이다. 그리하여 미카와 의원의 설득은 성공했지만, 여전히 현민(懸民)의 축항에 대한 의식은 저조했다. 이 때문에 한 가지

방안이 고안되었고, 때마침 일본 전국을 순회 중이던 전람회를 건설 도중인 나고야항으로 불러 현민에게 공개했다. 이를 계기로 축항에 대한 현민의 관심이 높아졌고 1907년 11월 나고야항 개항식이 개최되었다(奧田, 1953).

나고야항은 아츠타항에서 남쪽으로 8km에 건설되었고 그 주위는 근세에 개발된 신전간척지였다. 간척지 앞에 매립된 조성지가 형성되었고 동서 양쪽의 방파제가 항만을 둘러싼 구조였다(그림 5-7). 방파제는 토사가 항내에 유입되는 것을 방지하는 목적이 있다. 매립용 토사는 항내의 항로를 확보하기 위해서 준설로 나온 토사다. 이 축항 공사비는 아이치현이 대부분을 부담하고, 나고야시 부담금은 얼마 되지 않았다. 제1단계 공사 종료 후 화물 취급량이 증가하였기 때문에 이후 제2단계, 3단계 공사가 계속해서 실시되었다. 종전까지 5단계에 걸쳐 항만의 건설 및 정비가 이루어졌다(林, 2000).

1868년 오사카항이 개항했지만, 초기는 아지강을 이용한 하천항이었기 때문

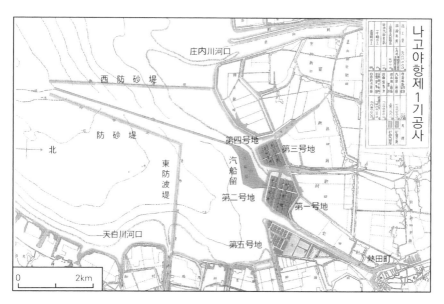

그림 5-7 나고야항 제1기 공사계획도

출처: 나고야항사편집위원회편(1990): 『나고야항사 건설편』 부록 자료

에 대형선 운항은 어려웠다. 또한 1874년 오사카와 고베 구간 철도가 개통되면서 먼저 개항한 고베항을 이용하면서 오사카항은 불필요해졌다. 당시 오사카항은 고베항 구간을 왕래하는 범선의 거점 역할밖에 하지 못했다. 근세에 번성하였던 오사카의 모습은 어디에도 찾아볼 수 없었고, 일본 국내 유통에서 해외 무역으로 시대가 변화되었음을 알 수 있었다. 그러나 1897년부터 시작된 텐포산 축항사업으로 오사카항의 상황을 바꾸고자 했다. 단, 약한 해저 지형과 인기 없는 축항공채(築港公債)가 장해가 되어 사업이 뜻대로 진행되지 않았다. 1904년부터 러일전쟁으로 어용 운송선이 오사카항에 드나들면서 창고와 병원이 세워져 일시적이나마 활기를 띠었다. 그리고 러일전쟁으로 한신의 공업생산이 활발해지면서 무역량이 급격히 증가했다. 이러한 시대적 흐름에 따라 오사카항 항만 시설의 정비계획이 다시 논의되었지만, 수축사업은 1906년에서야 시작되었다.

3. 새로운 개항장의 등장과 청일전쟁, 러일전쟁에 따른 선박의 역할

메이지 초기 개항장은 요코하마, 나가사키, 하코다테 등 일부 항구에 제한되어 있었으나, 조선과의 무역은 아직 개항하지 않은 특정 항구에서 수출입이 허가되었다. 이는 조선이 일본과 가까운 거리에 있어 본토 운송 취급이 가능하다는 판단에 의한 것으로 1883년 특별무역항 제도에서 결정되었다. 이 무역항에 최초로 지정된 이즈하라, 시모노세키, 하카타 등 3개 항구에 이어 쓰시마의 사스나, 시시미 등 2개 항구가 추가 지정되었다. 1889년 시작된 특별수출항 제도는 수출진흥을 목적으로 쌀, 보리, 석탄, 유황 등을 여러 항만에서 수출하기 위하여 불개항(不開港) 항만이라도 수출을 허가하는 제도다. 이 제도는 욧카이치, 하카타, 시모노세키, 오타루 등 9개 항이 지정되었다. 불개항 항만이라도 부분적으로 무역을 인정하는 범위는 확대되어, 1896년에는 개항외무역항 제도를 제정하였다. 따라서 하카타, 카라쯔, 쯔루가 등 6항이 인정되었고, 이듬해에는 시미즈, 욧카이치, 나나오 3항이 추가로 인정되었다.

불개항 항만이라도 예외적으로 무역을 인정한다는 이러한 모순 상황은 1899년에 18개 항만을 새로 개항함으로 크게 개선되었다. 북쪽의 쿠시로, 무로란에서 남쪽의 쿠찌노쯔, 미스미에 이르기까지 동해를 중심으로 많은 항만이 무역항으로 지정되었다(그림 5-8). 새로 개항된 항만이 동해에 많은 이유는 1894년부터 이듬해에 걸쳐 치러진 청일전쟁 때문이다. 이 전쟁의 승리로 자신감을 얻은 일본은 군수공업을 포함한 기계제조업의 육성에 힘을 쏟게 된다. 그러한 상징으로 청일전쟁 종식 2년 후 후쿠오카현에 설립된 관영야와타제철소를 들 수 있으며, 철광석은 중국 대륙에서 가져왔다.

청일전쟁 후, 일본의 조선(造船) 톤수가 급격히 증가한 것은 동아시아의 국제

그림 5-8 1899년 칙령으로 개항한 항만

정세가 새로운 긴장을 향해 가고 있었기 때문이다. 1904년 중국 동북부의 만주 진출을 노리는 러시아와 일본의 대립이 불가피해지면서 러일전쟁이 발발하였다. 러일전쟁은 강대국 러시아와 불리한 싸움으로 여겨졌지만, 동해 해전에서 발틱함대를 무찌르고 포츠머스 강화조약에 조인하는 것으로 막을 내렸다. 러일전쟁은 1904년 2월 인천 앞바다 해전에서 시작되었는데, 그 이전부터 민간 상선을 군사 목적으로 징용하고 있었다(秋山, 2005). 당시 일본유센의 상선, 동양기선의 태평양 항로 여객선이 각각 군사용으로 사용되었다. 고속선은 가장 순양함(假裝巡洋艦)의 역할이 부여되어 인도양에서 발틱함대의 행동을 견제했다. 그 결과 요코하마항 등 주요 항만에는 입출항 선박이 격감하는 사태가 빚어졌다. 한편, 일본에서 건조된 대형 여객선인 히타치마루(常陸丸)는 천명 가까운 장병을 수송하다가 러시아 함대의 공격을 받아 현해탄에 가라앉기도 했다.

승리를 거둔 러일전쟁으로 일본 국민에게 자신감을 심어주었고 일본 국내 산업은 중공업을 중심으로 발전해갔다. 메이지 초기 주요 수출품은 생사, 차, 해산물 등 또 수입품은 면사, 면직물, 모직물 등으로 모두 원재료였다. 이후 점차 철강업과 기계공업이 시작되면서 수입한 섬유기계를 사용한 섬유제품의 생산도 번성했다. 러일전쟁 후 철도 국유화로 증기기관차의 국산화도 이루어졌다(老川, 2016). 이 시기는 도쿄포병공창(東京砲兵工廠) 등 군수공업도 대두하면서 일본식 산업혁명이 진행되었다. 이러한 산업구조의 변화로 항만도 지금까지와 다른 규모와 내용을 갖춘 시설로 탈바꿈했다.

제3절 근대 중기 이후 주요 항만

1. 메이지 말기에서 타이쇼기(大正期)까지 요코하마항, 나고야항

1914년 제1차 세계대전이 발발하자 일본은 시베리아에 출병하는 등 중국대륙으로 세력을 확대해 나갔다. 전쟁으로 유럽에서 생산할 수 없는 물건들을 일본에서 수출하므로 일본 국내는 호경기를 맞았다. 그러나 종전 후 유럽 국가들이 부흥하면서 유럽 제품이 아시아 시장으로 쏟아져 들어왔다. 이로 인해 일본 경제는 정체에 빠지게 되었다. 1919년 무역량은 수출이 많았으나, 이듬해 수입이 많아지면서 전후 공황으로 면사와 생사의 시세는 폭락했다. 이러한 상황을 더욱 힘들게 만든 건 1923년 9월 발생한 간토대지진이다. 특히 생사 수출을 중심으로 무역을 해왔던 요코하마항의 피해는 컸고, 1889년 이후 탈근대 항만을 목표로 실시되어 온 항만정비사업의 노력이 물거품이 되었다(今井, 2007).

도쿄와 가까운 요코하마항을 지진 재해에서 복귀하는 일은 정부에게 매우 중요한 과제였다. 이에 정부는 요코하마항의 임시 보수를 조속히 실시할 수 있도록 재해처리사업과 잠정 복구공사의 주도권을 육군과 해군에 주었다(小林, 1999). 육군은 안벽, 임해철도, 교량의 보수에 힘썼고, 해군은 선박의 안전한 항해를 확보하기 위해 항내 측량, 소해(掃海) 작업, 부두 가설작업에 종사했다. 정부는 군에 복구작업을 시키는 한편 내무성 토목국에 요코하마항 복구계획의 입안을 명했다. 이 계획에 따라 신항 부두 6호 안벽 복구작업이 시작되었다. 항내 복구공사는 계획대로 진행되어 1925년 4월 대부분 완료되었다.

이러한 복구작업으로 요코하마항은 예전 모습을 찾았지만, 지진으로 인해 생사수출이 중단되었기 때문에 요코하마에 의존해 온 현지 경제는 위기에 빠졌다. 생사 수출항을 잃은 생사산지 신에츠 지방의 상업단체와 고베재계의 요청으로 정부 방침에 따라 고베항에서도 생사를 수출할 수 있게 되었다(小泉, 2013). 결국 '생사이항제(生糸二港制)'로 바뀌면서 그전까지 생사 수출 실적이 없었던 고베에서도 1924년에 10% 정도의 생사가 수출되었다(그림 5-9). 이후 고베항의 생사 수출은 증가하여 쇼와 초기에는 일본 총수출의 4분의 1 정도 차지했다. 견직물의 변화는 더욱 커서 1922년 8%에서 1927년 64%까지 상승하였다. 이 이후 고베항은 일본 견직물 수출항으로 우위를 점유했다.

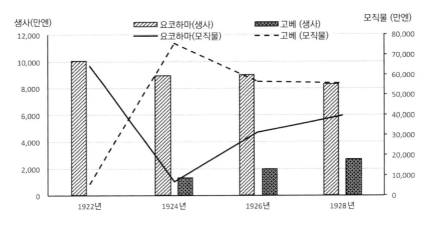

그림 5-9 요코하마항, 고베항의 생사, 모직물의 수출액 추이

출처: 小林照夫(2006): 「横浜港の港湾機能と横浜経済-第一次世界大戦から関東大震災を中心に-」
『関東学院大学文学部紀要』第109号, p.67.

간토대지진으로 요코하마항이 입은 피해는 나고야항에도 그 영향을 미쳤다. 1907년 개항한 나고야항은 축항 후에도 확장 공사가 계속되었고, 간토대지진이 일어난 해는 제3단계 공사가 한창이었다. 요코하마항, 도쿄항의 기능이 모두 마비되어 물자하역 요청이 나고야항에 쇄도했다. 그리하여 나고야항에서 대량의 지원 물자를 칸토 방면으로 보냈다. 특히 목재 취급이 증가하여 나고야항에서는 그를 위해 설비가 증설되었다. 나고야항 제3단계 공사 과정에서 과제가 된 것은 석유, 휘발유 등의 위험물 취급을 어떻게 할 것인가 하는 점이었다. 이는 간토대지진으로 요코하마항이 정박 중인 유조선 폭발로 항만 설비에 큰 피해를 준 점에 따른 것으로, 당시 나고야항에서 가장 떨어진 장소에 위험물 취급 지구가 설치되었다(名古屋港史編集委員会編, 1990).

2. 요코하마, 도쿄의 임해공업지대와 나고야항 주변의 공업입지

요코하마항은 간토대지진으로 인해 항만 기능이 큰 피해를 보게 되었고, 결국 생사와 견직물의 수출항 지위를 고베항에 위협받았다. 그러나 이런 사태가 일어나기 이전에 이미 생사 수출에 지나치게 의존하는 경향에 경고등이 켜졌다. 1차 세계대전 발발로 생사 주력 시장인 유럽의 수요가 크게 감소했기 때문이다. 따라서 생사와 견직물이 아니라 공산품 생산으로 산업을 전향하고자 했다. 이러한 기반을 만들기 위해 임해부에 공업용지 조성이 계획되었고, 아사노 재벌 총수인 아사노 소이치로(浅野総一郎)에 의해 '게이힌임해공업지대(京浜臨海工業地帯)'를 조성했다. 1896년 아사노는 구미시찰에서 선진국을 관찰하면서 일본에도 임해부에 근대적인 공업지대를 건설해야 한다고 생각했다. 아사노는 요코하마시에서 도쿄시에 걸쳐 있는 해안에 공업지대 조성지를 주장했지만, 이 계획에 카나가현이 주저했다. 하지만 야스다 젠지로(安田善次郎)가 지원하면서 계획을 시작했다.

타이쇼기에서 쇼와 초기까지 15년 가까이 임해부 매립사업이 진행되었다. 완공 후, 아사노는 아사노조선소(이후 니혼강관, 현재 JFE엔지니어링) 등 다수 기업을 설립했다(斎藤, 1998). 카와사키 앞바다인 도쿄만 연안을 매립하는 사업은 이후에도 계속되어 임해공업 지역은 확장되었다(그림 5-10). 1927년 제1단계 공사가 완료된 게이힌공업지대를 따라 다른 지방에서도 임해부에 공업지대를 건설하고자 하는 움직임이 확산되었다. 욧카이치, 와카야마, 아마가사키, 쿄후, 와카마쯔 등이 그 예이며, 이들 지역은 정부의 지원 없이 민간기업이 독자적으로 자본을 투입하여 사업을 진행했다. 또 하치노헤, 나고야, 히로시마, 우베 등에도 조성사업이 실시되었는데, 이들 지역은 후에 지방공공단체 사업으로 경영하였다.

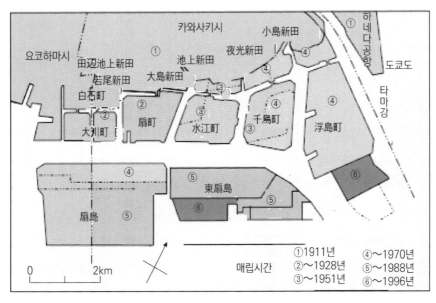

그림 5-10 카와사키 앞바다 도쿄만 연안의 매립지역 확장과정
출처: 카와사키시 웹 자료

임해부공업지대에는 금속, 기계, 화학 등 중공업을 중심으로 공장이 입지해 있다. 그 결과, 1933년 전국에서 이들 중공업의 생산액이 섬유공업의 생산액을 웃돌게 되면서 1938년 전체 산업 생산액의 절반을 차지하게 되었다. 이러한 항만의 역할은 더욱 강화되어 1935년 토목회의의결(土木会議議決)에 의한 '지정

항만개량조성방침(指定港灣改良助成方針)'으로 지방 항만에 대한 국고 보조를 확대했다. 농림성이 주관하는 지방 어항에도 수축공사가 진행되어 일본 지방항의 내실화를 도모했다. 단, 일본 항만을 중심으로 재정 지원이 있는 항만과 그렇지 않은 항만으로 나뉘면서 서로 선 긋기를 하는 모습이 보였다. 이러한 선 긋기의 기준은 명확히 밝혀지지 않았지만, 추정컨대 항만 간 규모의 격차가 발생한 것이 틀림없다.

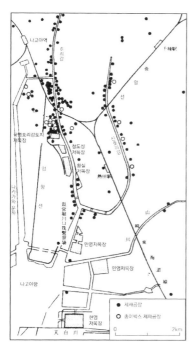

그림 5-11 나고야항 저목장과
운하 제재공장(1933년)
출처: 名古屋市編(1955):
『大正昭和名古屋市史 第9卷地理編』, p.106.

이세만에 건설된 나고야항은 준설 토사를 매립해 조성한 토지가 항만 부지가 되었고 이곳이 공장 입지 장소가 되었다. 타이쇼 초기부터 쇼와 10년에 걸쳐 이러한 임해부 매립지와 호리강과 신호리강 운하에 공장이 입지했다. 특히 입지한 공장은 대부분 목재 관련 공장으로, 이는 근세에 목재를 이용하여 목공업을 해온 전통이 계승된 것이다(그림 5-11). 타이쇼기 이후, 외국의 목재수입 의존율이 높아지면서 제재, 합판 제조, 목재가공 공장이 임해부나 운하에 위치하는 편이 유리했다. 나고야항 목재 수입량은 일본 전체 4분의 1에 달했고, 나고야항은 목재항이라 불릴 정도로 특화되었다. 목재 보관을 위한 저목장이 운하를 따라 하구 부근에 차례차례로 설치되면서 증가하는 수출입에 대응했다.

3. 도쿄항의 개항 과정과 일본 국내에서의 위치

수도 도쿄와 가까운 요코하마는 칸토 일대는 물론 그 외 지역에도 영향력을 발휘하고 있다. 이 때문에 일본의 수도인 도쿄시는 자체 항만을 가질 수 없었다. 전혀 화물 취급이 없었던 것은 아니지만, 개항은 하지 않았다. 1937년 7월 '루거우차오 사건(盧溝橋事件)'을 계기로 중일전쟁이 시작되었을 무렵으로, 일본 정부는 '수출입임시조치법'과 '임시임금조정법'을 잇달아 제정한 끝에 1938년 4월 '국가총동원법'을 발포하여 군사체제를 한층 강화하였다. 이러한 상황에서 도쿄항의 개항론을 찬성하는 '대동아공영권'의 형성을 노리는 군부의 존재가 있었다. 1938년 도쿄항의 화물 취급량은 1,200만 톤, 총액은 16억 엔에 이르러 일본 항만 중에서 제5위에 위치했다. 도쿄항은 불개항이지만 개항 항만으로도 인정될 만큼의 실적이 있었다(그림 5-12).

1939년 코바시 이치타(小橋一太) 도쿄시장이 도쿄항 개항 촉구를 표명한 것이 계기가 되어 도쿄 정재계가 함께 개항을 촉구했다. 1940년 12월 일본 정부

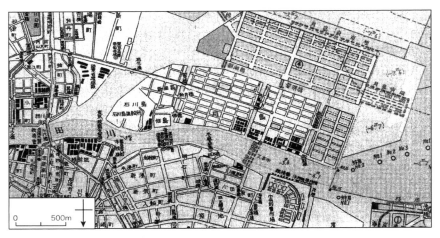

그림 5-12 1937년 도쿄항

출처: 도쿄도립도서관 Tokyo 아카이브 도쿄시항만부편 '도쿄일람도'.

는 도쿄항 개항 문제를 각의에 상정하여 관련 단체의 건의서와 진정서를 제출하였다. 이러한 중앙정부의 움직임에 요코하마항의 시 당국, 재계, 시민이 모두 반대 운동을 전개했다. 도쿄항이 개항되면 지금까지 요코하마항의 이익 대부분이 도쿄항에 유출될 것을 염려했기 때문이다. 결국 지금까지 가지고 있던 요코하마항의 기득권을 유지하려는 움직임으로 인하여 정부는 국무회의 심의를 일시 보류하였다. 이에 정부는 요코하마 측에 이 문제를 해결하기 위해 조건을 제시했다. 그것은 간토대지진이 발생했을 당시, 요코하마항이 차용한 일반부흥외화채 7,000만 엔을 정부가 대신 갚고, 사업채에 포함된 외화채 2,000만 엔도 정부가 부담한다는 내용이었다.

지진 재해로 빚이 있는 요코하마항에 채무 관련 조건에 동의를 얻어 1941년 5월 도쿄항은 개항했다. 그러나 도쿄항 개항 조건으로 케이힌항 즉 요코하마항과 도쿄항은 하나의 항만이며, 그 일부에 도쿄항이 존재한다는 것이다. 요코하마항이 주장한 도쿄항의 보조적 위치는 도쿄항의 무역 상대가 만주, 중화민국, 관동주 등으로 한정되었음에서 드러난다. 도쿄항이 개항한 지 반년 만에 일본은 제2차 세계대전에 돌입했다. 이 때문에 도쿄항의 항만 시설은 군사 목적으로 사용되었으며, 주변 매립지도 군용 창고나 군수 공장의 용지로 전환되었다. 도쿄항은 원하던 개항은 이루어졌으나, 무역항의 기능을 가질 수는 없었다.

도쿄항이 정식 항만으로서 역할을 발휘하지 못했다는 것은 관세통계자료에서도 엿볼 수 있다. 도쿄항이 개항한 1941년 일본 총무역액은 55.5억 엔으로, 고베항과 요코하마항은 모두 26.0%, 오사카항은 25.7% 그리고 나고야항은 4.3%였다. 그러나 도쿄항은 따로 수치가 나와 있지 않고, 1947년까지 이 상태가 계속된다. 전쟁도 끝나고 1948년이 되면 도쿄항의 무역액은 22.9억 엔으로 처음으로 통계자료에서 찾아볼 수 있지만, 이는 일본 총 무역액 1,123.0억 엔의

2.0%에 지나지 않았다. 1위는 고베항 30.4%, 2위는 요코하마항 28.7%로 일본 주요 항의 점유율에는 큰 변화가 없었지만, 오사카항이 8.7%로 크게 저하했다. 반면 나고야항은 7.7%로 증가했다. 이후 도쿄항은 1968년에 오사카항을 제치고 일본 전체 4위가 되었고, 1985년에는 일본 전체 3위로 상승했다.

칼럼 5. 욧카이찌항의 수축공사에 목숨 건 카이선 도매상의 집념

국제 거점항으로 지정된 욧카이찌항의 중심부에 이나바쵸(稻葉町)와 타카사고쵸(高砂町)라는 마을이 있다. 이나바란 근대초 욧카이치항 건설에 사비(私費)를 쏟으며 애썼던 이나바 산에몬(稻葉三衛門)의 성씨로, 타카사고의 타카는 그의 아내의 성인 타카에서 따왔다. 타카사고쵸에는 이나바옹기념공원도 있다. 따라서 이 항구를 건설하기 위해 고군분투한 이나바 산에몬을 말하지 않고서는 욧카이치항을 말할 수 없다. 왜 그는 욧카이치항의 근대화에 그토록 노력했을까? 이나바 산에몬은 옛 미노국(현재 기후현) 타카스번의 여섯째 아들로 태어났다. 천령(天領)이었던 욧카이치쵸에서 봉직 경험을 쌓은 후, 이나바가문의 사위가 되었다. 메이지 유신 후 욧카이치쵸 호장(戶長)과 선박검사장 책임자 등의 행정직에 오르는 한편, 가업인 카이선 도매상의 경영에도 힘썼다.

그는 항구와 관련된 직무와 가업에도 종사하고 있어 욧카이치항에 관심이 많았다. 근세에 욧카이치항은 이세만 연안의 주요 항구 역할을 했지만, 안세이 대지진과 홍수 등으로 항만 기능이 현저히 저하되었다. 이를 보다 못한 이나바 산에몬은 1872년 욧카이치에 있던 현청에 욧카이치항에 부두와 등대를 건설할 것을 청원했다. 이 청원은 대장성에 접수되었고, 허가가 나자 그는 항만 수축에 착수했다. 그리고 1873년 부두와 등대 건설을 완공했다. 이나바는 이에 만족하지 않고 공사를 계속해서 진행하려고 했지만, 자금 부족으로 중단하게 되었고 이에 미에현이 대신 공사를 진행하게 되었다. 그러나 혼자 힘으로 공사를 계속하려고 했던 이나바는 그 청원을 거부한 현을 상대로 재판을 걸었다. 그러나 재판에서 진 그는 포기하지 않고 상경하여 내무장관에게 모든 것을 호소했다. 이나바 산에몬의 집념과 같은 열의에 내무성은 이나바의 수축계획안을 허가했다. 결국 미에현은 출자를 포기했고, 공사 완공 후 부두를 공유한다는 조건으로 공사 진행을 인정했다. 이때가 1881년 3월로 소장제기 이후 5년, 공사중단 후 7년의 세월이 지났다. 그는 공사 재개를 위해 동분서주하여 자금을 모으고, 이를 자금을 바탕으로 공사를 진행한 결과 1884년 5월에 수축공사는 무사히 완료되었다. 이 공사를 위해 당시 금액으로 20만 엔의 사재를 투입한 이나바 산에몬은 빚더미에 앉게 됐다. 이 당시 그는 주변 사람들에게 '10만금 투자가 100만금으로 돌아올 것'이라 말했다. 가업인 카이선 도매상과 항만 건설이 관련이 있다고는 하지만, 이 정도 열의로 항만 수축에 도전한 그가 진정 무엇을 생각하고 있었는지 상상하기는 어렵다.

수축이 끝나고 근대 항만으로 출범한 욧카이치항과 도쿄 구간을 왕래하는 정기선 수는 이전보다 많아졌다. 1889년 욧카이치항은 특별수출항으로 지정되었고, 1897년에는 개항 외 무역항으로 지정되었다. 1898년 4월에는 이세마루(伊勢丸)가 시멘트를 싣고 인천으로 향했고, 5월에는 대두·두박을 실은 스미요시마루(住吉丸)가 만주에 입항했다. 그리하여 1899년 8월 개항장으로 지정되었다. 해마다 증가하는 배를 감당하려면 그가 노력해 완성한 항만으로 충분하지 않았고 수축 완공 후부터 항만 확장안이 여러 차례 논의됐다. 그러나 이들 계획은 모두 자금 문제로 실현되지는 못했다. 1906년에 항내 도로보수와 하천 개착,

해수면 준심이 사업화되었고 1910년에 사업을 완료했다. 욧카이치항에는 이나바가 만든 시오후키방파제(潮吹き防波堤)로 불리는 크고 작은 2열의 독특한 방파제가 현존한다. 1996년 이 방파제와 이나바 산에몬 공적비를 포함한 항만 시설 일대가 항만 시설로는 일본에서 최초 중요문화재로 지정되었다.

제6장

전후부터 현재까지 일본의 항만과 도시

제1절 패전부터 석유파동까지 항만의 변화

1. 패전 후 항만 재정비에 관한 법안 개정

제2차 세계대전에 패한 일본인들은 비록 패전이라는 무거운 결과를 받아들이면서도 국가주도의 억압적인 사회에서 해방되었다고 생각했다. 이는 일본 점령군이 일본 국민을 국가의 억압으로부터 해방되는 정책을 펼쳤기 때문이다. 그러나 해운 · 항만은 군수 관련 부문으로 간주되었기 때문에 전후 경제부흥 대상에는 제외되었다. 패전 직후 일본에 남은 선박은 1,096척, 총 톤 수로 보면 138만 톤에 불과했다. 이는 메이지 말기 수준에 해당한다. 그에 반해 선철, 알루미늄, 공작기계 등의 잔존설비 능력은 전쟁 이전 수준보다 높았고, 1937년의 설비 능력을 1.0으로 했을 때 선철 1.86, 알루미늄 7.58, 공작기계 2.45의 수준이었다. 그러나 이러한 자원과 설비는 산업 목적으로 활용하지 않고 인플레를 극복하고자 기업에 고가로 매각했다.

1946년에 시작된 요시다 내각은 경제부흥정책으로 경사생산방식[1]을 채택하였다(張, 2006). 경제부흥의 중요한 자원인 석탄, 철강, 식량은 내항 해운으로 수송되었기 때문에 항만에는 부두, 창고, 저목장 등이 정비되었다. 1949년부터 연합국최고사령부(GHQ)에 의해 '항만복구 5개년 계획'이 시작되었고, 이는 후에 '항만정비 3개년계획'으로 이어진다. 1947년부터 금지되었던 민간 무역은 대미 무역을 중심으로 해제되었고, 1950년에 전면적으로 재개되었다. 무역 재개로 각국 선박의 일본 취항도 시작되면서 선박 수요 증가로 조선업이 활

---

1   경사생산방식이란, 우선 수입된 중유를 전부 철강업에 투입하고, 증산된 철강을 이번에는 석탄산업에 투입하고, 증산된 석탄을 다시 철강업에 투입하는, 즉 두 부문 간에 제품을 상호투입하는 방법이다.

기를 띠기 시작했다. 1950년에 시작된 한국전쟁에 필요한 군수품이 일본 국내 생산을 촉진시켰다.

그림 6-1은 패전 직후인 1945년 9월부터 마이즈루항과 그 주변의 인양 관련 시설 분포를 나타낸 것이다. 이러한 인양과 관련된 항은 마이즈루항 외에 우라가, 요코하마, 쿠레, 센자키, 시모노세키, 모지, 하카타, 사세보, 카고시마의 여러 항구에서도 진행되었다. 1950년에 마이즈루항 이외는 인양사업이 종료되었고, 마이즈루항은 1958년에 종료되었다. 마이즈루항으로 들어오는 인양선은 처음에 부산, 상하이, 후루다오(랴오닝성 남서부 항구도시), 다롄에서 왔고, 이후 소련의 나홋카와 다롄과 가까운 탕구에서 많이 들어왔다. 마이즈루항의 인양자는 민간인 66만 명, 군 관계자 48만 명이 들어왔고, 반대로 3,200여 명이 마이즈루항을 떠나 고국인 조선과 중국으로 돌아갔다. 마이즈루항은 키타마에선 주

그림 6-1 마이즈루항의 인양 관련 시설
출처: 쿄토신문 웹 자료

요 기항지로 번창했었고, 메이지 이후는 동해에 해군진수부(海軍鎭守府)가 설치된 유일한 항만으로 발전했다. 이 항의 동항(東港)은 군항으로 정비되었고, 서항(西港)은 아시아 대륙과 연결하는 무역 거점항으로 조선과 구만주에 정기 항로를 취항했다.

마이즈루항 이외는 인양사업이 대부분 종료되면서 전쟁으로 얼룩진 사회에서 벗어나게 되었다. 패전 후 항만관리 체제에 결정적인 영향을 준 것은 1950년에 제정된 '항만법'이었다. '항만 헌법'이라 불린 이 법률의 목적은 전쟁 전 국가가 관리한 항만을 자치체의 관리로 전환하는 데 있었다. 이 법률은 구미 각국의 항만관리국을 염두에 두고 일본의 항만관리에 도입하고자 했다. 이미 일본 주요 항만은 지방 행정 조직인 시, 현, 관리조합, 항만국에 의한 항만관리가 진행되고 있었다. 요코하마, 카와사키, 고베, 오사카는 시, 도쿄는 도, 나고야는 관리조합, 그 외는 주로 현에 의한 항만관리가 이루어졌다.

항만법이 항만관리 체제를 결정한 한편, 1951년 '항만운송사업법' 제정으로 항만 업무와 관련된 기업경영자의 활동 지침을 만들었다(市川, 1992). 전시 중에는 '국가총동원법'으로 한 항만에 항만 업무를 볼 수 있는 회사 수(一港一社)를 제한하였다. 전후 일본에 항만업자는 1,600사를 헤아렸지만, 대부분은 영세 기업으로 근대화에 맞는 변화가 필요했다. 항만운송사업법은 해운사의 발전을 위해 사업 구분, 업종 등록제, 운임비 등을 정했다. 이 법안은 자본력을 가진 화주들의 덤핑, 조폭을 동원한 항만노동자 모집 등 항만 업무의 후진성을 개선하려는 목적도 있었다.

2. 1960년대 국토개발계획, 항만정비계획, 항만노동개혁

패전 직후 일본은 정치적, 사회적 혼란 상태에서 벗어나 전후 경제가 발전하는 시대를 맞이했다. 가공 무역 체제를 추진하려면 항만의 건설·정비가 필요하고 이는 국가 주도 하에서 가능하다. 1953년 제정된 '항만정비촉진법'은 항만에 하역 기계와 창고 설치 그리고 매립사업에 드는 비용을 기채(起債)로 조달하는 것을 인정했다. 이 법안은 2003년에 폐지될 때까지 일본의 항만 정비에 중요한 역할을 했다. 일본은 진무(神武)[2]·이와토(岩戸)[3]·올림픽 경기로 제1단계 고도경제성장이 시작되었고, 자동차·트럭 등 수송기계의 생산증가로 특징지어지는 제2단계로 나아갔다. 이 시기에 일본은 GDP 세계 2위까지 올라갔다.

급격한 경제성장은 해외 원자재·자원의 수입과 수출 급증에 따른 무역 마찰, 공해를 발생시켰다. 특히 수출입 급증으로 해외무역 전용부두가 필요했고, 이

그림 6-2 신산업도시와 공업정비특별지역의 지정

<hr />

2   진무 경기는 고도경제성장기의 시작인 1954년 12월부터 1957년 6월까지의 호경기를 말함.

3   이와토 경기는 1958년 7월부터 1961년 12월까지의 호경기를 말함.

에 일본은 '특정항만시설특별조치법'(1959년)과 '항만정비긴급조치법'(1961년)을 제정하였다. 긴급조치법으로 '항만5개년계획'을 세워 수심 7.5m 이상의 해외 전용 항만, 주요 무역항만, 신산업도시 항만을 건설하는 데 초점을 맞췄다(그림 6-2). 항만5개년계획은 제1차, 2차, 3차로 진행되었고, 특히 제3차 '신전국종합개발계획'(1969년)에서 지정된 토마코마이, 무츠오카와라 등 5개 지역에 항만 정비를 실시하였다. 그러나 이 계획은 석유파동으로 인해 대폭 수정되었다.

1960년대 중반의 특징은 해운·항만 노동관계에서 1964년 '해운집약(海運集約)'과 1965년 '항만노동법' 실행이다. 전자는 주요한 6개 선사를 중심으로 기업들이 그룹을 형성한 것이며, 이는 국제경쟁 시대에 대비해 해운업계의 체질 강화에 목적이 있었다. 정부는 이 해운업계에 보조금을 배분하여 경쟁력을 가질 수 있도록 지원했지만, 세계 해운은 컨테이너 시대에 이미 돌입한 상태였다. 후자인 항만노동법은 이전부터 불안정한 항만노동관행을 개선할 목적으로 제정했고, 취업 알선업자 제도 폐지, 노동자 복지 향상, 상시적 항만노동 고용 촉진을 주목적으로 하였다(有馬, 1966). 어느 정도의 성과는 있었지만, 컨테이너 운송으로 노동형태 그 자체가 크게 바뀌었기 때문에 법안 제정도 새롭게 변경해야만 했다.

3. 고도경제성장의 종언(終焉)에서 석유파동까지

철강·시멘트·석유제품·알루미늄·가전제품 등에서 시작되어 승용차·트럭 등으로 생산 폭이 넓어진 고도경제성장 시대도 오사카에서 열린 세계박람회(1970년)를 정점으로 마침내 그 끝을 맺었다. 1971년 닉슨쇼크로 인해 변동환율제로 바뀌면서 엔고에 따른 무역수지는 악화되었다. 그 영향은 특히 수출산업에서 두드러졌으며 수출 감소가 항만에도 큰 영향을 미쳤다. 이보다 더 세게 경제에 큰 영향을 미친 것은 1973년에 일어난 제1차 석유파동이다. 이에 따른 유가 급등이 생산 감소로 이어졌고, 결국 일자리 감소와 물가 상승으로 국민 생활 전반에 악영향을 미쳤다.

석유파동은 석유 부족과 가격 상승을 불러왔기 때문에 해운업계가 받은 충격은 컸다(宮下, 1988). 연료 부족으로 정기 항로를 예정대로 운항하지 못해 운항을 중단하게 되었다. 그 결과 연비가 좋은 자동차 개발에 나선 것처럼 선박도 이러한 방향으로 생각을 전환했다. 그리고 석유 부족에 따른 악영향을 줄이고자 유조선으로 석유비축을 하기 시작했다(萩田, 2007). 1978년에는 나가사키현 타치바나만에서 25만 톤 유조선 10척으로 석유를 비축했다. 이후 석유비축은 탱크로 바뀌어 1982년부터 홋카이도 석유공동비축기지(토마코마이시 아

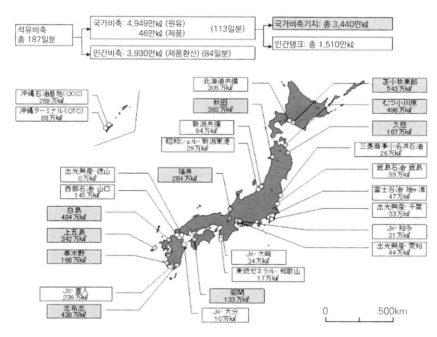

그림 6-3 석유비축기지의 분포와 비축량(2013년 4월 말 현재)

출처: 도쿄증권거래소 웹 자료

쓰마마치)를 비롯한 10곳의 국가비축과 17곳의 민간비축 체제로 변했다(그림 6-3). 타치바나만은 칼데라 지형으로 30m 깊은 수심을 확보할 수 있어서 탱크를 이용한 비축이 가능했다. 그리고 탱크 비축 입조 조건은 잔잔한 바다라는 점에서 항만의 입지 조건과 비슷하다.

일본은 석유파동을 계기로 자동차에 비해 석유 사용의 효율성이 높은 철도와 해운에 대한 관심이 집중되면서 일시적으로 자동차 대란이 발생했다. 그러나 이 석유파동을 계기로 일본 자동차회사는 연비가 좋은 자동차 개발을 시작하면서 석유파동을 극복하고자 했다. 이러한 노력이 결실을 맺어, 세계에서 최첨단 고성능을 가진 일본 차가 항만을 통해 대량 수출을 시작했다. 일본 차 수출 대수는 석유파동 전인 1970년에는 108.7만 대였지만, 1975년에는 267.8만 대로 3배 가까이 증가했다. 1965년 일본은 RO-RO 방식의 자동차 전용 운반선인 옷빠마마루(追浜丸)의 취항으로 한 번에 1,200대를 운반할 수 있었다. 1970년에 자동차전용선(PCC: Pure Car Carrier)인 다이쥬토요타마루(第十とよた丸)가 등장하였고 2,050대까지 적재가 가능했다. 일본 차의 세계적인 인기로 자동차전용선의 적재능력이 향상되어 1974년에는 6,000대를 실을 수 있는 진유마루(神悠丸)가 미쓰비시중공업 고베조선소에 진수(進水)되었다.

일본이 석유파동을 잘 극복한 것은 일본 기업의 에너지 절약형 공업제품 개발에 성공했기 때문이다. 결과적으로 이렇게 개발된 자동차와 전자제품의 수출이 증대해 무역흑자를 냈다. 일본은 질 좋은 공산품을 타당한 가격으로 생산하는 기술은 분명 세계 어느 나라보다 앞서 있다. 그러나 국제적인 물류 시스템의 혁신이라는 측면에서는 해외 특히 미국에 미치지 못했다. 그러한 예로 컨테이너 화물 운반 시스템의 발명을 들 수 있으며, 이러한 근본적인 기술혁신에는 미치지 못했다. 배로 운송되는 화물의 종류에 상관없이 표준화된 컨테이너에 실어 운송한다는 발상은 그전에도 있었지만, 베트남 전쟁 후 군사 비품 보급용으로 사용되던 컨테이너가 일반적으로 사용하게 된 점이 계기가 되었다. 이로 인해 일본산 공업제품도 컨테이너에 실려 해외로 운송되었다.

제2절 1960~90년대 항만과 컨테이너 운송

1. 컨테이너 부두의 관리·운영 방식 변화와 컨테이너 운송의 증가

1967년 '외무부두공단법(外貿埠頭公団法)'에 따라 케이힌과 한신에 각각 외무부두공단이 설치되었다. 때마침 세계 해운은 컨테이너 운송이 시작되었고, 일본은 공단방식으로 두 항만에 컨테이너 화물 취급을 강화하고자 했다. 여기서 공단방식이란 구체적으로 컨테이너 부두 건설, 선사 또는 항만운송업자의 차용 그리고 부두 관리·유지를 모두 공단이 담당하는 방식이다. 컨테이너 부두의 건설 자금은 정부·지방 자치체·부두 이용자의 출자 뿐만 아니라 민간 자금도 도입한다. 컨테이너 전용 부두를 임차한 선사는 항만업자에게 컨테이너의 하역과 집배를 맡긴다.

그러나 이 같은 공단방식은 1982년에 폐지됐다. 이러한 폐지배경에는 국가가 제공해온 기반 서비스인 항만, 철도, 도로, 통신 등의 분야에 지금까지보다 효율적으로 공급해야 한다는 사회적 요청이 있었기 때문이다. 이 공단방식을 대신해 '공사방식(公社方式)'이 실시되었다. 도쿄, 요코하마, 오사카, 고베 각 항의 항만관리자의 외부단체로서 4개의 부두 공사가 신설되어 지금까지의 업무는 공사로 이관되었다. 여기서 주의해야 할 점은 항만관리자가 아닌 그 외부단체 공사에 업무를 위탁한 것이다. 그리고 항만관리자의 권한은 정부가 가지게 되었다. 결국 이는 항만관리 · 운영 체제를 지방과 중앙으로 이원화한 것이다. 일본 정부는 중국을 비롯한 아시아 여러 국가의 항만 설비능력이 향상되면서 치열해지는 국제 경쟁 속에서 살아남고자 이러한 권한을 나누어 가지게 된 것이다. 특히 도쿄, 요코하마, 카와사키 등 거리가 가까운 항만의 상호연계 강화가 국제 경쟁에 대항해 가는데 유효한 전략이라고 보았다.

이러한 공사방식으로 관리 · 운영되는 컨테이너 부두는 공산품의 수출 뿐만 아니라 수입되는 원재료 · 부품 · 반제품의 운송에 큰 힘을 발휘했다. 1985년 플라자합의로 인한 엔고 현상으로 일본 기업의 해외 진출이 가속화되었다(榊原, 2016). 이로 인해 부품 · 반제품의 수출과 수입이 모두 증가해 결과적으로 항만의 화물 취급량이 증대했다. 초기에 기업은 값싼 노동력을 찾아 해외로 진출했으나, 생산방식의 자동화로 해외의 미숙련 노동자라도 높은 생산성을 올릴 수 있게 되었다. 노동력의 국제분업체제를 전제로 한 '적지적산방식(適地適産方式)'[4]이 되면서 세계적 규모로 화물이 이동하게 되었다. 이에 따라 항만의 컨테이너 부두의 효율적인 이용이 중요한 쟁점이 되었다.

2. 신흥국의 대두와 복합일관운송의 보급

세계 해운에 컨테이너 운송의 등장은 신흥국의 해운시장 잠입과 복합일관운송의 실현으로 이어졌다. 이러한 신흥국 대두의 배경에는 규격화된 컨테이너 운송의 표준 기술이 해운 시장에 보급되었기 때문에 가능했다. 다시 말해 일부 선진국에만 국한되었던 해운 업무가 신흥국에서도 가능해졌다. 또한 신흥국은 공업생산을 증가시켰고, 이는 생산 · 운송 면에서 존재감을 드러냈다고 볼 수

---

4 이 지역의 자연적 · 사회적 조건에 가장 잘 맞는 제품을 생산하는 방식

있다. 복합일관운송은 지금까지 생각할 수 없었던 해상과 육상 수송을 연결하여 연속적으로 운반할 수 있는 시스템이다. 예를 들어 미국의 서부나 동부 항만에 도착한 컨테이너는 이곳에서 대륙을 동서로 달리는 트럭이나 철도로 운송하고 도착지 항만에서 다시 해상 운송된다. 또 시베리아 대륙 횡단은 중국에서 중앙아시아를 경유하는 노선으로 가능하다(宮本, 1983).

대륙과 대륙을 마치 다리를 건너듯이 횡단하기 때문에 '랜드브릿지수송'이라 불린다(그림 6-4). 1970년대 초 랜드브릿지가 등장했는데, 가장 큰 장점은 해상운송만으로 수송하는 경우에 비해 거리와 시간이 짧다는 점이다. 예를 들어 일본과 로테르담 구간을 수에즈운하를 경유해 해상운송하면 20,700km, 케이프타운 경유는 27,000km, 파나마운하 경유는 23,000km다. 운송에 걸리는 시간은 평균 35~45일이다. 미국을 경유하면 거리는 20,000km로 약간 짧지만, 걸리는 시간은 35~40일로 큰 차이가 없다. 그런데 시베리아 대륙을 경유하면 거리는 13,000km로 크게 단축되고, 시간도 25~30일로 짧아진다. 즉, 일본에서 유럽의

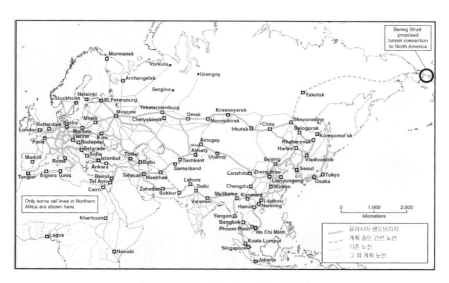

그림 6-4 아시아와 유럽을 연결하는 랜드브릿지

출처: The Schiller Institute 웹 자료

컨테이너 운송은 시베리아 대륙 횡단 경유가 최단 거리로, 핀란드를 경유하면 17일만에 수송이 가능하다.

그러나 소련의 붕괴로 시베리아랜드브릿지는 사용할 수 없게 되었다. 2000년 푸틴이 집권하면서 이 랜드브릿지가 재개되었으나, 경쟁 관계에 있던 해상 운송과의 가격경쟁에서 열세에 몰리게 되었다. 이는 러시아가 운임비를 올리게 되면서 결국 이 랜드브릿지는 이용되지 않았다. 이를 대신한 것이 중국을 경유하는 차이나랜드브릿지다. 1990년대 중반부터 일본을 비롯하여 홍콩, 동남아시아의 컨테이너 화물이 이 랜드브릿지를 이용했다. 그러나 이후 컨테이너 운송을 그만둔 러시아가 시베리아 경유가 아닌 중국과 같은 중앙아시아 경유를 개발하므로 두 국가가 경합하는 사태가 발생했지만, 운송 속도 면에서 러시아 쪽이 빨랐다.

1970~80년대 일본의 컨테이너 운송을 살펴보면, 1970년대 10년간 전체 화물 성장률은 1.6배, 1980년대는 1.1배에 머물렀다. 여기서 컨테이너 화물만 국한해서 살펴보면, 그 성장률은 1970년대는 7.7배, 1980년대는 2.4배였다. 따라서 컨테이너 화물이 무한정 계속해서 증가하지 않았고, 1980년대 일본 항만의 미래에 대한 논의가 이뤄지게 되었다.

1985년 운수성 항만국이 제시한 '21세기 항만'은 행정 개혁, 규제 완화, 민영화 촉진이라는 국가 전체의 동향을 살피면서 21세기 항만의 나아갈 방향에 대해 항만 공간의 창조와 항만의 상호연계를 제안했다(運輸省港湾局編, 1985). 항만은 화물 취급이 주요한 목적이지만, 이러한 산업 이외에 사회적, 지역적 요소 또한 항만이 갖고 있다. 반면 항만의 상호연계란 주요 항만과 그곳과 연계되는 중소항만을 피더서비스로 서로 연결하는 것을 말한다. 1980년대 후반 일본 경제는 버블상태로 '도쿄일극집중(東京一極集中)'⁵을 시정할 목적으로 '다극분산형 국토형성촉진법(多極分散型国土形成促進法)'(1988년)을 제정했다. 이러한 시대 상황을 배경으로 일본은 항만을 재검토할 필요성을 강조했다.

3. FAZ(수입촉진지역)법 제정과 성과

1980년대 후반 일본의 버블 경제는 1990년대에 들어서자마자 산업 전체의 과잉생산으로 한계가 드러나면서 결국 붕괴되었다(北沢, 2001). 1991년과 1992년에 기업도산 수는 1만 건을 웃돌았고 불황의 길에 접어들었다. 기업들은 몸집을 줄이기 위해 구조조정을 했고, 비용절감이 한계에 이르자 생산거점을 해외로 이전시켰다. 1995년 1월에 발생한 한신아와지대지진과 1997년 4월 소비세율 인상은 소비 의욕을 감소시켰다. 이 시기 일본은 금융기관의 대출 거부, 기업도산, 실업자 급증 등의 악재가 사회 전체에 만연해 있었다.

1992년 FAZ법(「수입촉진 및 대내 투자 사업의 원활화에 관한 임시조치법」)이 제정된 것은 버블경제 붕괴 이후 어려운 경제 상황 때문이었다. 이 FAZ법은 대도시권에 집중되어 있던 수입 화물을 지방에서도 수입할 수 있도록 지방 항만의 물류 시설 정비를 목표로 한다(レイモンド・ヨシテル・オータニ, 1993). 선정된 곳은 아시아태평양트레이드센터(오사카시), 롯코아일랜드(고베시), 키타큐슈항 코쿠라역 북쪽출구 지구(키타큐슈시) 등 서일본 지역이 많았다. 신치토세공항(홋카이도)의 보세창고·전시장, 마쯔야마항(에히메현)의 전시장·냉동냉장시설 등 지역의 특징을 나타낸 예는 적었고, 대부분은 이미 시설과 설비를 갖추고 있었다. FAZ사업은 제3 섹터가 담당해, 수입 촉진과 수입 화물의

---

5   일본의 사회 현상 용어로, 일본에서 정치와 금융, 문화와 인구, 자본, 자원과 산업 등이 모두 수도권에 집중되어 있는 상황을 말함

유통 촉진이 지원 대상이었다. 이 사업은 미국을 모델로 했으며, 미국은 수입촉진지역법과 관세법을 함께 시행했다. 특히 중요시된 점은 시설이 있는 지역에서 생활하는 소비자의 이익이었다. 이러한 점에서 일본의 FAZ사업을 평가하자면, 관련법과 지역과의 관계는 희박했다. 결국 2006년에 FAZ법은 폐지되었다.

FAZ법은 제정된 지 14년이 지나 폐지되었지만, 이 제도로 몇몇 항만은 새로운 시설과 설비가 도입되었다. 예를 들면 1991년 키타큐슈항에 '키타큐슈시 지역수입촉진계획'이 시행되면서 일본 최초로 FAZ사업이 시작되었다(그림 6-5). 그리고 1998년 4월에 아시아태평양수입마트(AIM)가 완공되면서 국제 비즈니스의 지원 기능과 수입품 취급 기업·단체가 입주했다. 또 코쿠라역에서 도보로 5분 거리에 위치해 있어 무역·유통·금융·시민 서비스 등 다양한 기능을 입주자가 이용할 수 있었다. 단, 본래의 목적인 수입 촉진은 불황의 장기화, 산업구조의 변화, 기업의 해외 이전 등으로 뜻대로 진행되지 않았다.

FAZ법에 따른 수입 사업의 촉진은 키타큐슈항 뿐만 아니라 카와사키항도 마

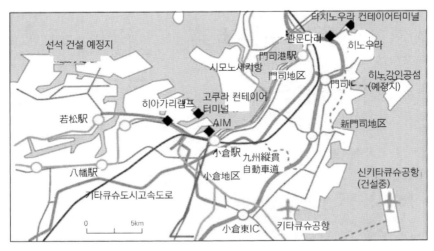

그림 6-5 키타큐슈 수입촉진지역과 물류거점계획(2002년)

출처: 키타큐슈시 환경핸드북 웹 자료

찬가지였다. 1995년 카와사키항은 '카와사키퍼즈주식회사'를 설립해 K-FAZ 사업을 시작했다. 구체적으로 1998년에 카와사키항의 히가시오기섬에 유통가 공공장과 창고 건물을 2동 완공했다. 이곳은 카와사키항의 컨테이너 부두와 가깝고, 완간고속도로를 이용해 요코하마항, 도쿄항, 하네다공항으로 갈 수 있었다. 그러나 컨테이너 터미널 관련 사업의 경비는 사채나 이월금으로 충당할 수 있었지만, 투자액에 비해 수입이 생각만큼 많지 않았다. FAZ사업을 위해서 여러 가지 대책을 마련해 온 카와사키시는 재정 압박과 기대만큼 오르지 않는 성과에 어려움을 겪게 되었다.

제3절 대아시아에 대한 항만 강화 대책

1. 항만의 아시아 진출과 항만과 지역의 연계

1985년에 제정된 장기 비전 '21세기 항만'은 5년 후인 1990년에 장기 비전 '다양한 수변 공간을 목표로'로 재편되었다(運輸省港湾局編, 1990). 항만을 수변 공간으로 명칭이 변경된 부분에서 시대의 변화가 느껴지지만, 수도권 집중이 아닌 지방 항만의 장점을 재평가하고자 이러한 장기 비전이 재편되었다. 1988년에 제정된 '다극분산형 국토형성촉진법'에서도 '지방 시대'를 강조했다. 이러한 정책들이 수도권보다 지방으로 눈을 돌리려는 의도는 충분히 이해가 되지만, 지방마다 가진 개별 항만의 특성과 사정을 면밀히 살피면서 컨테이너 부두를 건설해야 한다.

1995년 당시의 운수성 항만국에서 간행된 『대교류 시대를 위한 항만-세계를

향해, 활기 넘치는 항구만들기 비전-』은 한국과 중국의 항만에 컨테이너 화물 취급량이 급증함에 따라 이러한 국가들의 경제 발전에 맞춰 함께 상생하는 길을 설명했다(運輸省港湾局編, 1995). 또한 2001년에 일본 정부는 '생활을 바다와 세계로 연결하는 항구 비전-국가와 지역의 파트너십을 통한 항구만들기'를 발표하였다(国土交通省港湾局編, 2001). 이로 인해 항만이 수변 공간이 되고, 히라가나의 '미나토(みなと)'로 표현되었다. 이러한 표현은 대중에게 알기 쉽게 전달하려는 것처럼 보이긴 하지만, 사실 일본의 항만이 세계적으로 그 위치가 저하되면서 다소 자조 섞인 모습이라 볼 수 있다.

시간을 되돌려 생각해보면 전쟁 직후에 항만 건설과 재정비로 시작하여 고도경제성장을 거쳐 컨테이너화, 복합일관수송의 시대로 변화했다. 가공무역에서 국제분업으로 생산체제도 이행하면서 국제해운네트워크도 일상화되었다. 그리고 항만은 화물 취급만이 주요 업무가 아닌 환경, 지역, 생활, 문화 등도 시야에 넣어 항만 공간을 파악해야 한다.

이 비전은 140페이지 정도의 보고서 형식으로 되어 있고, 첨부된 참고도표 중에 항만 변화를 부추기는 새로운 내용이 있다. 그 내용 중 물류와 관련된 내용으로 대아시아 운송의 '준국내운송화(準国内輸送化)'에 대한 움직임을 강조하고 있다. 이 보고서에서 말하는 준국내운송화란 지금까지 일본 국내 지역 간에 행해져 온 물자 운송이 일본 국내와 아시아 여러 지역 간의 운송으로 변화해 가야 한다는 것이다(그림 6-6). 아시아에 진출한 일본 기업과 현지 기업이 생산한 공업제품, 아시아산 농산물·해산물 등이 대량으로 수입되면서 항만이 그와 관련된 업무를 맡게 되었다. 대아시아 무역은 수입과 수출에서 양적으로 확대되었고 제품 수출 외에도 부품과 중간제의 수출도 증가하고 있다. 아시아의 값싼 노동력을 찾아 제품 소재를 아시아 항만에 보내고, 그것을 보세구역에서 가공해 바로 일본 국내로 들어왔다.

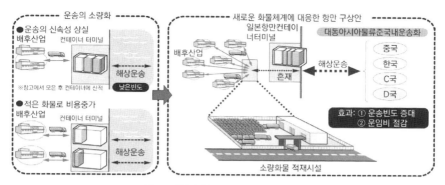

그림 6-6 대동아시아 물류의 준국내운송화 변화

출처: 국토교통성 웹 자료

　일본 기업의 아시아 진출과는 반대로, 해외 기업이 일본의 항만 지구로 진출한 경우도 있다. 그러한 예로 도쿄항을 들 수 있는데, 미국 기업을 중심으로 독일, 프랑스, 영국 등 기업 345사가 진출해 있다. 또 미카와항은 독일, 프랑스, 미국 등 자동차회사의 일본 수출용 차 거점항만이다(그림 6-7). 이전에는 요코하마항과 치바항에서 수입차 검사 · 취급 업무를 담당하였는데, 이 두 항만보다

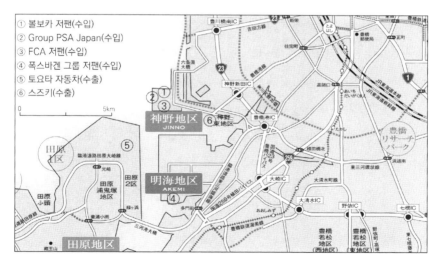

그림 6-7 자동차 수출입 거점 미카와항

출처: 미카와항진흥회 웹 자료

항만 공간과 노동력 확보가 쉬운 미카와항으로 이전했다. 이로 인해 미카와항이 위치해 있는 토요하시시와 그 주변 자치체는 고용 기회와 기업세 수입 증가가 발생했다. 이 비전은 이외에도 시민 일상생활과 배와의 융합·접촉과 해양환경에 대한 시민의 관심도 다루고 있다. 해운의 아시아 지역 이동과 항만과 지역과의 연계가 앞으로 일본의 항만을 생각할 때 중요한 키워드다.

2. 동아시아 허브항에 맞선 수퍼중추항만 지정

어떤 경제활동도 규모를 확대하면 단위당 비용을 줄일 수 있다. 소위 말하는 '규모의 경제'를 국제 해운에 적용하면 선박의 대형화로 한 번에 대량의 컨테이너를 운송하므로 경쟁에서 이길 수 있다. 단, 이를 실현하려면 항만에 컨테이너를 대량으로 취급해야 한다. 그러나 일본은 규모가 작은 항만에 일일이 기항해 컨테이너를 모아야 하기 때문에 비용을 절감하기 어렵다. 따라서 일부 특정 항만에 컨테이너를 집결시키고, 그 이외의 항만에는 대형 컨테이너선이 기항하지 않는다. 이러한 일부 특정 항만 즉, 허브항은 1980년대부터 90년대에 걸쳐 동아시아 지역인 부산항과 상하이항 등에서 발생했다.

1980년 고베항이 세계 컨테이너 화물 취급량 4위였던 때가 벌써 까마득하다(표 6-1). 이제 '세계의 공장'이라 불리는 중국은 상하이, 선전, 광저우 등 연해부 항만을 중심으로 북미, EU, 일본 등에 대량의 컨테이너 화물을 수출한다. 한국 부산항은 국내에서 생산한 공업제품을 실은 컨테이너를 모으는 것 외에 동해에 접한 일본 항만의 피더서비스 수송으로 컨테이너 화물을 취급하고 있다. 이에 위기감을 느낀 일본 정부는 2002년 국토교통성 항만국이 동아시아 허브항과 맞설 수 있는 항만 즉, '슈퍼중추항만'의 육성을 구상했다(柴田ほか, 2008). 그러나 문제는 어디에 이러한 항만을 지정하느냐인데, 이 계획에서 주

변 중소항만에서 피더서비스로 수송된 컨테이너 화물을 대형 국제컨테이너선에 적재할 수 있는 항만을 지정하고자 했다.

표 6-1 세계 상위 20항의 컨테이너 화물 취급량 추이

순위	1980년		1990년		2000년		2010년	
	항만	천TEU	항만	천TEU	항만	천TEU	항만	천TEU
1	NY/NJ	1,947	싱가포르	5,220	홍콩	18,100	상하이	29,069
2	로테르담	1,901	홍콩	5,100	싱가포르	17,040	싱가포르	28,431
3	홍콩	1,465	로테르담	3,670	부산	7,540	홍콩	23,699
4	고베	1,456	가오슝	3,490	가오슝	7,426	선전	22,510
5	가오슝	979	고베	2,600	로테르담	6,280	부산	14,194
6	싱가포르	917	부산	2,350	상하이	5,613	닝보	13,144
7	산후안	852	로스엔젤레스	2,120	로스엔젤레스	4,879	랴저우	12,550
8	룽비치	825	함부르크	1,970	룽비치	4,601	칭따오	12,012
9	함부르크	783	NY/NJ	1,900	함부르크	4,248	두바이	11,600
10	오클랜드	782	지룽	1,810	앤트워프	4,082	로테르담	11,146
11	시애틀	782	요코하마	1,650	선전	3,994	텐진	10,080
12	앤트워프	724	룽비치	1,600	포트클랑	3,207	가오슝	9,181
13	요코하마	722	도쿄	1,560	두바이	3,059	포트클랑	8,870
14	브레멘	703	앤트워프	1,550	NY/NJ	3,050	앤트워프	8,468
15	지룽	660	펠릭스토우	1,420	도쿄	2,899	함부르크	7,900
16	부산	634	산후안	1,380	펠릭스토우	2,853	탄중펠레파스	6,530
17	로스엔젤레스	633	시애틀	1,170	브레머하펜	2,712	룽비치	6,263
18	도쿄	632	브레머하펜	1,160	지오이아타우로	2,653	샤먼	5,820
19	제다	563	오클랜드	1,120	탄중펠레파스	2,476	NY/NJ	5,292
20	볼더모어	523	마닐라	1,039	요코하마	2,317	다롄	5,242
20항만 합계		18,483		43,879		109,301		252,001

출처: 국토교통성 『국제컨테이너 전략항만정책』 자료

국토교통성 항만국은 슈퍼중추항만이야말로 '국제해상운송 모델항'으로 자격을 갖추었다고 보고, 전국 항만에 공고했다. 모델 항의 조건으로 ① 육상운송을 포함해 항만 비용을 30% 삭감할 수 있다, ② 리드 타임(lead time)을 3~4일에서 1일로 단축할 수 있다, ③ 원스톱 서비스가 가능한 항만이 공모 조건이었

다. 그러나 이러한 조건을 만족하는 항만은 그다지 많지 않았고, 2004년 도쿄만의 케이힌항, 이세만의 나고야욧카이치항, 오사카만의 한신항이 지정되었다. 지정된 항만에 국가 예산이 집중투자되면서 당초 계획인 동아시아 허브항에 맞설 수 있는 항만으로 육성하였다.

그렇다면 슈퍼중추항만의 효과는 어떤 것이 있는가? 결과부터 말하면 2001년부터 2007년에 걸쳐 국제 항로의 기항 회수는 상하이항과 부산항은 증가한 데 반해, 케이힌은 조금 감소, 이세만과 한신은 감소했다(그림 6-8). 결국 일본의 항만은 노력했지만, 동아시아 허브항과의 차이는 줄지 않았다. 그러나 이들 항만의 서비스 수준은 향상되었다. 예를 들면 원스톱 서비스는 항만 이용자인 화주가 한 번의 입력으로 통관 수속과 심사 등을 끝낼 수 있는데, 이 서비스로 이전보다 수속 및 심사가 빨라졌다. 일본 정부는 효율적인 수출입 업무를 진행하고자 대심도(大深度) 선석의 관리 · 운영을 상하 분리 방식 즉, 건설은 공공기관에서 진행하고 민간이 해당 항만 업무를 담당했다. 그러나 지방 항만 중에 이 방식이 잘 진행되지 않아 실현이 어려웠다. 일본 정부는 이 정책으로 육상운송을

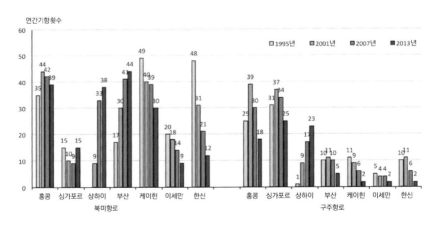

그림 6-8 북미, 구주(歐洲) 항만별 기반 항로의 기항 회수

출처: 국제 운송 핸드북

포함한 항만 운임비가 큰 폭으로 인하될 것을 기대했지만, 경쟁 항만인 부산항에서 2006년에 완공된 신항만으로 항만 운임비가 종래의 40% 감소되면서 경쟁에서 더욱 밀리게 되었다. 따라서 일본은 이러한 변화에 대응하기 위한 새로운 항만 정책을 구상해야 했다.

3. 국제컨테이너 전략항만과 지방 국제거점항만의 지정

일본의 항만 정책은 일본 경제 현상과 장래 동향을 고려한 후에 그 방향성과 내용이 결정된다. 항만은 다수의 이용자가 사용하는 공용시설이기 때문에, 어느 이용자층을 염두에 두느냐에 따라 정책 내용이 달라진다. 이용자의 대부분은 기업이지만, 그 안을 들여다보면 산업, 지역, 활동 내용 등 천차만별이다. 이러한 기업에 항만 서비스를 제공하는 항만관리자는 기업 동향을 살피면서 양질의 서비스를 제공하기 위해 국가에 재정적 지원을 요청한다. 2004년에 시행된 슈퍼중추항만은 3대 도시권에 입지한 기업, 소비자, 항만관리자에게 희소식이었다. 그러나 일본 경제는 대도시권 대 지방권의 경쟁구조를 넘어 국제적인 경쟁 환경 아래에서 어떻게 나아가야 할지 그 길을 모색하는 것이 더 중대한 과제다. 2008년 3월 일본 교통정책심의회에서 '일본 산업의 국제 경쟁력 강화 등을 도모하기 위한 향후 항만정책의 기본방향에 대해'라는 의견을 제시했다. 이 의견 내용은 항만을 이용하는 기업모임인 경제계의 요구를 기초로 작성되었다.

이 내용의 골자는 ① 임해부 물류거점(로지스틱스센터)을 정비한다, ② 아시아 물류네트워크를 실현한다, ③ 컨테이너 이외의 벌크화물에 대응할 수 있는 임해산업구역을 신설한다, ④ ICT를 활용한 효율적인 물류체계를 구축해 지구 온난화 방지에도 노력한다는 4가지 핵심내용으로 구성되어 있다. 이 시기에 슈퍼중추항만을 정비했지만, 화물 취급량은 증가하지 않았다. 그리고 수입 화물량은 줄지 않았으나 기업의 해외 생산이 증가하여 수출 화물량이 감소하였다. 따라서 그 내용 중 ① 로지스틱스센터의 정비와 ② 아시아 물류네트워크 실현을 주장한 것은 이러한 아시아와의 국제 분업체제가 진행되었기 때문이다. 특히 완성품과 중간제품의 수입, 임해부의 가공 · 조립 그리고 원활한 수출업무를 위한 로지스틱스센터가 필요하다고 주장했다.

그림 6-9는 센다이 시오가마항에 있는 임해 로지스틱스센터를 나타낸 것이다. 이곳은 기본적으로 물류 활동을 구성하는 다양한 기능을 가진 물류 센터로 일본 전국에 2.5만~3.0만 개 있다. 센다이 시오가마항을 거점으로 하는 기업은 항만 하역, 창고 보관, 복합 수송, 해상 컨테이너 취급, 통관 · 선박 대리 등의 업무를 실시하고 있다. 이는 모두 항만 물류에 특징적인 업무로, 내륙에 위치한 일반적인 물류 센터와는 다르다. 따라서 보다 원활한 수출입 관련 업무를 담당하려면 임해 로지스틱스센터의 재정비는 필요하다.

2008년 교통정책심의회가 제출한 의견서 중 벌크화물을 취급하는 다목적터미널의 정비를 제기한 점이 매우 흥미롭다. 이는 자원, 에너지, 식료 등의 수입

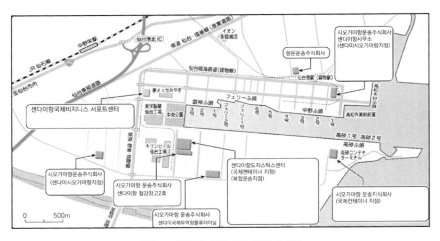

그림 6-9 센다이항 로지스틱스센터와 그 주변
출처: 일본통운그룹 웹 자료

을 둘러싸고 국제간 경쟁이 치열해진 시기에 대형화되고 있는 벌크화물선에 그 배경이 있다. 그러나 이러한 시대적 흐름을 일본의 항만은 충분히 대응하지 못하고 있다. 이 때문에 벌크화물을 취급하는 지방 항만을 대상으로 전용 벌크항만을 만들 필요가 있었다. 컨테이너에 특화된 국제전략항만으로 게이힌항과 한신항이 지정된 것에 반해, 일부 지방 항만은 벌크전용 국제전략항만으로 지정되었다. 2011년 일본 정부는 쿠시로, 카시마, 나고야, 미즈시마, 시부시는 곡물, 키사라즈, 미즈시마, 후쿠야마는 철광석, 토쿠야마 시모마쯔, 우베, 오나하마는 석탄을 취급하는 국제전략항만으로 지정했다.

2008년의 리먼 쇼크로 일본 경제는 큰 타격을 입었지만, 이듬해 정권이 민주당으로 바뀌면서 항만 정책이 영향을 받았다. 신정부는 행정 재검토를 정책으로 내세웠기 때문에 항만 행정도 그 대상이 되었다. 그러나 일본 국내의 정권교체와 관계없이 일본 경제를 둘러싼 국제적인 환경은 세계화가 진행되고 있었다. 민주당은 국제전략항만과 국제거점항만을 지정했다. 전자는 슈퍼중추항만에서 더 나아가 국제적 수준의 허브항을 만들려는 목적이다. 또 후자는 정부의 집중 투자 정책으로 남겨진 지방 항만 중에서 거점이 될 만한 항만을 지정해항만 정비를 실시하려는 목적이다. 그 결과, 케이힌항과 한신항이 국제전략항만으로 지정되었고, 지금까지 주요 항만이었던 18개 항만이 국제거점항만으로 바뀌었다(그림 6-10). 다만, 국제거점항만 중 나고야항과 욧카이치항은 슈퍼중추항만으로 그 지위가 유지되었다.

이러한 정책들은 아시아의 허브항에 맞서고자 시행되었다. 그러나 안타깝게도 중국 국내의 활발한 공업생산으로, 또 한국의 국제 피더서비스 수송으로, 이들 국가가 여전히 대량의 컨테이너 화물을 취급하고 있다. 이러한 인접국의 움직임에 맞서려고 해도 해외 생산비율은 해마다 증가하고 일본 국내의 비싼 운임비로 일본의 항만정책과 현실 사이에는 여전히 큰 갭이 존재한다.

그림 6-10 국제전략항만, 국제거점항만, 주요 항만의 위치

출처: 국토교통성 웹 자료

칼럼6. 컨테이너 혁명과 산업 입지

컨테이너의 발명을 두고 다소 과장된 표현이지만 '20세기 최고의 발명'이라고 한다. 본문에서도 설명했듯, 1956년 미국의 운송업자 말콤 맥린(M.McLean)의 Ideal-X가 세계 최초의 컨테이너 전용선이다. 그러나 이보다 앞선 18세기 후반 영국에서는 'RCH컨테이너'라는 철제 수송용 용기가 사용되고 있었다. RCH는 Railway Clearing House(철도운임정산소)의 약칭이며, 당시 RCH는

복수의 철도회사가 각각 크기가 다른 컨테이너를 이용했기 때문에 크기에 따라 운임을 지불했다. 이러한 운임 결제를 원활히 하기 위해 RCH는 5피트 또는 10피트 길이의 컨테이너를 표준 컨테이너로 정했다. 즉 시대와 상관없이 효율성을 극대화하기 위해서 표준화는 반드시 필요하다.

20세기에 두 전쟁을 치르면서, 1950년대 미국에서 등장한 것이 CONEX다. 이 당시에는 각국에서 화물을 컨테이너와 같은 용기에 옮겨 운송하려는 시도가 있었다. 냉전 시기 미국에서 등장한 이 CONEX는 Container Express의 약칭으로, 서둘러 운반할 필요가 있었기 때문에 Express로 불렸다. 서둘러야 했던 이유는 한국전쟁이 한창일 때 전선에서 사용하는 무기류의 수리 기구와 부품 그리고 기밀 물자 등을 급송하기 위해서였다. 이러한 속도와 함께 안전성이 중시된 이유는 기존의 목제 컨테이너가 부산항에서 도난당했기 때문에 견고한 강철 컨테이너가 필요했다. 최초의 CONEX는 조지아주 콜럼버스에서 철도로 샌프란시스코까지 운반되어 요코하마에 도착하거나 한국으로 운송되었다. 예컨대 오늘날의 인터모달 수송이 군사 분야에서 먼저 시작되었다고 할 수 있다.

베트남전에서도 맹활약한 컨테이너는 전쟁 이외의 일반 수송에서 사용되었다. 길이가 20피트인 표준 컨테이너를 나타내는 TEU는 수송 단위가 되었고, 이제 벌크류를 제외한 세계 무역의 90% 가까이가 컨테이너로 수송한다. 이렇게 컨테이너 수송 비율이 높아진 것은 컨테이너 표준화로 수송 속도가 빨라진 것과 운임비가 저렴해졌기 때문이다. 예를 들어 중국에서 유럽으로 의료품을 컨테이너선으로 운반하면 35일 정도면 소비자의 수중에 도착한다. 그리고 티셔츠 1장당 운임비는 1센트로 매우 저렴하다. 물건이 저렴한 가격으로 빠르게 도착하면 그 누구도 불평하지 않는다. 그리고 이러한 컨테이너 화물로 많은 노동자가 항만과 철도역에서 짐을 내리는 모습을 사라지고 갠트리크레인과 지게차가 바쁘게 움직이는 광경이 일상이 되었다.

컨테이너 혁명은 유통 분야 뿐만 아니라, 공업과 도매업의 입지에도 큰 영향을 미쳤다. 경제지리학은 공업과 도매업의 최적 입지를 연구해왔고, 알프레드 베버(A. Weber)의 공업입지론 이후 운임비 최소화가 최적 입지를 푸는 단서였다(Weber, 1909). 그러나 이렇게까지 저렴한 운임비는 입지 결정에 큰 의미가 없다. 결국 공장을 해외로 이전해 생산해서, 생산된 제품을 수입해도 운임비는 무시할 수 있을 정도로 작다. 거리저항의 극적인 저하로 유동적인 물건이나 제품의 생산, 유통, 소비를 공간적으로 분석하는 지리학적인 사고방식에도 큰 영향을 끼쳤다. 생산, 유통, 소비의 공간적 변화는 도시구조를 변화시키므로 컨테이너 혁명은 현대 도시의 구조 변화를 생각할 때 고려해야 하는 중요한 요소다. 따라서 '20세기 최고의 발명'이라는 표현은 틀리지 않았다.

제7장

도시와 항만의 지리적 관계와 항만 발전

제1절 도시와 항만의 위치 관계와 항만 유형

1. 도시와 항만의 상호 관계

항만으로 인하여 도시가 발생하여 대도시로 발전한 사례는 얼마든지 있다. 그러한 도시의 경우 항만을 통해 이루어지는 교역·무역 활동이 도시 발전의 주요한 원천이 된다. 20세기 역사학계에 큰 영향을 미친 프랑스의 역사가 페르낭 브로델(F. Braudel)은 경제 상황을 설명함에 있어 지리적 조건이 갖는 영향력에 주목한 대표적인 학자다(Braudel, 1976). 그는 세계적 규모의 자본주의 시장이 형성되었을 때 항만도시가 가진 중요한 역할을 강조했다. 만약 존재했던 항만이 사라져 버린 도시라 할지라도 도시구조 속에 그 역사적 유산은 남아 있다. 이는 역사적으로 도시와 항만의 관계가 변화하고 있음을 보여주는 것으로, 항만 기능이 사라져도 여전히 남아 있는 도시는 존재한다.

브로델이 주목한 항만으로 인한 도시발전 사례는 과거 역사뿐 아니라 현재에도 다수 존재한다. 특히 최근 경제 발전이 두드러진 동아시아에 이러한 사례를 볼 수 있으며, 그 한 예로 중국 선전을 들 수 있다. 중국의 관문으로서 경제 발전을 이룩한 홍콩항에서 인접한 지리적 중요성으로 1980년 경제특구로 지정된 이후, 선전은 바오안이라는 작은 마을에서 인구 1,447만 명(2010년)의 대도시로 성장하였다. 특히 선전의 발전은 항만 건설과 확장을 배경으로 한 공업생산의 급격한 증가로 인해 가능했다.

항만도시 선전의 중심부는 뤄후(羅湖), 푸톈(福田), 난산(南山) 그리고 항만이 있는 얀티안(塩田)을 합한 4개 구가 처음 경제특구로 지정되었고, 2010년에는 바오안(宝安), 광밍(光明), 룽강(龍崗), 핑산(坪山)의 4개 구를 포함하여 모두 경제특구로 지정되었다(그림 7-1). 총 8개 구로 이루어진 선전은 동서로 시가지가 펼쳐져 있으며, 중심부의 뤄후가 도시의 발상지다. 이전에 공장 밀집 지역이었던 푸텐구는 지금은 부도심의 상업거리로 변모했다. 반도에 위치한 난산구는 고급 아파트와 대학 등 교육기관이 밀집해 있다. 뤄후구의 동쪽에 있는 얀티안구에는 주요 항만이 있으나, 선전은 얀티안 컨테이너 터미널 외에 난산구에도 항만이 있다. 수심-18m의 얀티안항을 비롯한 이들 항만은 모두 리아스식 해안의 깊은 수심을 가지고 있으며, 거리상으로 가까운 홍콩(수심은-16m)과 기본적으로 동일한 지형 조건을 갖추고 있다.

그림 7-1 선전시 시가지와 항만

출처: Google Map

이처럼 세계 대도시 중에는 규모가 큰 항만을 가지고 있는 곳이 많다. 도시와 항만을 규모와 관련해 살펴보면, 이러한 사례는 특히 아시아에서 많이 볼 수 있다. 일례로 상하이, 한신(오사카, 고베)은 도시 규모와 항만 규모에서 모두 세계 상위 20위다. 광저우, 선전, 톈진, 홍콩은 도시 규모로 상위 40위, 항만 규모로는 상위 20위다. 상파울루·산토스, 뉴욕, 로스앤젤레스·롱비치는 도시 규모는 상위 20위이지만, 항만 규모에서는 상위 40위에 머무른다. 항만 규모로 방콕과 같은 상위 60위에 있는 도쿄는 도시 규모로는 상위 20위에 있다. 같은 아시아의 마닐라, 이스탄불의 도시 규모는 상위 20위이지만, 항만 규모는 상위 125위에 머무른다. 남미의 부에노스아이레스, 리우데자네이루는 도시 규모는 크지만, 항만은 소규모다. 이처럼 도시와 항만의 규모 간 상관 관계는 모두 동일하지 않다.

2. 대도시와 항만의 지리적 관계

세계 대도시마다 정도에 차이가 있겠지만, 국제 경제와 관계없는 대도시는 존재할 수 없다. 이 때문에 대도시는 필연적으로 국제 항만과 연결되어 있고, 그 내부에 항만이 있는 경우가 많다. 그리고 도시와 떨어진 곳에 위치한 항만에 의존하면서 철도나 도로로 항만을 연결하는 대도시도 있다. 이러한 의존 관계를 ① 위성 의존형, ② 단거리 회랑형, ③ 장거리 회랑형, ④ 독립 대도시형의 4가지 유형으로 생각할 수 있다. 여기서 말하는 위성이란 항만이 도시와 가까운 거리에서 마치 위성처럼 도시에 의존하고 있는 상태를 의미한다. 또한 회랑은 항만이 도시로부터 멀리 떨어져 있다는 의미다. 이 회랑에는 도시와 항만 간 거리가 짧을 경우와 긴 경우의 2가지 유형이 있다. 마지막 독립 대도시는 도시와 관계가 없을 정도로 멀리 떨어진 곳에 위치한 대도시 항만을 말한다.

먼저 위성 의존형 항만은 일반적으로 규모가 작다. 이러한 항만의 예로 로마의 외항으로 불리는 이탈리아 중부 치비타베키아(인구 5.3만 명), 남미 칠레의 샌안토니오(인구 8.7만 명)를 들 수 있다. 오래된 역사를 가진 치비타베키아는

2세기 초 트라야누스제(帝) 시대에 건설되었다(그림 7-2). 1613년 쯔키노우라
(현재 이시노마키항)를 출발한 게이초켄오시세쓰(慶長遣欧使節)의 하세쿠라
쯔네나가는 태평양, 대서양을 항해하면서 스페인을 경유한 뒤 치비타베키아항
에 상륙하여 로마로 향했다(大泉, 2010). 또한 샌안토니오항이 있는 발파라이
소주에 발파라이소항도 있다. 이 항구의 인구는 27만 명(2006년)으로 샌안토
니오보다 많았고, 마젤란해협을 건너 온 선박 정박지로 북적였다. 그러나 1914
년 파나마운하가 완공되면서 마젤란해협을 통과해야 할 필요가 없어졌고, 그
이후 발파라이소항은 정체 상태에 머물러 있다.

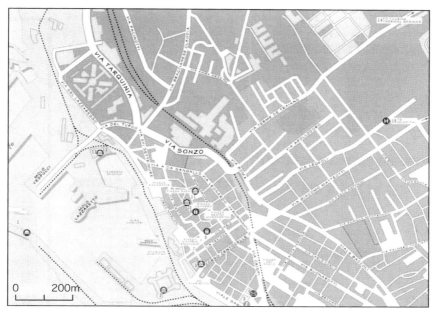

그림 7-2 로마의 외항 치비타베키아

출처: FOTKI 웹 자료

두 번째 유형인 단거리 회랑형 항만은 규모가 크고, 국내의 주요 도시와 철도,
도로 등으로 연결되어 있다. 예를 들면 브라질 산토스항은 북서쪽으로 60km

정도 떨어진 상파울루와 연결되어 있다. 또 말레이시아 포트켈랑은 동쪽으로 40km 정도 떨어진 쿠알라룸푸르와 그리고 인천항은 남동쪽 50km에 있는 서울과 각각 연결되어 있다. 이러한 항만과 대도시의 거리는 대략 100km 이내다. 세 번째 유형인 장거리 회랑형의 경우는 도시와 항만 간 거리가 멀다. 프랑스 르아브르와 파리는 178km, 이집트 포트사이드와 카이로는 170km, 그리고 루마니아 콘스탄차와 헝가리 부다페스트는 830km로 모두 도시와 항만 간 거리가 100km가 넘는다. 특히 콘스탄자와 부다페스트는 국경을 넘나들 수 있는 관계이며, 루마니아 최대 항구도시인 콘스탄자는 루마니아 수도 부쿠레슈티와의 관계에서도 매우 중요한 항구다(그림 7-3).

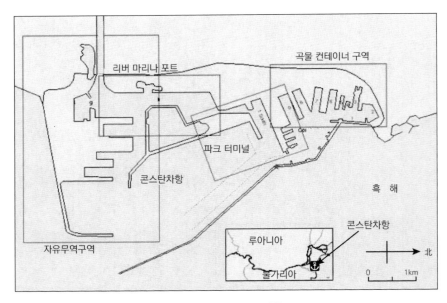

그림 7-3 루마니아 콘스탄자항
출처: CREEAZA 웹 자료

①~③ 유형은 항만 규모에 차이는 있지만 대도시가 항만에 크게 의존하는 유형이다. 이에 비해 ④ 유형의 독립 대도시형은 항만도 대도시도 규모가 크고, 양

자 간에 연결은 있지만 거리가 멀기 때문에 상호 독립적으로 발전해왔다. 그러한 전형적인 예로 러시아 상트페테르부르크와 내륙 대도시 모스크바 간의 관계를 들 수 있다. 모스크바(인구 1,192만 명)와 상트페테르부르크(인구 499만명)는 636km 떨어져 있다. 또 다른 사례로 인도양과 접하고 있는 남아프리카공화국 더반항과 내륙 대도시 요하네스버그는 500km 떨어진 위치에 있다. 우크라이나 수도 키이우에서 오데사항까지 442km나 멀리 떨어져 있어도 두 도시 간은 서로 중요한 관계에 있다. 바다가 접하지 않는 내륙국가 헝가리는 다른 나라의 항만에 의존한다. 예를 들어 여러 나라에 둘러싸인 오스트리아와 같은 국가이며, 이 나라는 로테르담, 앤트워프, 함부르크, 코페르(슬로베니아), 트리에스테, 콘스탄차의 6개 항만에 의존하면서 세계 경제와 관계를 유지하고 있다(그림 7-4).

그림 7-4 오스트리아가 의존하는 타국의 항만

3. 자원 수출이 주 목적인 독립적 항만

항만 중에는 도시와 관련 없이 독립적인 형태로 존재하는 경우도 있다. 그러한 예로 석유, 철광석 등 천연자원을 수출하기 위해 자원 산출지 근처에 건설된 항만을 들 수 있다. 서호주 북부에 있는 포트헤드랜드는 호주에서 규모가 가장 큰 철광석 수출항이지만, 인구는 겨우 14,000명에 불과하다. 항구에서 남쪽으로 약 350km 떨어진 마운트뉴먼 등 3곳의 철광석 산지에서 철도로 운반되는 철광석은 연간 1,360만 톤에 이른다. 포트헤드랜드는 19세기 이후 작은 항구도시에 지나지 않았지만, 1960년대에 광산철도와 전용 항만이 건설되면서 세계 최대 철광석 수출항으로까지 발전했다.

남아프리카공화국 동부에 위치한 리처즈베이도 많은 자원을 수출하는 항만이지만, 인구는 57,000명으로 그리 많지 않다. 리처즈베이는 인도양에 접한 석

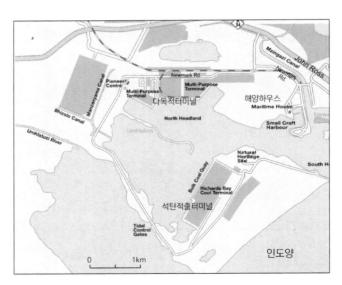

그림 7-5 남아프리카공화국 리처즈베이항
출처: hot-map.com. 웹 자료

호 지형을 이용한 항만으로, 아프리카 최대의 석탄 수출항이다(그림 7-5). 항만 내 석탄 저장 능력은 820만 톤이고, 2006년 당시 연간 1억 4,917만 톤의 수출량을 기록했다. 석탄 이외 알루미늄, 철광석, 티타늄, 목재칩 등을 수출하고 있다. 1879년 줄루전쟁(Anglo-Zulu War) 때 상업항으로 처음 이용되었고, 1976년 철도시설을 갖춘 수심 깊은 항만으로 정비되었다. 리처즈베이는 항만 이외에 19세기에 번성했던 줄루왕국의 옛터를 주요 관광지로 활용하고 있다.

그러나 미국 텍사스주 남서부에 위치한 코퍼스크리스티항처럼 항만과 도시 간 거리가 가까워도 밀접한 관계가 존재하지 않는 경우도 있다. 이곳은 멕시코만에 접한 항만 중에서 8번째로 크고, 항만의 서쪽에 코퍼스크리스티라는 도시가 있다. 그러나 코퍼스크리스티항의 석유·에너지와 관련 산업은 인구 28만 명의 코퍼스크리스티와는 관계가 없고, 또한 텍사스주와도 관련이 없으며, 이에 따라 주 정부의 재정적 지원 없이 독립적으로 운영되고 있다. 코퍼스크리스티항은 1919년 허리케인 피해로 복구되면서 건설이 시작돼 1926년 완공됐다. 당시 면화 수출이 대부분을 차지했지만, 이후 인근지역에서 발견된 석유 정제나 석유제품이 큰 비중을 차지하게 되었다. 현재도 7명의 특정 최고관리자(commissioner)가 운영하는 희귀한 항만이다.

4. 중계기능을 가진 항만, 혼란을 피해 계획된 항만

도시와 특별한 관련 없이 존재하는 항만의 두 번째 유형은 중계항이다. 중계항은 위치 조건이 중요하고, 특히 국제화물운송망에서 전략적으로 중요한 위치에 있다. 예를 들어 오만 살랄라항은 오만 최대 항만으로 유럽, 아프리카, 아시아 간을 이동하는 화물의 중계기능을 담당하고 있다. 살랄라는 오만 제2의 도시이지만, 인구는 17.8만 명에 불과하다. 중미 바하마의 프리포트(Freeport)는 미국 플로리다 팜비치에서 105km밖에 멀지 않아, 미국에 대한 전략적 위치 조건을 보유한 항만이다. 이탈리아 남부에 위치한 지오이아타우로항은 본래 국책사업으로 시작한 철강 생산을 계기로 지역 개발을 목적으로 건설되었다. 그러나 공업화 계획은 실패했고, 이후 화물 취급량의 95%가 환적 화물에 이를 만큼 컨테이너 환적 기능을 가진 지중해 지역의 대표적인 허브항으로 성장하였다.

지브롤터해협에 면한 스페인 알헤시라스, 이집트 포트사이드, 몰타 마르사쉬로크 모두 지중해에 있는 항만으로 중계기능을 담당하고 있다. 포트사이드에는 기존 항만 외에 동쪽에 전용 환적 항이 있고, 이 항은 유럽과 아시아를 잇는 중계기능을 한다. 알헤시라스가 지중해 서쪽 출입구라면, 포트사이드는 수에즈운하에 면한 동쪽 출입구에 해당한다. 현재 알헤시라스항은 스페인의 레콩키스타운동(국토회복운동) 이후, 항만 역할을 수행하고 있기 때문에 다른 유럽 항만들과 비교하면 비교적 새로운 곳이다(그림 7-6). 그러나 환적항만으로서 취급 화물량은 유럽에서 제3위, 세계에서 제10위다(2004년 통계).

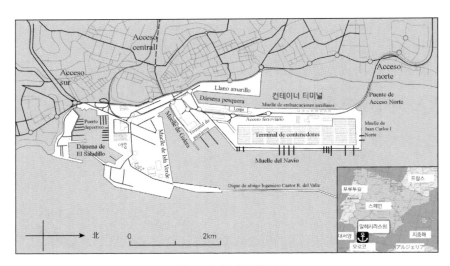

그림 7-6 스페인 알헤시라스항

출처: Wikipedia Puerto de la bahia de Algeciras 웹 자료

도시에서 떨어진 위치에 있는 유형의 항만 중에는 혼잡을 피하기 위해 기존 도시에서 떨어진 장소에 건설된 항만도 있다. 예를 들어 영국해협에 면한 펠릭스토우는 런던에서 북동쪽으로 150km 위치에 있으며, 가장 가까운 도시 입스위치와는 17km 떨어져 있다. 스토어강과 오웰강이 영국해협으로 흘러드는 하구에 있는 이 항만은 영국 최초 컨테이너 항만이며, 현재 영국 전체 40%의 컨테이너를 취급하고 있다. 태국 람차반항도 방콕에 있는 기존 항만에서 떨어진 위치에 컨테이너 전용 항만으로 건설되었다. 태국에 출입하는 대부분의 컨테이너선이 이곳에 정박하고, 방콕에서 동쪽 30km에 있는 통관거점인 랏끄라방의 컨테이너 창고와 이 항만을 함께 운영하고 있다.

또한, 황해에 접한 중국 장쑤성 롄윈항(連雲港)도 컨테이너 전용 항만이다. 한국과 일본에서 보내지는 컨테이너가 이곳에서 차이나랜드브릿지(대륙횡단화물노선)를 통해 유럽으로 보내진다. 롄윈항은 중국 10대 항만 중 한 곳이며, 연해부 14곳의 경제기술개발구 중 한 곳이기도 하다(그림 7-7). 이러한 항만은 역사적으로 형성된 오래된 항구와는 별도로, 대량의 컨테이너 화물을 효율적으

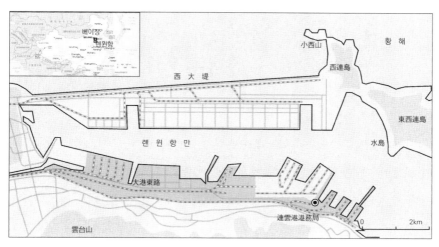

그림 7-7 중국 장쑤성 롄윈항

출처: SITC 웹 자료

로 취급하기 위해서 계획적으로 건설된 곳이다.

제2절 도시와 항만의 성장과 규모와의 상호 관계

1. 도시와 항만의 성장을 둘러싼 상호 관계

앞서 살펴본 바와 같이 도시와 항만의 공간적 관계는 여러 가지 유형으로 분류될 수 있음을 알 수 있었다. 예전에 도시와 항만은 함께 성장하는 경우가 많아, 도시의 흥망성쇠는 항만의 흥망성쇠이기도 했다. 도시산업이 활발해지면 많은 원료나 제품을 항만에서 취급하기 때문에 필연적으로 항만의 규모도 커질 수밖에 없다. 그러나 최근 도시와 항만의 관계가 그다지 단순하지 않아, 항만의 인근 도시 규모가 확대되어도 항만이 함께 확대되지 않고, 반대로 도시가 쇠퇴해도 항만이 성장하는 사례가 존재한다. 이는 예전에 비해 항만이 넓은 배후지를 가지게 되면서, 인근 도시의 영향을 받지 않게 된 것이 한 요인이다. 항만의 입장에서 설명하자면, 항만의 화물 취급량 증가는 내륙도시나 지역과의 관계에서 증가한 것으로, 직접적인 관련성이 있는 도시와의 관계에서 증가한 것으로 보기는 어렵다.

이러한 경향은 1970년부터 2010년까지 40년간 도시 인구의 증감과 항만의 성쇠를 비교해보면 알 수 있다. 예를 들어 유럽과 북미에서 인구가 증가하고 항만도 성장한 도시를 들자면, 뉴욕, 로스앤젤레스, 시애틀, 밴쿠버, 바르셀로나, 발렌시아, 더블린, 헬싱키, 아테네를 꼽을 수 있다. 이와 반대로 도시 인구도 감소하고 항만도 쇠퇴한 곳은 런던, 코펜하겐, 나폴리, 리버풀, 뉴올리언스이다. 이러한 항만도시에서 도시와 항만은 정(正) 또는 부(負)의 강한 인과관계가 있다.

그러나 문제는 도시와 항만의 관계가 불균형한 사례다. 로테르담, 함부르크, 앤트워프, 암스테르담의 항만은 그 규모가 확대되었으나, 도시 인구는 감소했다. 모두 독일, 베네룩스의 도시들이며, EU의 주요 항만으로 국경을 초월한 배후지를 가지고 있다. 이와는 반대로 볼티모어, 보스턴, 필라델피아, 몬트리올, 스톡홀름, 리스본, 보르도는 도시 인구는 증가하였지만, 항만은 쇠퇴했다. 이러한 도시들은 항만의 침체가 도시 인구 변화에 큰 영향을 주지 않았다. 즉 항만의 노후화로 이전과 같이 기능을 할 수 없게 된 것과 상관없이 인구가 증가한 도시다.

1970년부터 2010년에 걸쳐 항만이 발전한 사례는 아시아에 많다. 예를 들면 선전, 상하이, 싱가포르, 콜카타, 뭄바이, 두바이는 인구가 급증했고, 이 급증이 항만 발전과 강한 연관성을 지닌다. 홍콩, 부산, 나고야의 항만 발전도 눈부셨지만, 인구 증가는 앞서 설명한 도시만큼 급증하진 않았다. 고베의 인구는 급증한데 비해, 지진으로 항만 발전이 더뎠다.

2. 도시와 항만의 규모에 따른 상호 관계

세계의 많은 항만을 그 규모와 도시 기능의 크기와의 관계로 정리해보면, 9가지 유형으로 분류될 수 있다(그림 7-8). 각각의 유형은 세로 방향의 도시 규모(아래에서 순서대로 대·중·소)와 가로 방향의 항만 규모(취급 화물량 등 반영)를 조합하여 나타낼 수 있다. 우측 맨 아래는 항만도 도시 기능도 모두 큰 세계항만도시(World port city)로, 뉴욕, 홍콩, 도쿄, 싱가포르와 같은 국제적인 경제 거점인 동시에 대규모 항만도 가지고 있는 도시를 말한다. 그 좌측은 도시의 규모에 비해 그다지 크지 않은 항만대도시(Port metropolis)로, 케이프타운(100만 명)과 부에노스아이레스(300만 명)가 이에 해당한다. 좌측 맨 하단은 항만의 규모가 꽤 작은 대도시로, 항만이 크게 눈에 띄지 않는 연안 대도시 (Coastal metropolis) 유형으로 스톡홀름(79만 명), 볼티모어(62만 명), 튀니스 (105만 명)를 들 수 있다.

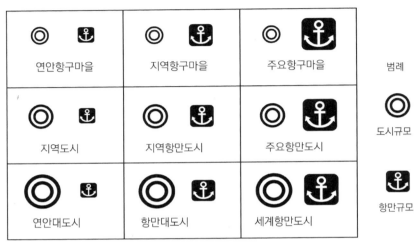

그림 7-8 항만과 도시의 규모 관계

출처: J.P.Rodrigue,ed.(2017): The Geography of Transportation System 웹 자료

한편, 세계 항만도시의 바로 위에 위치하는 주요항만도시(Major port city)는 항만 규모는 세계항만도시 수준으로 크지만, 도시의 규모는 중간 정도의 항만 도시다. 이 유형은 로테르담(61만 명), 르아브르(190만 명), 제노바(58만 명)가 대표적이다. 센강 하구의 르아브르는 인구가 190만 명으로 상당히 많지만, 그 이상으로 항만의 규모도 크다. 이 유형 바로 위에 위치한 주요항구마을(Major port town)은 큰 항만 규모에 비해 도시의 크기는 그다지 크지 않다. 이러한 유 형에는 그랜드바하마섬의 프리포트(5만 명), 이탈리아 남부의 지오이아타우로 (1.8만 명), 방콕의 렘차방(6.1만 명) 등이 있다.

이상에서 설명한 5가지 유형 외에 항만과 도시의 규모가 모두 중간 정도인

지역항만도시(Regional port city), 도시의 규모는 중간 정도이고 항만의 규모가 작은 지역도시(Regional city), 도시의 규모는 작은데 항만의 규모는 중간 정도인 지역항구마을(Regional port town) 그리고 도시도 항만도 최소규모인 연안항구마을(Coastal port town)로 구분한다. 이러한 구분은 단순한 기준을 중심으로 이루어졌다는 한계점은 존재하나, 전 세계 수많은 항만을 도시와의 관계성을 통해 유형화했다는 점에서 커다란 기여를 했다고 볼 수 있다.

이 유형화에서 재미있는 점은 맨 왼쪽 상단 연안항구마을이 어떠한 과정을 거쳐 발전해 나갈지 그 과정을 상상할 수 있다는 것이다. 어느 항구도시도 처음에는 항만도 도시도 규모가 작았다. 그러나 그중 어떤 항구도시는 항만 기능을 중심으로 넓은 항만배후단지의 많은 화물량과 환적 화물량을 취급하면서 규모가 큰 항만으로 발전한다. 이와는 대조적으로 도시 기능만 발전한 항만도시도 있다. 이러한 도시는 항만에 의존하지 않고 독자적으로 발전해가는 항만도시다. 그림 7-8 맨 우측 하단은 항만 기능과 도시 기능이 함께 발전해 나간 유형으로 많은 세계 항만도시가 이러한 과정을 거쳐 발전했다.

3. 대륙마다 다른 도시와 항만의 입지 유형

세계적 규모에서 항만 분포 유형과 항만배후단지의 관계를 살펴보면 대륙마다 그 특징이 다르다는 점을 확인할 수 있다. 도시와 항만의 공간적 배치 관계를 단순화해서 모델을 만들면 그림 7-9와 같다. 이러한 특징은 대륙의 지리적 여건과 역사적 배경에 따라 설명할 수 있다. 예를 들어 서유럽의 연안 항만은 오랜 역사를 거쳐 형성되었다. 15~16세기 지리상 발견 시대와 이에 이어진 식민지 시대에 항만은 바다로 나가는 출구이면서 이와 동시에 해외의 수많은 물자와 정보를 받아들이는 입구였다. 그런데 많은 경우 국가를 움직이는 정치 중

심은 항만에 있지 않고 내륙의 수도에 있었다. 내륙에는 농촌 지역을 배경으로
한 도시가 있었고 상업·서비스업에 종사하는 인구가 도시로 모여들었다. 산업
혁명으로 철광석과 석탄을 이용한 제조업이 발생하면서 공장에서 일하는 사람
들이 농촌 지역에서 도시로 모여들었다. 연안 항만과 내륙의 주요 도시를 하천
이나 운하 등과 같은 수상 교통을 이용하여 연결하였으나, 이후 철도를 이용해
두 지역을 연결했다. 이러한 서유럽의 특징은 평지가 내륙으로 펼쳐져 있으므
로 그곳에서 발생한 농업사회를 중심으로 마을이 형성된 역사와 관련이 있다.

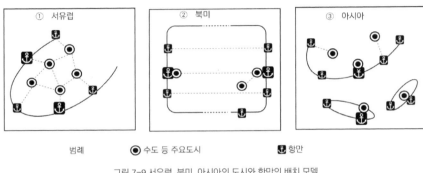

그림 7-9 서유럽, 북미, 아시아의 도시와 항만의 배치 모델

　　서유럽과 대조적인 유형이 북미의 항만과 도시다. 유럽인들이 식민지로 개
발한 북미는 동부와 서부 해안을 중심으로 마을이 형성되었다. 이러한 해안 마
을은 기본적으로 항만을 가지고 있었으며, 유럽에서 들어오는 물자와 이민을
받아들이는 관문 역할을 했다. 많은 항구마을 간 경쟁으로 살아남은 항구가 현
재 대도시로 발전하게 되었다. 북미로 이주한 사람들은 이후 내륙 개발을 통해
많은 도시를 건설했다. 또한 이러한 내륙도시의 발전은 해안 항만도시의 역할
이 컸다. 식민지 시대에는 제조업이 금지되었기 때문에 공산품은 모두 유럽에
서 수입되었다. 항만도시가 이 공산품들을 수입해 내륙으로 보냈다. 식민지 시
대가 종식되고, 이번에는 연안 항만도시가 해외로 농산물을 수출했다. 현재 북

미 주요 도시는 해안이나 강 부근에 많으며, 동서 방향의 랜드브릿지가 이러한 도시들을 연결하고 있다.

서유럽이나 북미와는 다르게 동남아시아는 연안에 항만을 가진 주요 도시가 많다. 인도나 중국처럼 면적이 큰 나라는 철도가 도입되기 이전에 운송 수단이 한정적이었다. 이 때문에 연안 항만도시가 운송 면에서 중요한 역할을 담당했다. 최근 공업화로 국제 무역량이 급증한 중국은 항만도시가 큰 역할을 하고 있다. 이러한 모습은 고도 경제성장기 일본과 그 뒤를 좇아 온 한국, 대만에서도 볼 수 있다. 이 나라들은 산악 지형이기 때문에 연안 평야 지역에 도시가 발전하기 쉬웠다. 섬나라 일본은 근대 이전부터 연안 및 하천에서 발생한 항만이 물자 운송에 중요한 역할을 했다. 국제 무역이 본격적으로 시작된 전후 연안에 항만, 공업, 인구가 집중되어 거대한 고밀도 지역이 형성되었다. 이렇게 형성된 곳은 북미와 같은 랜드브릿지도 없고, 서유럽처럼 내륙에 도시가 건설된 지역도 없다.

제3절 항만의 재개발과 신항 건설

1. 신항만 건설로 항만 기능이 확대된 시드니와 밴쿠버

현재 동남아시아와 같이 경제성장이 두드러진 나라는 항만 발전 또한 뚜렷하다. 그러나 일본은 국내 탈공업화와 제조업의 동아시아 해외 이전으로 중국과 동남아시아의 항만처럼 경제성장에 따른 항만 기능의 확대가 이루어지진 않았다. 경제성장이 정체된 서유럽에서도 고도경제성장 시대와 같이 항만 규모를 확대하는 모습은 보이지 않았다. 항만과 도시의 관계에는 지역성이 영향을 미치므로 사례별로 고려할 필요가 있다. 항만의 배후도시에 공업생산이 활성화되어 항만에 대한 의존도가 큰 경우도 있고, 반대로 제조업 공동화로 항만이 이전과 같은 역할을 상실한 경우도 있다.

도시 발전 과정 도중 항만 기능을 강화할 필요가 있는 경우, 기존 항만과는 다른 장소에 신항만을 건설하는 경향이 있다. 이는 기존 항만을 확장할 공간이 부족하기 때문으로, 신항은 기존 항만과 떨어진 위치에 건설하는 경우가 많다. 이러한 사례에 싱가포르, 시드니, 밴쿠버 등이 해당한다. 이 중 시드니는 1960년경까지 포트잭슨만 달링하버와 북쪽 월시베이에서 벌크화물(석유, 석탄 등)과 브레이크벌크화물(일반화물)을 취급했다. 트럭과 트레일러를 이용한 운송(Ro-Ro운송)은 서쪽 그레이브아일랜드와 화이트베이에서 이루어졌다. 그런데

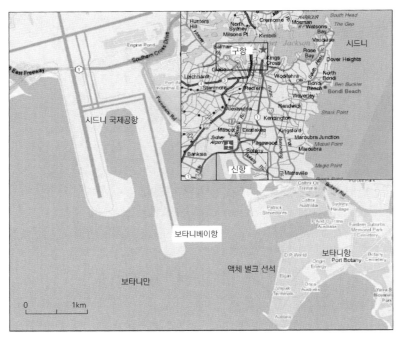

그림 7-10 시드시 신항(보타니항)과 구항

1960년대 컨테이너화 시대에 들어서면서 노후화된 기존 항만 시설로는 그에 대응할 수가 없었다. 이로 인해 신항만 건설에 대한 필요성이 제기되었고, 기존 항만에서 꽤 떨어진 시드니국제공항에 인접한 보타니만에 건설이 결정되었다. 1971년 완공된 신항만 남쪽은 석유·가스 등을 취급하는 터미널, 북쪽은 컨테이너 전용 터미널로 사용되었다(그림 7-10). 항만 기능이 신항으로 이전되면서 구항 달링하버는 사무실, 호텔, 박물관, 컨벤션 시설 등이 건설되어 수변 공간으로 변모하였다.

밴쿠버는 캐나다 서쪽 관문으로 아시아와의 무역에서 중요한 역할을 해왔다. 밴쿠버의 경우 오래전부터 항만의 남쪽이 도심이었으나, 반도 지형이 시가지 확장에 장애가 되었다. 점차 항만 활동이 활발해짐에 따라 버라드만 반대편에 새롭게 노스밴쿠버항이 건설되면서 발전하였다. 그러나 계속해서 증가하는 화물량으로 2002년 새로운 터미널을 건설하게 되었다. 1970년대부터 건설된 이 터미널은 로버츠뱅크에 증설 사업으로 건설되었다(그림 7-11). 로버츠뱅크는 기존 항만에서 남쪽으로 30km 떨어진 곳에 위치하고 있으며, 북위 49도의 미국 국경까지 1km 떨어진 장소다. 태평양과 이어진 조지아해협에 돌출되는 형태로 건설된 터미널은 현재 제2기 사업이 진행되고 있다. 로버츠뱅크에는 컨테

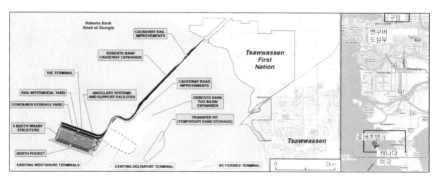

그림 7-11 포트메트로 밴쿠버의 로버츠뱅크
출처: South Fraser Blog 웹 자료

이너 전용 터미널 이외에 석탄 전용 터미널도 있으며, 지리적으로 가까운 미국 오리건주와 워싱턴주에서 생산한 석탄을 한국과 일본 등지로 수출하고 있다.

로버츠뱅크의 델타포트 제1터미널은 태평양 앞바다로 돌출된 지점에 위치해 있어 버라드만 남쪽(일반적으로 센텀, 밴텀이라 부름) 터미널과는 확연히 다르다. 세계 항만들이 선박의 대형화로 수심이 깊은 터미널로 변화하고 있다. 동중국해 앞바다에 건설된 상하이신항 양산심수항처럼 충분한 수심과 넓은 터미널 공간을 확보하지 못하면 대형 선박이 기항할 수 없다(그림 7-12). 델타포트 제2터미널이 완공되면 터미널의 총 면적은 87ha가 된다. 현재 제1터미널(65ha)은 센텀(30ha)과 밴텀(31ha)을 합한 면적보다 넓기 때문에 새로운 터미널이 완공되면 포트메트로밴쿠버는 델타포트로 완전히 그 항만 기능이 이전한다. 이웃나라 미국의 서해 연안에 있는 주요 항만들과 경쟁하기 위해서는 과감한 투자가 필수적이라는 점을 델타포트를 통해 알 수 있다.

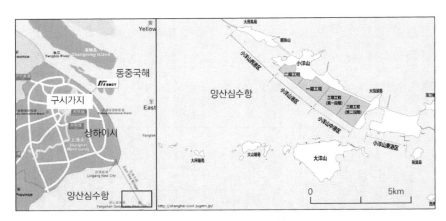

그림 7-12 상하이신항 양산심수항

출처: 중화 화이아 웹 자료

2. 쇠퇴한 항만을 수변 공간으로 재생한 볼티모어와 토론토

도시는 계속 발전하고 있지만, 항만 기능이 쇠퇴한 항만은 새롭게 변모할 가능성이 높다. 이러한 항만에 쉽게 도입할 수 있는 새로운 기능은 수변 공간 등 이전부터 항만이 수행하고 있던 기능이다. 이러한 도시에는 신항이 건설되지 않기 때문에 항만 기능은 자연스럽게 축소된다. 북미 볼티모어는 구항만을 수변 공간으로 재생시킨 사례로 유명하다(지자체국제화협회, 1990). 앞서 말한 시드니 달링하버 재개발은 볼티모어의 사례를 모델로 했다. 단 시드니는 항만 기능을 신항 이전을 전제로 한 구항만 재개발이었지만, 볼티모어는 신항이 건설되지 않았다.

1800년대 초반까지 볼티모어는 뉴욕과 필라델피아에 비해 오하이오와 서쪽 지역으로의 접근성 면에서 유리한 지리적 위치에 있었다. 그러나 1904년 대형

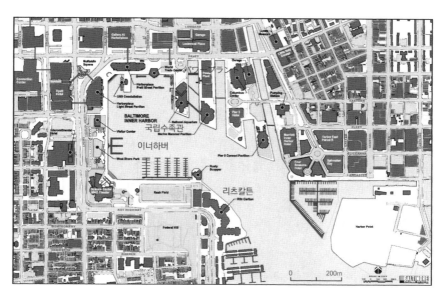

그림 7-13 볼티모어 항만 지역

출처: Explore Baltimore MD 웹 자료

화재로 도시와 항만이 피해를 입었고, 1925년 이리운하가 개통되면서 뉴욕에서 서부 접근이 유리해졌다. 침체된 지역 경제를 살리기 위해 1950년대 경제계에서 이너하버를 재개발하려는 움직임이 나타났다. 항만을 중심으로 한 도시 중심부에는 30년이라는 긴 기간에 걸쳐 재생사업이 진행되었다(그림 7-13). 300에이커에 이르는 넓은 범위의 볼티모어 수변 공간 개발은 토론토 하버프런트, 샌디에이고 엠버카데로와 함께 북미 최대 사업이다.

토론토 하버프런트 재개발 사업의 특징은 이전의 항만 시설을 활용하면서 상업, 문화, 거주 시설로 만들었다는 점이다. 온타리오호에 있던 항만은 과거에는 캐나다 서부에서 운반되어 온 밀을 이출하거나 토론토 지역에서 필요한 물자를 이입하는 기능을 담당하였다(林, 1999). 그러나 철도와 자동차 운송이 활발해지면서 항만의 역할은 크게 줄어들었다. 호수 일대에 창고들은 도심부와 인접함에도 방치되었다. 1970년대 초부터 수변 공간 재개발이 계획됨에 따라 1976년 이후 재개발 사업이 시행되었다. 이 재개발 사업에 강조된 부분은 사용되지 않는 항만 시설을 가능한 한 이용했다는 점이다.

구체적으로 대형창고 건물을 활용해 만든 퀸즈키터미널, 얼음 저장시설을 재활용한 듀모리에영화관, 화력발전소 건물을 재활용한 파워플랜트미술관 등이다(그림 7-14). 재개발의 랜드마크인 퀸즈키터미널은 토론토 중앙역인 유니온역에서 도보 10분 거리에 있으며, 쇼핑센터와 콘도 등으로 이루어진 복합 시설이다. 듀모리에영화관은 400개 좌석의 극장이지만, 이와는 별도로 모리슨플레이스라는 야외극장도 재개발되었다. 파워플랜트미술관 외벽의 붉은 벽돌은 화력발전소 당시의 분위기를 느낄 수 있으며, 이 수변 공간이 토론트에서 어떤 역할을 하고 있는지 알 수 있다. 트럭터미널을 재개발하여 예술인의 공방으로 재생한 요크키센터를 포함하여, 호수 일대의 항만 지구는 도심부에 인접한 상업 · 문화 · 예술지구로 크게 변모하였다.

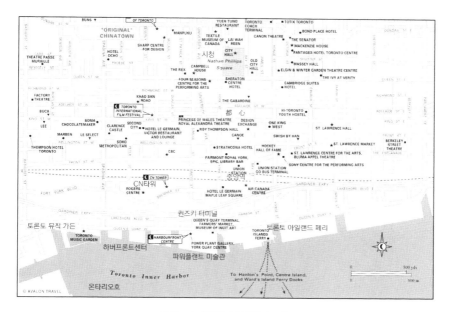

그림 7-14 토론토 수변 공간과 도심

출처: Chris Henrick Cartography 웹 자료

3. 도시는 쇠퇴하고 항만이 발전한 로테르담과 예술문화창조도시로 변모한 빌바오

항만도시 중에는 항만 수요는 확대되고 있음에도 도시가 쇠퇴하는 경우가 있다. 따라서 쇠퇴한 기존 도시에서는 항만 수요를 견인하지 못하기 때문에 다른 배후지를 모색해야 한다. 이러한 예로 네덜란드 로테르담을 들 수 있으며 이 도시 인구는 오랫동안 60만 명으로 정체된 상태였다. 로테르담항은 인근 도시가 아닌 그 외부의 넓은 배후지를 중심으로 항만과의 연계를 모색했다.

2004년 로테르담항의 관리 체제는 로테르담시 항만국에서 로테르담 항만회사로 이관되었다. 이를 계기로 로테르담시와 의회의 의사결정에 얽매이지 않고, 중장기 전망하에서 신속한 경영 판단을 내릴 수 있었다. 그 결과 연간 물동량이 560만TEU까지 가능한 유로맥스 터미널의 신설이 가능해졌다. 이 터미널은 로테르담항의 가장 서쪽 마스블락트 1지역에 있다(그림 7-15). 마스블락트 1지역 안벽은 총 7,900m, 갠트리크레인은 63기이며, 그 서쪽에 안벽 총 4,550m, 갠트리크레인 19기인 마스블락트 2지역을 건설하고 있다.

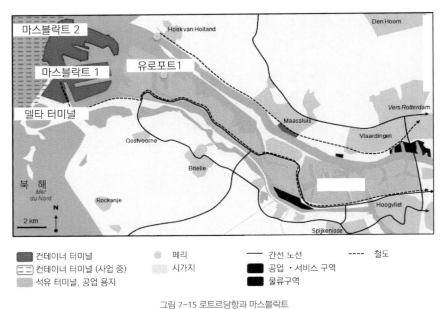

그림 7-15 로트르담항과 마스블락트

출처: Pinterest 웹 자료

로테르담항 컨테이너 화물의 53.4%는 트럭으로 운송되고 있다. 그리고 35.7%가 내륙 수운, 나머지가 철도운송이다. 트럭운송은 시가지와 마스블락트를 잇는 고속도로 A15의 교통정체가 심했기 때문에 국가 차원에서 도로확장 건설사업을 실시했다. 항만 안에 동서로 흐르는 니우어마스강 바닥을 남북으로 횡단하는 블랑켄부르크터널과 오렌지터널이 완공되면 정체는 어느 정도 개선될 것이다. 그럼에도 불구하고 로테르담항과 그 배후지의 운송을 모두 트력으로 하기에는 한계가 있다. 그래서 항만과 거리가 먼 주변 지역에서 트럭에서 바지선으로 환적하고, 그곳에서 다시 내륙 수운으로 운반하는 계획이 진행되고 있다. 로테르담항 배후에는 라인강을 중심으로 3억5,000만 명의 소비시장이 있다. 지금까지는 델타터미널에서 국내는 물론 독일, 벨기에, 프랑스, 스위스 등 국외운송을 내륙 수운으로 이용해 왔다. 그러나 앞으로 예상되는 화물량의 증가에 대비하기 위해 마스블락트 1지역, 마스블락트 2지역에서도 내륙운송을 담당하게 되었다.

도시와 항만의 발전 유형의 마지막 경우는 항만도 도시도 축소되는 경우다. 항만 기능이 줄어들면, 이와 밀접한 관계가 있는 도시도 쇠퇴하게 된다. 다만, 비록 항만 기능이 줄어들어도 완전히 다른 기능과 산업으로 도시의 쇠퇴를 막을 수도 있다. 그러한 사례가 바로 스페인 북부 빌바오로 이 도시는 문화, 서비스, 예술 등 새로운 기능을 바탕으로 국제도시로 변모했다(岡部, 2003). 빌바오의 항만 지구는 비스케이만 삼각강인 네르비온강을 따라서 형성되었는데, 그 중심부는 하구에서 15km나 거슬러 올라간 곳에 있다(그림 7-16). 시대의 변화

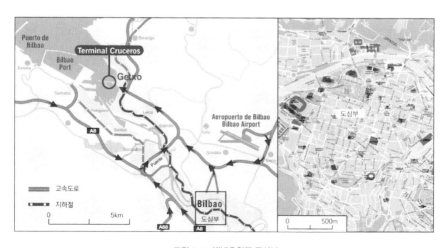

그림 7-16 빌바오항과 도심부

출처: Cadena de suminstro 웹 자료, BC Map 웹 자료

에 따라 선박이 대형화되면서 도심까지 강을 거슬러 올라가기가 어려워졌다. 이 때문에 옛 제철소가 있던 시가지는 재개발되었고 항만 기능은 하구에만 남게 되었다. 빌바오는 역사적인 공업 · 항만도시에서 예술문화창조도시로 완전히 변모하였다.

칼럼 7. 라군과 사장교

라군(석호)은 라틴어 연못을 뜻하는 lacuna가 그 어원인데, 해안의 만(灣)이 사주(沙州)에 의해 외해(外海)에서 분리되어 호수가 된 지형을 가리키는 것이다. 일본 홋카이도의 살로마호수와 아키타현의 하치로가타가 유명하고, 일본 외 지역에서는 멕시코만, 지중해 연안, 아드리아해 연안에서 볼 수 있다. 동해에 접한 토야마만에도 호죠즈가타라는 라군이 있고, 텐표시대 엣츄코쿠 임금 오토모노 야카모치(大伴家知)에 의해서 나고노우미, 나고노우라로 불려졌다. 넓이는 대략 1.7km, 둘레는 약 6km의 장방형을 이루고 있다. 비록 외해에서 분리되어 있지만, 라군은 밀폐공간이 아니라 소금호수일 때가 많다. 호죠즈가타는 게죠강과 호리강 등 하천이 흘러들기 때문에 기수호(汽水湖)이며, 토사 퇴적이나 간척으로 그 면적은 줄어들었다. 바다 쪽 사주 위로 도로와 철도(토야마지방철도 이즈미선)가 달리고 있고, 바다 쪽 출입구는 호리키리 다리로 연결되어 있다.

예로부터 명승지로 알려졌던 호죠즈가타는 고도경제성장기에 커다란 전기를 맞이한다. 토야마현이 이곳에 신항 건설 계획을 발표했기 때문이다. 공사는 1961년 9월에 시작되어 1968년 4월에 토야마신항 일부로 완공되었다. 여기서 일부라는 것은 토야마신항이 이곳 뿐만 아니라 동쪽의 토야마지구와 서쪽의 후시키지구의 항만 지구를 포함한 항만으로 재편되었음을 의미한다. 그 때문에 토야마신항의 정식 명은 후시키토야마항이다. 이 후시키토야마항은 외부인이 이해하기 힘든 명칭이지만 동쪽의 이와세항, 서쪽의 후시키항 그리고 그 사이에 있는 신항을 포함해 지어졌다. 신항 호죠즈가타 주변에는 400ha 이상의 공업용지가 조성되었고, 100여 개 가까운 사업장과 공장이 들어섰다. 이는 호쿠리쿠 지역 안에서 제조업이 가장 번성한 토야마현의 경제를 뒷받침하는 역할을 했다.

역사 명승지 호죠즈가타는 신항이 개항했던 연유로 호리키리 다리로 연결되어 있던 도로와 철도는 이용할 수 없게 되었다. 이로 인해 토야마현은 항구 동쪽 끝에 있는 호리오카(신미나토 동쪽출구역)와 서쪽 끝에 있는 코시노카타 사이를 현영(縣營) 나룻배로 연결하기로 했다. 단, 사람, 자전거, 오토바이로 승선이 제한되었기 때문에 자동차는 우회도로로 돌아가야 했다. 동서로 분리된 이미즈선(射水線) 중 서쪽 부분은 카에츠노철도에 이전되어 신미나토항선이 되었다. 동쪽은 토야마역 앞까지 연장해 운행을 시작했지만, 경영 부진으로 폐선되었다. 이는 그 후 신미나토선이 카에츠노철도에서 제3섹터로 경영이 바뀌면서 만요선의 일부로 인기가 있었다는 것과는 대조적이다.

신항 건설로 단절된 동서 연결은 현영 나룻배로 가능해졌다. 그러나 현지인들은 불편하기 짝이 없었고 이에 많은 불만을 가지게 되었다. 2002년 11월에 이런 불만을 해결하고자 거대한 사장교 공사가 시작됐다. 신항 출입구를 마치 거대한 아치처럼 이어주는 게이트브릿지가 2012년 9월 완공됐다. 이 사장교는 교량 길이는 600m, 해면에서 높이 47m로 동해 측에서는 최대 규모다. 위층은 자동차, 아래층은 사람과 자전거가 통행할 수 있는 이중구조의 다리다. 바람산책로로 이름 붙여진 보도 부분은 지상에서 50m 정도의 높이에 위치해 있기 때문에 한 번에 39명이 탑승 가능한 엘리베이터를 타고 오르내려야 한다. 자전거를 탈 수도 있지만, 안전을 위해 자전거를 끌고 이동하는 것이 원칙이다. 야간은 이용자가 적기 때문에 도로 이용은 아침 6시부터 저녁 8시까지로 제한된다. 이러한 제약으로 사장교를 이용하지 않고, 현영 나룻배를 이용하는 사람의 수는 줄어들지 않았다. 관광의 신명소로 사장교 신미나토대교는 만들어졌지만, 약 5분이면 강을 건널 수 있는 현영 나룻배 폐지는 어려울 듯하다.

제8장

항만 지역과 항만 네트워크의
공간구조모델

제1절 유럽 항만 지역의 발전모델

1. 유럽 항만 지역의 발전모델

산업혁명 이전 유일한 대량운송 수단이었던 선박은 근대 이후에 선형이 점차 확대되면서 진화·발전하였다. 선박이 대형화되면 항만의 수심 또한 깊어야 한다. 이뿐만 아니라 조석간만의 차가 큰 항만의 경우에는 갑문을 설치하여 배가 이동할 때 수심에 영향을 받지 않도록 해야 한다. 또한 입출항 선박 수가 증가하면 부두 수도 늘려 하역작업에 차질이 없도록 해야 한다. 항만 설비의 확충 및 증강은 항만의 화물취급량 증대뿐만 아니라 컨테이너 운송의 도입 등 운송 기술의 변화에도 대응하기 위해 지속적으로 이루어진다. 과거를 돌이켜 보면 소규모 항만이 사회·경제의 발전과 함께 확대되었고, 더 나아가 대규모 항만으로 발전한 사례도 드물지 않다. 제임스 버드(J. H. Bird)는 영국의 항만 발전에 관한 역사적 사실을 근거로 항만 설비가 확충되어 가는 과정에 대한 모델을 제

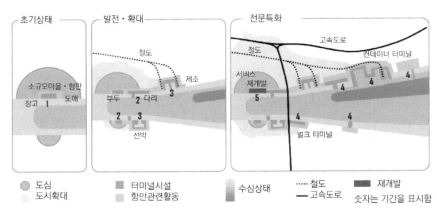

그림 8-1 버드의 Anyport Model

출처: J.P.Podrigue,ed.(2017): The Geography of Transportation System 웹 자료

시했다(Bird, 1977)(그림 8-1). 이 모델은 수상 교통의 기술 발전과 하역업무의 근대화가 설비확충의 원동력이 된다는 가설을 바탕으로 하고 있다.

버드의 모델은 어떤 항만도 변화 과정은 동일하다는 전제 하에서 Anyport Model이라고 불려진다. 이 모델은 최초에 항만이 형성된 시기부터 현대적 설비가 갖추어진 시기까지 총 5시기로 구분한다. 제1기는 산업혁명 이전으로 물가의 작은 마을에 항구가 형성된다. 항만 기능은 매우 단순하고, 창고나 도매업 관련 시설이 항구에 인접해 존재하는 정도에 머무른다. 제2기는 그 후 취급 화물량의 증가에 따라 부두나 선창 수가 증가해 항구 면적이 확대된다. 강변이나 길쭉한 만에 위치한 항구는 강 건너에도 항만 관련 제반 설비가 마련된다. 제3기가 되면 선박의 대형화에 따라 항만에 조선 기능이 추가된다. 동시에 항만과 배후지역을 연결하는 철도가 개통되면서 증가한 화물 취급량을 소화하기 위해서 항만 규모도 확대된다. 또한 제조업이 활발해지고, 이를 위한 용지가 확장된다.

제4기는 항만 기능의 전문화에 그 특징이 있다. 철광석, 석탄, 석유, 곡물 등 화물의 종류에 따라 전용선이 이용된다. 또한 이에 해당하는 전용부두도 건설된다. 이 시기에 컨테이너 이용이 본격화되면서 갠트리크레인을 설치한 전용부두가 건설된다. 부두에 쉽게 접안 할 수 있도록 바닥의 준설 작업 또는 부두가 연장되며, 이를 통해 항만 기능이 강화된다. 그러나 항만의 근대화가 진행되는 곳은 기존의 항만으로부터 떨어진 곳이다. 항만 발상지의 항만 기능은 새로운 시대의 흐름을 따라갈 수 없다. 따라서 기존 항만과 떨어진 곳에 새로운 설비를 갖춘 부두나 터미널이 들어선다. 그곳이 제5기 항만의 모습이며, 오래된 기존 항만 지구에는 재개발이 시작되어 업무, 상업, 서비스업, 주택 지구로 변모한다. 이 시기에 항만은 물류 기능만을 담당하는 곳이 아니라 그 이외의 다면적 기능을 갖춘 도시의 주요 부분으로서 역할을 맡게 된다.

모든 항만이 버드의 모델처럼 5단계를 거쳐 발전해 나간다고는 할 수 없다.

각 항만에는 고유의 제한적인 조건이 있기 때문이다. 그러나 이러한 제약이 있다 할지라도 Anyport Model은 일반적인 항만의 보편적 발전 과정을 이론화했다는 점에서 의의가 있다. 그것은 항만과 도시 혹은 배후지역과의 관계에 대한 설명력을 제공해 주며, 양자의 상호의존 관계를 기반으로 항만의 구조적 변화 양상을 시계열로 파악할 수 있게 해준다. 그 어떤 항만도 배후지역의 사회·경제권 없이는 존립할 수 없다. 내륙의 단계적 발전에 따라 항만 기능도 발전한다. 항만 기능이 강화되면 배후지역에서의 경제활동도 활발해진다. 단, 지금은 Anyport Model이 중시하는 항만과 배후지역 간의 물류를 매개로 한 관계 외에 물류와 직접적인 관계가 없는 사람과 서비스를 매개로 한 관계가 발생하고 있다는 점에 주목할 필요가 있다. 탈공업화나 서비스 경제화가 이러한 움직임을 촉진하고, 수변 공간 개발 등으로 대표되는 '탈항만화'가 세계 각국 항만에서 진행되고 있다.

2. 유럽의 도시와 항만의 상호 관계 모델

버드의 Anyport Model의 시기는 산업혁명부터 1970년대 무렵까지를 대상으로 유럽의 항만 지역을 가정하고 그 발전 과정을 도식화한 것이다. 1970년대는 항만을 경유하는 컨테이너 운송이 본격적으로 시작한 시기이며, 그 후 항만은 보다 더 발전·진화했다. 이 때문에 버드의 모델은 이후 변화를 고려하여 설명할 필요가 있다. 따라서 시계열로 항만 발전을 도시와 연관시켜 정리하면 표 8-1과 같다. 산업혁명이 시작되기까지 기계적인 동력 수단이 존재하지 않는 원시적인 상태가 장시간 지속되었다. 19세기 이후 공업생산, 컨테이너 운송, 인터모달, 수변 공간 재개발 등 많은 변화가 있었다. 불과 200년 사이에 도시와 항만은 크게 변했다.

표 8-1 도시와 항만의 관계

단계	시기	특징
제1단계	고대, 중세~18세기 말	· 도시와 항만의 관계가 밀접 · 신대륙의 발견 · 식민지 경영 · 상업적인 산물 교역이 중심
제2단계	19세기~20세기 초	· 산업혁명으로 공업생산 시작 · 상업 발전 · 공업도시의 발생 · 부두 신설 · 임해공업 시작
제3단계	20세기 중기	· 공업생산의 발전 · 석유공업의 발생 · 항만에 석유관련 시설 · 컨테이너 운송, 트럭 운송의 시작 · 항만의 공업도시화
제4단계	1960년대~1980년대	· 컨테이너 설비의 대형화 · 고도화 · 자동화의 발전 · 항만발상지에서 항만 기능이 분리됨
제5단계	1990년대~	· 항만 발상지와 항만 기능의 공간적 분리가 시작됨 · 수변 공간 재개발 · 산업의 서비스화
제6단계	2000년대~	· 항만이 인터모달 결절점 · 공업생산의 해외유출 · 항만에서의 공업생산 비율이 저하

제1단계는 도시와 항만이 공간적으로나 기능적으로 매우 밀접한 관계에 있던 시기다. 고대부터 중세를 거쳐 19세기에 이르기까지의 장기간으로, 유럽인의 신대륙 발견과 초기 식민지시대도 포함된다. 근대 산업은 존재하지 않았으며, 항만을 통한 교역은 상업적 산물의 거래를 중심으로 한 것이었다. 제2단계는 산업혁명에 따른 공업생산의 시작과 상업 발전이 도시와 항만의 관계를 크게 변화시킨 시기로, 19세기부터 20세기 초까지 약 100년간 지속되었다. 각지에서 공업생산이 시작되면서 전례 없는 공업을 기반으로 한 생산활동으로 인구를 부양하는 새로운 도시가 등장했다. 항만에는 부두가 건설되면서 들어온 석탄이나 철광석 등을 이용한 공업생산이 이루어졌다. 이 단계를 도시항만의 발전기라고 할 수 있다.

제2의 산업혁명을 거쳐 공업생산이 한층 활발해진 20세기 중엽이 제3단계에 해당한다. 공업생산 중에서도 석유 관련 공업이 활발한 점이 이 시기의 특징이며, 넓은 공간을 필요로 하는 석유 정제 공업용지가 항만 내에 설치된다. 또한 항만에는 트럭을 이용한 RO-RO 운송을 위한 전용 공간과 컨테이너 운송도 시작되기 때문에 이를 위한 용지도 필요했다. 포디즘 시대에 항만도시는 대량생산이 가능한 현대 공업도시의 성격을 띠게 된다. 그러나 컨테이너 설비의 대형화, 고도화, 자동화 등이 진행되면서 이러한 항만 기능을 담당하는 지역이 항만 발상지에서 점점 멀어지게 된다. 이 시기가 제4단계로, 이 시기는 1970년대의 석유파동을 포함한 1960년대부터 1980년대 사이에 해당한다.

제5단계가 되면 항만 기능을 하는 지역과 항만 발상지는 완전히 분리된다. 이는 낙후된 항만 발상지가 수변 공간 재개발 계획으로 새로운 항만 기능을 담당하게 된다. 석유파동 후 포스트포디즘 사상이 퍼지면서 다품종 소량 생산으로 전환된다. 산업 전체가 서비스 경제화 방향으로 변화되어 수변 공간 재개발 사업도 상업·서비스·사무기능이 주를 이룬다. 이러한 시대는 1970년대부터 1990년대까지 지속되며, 제6단계는 2000년대에 시작된다. 이 단계에 이르면 항만은 인터모달 운송의 결절점이 되고 선박과 트럭, 철도 사이를 끊임없이 이동하는 컨테이너 화물을 전달하는 역할을 한다. 항만 지역에서는 공업생산 비중이 줄어들고 항만에 의존하는 도시 발전은 자취를 감춘다. 여기에는 공업생산의 해외유출 영향이 크게 작용하고 있다.

이상에서 설명한 도시와 항만의 관계에 대한 역사적 발전은 산업혁명을 일찍 경험하고 국내외 자원 에너지를 활용해 경제 발전을 이룬 유럽을 염두에 둔 것이다. 북미도 이와 가깝고, 아시아에서 근대화가 빨랐던 일본도 제3단계 이후는 대체로 들어맞는다. 아시아의 많은 지역은 근대화가 구미(歐美)에 비해 늦었지만, 최근 급격히 발전한 공업화로 구미를 뒤쫓고 있다. 결과적으로 구미와 일본이 오랜 시간 걸려 이룬 과정들을 단기간에 이루고 있다. 특히 유럽과 아시아 간에는 이러한 시간 차 외에 도시와 항만의 관계에 대한 공간적인 특징에도 차이가 있다. 그것은 유럽은 초기 항만이 내륙의 하천에서 발생해 하구로 항만의 중심이 이동한 것에 반해, 아시아는 하구나 연안에 항구도시가 발생하여 도시와 항만이 함께 발전해 간 경우가 많다는 점이다. 즉, 도시 발전에 대한 항만과의 관계가 유럽과 아시아는 상이하다.

3. 유럽과 북미 상호 간 도시와 항만의 관계 모델

유럽인에 의해 발견된 북미 대륙은 발견자의 손에 의해 개발되었다. 영국은 북미 식민지 경영을 위해 네덜란드와 프랑스의 식민지 계획을 저지했다. 그러나 이러한 영국의 식민지정책에 미국은 독립전쟁으로 저항했고, 결국 영국은 다른 식민지 개척에 나섰다. 독립을 이룬 미국 입장에서 보면, 처음에 영국의 식민지로 출발하지만, 곧 이은 독립운동으로 스스로 국토개발을 하게 되었다. 독립 후 미합중국이 된 미국은 서부에는 스페인과 북부는 캐나다와 영토분쟁을 해결하기 위해 국토개발을 가속화했다.

북미 대륙 발견 이후부터 국토개발에 이르는 과정을 시간적 · 공간적으로 설명하는 모델을 제시한 지리학자 제임스 밴스(J. E. Vance. JR.)는 이를 유럽의 국토개발과 비교하면서 그 특징을 규명하고자 했다(Vance, 1970). 주목할 점은 오랜 역사적 과정을 거쳐 내부적인 축적을 바탕으로 발전한 유럽 도시들에 반해 북미는 기본적으로 유럽에서 가져온 외적인 영향력을 지렛대로 국토개발이 진행되었다는 점이다. 이를 이론으로 설명하자면, 구대륙의 유럽은 중심지리론으로 설명될 수 있고, 신대륙의 미국은 관문이론으로 설명할 수 있다. 초기 북미지역의 도시들은 장거리 교역으로 거래된 물자에 의존하면서 발전을 모색했다. 독립 후에는 스스로 공업 생산 능력을 갖게 되면서 국내 자원을 활용해 발전했다.

이러한 발전 과정은 이하의 5단계로 설명된다(그림 8-2). 1단계는 유럽인들이 신대륙을 탐험하고 경제 발전과 연결되는 정보를 수집한 시대다. 이에 이은 제2단계는 유럽인의 어업활동과 모피 · 목재 등을 채집하는 시대다. 프랑스 어민들은 캐나다 앞바다인 대서양에서 처음에는 부정기적인 어업을 하고, 이후에는 정기적인 어업을 했다. 프랑스와 영국 상인들은 인디언들과 모피 교역을 하게 되었다. 신대륙 입장에서 이는 자원 수출에 따른 경제활동을 의미한다 (Innis, 1933).

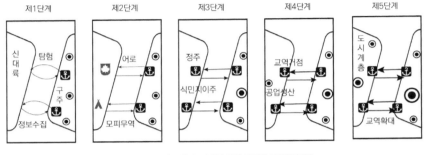

그림 8-2 구주(歐洲)와 신대륙 간의 장거리 교역의 단계

지금까지 명확하지 않았던 유럽에서의 유입 창구가 장소로 정해진 것이 제3단계다. 이 장소는 이후 항만으로 발전하는 초기 거점으로 선정되었다. 내륙에서는 농산물, 임산물, 광산물 등을 채굴하거나 아니면 종주국에서 들여오는 소비재를 판매하는 거점이 각 지역에 생겨나기 시작했다. 제4단계가 되면, 내륙에서 공업생산이 시작되어 제품을 거래하는 네트워크가 서서히 형성된다. 공업생산이 보다 활발한 종주국의 제품이 들어오는 해안 항구도시는 계속해서 발전한다. 신대륙에서 공업생산과 상품거래에 따른 도시 간 경쟁이 발생해 도시 시스템에 계층성이 나타나는 것은 이 무렵부터다.

마지막 5단계가 되면 도시의 계층성이 더욱 뚜렷해진다. 공업생산력과 거래량의 증대에 따른 도시 간 격차가 벌어지기 때문이다. 이미 구종주국이 된 해외 공업제품이 들어오고 있지만, 국내 산업의 발전으로 수요는 국내에서 조달할 수 있다. 즉, 유럽과 마찬가지로 국내 산업이 충분히 성립된 단계에 이르렀기 때문에 도시 시스템은 중심지리론으로 설명할 수 있게 되었다.

밴스의 이 관문 모델은 도매상업 모델이라고도 불린다. 기본적으로 항만은 최종 소비자가 일상적으로 구매하는 상품이 아니라, 그 기초가 되는 도매 상품을 취급한다. 장거리 교역 즉, 국제 무역이야말로 항만 입지의 전제조건이다. 밴스는 유럽과 신대륙의 항만 즉 관문을 통해 이루어진 장거리 교역의 역사를 바탕으로 이 모델을 제시하였다. 관문 또는 게이트웨이가 가지고 있는 기본 원리는 시대와 장소를 불문하고 동일하다.

제2절 아시아, 아프리카, 오세아니아의 항만 발전 모델

1. 아시아의 항만도시 모델

일본 공업화의 뒤를 이어 한국, 대만, 싱가포르 등에서 공업 발전이 진행되었고, 그중 개혁개방 후의 중국이 공업생산에서 특히 두드러졌다. 이러한 국가들의 공업화 특징은 수출 지향형이며 공업생산 제품이 항만을 통해 수출되므로 공업화와 항만은 강하게 결부되어 있다. 이렇듯 항만은 수출에 중요한 시설로서 이 국가들은 항만 건설 및 확장에 드는 비용을 지속적으로 투자하고 있다. 특히 싱가포르, 홍콩, 부산, 중국 연안부의 상하이, 선전, 텐진 등 지속적인 투자로 국제 허브항의 역할을 하기에 이르렀다(箱野, 2016). 이들 항만은 배후지역에서 생산된 공산품은 물론 인근 중소항만에서 피더서비스로 수송되어 오는 화물을 모아 수출하고 있다. 아래에서는 최근 많은 주목을 받고있는 아시아의 허브항을 중심으로 그 발전 과정을 모델화한 항만도시의 성장단계(Lee and Ducruet, 2009)를 설명한다.

이 모델은 총 6시기로 나뉘는데, 이는 싱가포르와 홍콩의 사례를 중심으로 국제적 요인과 지역적 요인이라는 두 가지 측면을 모두 고려하여 구분한 것이다(그림 8-3). 이는 시대의 흐름에 따라 항만을 둘러싼 세계 경제환경이 급변하는 흐름에 발맞춰 이에 대응하기 위해 항만 또는 변화하는 양상을 반영한 것이다. 제1단계(19세기까지)는 항만이 소규모 지역사회와 단일화되어 자립할 수 있는 최소한의 교역이 이루어지던 시대다. 제2단계(19세기~20세기 초)는 유럽의 식민지로 수탈된 천연자원이 항만을 통해 유출되는 시대다. 배후지역에서 항만으로 자원 뿐만 아니라 인구도 유출된다. 즉, 이 단계는 식민지 관문으로 항만이 자리매김했던 시대다.

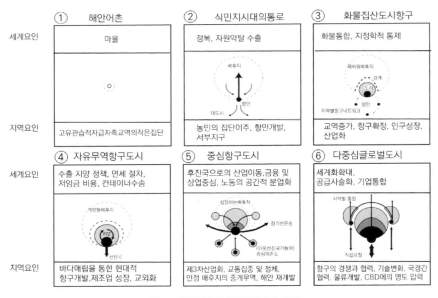

그림 8-3 허브항만도시의 공간적 발전 과정

출처: Lee and Ducruet(2009): Spatial glocalization in Asia-Pacific hub port cities: A comparison of Hong Kong and Singapore, Urban Geography, Taylor & Francis(Routledge) 웹 자료

제3단계(20세기 중기)는 한정된 배후지역의 화물이 항만에 모이게 되므로 항만을 공간적으로 확장해야만 했던 시대다. 화물은 배후지역에서 뿐만 아니라 인근 항만에서도 모인다. 항만에서는 공업생산도 활발해지고, 그곳에서 일하는 노동자도 증가해 항만도시의 인구는 급속히 증가한다. 정부가 수출지향형 정책을 취하고 공업생산과 제품수출에 주력하게 되는 시기가 제4단계(1960년대~70년대)다. 값싼 노동력을 자유무역지구에서 활용하고, 완성된 제품을 컨테이너에 채워 수출하는 방식이 정착되어 간다. 근대화 시기 항만 투자로 해수면을 매립해 만든 용지에서 공업생산을 계속한다. 항만도시에 집중된 인구를 흡수하기 위해 교외에 주택도 건설된다.

제5단계(1970년대~90년대)가 되면 허브 기능을 가진 항만도시가 등장한다. 피더서비스 수송으로 화물이 모이는 곳이 국내에만 한정되지 않고 이웃 나라에까지도 영향을 미친다. 항만이 허브 기능을 가지면서 규모가 커지는 것과는 반대로 지금까지 가지고 있던 공업생산 기능이 개발도상국으로 이전되기도 한다. 그 결과 항만도시의 서비스 경제화가 진전되어 금융기능과 비즈니스 기능의 비중이 증대된다. 항만의 허브 기능 뿐만 아니라 금융·비즈니스의 허브 기능도 진행된다.

마지막 제6단계(1990년대~2000년대)는 허브 기능 수준이 높아져서 항만도시가 일반적인 도시에서 대도시권을 형성하며 발전한 상태다. 시장경제의 세계화가 진행되면서 해운기업은 공급망 전략의 일환으로 기항지를 선택한다. 오직 선택된 국제 허브항만만이 경쟁력을 가지고 살아남는다. 대도시권 도심부는 다국적기업의 거점으로 다양한 산업 분야에서 허브 기능의 역할을 한다.

2. 아프리카, 호주의 항만 상호 간 경쟁 관계 모델

앞서 살펴본 바와 같이 버드의 **Anyport Model**은 항만이 역사적으로 발전하면서 내부 구조를 복잡하게 만들어가는 과정을 설명했다. 그러나 이 모델과는 달리 항만 내부가 아닌 항만 상호 간 경쟁 관계를 고찰하는 모델 또한 존재한다 (Taaffe et al., 1963). 이 모델은 배후지역 쟁탈을 둘러싸고 항만 간 경쟁 관계가 형성되면서 넓은 배후지역을 확보하는 항만이 경쟁에서 패배한 항만을 세력하에 두게 된다는 것이다. 특히 이 모델은 아프리카와 호주의 해안선을 따라 형성된 항만들에 대한 귀납적 논증을 기반으로 하였다. 영국은 호주에 죄수유배를 위해 상륙지점인 항만을 지정하였고, 그러한 지정이 국토개발에 큰 영향을 미쳤다(荒木, 1983). 다시 말해 역사적 사실을 통해 밝혀진 항만도시의 발전 과정을 바탕으로 이 모델이 만들어졌다. 이 모델은 이와 유사한 역사적 발전 과정을 거친 아시아와 미국에도 적용 가능할 것이다.

제1단계 모델은 해안선을 따라 소규모 항만이 늘어서 있다(그림 8-4). 사람들의 생업은 해안 부근을 중심으로 전개되고 있으며 내륙 개발은 거의 이뤄지지 않고 있다. 즉 항만배후지역은 존재하지 않고, 각 항만은 독립적인 기능만을 하고 있다. 제2단계가 되면 항만 간 경쟁이 시작되는데, 이는 유럽의 식민지화가 그 계기다. 이러한 변화는 배후지역에도 영향을 미쳐 내륙 개발이 시작된다. 초기 광물자원 채굴부터 농업생산으로 진행된다. 그 후 내륙 자원은 육상 교통을 이용해 해안까지 운반되어 종주국으로 보낸다. 경쟁 과정에서 항만 간 규모의 차가 발생하지만, 명확한 격차는 아니다.

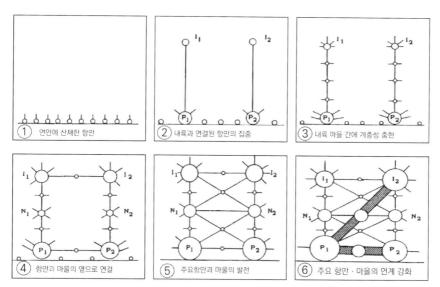

그림 8-4 아프리카, 호주의 항만 체계의 발전 과정

출처: CAUDERNOS DRITICOS DE GEOCRAFIA HUMANA 웹 자료

항만과 그 배후지역을 연결하는 교통로와 배후지역을 연결하는 도로망이 형성되는 시기가 제3단계다. 항만 규모의 격차는 확대되고, 규모가 발전한 항만은 인접 항만의 배후지역도 포함한다. 그 때문에 해안선을 따라 가로와 세로 방향 이외에 비스듬한 방향의 도로망 또한 형성된다. 경쟁에서 실패한 항만은 상위 항만의 영향력 아래에 놓이게 되고, 육상과 해상 피더서비스에 따른 연계성이 더욱 강해지게 되는데, 이 시기가 4단계다. 이 시기에는 항만 간 규모의 격차는 더욱 벌어져 배후지역도 공간적으로 확대된다. 소규모 항만이 가지고 있던 항만 기능은 인접하는 대규모 항만에 흡수되어 버리기 때문에, 실질적으로 항만 수는 감소한다. 이 단계의 특징은 항만 기능의 집중이다.

항만 기능이 한 곳에 지나치게 집중되면 외부불경제가 발생한다. 이 시기가 제5단계이며, 외부불경제에 대처하기 위해 기능 분산이 시작된다. 하나는 확장된 항만도시 내부에 서브센터가 생기는 것이다. 이는 지금까지의 센터만으로는 대처할 수 없게 된 기능을 분담해야 하기 때문이다. 또 하나는 앞바다에 항만 기능을 담당할 장소를 확보하는 것이다. 이는 그 확장한 장소에 허브항이 형성되므로 기존 항만의 부담을 경감할 수 있다. 마지막으로 6단계는 항만과 배후 지역 그리고 앞바다에 위치한 허브항과의 상호 관계가 더 복잡하게 된다. 내륙에는 산업이 발전하면서 항만에 대한 의존율이 높아진다. 운송수요가 증가하기 때문에 물류센터 수도 증가하게 되고 다양한 활동 거점이 서로 연결되는 종합 기능을 가진 지역이 출현한다. 성장한 항만과 도시 그리고 배후지역이 하나가 된 항만체계가 그곳에 완성된다.

3. 선진국의 영향을 받아 발전한 개발도상국의 교통 모델

어느 국가나 지역에서 항만 뿐만 아니라 다른 교통 시스템이 발전하는 과정에는 자연환경, 기술, 경제, 사회, 정치 등 여러 요인이 복합적으로 작용한다. 그러한 작용은 역사적인 발전단계에서 나타나기 때문에 전체적인 배경으로 역사적 요인도 고려할 필요가 있다. 세계 역사 안에서 사회·경제적으로 빠르게 발전한 이른바 선진국이 아직 그 수준에 이르지 못한 개발도상국에 문호 개방을 요구하는 사례를 통해 많이 볼 수 있다. 그리고 그 대표적인 문호라 할 수 있는 항만을 통해 선진국의 기술·사회·경제적 영향력이 개발도상국에 영향을 미치고, 이를 활용하여 개발도상국 내부의 도시와 교통 시스템은 발전해 왔다.

앞서 설명한 내용이 피터 리머(P.J. Rimmer)가 선진국의 영향을 받아 개발도상국의 교통 시스템이 변화해 가는 과정을 기술한 것이다(Rimmer, 1977). 이 내용의 요지는 개발도상국에서 오래전부터 형성되어 온 교통 시스템에 선진국의 교통 시스템을 적용한 결과 하이브리드의 교통 시스템으로 변화된 점을 강조하고 있는 것이다. 여기서 하이브리드라는 것에는 신구교통 시스템의 융합화 및 오버랩과 상호 변화라는 두 가지의 의미가 담겨있다. 또한 단순히 개발도상국의 교통 시스템이 변화하면서 발전했을 뿐만 아니라 선진국의 교통 특히, 항만 또한 변화했다는 점을 설명한 것이 새로운 점이라 할 수 있다. 다시 말해 과거 식민지와 구 종주국의 관계는 유지되고 있고, 선진국이 식민지의 영향을 받는다.

이 하이브리드 모델은 ① 접촉 이전(以前), ② 초기 식민지화, ③ 본격적인 식민지화, ④ 식민지의 새로운 전개의 4단계로 설명한다(그림 8-5). 제1단계 접촉 이전은 개발도상국의 교통이 육상과 수상 모두 빈약한 상태에 머물러 있는 단계다. 이 때문에 사회·경제·정치체제도 충분히 기능하고 있지 않고, 선진국과도 큰 격차가 있다. 제2단계 초기 식민지화는 선진국의 영향이 그다지 없어 개발도상국의 전통적인 교통 시스템에 큰 변화는 보이지 않는다. 이 단계에서 선진국의 관심은 항로 확보나 개발도상국의 해안 인근 몇 곳의 접촉지점이었다.

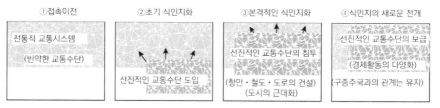

그림 8-5 개발도상국의 전통 교통 시스템에서 선진 교통 시스템으로의 이행 과정

선진국의 본격적인 식민지화가 시작되면 개발도상국의 항만, 도로, 철도 등에 큰 변화가 나타난다. 특히 근대 항만 설비의 건설, 철도 도입과 확장이 가져오는 효과가 크다. 항만과 철도역을 중심으로 발생한 도시가 성장하면 경제적인 거래가 활발해진다. 공업생산 뿐만 아니라 농업, 상업, 서비스업의 활동도 자극받아 성장한다. 도시에 공업, 상업, 서비스업 등의 집적지가 형성되어 전통적인 마을과는 다른 인구 밀집지가 발생한다. 마지막 제4단계는 식민지의 새로운 전

개로, 개발도상국의 경제활동이 다양화되는 시대다. 선진국과 경제적인 거래는 계속 이어지지만, 개발도상국에 대한 투자는 개별수요에 따른 선택적으로 이루어진다. 그러나 이 단계에서도 전통적인 교통 시스템과 새로운 교통 시스템 간에 여전한 격차는 있어 완전한 통합은 어렵다.

이러한 리머의 생각은 근세부터 근대까지 나라 전체가 크게 변한 일본 항만과 일본 국내 도로 및 철도를 이해하는 데 참고가 된다. 일본은 구미 세력에 의해 식민지화되는 일은 없었다. 그러나 개국(開國)을 계기로 일본에 빠르게 유입된 신기술과 새로운 사회경제사상으로 기존의 교통과 도시는 크게 변화되었다. 교통 시스템의 변화에 일본 어느 지역이 정치적 주도권을 가졌는지도 중요하지만, 결국 일본도 선진국 시스템 모델을 모방하려는 모습을 보였다. 그러나 한편으로 일본은 구미와는 다른 국토 조건을 무시할 수 없었기 때문에 새로운 교통 기술이 일본 풍토에 맞도록 개선하면서 도입되었다.

제3절 항만 모델과 도시 · 산업의 입지 모델

1. 항만의 토지이용 구조와 도시의 토지이용 모델과의 관계

버드의 Anyport Model은 항만의 토지이용의 공간적 구조가 시대에 따라 변화하는 과정을 설명하고 있다. 그러나 이 모델은 직류하천을 따라가면 토지이용 공간이 넓어지기 때문에, 해양이 아닌 하천을 이용한 항만을 염두에 두고 있다. 비록 이러한 약점은 있지만, 이 모델은 항만 토지이용 구조의 역사적인 발전 과정을 설명할 때 유효한 모델이다. 항만에만 국한되지 않고 토지이용이 공간적으로 확장되어가는 과정을 설명하는 모델은 오래전부터 있었다. 18세기 중엽에 고안된 튀넨(J. H. von Thünen)의 위치지대설(Thünen, 1826)이 유명하며, 이 모델을 도시의 공간적 확대를 응용한 알론소(W. Alonso)의 입찰지대설과 함께 잘 알려져 있다(Alonso, 1964).

알론소의 입찰지대설은 도심을 중심으로 동심원으로 전개된 상업, 주택, 공업 등의 토지이용의 유형을 설명한다. 요지는 지대 지불능력이 상업, 주택, 공업마다 다르며 각각이 도시 내 어느 장소에서 얼마를 지불할 수 있는지를 모델화한 것이다. 상업은 도심 부근에서는 지대 부담 능력이 높지만, 그 능력이 주변으로 향함에 따라 급락한다. 주택은 중간 지점에서 높고, 공업은 주변부에서 높다. 그 결과, 도심을 중심으로 상업, 주택, 공업의 순서로 동심원 토지이용 유형이 발생한다. 이후 알론소의 모델은 다양한 요소들이 더해지지만, 기본적으로 도심에서 멀수록 교통비 부담에 따른 지대부담 능력의 저하가 토지이용 형태를 결정한다.

그렇다면 이 입찰지대설로 항만의 토지이용 구조를 생각할 때 어디까지 설명할 수 있을까? 중심에서의 접근이 토지이용을 좌우한다는 원리는 항만 발상지를 중심으로 간주하고 거기서부터 거리가 항만 기능의 배치와 관련이 있다면, 항만에도 적용할 수 있다(그림 8-6). 이러한 배치 유형은 버드의 Anyport Model에서도 일부 적용된다. 도심에 해당하는 지점은 항만의 경우 주요 부두이고, 대부분은 항만 발상지. 그러나 시간이 지날수록 부두는 협소해지고 배는 착안하기 어려워진다. 이 때문에 새로운 부두가 주변에 건설되면서 편리한 접근성을 도모해야 한다. 도시의 경우라면 부도심이나 교외 중심에 해당하지만, 도심의 접근성이 크게 저하되지 않는다. 항만의 경우는 바다와 강에서 접근하기 때문에 수심만 확보되면 어느 곳에 부두가 있어도 무방하다. 새 부두만큼이나 잘 설계되어 건설했기 때문에 일반적으로 배가 착안하기 쉽다.

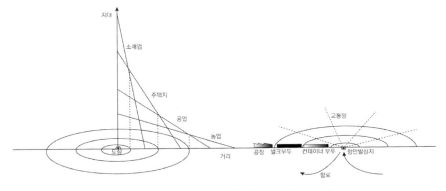

그림 8-6 도시 토지이용의 동심원 모델과 항만의 동심원 모델

도시의 동심원 모델에서 토지이용의 종류가 상이한 것은 지대 부담 능력에 차이가 있기 때문이다. 항만의 경우는 컨테이너 화물, 벌크 화물, 브레이크 벌크 화물마다 부두가 다르다. 이러한 공간적 배치는 항만마다 다르지만, 화물 취급으로 얻는 이익이 클수록 이용하기 쉬운 부두가 사용될 것이다. 일반적으로는 컨테이너 화물을 예로 들 수 있으며, 육상 접근성이 우선시된다. 즉, 트럭이나 철도를 이용해 항만으로 운반되거나 혹은 항만에서 운송되어 나갈 때 그러한 운송의 편리함 차이가 취급 화물의 종류를 결정한다. 이와 같이 화물을 취급하는 부두의 공간적 배치는 항만마다 다른 것처럼 보이지만, 거기에도 알론소의 입찰지대설과 유사한 원리가 적용되고 있다.

2. 항만 입지 결정 모델의 적용 가능성

항만은 수상과 육상의 다른 교통 수단의 결절점에 해당하기 때문에 교통 입지 모델의 관점에서 접근할 수 있다. 교통 입지 모델이란 철도역이나 항만 등의 최적입지점을 교통망의 관계에서 찾아내는 모델이다. 철도역의 경우는 철도 노선을 결정할 때 전체 노선을 보고 결정하는 경우가 많다. 이미 완공된 노선 중에서 나중에 역을 설치하는 경우도 있다. 어찌 되었든 간에 선로라는 물리적 노선을 결정하면서 역을 결정한다는 특징이 있다. 이에 반해 항만의 경우는 수상 교통의 특성에서 고정적인 선로에 해당하는 부분은 없고, 육상 교통 노선 중에서 철도와 도로에만 고정적인 선로가 있다.

이러한 상황에서 뢰슈(A. Lösch)는 항만의 최적입지를 찾고자 했다. 그는 특히 수상 교통과 육상 교통의 거리당 운임을 고려하여 어디에 항만을 설치하는 것이 최적인지를 찾아내고자 했다(Lösch, 1943). 그 전제는 직류 해안선이 있고, 먼 곳의 원료 산출지에서 수상 교통을 이용해 화물이 운반된다는 것이다. 또한 연안이 아닌 내륙에 공업생산지가 있어, 항만에서 환적한 화물은 내륙 생산지로 운반된다고 상정한다. 결론적으로 운임비 이외에 생산비는 일정하다고 가정할 경우, 항만 입지의 최적지는 수상운임비와 육상운임비의 합계가 최소가 되는 지점이다. 즉 항만의 최적 입지는 운임비 최소화에서 결정할 수 있다.

수상운임비와 육상운임비의 경우로는 ① 수상운임비가 0, ② 육상운임비가 0, ③ 수상운임비와 육상운임비가 같고, ④ 수상운임비와 육상운임비가 같지 않거나 0이 아닌 4가지 경우다(그림 8-7). ①은 바람의 힘으로 선박을 운항하는

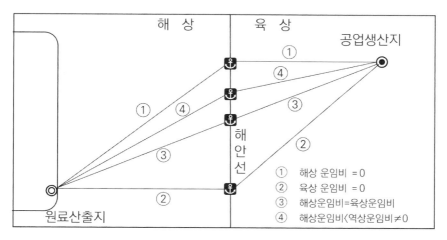

그림 8-7 원료 산출지와 공업 산출지 중간에 입지한 항만

범선이라면 가능하겠지만 현실적이진 않다. 그러나 만약에 가능하다고 한다면, 해안선에서 공장까지의 거리가 최소가 되는 지점이 항만의 최적입지점이 된다. ②는 거의 불가능하지만, 만일 가능하다면 원료 산지에서 해안선까지의 거리가 최소가 되는 지점이 항만의 최적입지점이 된다.

③의 수상, 육상 모두 운임비가 같은 경우는 원료 산지와 공장을 직선으로 연결해, 그 직선이 해안선과 교차하는 점이 항만의 최적입지점이다. 그러나 실제로 가능할 것 같은 경우는 ④로, 육상운임비가 수상운임비를 웃도는 경우다. 이 경우 항만의 최적입지점은 그림 8-7에서 나타낸 것과 같은 조건을 만족하는 지점이다. 앞 절에서 설명한 항만 관련 모델은 모두 항만의 위치가 고정적이었다. 만일 화물의 출발지와 도착지가 정해져 있고, 그 도중의 해안선에 항만이 건설된 경우라면 뢰슈의 접근 방법이 참고가 될 것이다.

3. 항만의 계층적 입지 과정과 일차원 중심지이론과의 관계

항만 상호 간의 경쟁관계 모델은 시간에 따라 해안선에 위치한 항만 간에 배후지역을 둘러싸고 경쟁이 발생하게 되고, 결국 계층구조적인 항만 시스템이 만들어지는 과정을 설명한다. 계층구조는 배후지역의 마을과 중심지 간에도 발생하기 때문에 면적으로 고려할 필요가 있지만, 해안선에 위치한 항만에만 주목한다면 직선적·일차원적인 항만 시스템의 형성과정으로 볼 수 있다. 마을과 도시의 평면적인 계층구조를 설명하는 이론으로서 크리스탈러(W. Christaller)의 중심지이론이 있다(Christaller, 1933). 그러나 이 이론은 이차원 이론으로 설명되어 왔고, 일차원 이론으로 설명될 수 있음은 그다지 알려져 있지 않다(林, 1986). 이러한 일차원 중심지이론으로 해안선을 따라 분포하는 항만의 계층구조를 설명하는 데 효과적이다.

이 일차원 중심지이론은 크리스탈러의 계층적 체계가 어떻게 성립하고 있는지 설명한다(그림 8-8 ①). 초기에는 거의 동일한 간격을 유지하면서 소규모 항만이 직선적으로 분포한다. 그러나 시간에 따라 격차가 발생하기 시작하면서 보다 넓은 배후지역을 확보할 수 있는 항만 수준으로 상승한다. 어느 항만 수준이 상승할지 또 그러한 항만이 서로 어느 정도의 간격으로 분포할지는 알 수 없다. 간격이 짧으면 K=2, 길면 K=3, 4, … 등의 체계가 된다. 여기서 K는 계층 수준이 이웃하는 항만(중심지) 중 상위 항만이 그보다 한 단계 아래의 항만을 몇 개나 거느리고 있는지 그 수를 말한다. 상위 항만은 수준이 한 단계 아래인 항만을 세력권에 포함한다.

①   크리스탈러의 체계 (K=2)

b   c   a   c   b   c   a   c   b   c   a   c   b

②   뢰슈의 체계

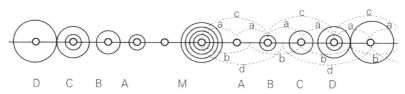

D   C   B   A   M   A   B   C   D

③   일반계층 체계 (K1=2, K2=3)

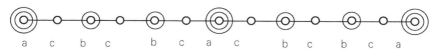

a   c   b   c   b   c   a   c   b   c   b   c   a

그림 8-8 1차원 중심지이론에서 나타낸 항만의 분포

예를 들면 그림 8-8 ①의 경우, 원은 계층 수준을 나타내고 있어 원의 수가 많은 항만일수록 보다 넓은 세력권을 가지는 항만이다. 항만 a는 항만 b를 2개분을 거느리고 있다. 2개분의 의미는 인근에 같은 계층 수준의 2개의 항만 a와 그 절반의 형태로 중간에 위치하는 항만 b를 거느리고 있으며, 항만 a 자체가 항만 b의 기능도 포함한다고 생각하기 때문에 그 부분도 1개로 계산한 것을 말한다. 즉, 1/2X2+1=2라는 계산이다. 마찬가지로 항만 b는 그 한 단계 아래의 항만 c를 2개분 거느리고 있다. 단, 이 경우 절반의 상대는 인근 항만 a라는 점에 주의할 필요가 있다. 이 체계의 경우, 따를 수 있는 항만의 수 2는 어느 계층 수준에서도 동일하기 때문에, 2는 정수 즉 K=2 체계의 계층구조를 가진다. 종속된 하위의 항만 수가 어느 계층 수준이라도 3이면 K=3 체계, 4이면 K=4 체계다.

　크리스탈러의 체계가 계층구조를 가진 것에 반해 뢰슈의 체계는 비계층구조를 특징으로 한다. 그림 8-8 ②이 뢰슈의 체계이며 항만 M은 모든 수준의 기능을 가진 말하자면 슈퍼 항만이다. 이 항만이 가진 기능을 저차원부터 순서대로 o, a, b, c,…라고 하면, 어느 항만에나 존재하는 저차원 기능인 o를 제외하고, 그러한 기능은 M 이외에서는 A, B, C,…의 항만만 가지고 있다. 이러한 기능은 슈퍼항만 M과 대항한다(그림에서는 타원형 점선으로 표시), 즉 세력권을 나누는 형태로 입지하기 때문에 이와 같이 연속적으로 분포한다. 이 경우, 기능 a는 항만 A 외에 항만 C에도 있다는 점에 주의할 필요가 있다. 그 외는 모두 가진 기능과 같은 크기의 세력을 가지면서 분포한다.

　뢰슈의 체계를 실제 항만에 적용할 경우, a, b, c,…의 기능으로서 컨테이너, 벌크, 브레이크 벌크 등의 항만 기능을 가정할 수 있다. M 이외의 항만은 특정 기능에 특화한 항만이라고 할 수 있다. 크리스탈러 이론이든 뢰슈 이론이든 어디까지나 중심지이론을 항만 입지에 적용한 것으로 실제로 이와 같은 유형이 있다는 것을 주장하지는 않는다. 핵심은 실제 항만 입지 시스템이 형성될 때 어떠한 공간적 메커니즘이 작용하는가 하는 점이다. 동일한 크기의 소규모 항만들이 서서히 계층이 발생하는 역사적 과정을 고려하면, 크리스탈러 이론이 현실에 가깝다. 이에 대해 가정할 수 있는 모든 수준의 기능을 고려한 이론적 합리성을 우선시한다면, 뢰슈 이론의 유형이 될 것이다.

크리스탈러 이론과 동일한 계층구조를 가지면서, 보다 유연한 계층성을 나타내는 것이 일반계층체계다(Parr, 1978). 크리스탈러 이론이 계층 수준 간 세력 규모의 비를 K=2 혹은 K=3과 같이 고정하고 있는 반면, 일반계층체계는 그것을 고정하지 않고 수준별로 유연하게 생각한다. 예를 들어 그림 8-8 ③의 경우, K_1=2, K_2=3은 항만 b는 항만 c를 2개분 거느리고 있으며, 항만 a는 항만 b를 3개분 거느리고 있음을 나타낸다. 일반계층체계의 장점은 해안선을 따라 분포하는 항만의 입지 유형 중 실제로 있을 법한 항만에 계층 구조를 가정할 수 있다는 점이다. 유럽, 남미, 북미, 아시아, 아프리카 등 세계 각지의 항만 입지 유형이 어떠한 구조를 가지고 있는지 혹은 과거에 어떠한 상황이었는지를 이 체계로 살펴볼 수 있다.

칼럼8. 해변으로 모델 구축을 고안하다

1972년 하겟(P. Haggett)의 명저 『Geography: A Modern Synthesis』가 출판되었다(Haggett, 1972). 620쪽에 달하는 책으로, 지리학 전공자를 위해 많은 도표를 활용하면서 알기 쉽게 기술되어 있다. 당시 지리학은 이른바 계량혁명의 한가운데에 있었고, 전통적인 지리학의 특징인 기술(記述) 중심에서 현대지리학에서 중시되는 설명으로 학문 스타일이 서서히 바뀌던 시기였다. 공간적 현상을 설명하기 위해서는 이론적 방법이 필요했고, 그 때문에 수학과 통계학 기법이 지리학 연구에도 도입되었다. 등장한 지 얼마 되지 않은 컴퓨터가 대학 등에서 사용되면서 지금까지 활용하기 번거로웠던 대량의 통계 자료나 데이터를 분석해 결과를 도출하게 되었다. 브리스틀대학교에서 오랜 세월 지리학을 공부한 하겟은 1965년 『Locational Analysis in Human Geography』를 저술했으며, 현대지리학은 공간분석에 중점을 두고 연구해야 한다고 주장했다(Haggett, 1965). 현대 사회에서 공간 현상을 계량적으로 분석하는 것에 관해 의의를 찾고자 했다.

앞서 말한 책 중에서 모델 구축의 순서를 설명하고자 한다. 가장 인상적인 것은 여름 해변에서 많은 해수욕객이 삼삼오오 쉬고 있는 모습을 상공에서 촬영한 사진이다. 어느 해안인지 명시되어 있지는 않았지만 어쩌면 그가 근무 대학이 있는 영국 브리스틀 지방의 해변일지도 모른다. 이 사진은 공간적 모델을 구축하는 제1단계이다. 공중사진은 실제 해변을 축소하여 표현한 것이고, 그곳에는 해수욕객을 포함한 모든 것이 찍혀 있다. 하겟은 이를 iconic model(유사類似 모델)이라고 했다. 어떤 가공도 하지 않고 단지 현실 세계를 축소해서 표현했지만, 그곳에는 많은 정보가 가득 차 있었다.

본래 모델 구축은 사물의 본질을 올바르게 파악하고 간결하게 표현하기 위해서 만들어진다. 불필요한 정보를 배제하고 중요한 정보만을 선택해 대상의 성질을 재구성하는 것이 모델 구축의 제2단계다. 지리학의 경우는 지도가 바로 이에 해당하며 공중사진에서 알 수 있는 도로, 철도, 사업소, 주택 등을 점이나 선을 사용하여 표현한다. 지도는 현실 세계의 본질적 특성을 점이나 선으로 바꾼 analogue model(유동類同 모델)이다. 하겟의 책 속에 있는 해변을 찍은 공중사진의 경우는 모래사장의 높낮이가 등고선으로 나타난다. 해수욕객은 나이와 성별에 상관없이 모두 점으로 표현된다. 점의 분포 상태에 주목하면, 해안에는 점이 많고 여기서 멀어질수록 분포의 밀도가 낮아진다. 해안에서의 거리 뿐만 아니라 해변 모래사장의 질이 좋고 나쁨도 분포밀도와 관련이 있다. 점의 분포밀도, 해안에서의 거리, 모래사장의 질이라는 공간적 요소를 추출해 모델 구축의 다음 단계로 간다.

최종 단계에 이르러 symbolic model(기호記號 모델)이 도출된다. 이 단계에서는 발상의 전환이 필요하며, 사진이나 지도에서는 일단 벗어나 변수로서 밀도, 거리, 질의 상호 관계에 주목한다. 단순한 상호 관계가 아닌 거리가 멀어지면서 밀도는 낮아진다거나 혹은 저습한 모래사장은 밀도가 낮다는 가설을 만들면서 통계분석을 한다. 결과는 숫자나 기호로 표현되는 수식 혹은 추세표면도(Trend Surface Mapping) 등이다. 여름 해변은 사진에서 지도를 거쳐 방정식으로 전환되었고 해수욕객 분포 패턴의 특징은 방정식 속에 유지되고 있다. 해안마다 다른 방정식을 비교하면, 거기에는 모종의 규칙성이나 추세가 발견될 것이다. 자연(백사장)에 대한 인간(해수욕객)의 적응 패턴이 인정되는 일반성이다. 하겟의 이 책이 출판되었을 당시는 공간분석지상주의 풍조가 짙었기 때문에, 이후 지리학에서 다루게 될 해안의 환경문제나 해수욕객의 젠더 격차와 같은 사회적 이슈에 대한 관심은 아직 찾아볼 수 없었다.

제9장

항만 경영과 항만투자의
경제적 영향

제1절 항만에 대한 투자와 경제적 효과

1. 항만에 대한 투자와 경제적 효과

국제 무역의 발전과 항만 규모의 확대 사이에는 강한 상관관계가 있다. 어느 특정한 항만이 규모가 확대될지 명확히 알 수는 없지만, 국제적으로 거래되는 화물은 대부분 항만을 통해서 운송되고, 이러한 화물의 취급량 증대에 따라 항만용지를 확대하거나 설비를 갖추어야 한다. 항만 규모의 확대는 일반적으로 국가나 자치제 등 공적 조직에 의해서 시행된다. 국가는 항만 기능을 확대하기 위해서 어느 정도의 자금을 투입할지를 결정한다. 항만을 관리 · 운영하는 자치제와 관리조합 등은 항만의 확장 계획을 세운다. 계획 실현을 위한 필요한 자금은 공공 부분 혹은 민간 부분을 통해 조달된다. 하지만 무엇보다 항만계획이 이루어져야 확장 사업이 시작된다. 대부분 사전에 장래 예측한 후, 그에 맞는 확장 계획과 자금 계획이 발표된다. 그러나 그러한 예측이 항상 적중하진 않아 무리한 계획과 과잉 투자로 문제가 발생하기도 한다.

1990년대 이후 세계 주요 항만에서는 선박의 대형화에 발맞추어 항만 확충이 이루어졌다. 주요 항만은 포스트파나막스형의 대형 컨테이너선이 취항할 수 있도록 부두의 연장 및 신설, 깊은 수심 확보를 위해 설비를 확충해야 했다. 또한 컨테이너선 이외에도 벌크선, 자동차 전용선, 크루즈선 등 선박의 대형화 및 선박 수 증가로 새로운 환경에 맞게 항만을 적응시켜 나갔다. 다시 말해 항만에 규모의 이익과 전문성이 요구되는 상황이 발생하게 된 것이다. 세계 무역이 치열한 경쟁에서 살아남기 위해서는 선사와 화주 모두 비용 절감과 효율성 향상을 고려해야 한다. 이러한 경쟁은 항만 간에서도 발생했고, 항만 자체도 새로운 대안들을 적용해야 했다. 또한 다른 항만들과 경쟁에서 이기려면 한발 앞서가야 했고, 그러기 위해서 항만설비의 정비 및 신설이 세계적 규모에서 이루어졌다.

국제 선사와 기업의 요구를 받아들이는 형태로 항만의 투자가 진행된 결과, 항만의 노동 생산성과 토지 생산성이 높아졌다. 이전보다 항만 부지가 확대되면서 많은 기계 설비가 도입되었고, 그로 인해 항만의 자동화가 진행되었다. 또한 항만과 관련된 기업 간에 매수 및 합병도 진행되었다. 반면 항만의 자동화로 항만 관련 노동자가 감소하면서 지금까지 항만에 의존해 온 지역의 상업·서비스업은 큰 타격을 받았다. 이는 세계화의 부정적인 측면이기도 하다. 이전까

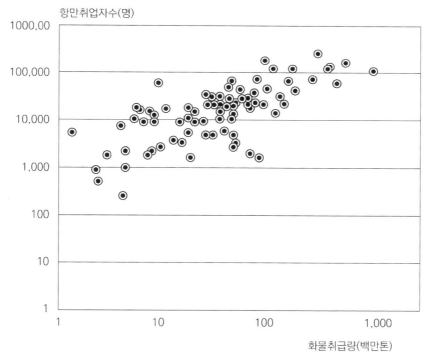

그림 9-1 세계 주요 항만의 취업자 수와 화물 취급량의 관계(2010년)

출처: OECD(2010): Competitiveness of Global Port-Cities: Synthesis Report 웹 자료

지 항만은 지역경제와 지역사회와 함께 발전한다고 알려져 있었지만, 아이러니하게도 세계화로 인해 항만은 지역경제와 지역사회에서 멀어지게 되었다. 항만 자동화로 화물 취급량을 100톤 증가한 데 반해 노동자는 0.05명 증가하는 데 그쳤다(그림 9-1). 이 수치는 공항과 비교하면 매우 작은 숫자이고, 규모의 이익이 작용하기 쉬운 쪽은 항만이다. 특히 항만은 제조분야가 서비스분야에 비해 규모의 이익이 크다. 도시와 항만의 관계가 이전에 비해 약해진 것은 세계적인 규모로 변하게 된 항만의 합리성 추구의 결과이다.

2. 항만 투자에 따른 경제적 효과

항만 기능을 높이기 위한 투자가 이루어지면, 그 경제적 효과는 다양한 형태로 나타난다(土井編, 2003). 배후지에서 생산을 하는 기업은 해외시장으로 제품을 수출하기 수월하다. 또는 지금까지보다 값싼 수송비용과 단시간에 해외 시장에 제품을 운송할 수 있다. 항만 설비의 기능 향상으로 기업의 경쟁력도 향상되기 때문에 지금보다 더 많은 이익을 창출할 수 있다. 이는 배후지역에서 생산된 천연자원과 농산물 등을 항만에서 수출하는 경우와 같다. 지금보다 더 많은 양을 항만을 통해서 더 멀리 수출할 수 있다. 이 외에 항만의 투자 효과 중 하나로 배후지역의 확대를 들 수 있다. 규모의 이익이 작용해 저렴한 비용으로 항만 이용이 가능해지기 때문에 지금보다 더 먼 곳에 있는 기업과 광산도 항만을 이용할 수 있게 된다.

그리고 여기서 주목할 점은 항만 투자는 해외 기업에도 이익이 된다. 다시 말해 해외 기업은 항만 기능이 강화되면 공업제품이나 천연자원을 수출 항만에 보내기가 쉬워진다. 즉, 항만의 배후지를 통해 상품을 수출하고자 하는 해외 기업에게 항만 투자 효과는 그 기능이 강화되는 것으로 나타나기 때문에 기업 입장에서 이익을 창출할 수 있게 된다. 다시 말해 항만에 대한 투자 효과는 배후지(hinterland)와 지향지(foreland) 두 곳에서 나타난다. 이 같이 투자 효과를 기대할 수 있는 항만이 지금까지 그 맡은 역할이 컸다. 세계 주요 도시는 항만에 의존하면서 발전해 왔기 때문이다. 국내 도시와 지역 간 교역만으로는 발전하는 데 한계가 있다. 하지만 이러한 주요 도시는 세계 각지의 항만들과의 무역으로 대도시로 발전할 수 있다. 최근 선진국에서는 공업생산의 해외 이전과 산업구조의 변화에 따른 탈공업화로 인해 이전처럼 항만과 대도시의 밀접한 관계 형성은 어려워졌다.

항만에 대한 새로운 투자는 다양한 형태의 경제적 효과를 낳는다. 그 효과는 첫째 항만과 직접 관련된 항만 내의 활동 부분 효과, 둘째 항만을 이용하는 기업 등 배후지 효과, 마지막으로 직접적인 효과가 2차적 또는 간접적으로 유발하는 효과, 3가지로 나타난다(그림 9-2). 처음 발생하는 직접적 효과는 화물을 선박에 싣거나 화물을 항만에 보관하고 얻는 이익 또는 선박이 항만에 정박하는 데 드는 비용 등이다. 그리고 설비가 확장되면 그에 따른 화물 취급량도 증

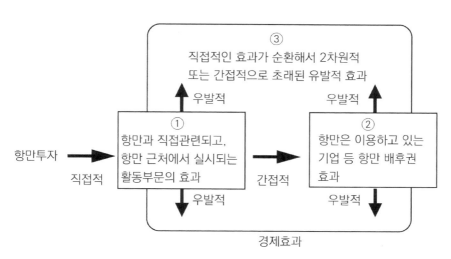

그림 9-2 항만에 대한 투자와 직접적·간접적·유발적인 경제효과

가하므로 수입도 증가한다. 항만 부지가 확장되면 기업의 임대 면적도 늘어나고 그에 따라 임대료 수입도 증가한다. 또한 화물증가로 수송업무가 늘어나면서 트럭과 철도를 경영하는 기업도 수입이 증가할 것이다. 즉 항만에서 화물하역에 직접적인 관련이 있는 부문에서 경제적 효과가 발생한다.

간접적인 경제효과는 항만을 이용하는 기업이 누릴 수 있는 장점이다. 부두연장과 신설로 화물하역 시간이 단축되면 그만큼 기업은 경쟁력이 생긴다. 이전보다 큰 선박이 입항할 수 있게 되면, 규모의 이익이 작용하기 때문에 하역비용의 절감도 가능하다. 항만과 연결되는 육상 교통의 인프라 조건이 개선되면 교통 정체가 완화되는 등 항만의 접근성이 좋아지므로, 택시운수업자가 이러한 점에서 혜택을 본다. 새로운 항만 설비가 마련되면 항만을 이용하는 기업은 공급망의 효율성을 높일 수 있어서 거래비용을 절약할 수 있다. 따라서 항만투자를 통해 항만 이용자는 간접적인 경제효과를 누릴 수 있다.

마지막으로 2차적 유발효과는 항만 활동에 간접적으로 연관된 기업과 노동자에 해당된다. 그러나 이는 측정하기 어렵고, 항만의 장래예측분석 등에도 고려되지 않는다. 불분명한 부분이 많기 때문에 오히려 과잉 예측을 하는 경우도있다. 항만에 국한되지 않고 인프라에 대한 새로운 투자가 누적 작용해 시간이걸려 효과가 나타난다. 항만의 근대화로 지명도가 올라가면 기업 유치가 쉬워지고 기업 자체에서 항만 지구의 사업 기회를 찾아 진입한다.

3. 항만 계획에 따른 화물 취급량 예측

항만에 신규 투자를 할 때 전제가 되는 것은 장래 화물 취급량의 증가에 대한 예측 가능성이다. 이는 배후지에 있는 기업의 수출용 상품 생산량 증가 예측, 배후지 시장에서 소비되는 상품 증감 예측 등을 기초로 계산된다. 이러한 장래 예측은 기업 관계자의 대면조사를 바탕으로 계산하게 되는데, 대면조사의 대상으로는 항만을 이용하는 기업과 상사 뿐만 아니라 선사와 무역회사 등도 포함된다. 반복해서 실시하는 대면조사에서 경제 정세나 현재의 무역 추세를 파악하여 추계(推計)한다.

그러나 이러한 추계 조사가 기업 관계자의 대면조사만으로 충분하다고 할 수 없다. 일반적으로 통계분석방법을 활용하여 장래 화물 취급량을 추계한다. 투입 산출 분석이 가장 일반적인 방법이며, 배후지의 산업 간에 어느 정도의 거래량이 발생하여 결과적으로 항만의 화물 취급량에 어떠한 영향을 미쳤는지를 규명한다. 이와는 별도로 비슷한 유형의 항만을 사례로 장례 추계를 하는 방법도 있다. 이는 비교 분석 방법으로 배후지의 산업구조와 규모에 공통점이 있으면 효과적이다. 따라서 산업구조의 특징이 같은 항만은 실제로 존재하지 않지만, 실제 항만 투자에 따른 방침을 제시하는 데 유용하다.

그림 9-3은 키타큐슈항의 화물 취급량 추계 방법이다. 키타큐슈항 뿐만 아니라 일본 항만에서는 10년 정도의 간격으로 항만의 화물 취급량에 대한 재검토를 하고 있으며, 그때마다 목표 연도에 다다르면 항만의 화물 취급량을 추계한다. 이 추계치를 전제로 투자액과 투자할 항만을 결정한다. 투자 대상은 항만 시설 및 설비이며 어느 지구와 장소에 새로운 기능을 설치할지 혹은 기능을 추가할지를 결정한다. 이러한 계획은 일본 항만법의 항만계획 안에서 정하게 되는데, 항만법의 항만계획 입안(立案)은 다음과 같은 네 가지 내용으로 이루어진다.

① 항만 개발 · 이용 · 보전 등
② 화물 취급량 · 선박 승객수 등
③ 수역시설 · 계류시설(繫留施設) 등
④ 환경 정비 · 보전

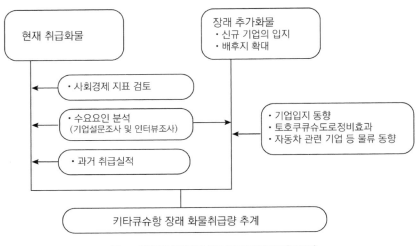

그림 9-3 키타큐슈항의 장래 화물 취급량 추계 방법(2010년)

출처: 키타큐슈항 웹 자료

키타큐슈항 화물 취급량 추계로 이 항만의 과거 화물 취급량이 실질 GDP와 사이에 강한 상관관계가 있음을 확인했고, 이를 전제로 실질 GDP의 장래 예측치를 가지고 화물 취급량을 구했다. 이와 함께 키타큐슈항 배후지에 있는 기업에 설문조사나 대면조사를 실시해 그 결과를 화물 취급량 추계에 반영했다. 기업 설문조사 대상으로 선정된 곳은 항만 내 토지를 소유하거나 이용하는 기업, 항만 전용 안벽을 소유하거나 이용하는 기업이었다. 설문조사 결과를 토대로 대면조사를 실시한 기업을 선택했다. 이러한 조사결과와 이 결과를 바탕으로 전문위원회를 개최하고 의견을 정리해 화물 취급량을 최종적으로 추계했다.

화물 취급량 추계치는 항만의 투자 규모를 결정하는 데이터이므로 화물량이 증가할 것으로 예측되면 그에 따라 필요한 조치를 마련했다. 항만 시설·설비·장치 등 현황을 면밀히 조사하여 화물량 증가에 따른 정비계획과 투자액을 결정했다. 기존 시설만으로 가능하다면 그에 맞는 새로운 계획안을 구상했다. 항만은 국내외 사회·경제 정세 변화에 좌우되기 쉽지만, 단기적인 변화에 대한 대처 뿐만 아니라 장기적인 전망도 예측해야 했다. 따라서 항만계획에 화물 취급량 추계, 투자액 결정이 장기적인 전망의 범위 안에서 계획된다.

제2절 지역과 사람에게서 멀어진 항만의 재접근 움직임

1. 항만의 근대화와 지방 노동 · 지역사회의 손실

오래전부터 항만에는 막노동에 종사하는 노동자가 많았다. 화물하역 및 운반에 많은 노동자가 필요했기 때문에, 항만 지구에는 노동자와 그 가족이 생활하는 장소도 있었다(太下, 1959). 항만과 관련된 사람들의 노동과 삶으로 형성된 지역사회에 활기도 있었다. 그러나 1960년대부터 시작된 컨테이너화로 상황이 크게 변했다. 그전까지 필요했던 육체노동에 대한 수요는 큰 폭으로 감소했고, 이를 대신해 기계적 설비를 사용한 화물하역이 이루어졌기 때문이다. 이러한 컨테이너 부두는 자동화 · 기계화되면서 질적 노동으로 변화했다. 컨테이너 부두 이외에 벌크 부두, 브레이크벌크 부두, 자동차전용 부두도 증가했다. 이러한 부두에서도 자동화로 인하여 이전과 같은 육체노동은 감소했다.

일본에 항만 노동자가 많은 곳은 케이힌(도쿄 · 카와사키 · 요코하마), 나고야, 오사카, 고베, 모지 5개 항만이다. 1976년 항만 노동자 수는 51,795명으로, 주 업무는 선내하역, 거룻배 운송, 연안 · 창고하역, 뗏목 운송 등이었다. 그러나 2001년 29,155명까지 줄어들었고, 감소율은 43.7%에 달했다. 항만 노동자는 특히 요코하마항과 고베항에 많았고, 1976년 요코하마항 15,350명, 고베항 12,715명에 이르렀다. 그 후 25년간 요코하마항의 항만 노동자 수는 -65.4%,

고베항의 경우는 -61.6%로 감소하였다. 다른 주요 항만에서도 항만 관련 업무 종사자 수는 감소하였고, 전국 항만의 노동자수는 계속해서 감소하는 추세다(그림 9-4).

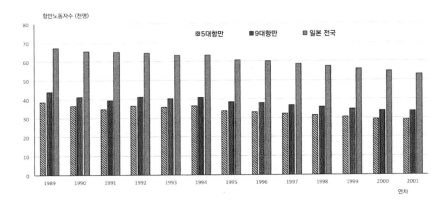

그림 9-4 일본 항만의 항만 노동자 수

주: 5대 항만-케이힌(도쿄, 카와사키, 요코하마...), 나고야, 오사카, 고베, 모지

9대 항만-케이힌, 나고야, 오사카, 고베, 모지, 치바, 시미즈, 욧카이치, 하카타

출처: 국토교통성 웹 자료

컨테이너화에 따른 항만의 업무 형태 변화는 특정 항만에서만 발생한 것은 아니다. 국제 무역의 성격을 고려했을 때 국가 수준을 넘어선 국제적인 규모의 변화가 거의 동시에 진행되었다. 컨테이너화라는 새로운 운송 기술을 따라가지 못하면 세계 시장을 목표로 하는 기업은 매우 큰 타격을 입을 수 있다. 세계 항만은 새로운 환경 정비를 위해 투자하고 항만 기능의 신설 및 재생에 힘썼다. 그 결과 어느 항만이나 외형적으로 비슷한 경관을 가지게 되었고, 지리적 특성을 배경으로 한 항만 고유의 느낌은 사라지게 되었다.

초창기 항만에서 일하던 노동자들은 새로운 일자리를 찾아 떠났다. 이로 인해 지역사회는 활기를 잃거나 소멸되었다. 국제 경쟁에서 이기기 위해 항만은 지금보다 더 효과적으로 변화해야 했다. 고도화된 항만에서 일하는 노동자는 이전과 같은 육체노동이 아닌 전문적인 기능을 갖춰야 했다. 이러한 노동자는 직업의식과 생활방식 역시 이전과 달라 거주 장소도 항만 지구가 아닌 다른 곳에서 생활하게 되었다.

항만 노동의 변화와 비슷한 현상은 자금의 흐름과 기업 운영에서도 찾아볼 수 있다. 항만 규모가 현재만큼 크지 않았을 무렵, 항만 기능의 향상에 필요한 자금은 현지에서 조달되었다. 투자로 얻은 이익이 현지에 환원되고 또 다른 투자로 이어졌다. 즉 항만과 연결된 지역 내부에서 자금이 순환되었다. 그러나 세계화에 맞춰 항만 수준을 높이기 위해 고액의 자금이 필요했고, 지역 내부보다 더 넓은 범위에서 조달하게 되었다. 항만이 투자 목적이 되는 사례도 발생했다. 이 경우, 지역에서 멀리 떨어진 곳으로 흘러가는 자금이 지역 사회에 환원되는 일은 크게 줄어들었다.

이 같은 현상은 기업의 합병 및 매수 그리고 다국적기업의 항만 경영 등에서도 나타난다. 규모의 이익에 따라 기업은 수직적 혹은 수평적인 합병을 반복하는 경향이 있다. 현지 기업이 타 지역의 기업 산하로 들어가거나 국제적인 기업에 합병되기도 한다. 이러한 일은 일반 산업과 업계에서 자주 일어나는 일이지만, 항만 관련 기업 운영에서도 발생하게 되었다. 그 결과 현지 기업이 주도권을 가지고 있던 것과는 달리 외부 기업의 영향이 항만 경영에도 미치게 되었다.

표 9-1은 메가터미널 오퍼레이터로 불리는 4대 기업 중 몇 개의 기업이 해당 항만에서 컨테이너 업무를 담당하고 있는지를 나타낸 것이다. 4대 기업이란 항만회사 허치슨포트홀딩스(HPH)(홍콩), 싱가포르 PSA인터내셔널, 아랍에미리트 두바이포트월드(DPW) 그리고 덴마크 선사 APM터미널스다. 국제컨테이너 취급업무가 단순한 코스트 센터(cost center)의 영역을 벗어나 이익을 창출하는 프로핏 센터(profit center)로서 주목을 받게 되면서 국제항만 경영회사가 세계 항만의 터미널 운영권의 매수에 나서게 되었다. 위의 메가터미널 운영사

가 국제적으로 활동하게 되면서 여러 국가의 항만에서 수익을 창출하게 되었다. 항만은 공공성·공익성이 강한 인프라지만 효율성·합리성을 추구하게 되면, 해외 민간기업이 업무를 담당하는 편이 유리하다고 판단했다.

표 9-1 4대 메가터미널 오퍼레이터가 항만 업무를 담당하는 항만

메가터미널 오퍼레이터 기업 수	항만
2	안토와프, 시드니, 브리스번, 첸마이, 담맘, 광저우, 호찌민
3	마르세유, 르아브르, 칭따오, 상하이, 아모이, 제브뤼주
4	부에노스아이레스, 램차방

주) 4대 메가터미널 오퍼레이터=홍콩, 싱가포르, 아랍에미리트, 덴마크
출처: OECD(2010): Competitiveness of Global Port-Cities: Synthesis Report 웹 자료

2. 항만의 활성화와 이익 유출의 가능성

1970년대 이후 선진국에서는 교통과 통신을 비롯한 다양한 분야에서 공적사업의 민영화가 추진되었다. 자유로운 경제활동으로 경쟁력을 높이려는 민간기업의 요청에 따라 정책을 바꾼 국가는 기업으로부터 세수입을 기대했다. 즉, 국가도 정체된 경제 상태에서 벗어나기 위해서 민영화 정책이 필요했다. 항만 경영에 대한 규제완화와 민영화도 그러한 정책변화에 포함되어 있다. 항만용지와 부두는 기본적으로 사회적 생산기반이다. 그러나 항만의 관리·운영에 효율성을 우선시한다면 오히려 민간에 맡기는 편이 낫다는 의견이 대두되었다. 그런 점에서 실제 항만용지와 설비를 상하분리방식으로 관리·운영하는 항만이 적지 않다.

지금까지 오사카항과 고베항에서 개별적으로 시행된 컨테이너 화물의 하역업무를 2014년 10월에 신설된 민간기업인 한신국제항만주식회사가 운영하게되었다. 그림 9-5는 그에 대한 설명이다. 두 항만은 오사카시, 고베시가 민간과함께 출자해 설립한 부두회사가 하역업무를 실시해 왔다. 신설 회사는 부두와

갠트리크레인 등의 설비를 임차하여 하역업무를 수행하는 회사이고, 안벽과 부두용지의 소유 및 관리는 두 항만의 부두회사가 담당한다. 다시 말해 안벽·부두용지 등의 소유·관리는 그대로 두고, 갠트리크레인 등 설비는 신설 회사가 임차하여 사용하는 상하분리방식으로, 신설 회사는 오로지 컨테이너 화물의 하역업무에 전념할 수 있다.

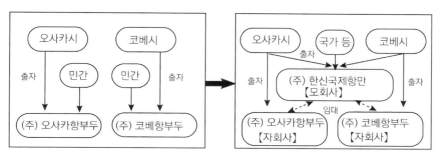

그림 9-5 오사카, 고베 부두주식회사의 경영에 따른 상하분리 이행(2014년)
출처: 오사카시 웹 자료

    항만 경영에 뛰어든 기업 중에는 다국적기업도 다수 포함되어 있다. 다국적기업은 그들만의 경영 노하우를 가지고 항만 경영을 실행했다. 위와 같은 방법으로 항만 운영의 효율성이 향상되고 이익이 창출된다고 하더라도 그것이 현지에 환원된다는 보장은 없다. 오히려 다국적기업이 항만 운영을 통해 얻은 이익은 지역 밖으로 유출될 우려가 더 크다. 세계화 시대에 항만을 이용하는 기업의 출자를 국내외 구별할 필요는 없다. 하지만, 항만과 연결된 배후지 도로망은 국가 세금으로 건설되고 유지된다. 해외 기업은 이런 국내 인프라를 이용하고 있지만, 그 혜택만큼 경제적 이익을 현지에 가져다주고 있지는 않다. 즉, 항만을 통과할 때 징수되는 수입세가 현지에 환원되지 않는다. 결국, 항만 활성화라는 세계적인 움직임과 함께 기업들이 지역 항만이 얻을 수 있는 이익을 외부로 송출할 가능성이 있다는 점에 주의해야 한다.

항만 투자가 토지 등의 부동산에 영향을 미칠 경우, 지가가 급등할 우려가 있다. 항만 용지의 확대를 위해서 토지가 매매되면 주변에 영향이 미치게 된다. 개발이익을 예상한 투자인 이상, 직접 관계가 없는 주변 지역에 부정적인 영향을 미칠 경우도 있을 것이다. 또 다른 사례로 항만 규모의 확대로 인하여 해수면이 매립되거나 항만 이용의 밀도가 높아지면서 해양 오염이 발생할 수 있다. 친수 공간의 축소로 시민들의 불만이 쌓여 있는 상황에서 추가로 축소 계획이 제기된다면 불만은 폭발할 것이다. 그렇다면 도시 인근 수변 공간을 시민에게 환원하고자 했던 계획은 사라진 것인가?

3. 인간소외 근대 항만에서 친숙한 항만으로

항만과 인간이 함께한 시간은 길다. 시대변화와 함께 항만의 규모가 커져 이전처럼 자유롭게 출입할 수 없게 되었다. 섬나라 일본에서는 마음만 먹으면 가까운 해안으로 나갈 수 있다. 그러나 많은 사람이 생활하고 있는 도시의 해안 일부는 항만 지역으로 출입을 금하는 경우도 있다. 그 대신 항만의 일부를 개방하여 공원이나 휴식 공간으로 정비하는 경우도 있다. 이렇게 자유롭게 출입할 수 있는 수변 공간이 생긴다는 것 자체가 어쩌면 사람들이 잠재적으로 해변에 가보고 싶다는 욕구를 가지고 있는 증거라 할 수 있다. 본능적이라고 설명할 수밖에 없는 이 욕구를 인간은 태고적부터 가지고 있었다.

항만의 근대화는 이러한 인간의 소박한 감정을 항구가 있는 해안으로부터 멀어지도록 했다. 컨테이너화의 진전과 선박의 대형화로 항만은 기계와 장치로 작동하는 장소로 변했고, 오래전부터 항만에서 일하던 많은 노동자는 직업을 잃고 자취를 감췄다. 노동자 수가 감소하면 항만 근처의 지역사회의 존속도 어렵다. 인간미 또는 인정미는 희박해져 가고, 항만이 노래나 문학의 대상이 되는 일도 줄었다. 근대화가 도시에 사는 도시민의 생활양식과 의식을 변화시킨 사례가 항만과 인간·사회에만 있는 것은 아니다. 그러나 항만의 공간적 확대는 도시 안에서 큰 비중을 차지하기 때문에 그 영향이 크다. 섬나라 일본은 특히 바다 건너에 이국(異國)이 있기 때문에 항만이 사람들에게 특별한 감정을 불러일으킨다. 항만이 이국과 연결되는 특별한 장소라는 인식은 위정자와 민중 모두 가지고 있으며, 긴 시간 항만은 규제와 지배의 공간으로 여겨졌다. 근대화 이전에도 항만은 정치적·사회적으로 특별한 의미를 가진 공간이었다.

산업 분야의 근대화에 큰 역할을 한 항만은 탈공업화, 서비스 경제화의 흐름 속에서 그 의의가 변했다. 기능 향상과 대형화는 바다 쪽 항만 끝에서 진행되기 때문에 항만 발상지가 '탈항만화'의 방향이다. 해안에 직접 들어가지 않아도 해양의 이미지를 느낄 수 있는 다양한 장치를 마련한 시설이 항만 각지에서 생겨난다. 잃어버린 해양과 해안을 다시 사람들의 품에 안기는 이러한 일은 도시에 거주하는 사람들에게 필요하다. 항만은 빡빡한 도시 생활에 지친 현대인에게 도시 안에서 느낄 수 있는 넓은 공간으로 휴식·레저 장소로 최적이다. 근대화 과정에서 인간과 거리가 멀어진 소외공간이었던 항만이 포스터모던 시대에 와서 다시금 거리가 좁혀지고 있다.

제3절 항만관리·운영 형태와 세계 항만오퍼레이터

1. 항만관리·운영 형태의 다양화와 변화

같은 교통 인프라라도 항만과 공항이 철도나 자동차와 다른 것은 교통 설비가 국제적인 네트워크로 서로 연결되어 있다는 점이다. 즉, 선박과 항공기가 다른 국가의 항만과 공항을 이용한다는 점이다. 이 때문에 구조와 이용 방법에 국제적인 통일성이 요구된다. 이러한 통일성과 공통성이 국제 무역을 원활히 이루어지게 하며, 항만은 다른 교통 인프라보다 앞서 세계화가 진행되었다. 반면 컨테이너 운송은 본격적으로 시작된 지 반세기 정도로 그리 길지 않은 시간이다. 본래 항만은 그 나라의 지세나 역사를 배경으로 건설된 공공성이 강한 시설이다. 항만 건설 · 정비와 관리 · 운영에 지역성이 드러나는 것은 당연한 일이지만, 이 점이 세계화 시대에 국제 경쟁에서 어떤 형태로 보일지 궁금하다.

세계 주요 항만의 관리 · 운영 형태에 주목해 분류하면, ① 정부경영형, ② 임대형, ③ 정기임대형, ④ 소유형의 4개로 분류할 수 있다(栗原, 2014). 정부경영형은 인프라 건설, 소유, 운영을 모두 정부가 직접 실시하는 형태이며, 그 예로 인도네시아 탄중프리오크항, 타이 렘차방항, 남아프리카공화국 더반항, 이스라엘 하이파항 등이다(표 9-2). 임대형은 설비가 있는 경우와 없는 경우 2종류가 있다. 설비가 있는 경우는 운영 이외 모든 경영을 오퍼레이터가 하는 형태로, 일본 주요 항을 비롯하여 대만 가오슝항, 한국 부산항, 미국 시애틀항, 중국 본토의 항만, 두바이항 등이 이에 해당된다. 한편, 설비가 없는 경우는 운영과 상부구조 건설, 소유를 제외한 모든 것을 오퍼레이터가 책임지는 형태로 로테르담, 함부르크 등의 유럽 여러 항구, 미국 로스엔젤레스항, 롱비치항, 뉴욕 및 뉴저지항 등이다. 임대형은 오퍼레이터 입장에서 부르는 명칭이며, 운영권리만 빌리느냐 아니면 오퍼레이터가 상부구조 건설, 소유의 권리도 빌리느냐에 따라 종류가 나뉜다.

표 9–2 관리 · 운영 형태에 따른 항만 분류

유형		개발계획·개발권리허가	건설			소유			운영	관민연계	항만 사례
			하부구조		상부구조	하부구조	하부구조	상부구조			
			비수익시설	수익시설	화물보관시설						
① 정부경영형		관리자	관리자	관리자	관리자	관리자	관리자	관리자	관리자	정부경영	인도네시아 탄중프리오크항, 타이 렘차방항, 남아프리카공화국 더반항, 이스라엘 하이파항
② 임대형	설비있음	관리자	관리자	관리자	관리자	관리자	관리자	관리자	오퍼레이터	장기임대	대만 가오슝항, 한국 부산항, 미국 시애틀항
	설비없음	관리자	관리자	관리자	오퍼레이터	관리자	관리자	오퍼레이터	오퍼레이터	장기토지임대	로테르담, 함부르크 등의 유럽 여러 항구, 미국 로스엔젤레스항, 롱비치항, 뉴욕·뉴저지항
③ 정기임대형		관리자	관리자	오퍼레이터	오퍼레이터	관리자	관리자	오퍼레이터	오퍼레이터	BTO	홍콩
		관리자	관리자	오퍼레이터	오퍼레이터	관리자	오퍼레이터	오퍼레이터	오퍼레이터	BOT	가오슝항, 부산항, 렘차방항, 인도 자와할라네루 포트트러스트항(JNPT)
④ 소유형		오퍼레이터	오퍼레이터			오퍼레이터			오퍼레이터	민영화	싱가포르, 영국, 뉴질랜드

주) BTO=Build Transfer Operate BOT=Build Operate Transfer
출처: 栗原誉志夫(2014): 「港湾サービス産業の世界動向」 『戦略研レポート』 三井物産戦略研究所, pp.1~15.

정기임대형은 오퍼레이터가 하부구조와 상부구조 건설, 상부구조 소유, 운영을 실시하는 유형이며 그 대표적인 사례로 홍콩항이 있다. 홍콩은 전통적으로 민간을 중시하는 경향이 있어 컨테이너 항만의 정비 및 운영을 민간기업이 담당한다. 홍콩 정부는 오퍼레이터로서 항만 계획과 개발권리허가를 가질 뿐이며, 1966년 정부가 컨테이너 위원회를 신설하고 1970년 항만 건설 허가를 민간기업에 부여했다. 경쟁 입찰로 선정된 항만오퍼레이터는 개발권리금을 지불하고 개발권리허가를 받아, 자신들의 자금으로 하부구조와 상부구조 건설을 진행한다. 건설된 인프라 소유권은 정부로 이전되지만, 장기 사용권은 오퍼레이터가 갖는다.

정기임대형에는 오퍼레이터가 직접 건설한 하부구조 중 수익성이 있는 계류시설 등을 소유하는 유형도 있다. 대부분은 이 정기임대형으로 가오슝항, 부산항, 렘차방항, 인도 자와할랄네루포트트러스트항(JNPT) 등이 이 유형에 속한다. 홍콩항은 오퍼레이터가 건설항 수익성 있는 인프라를 오퍼레이터의 소유로 하고 이를 빌려 업무를 본다. 즉 BTO(Build Transfer Operate)이다. 그러나 가오슝항, 렘차방항 등은 BOT(Build Operate Transfer), 즉 오퍼레이터는 계약이 종료된 후 소유권을 관리자에게 넘긴다.

마지막으로 소유형은 오퍼레이터가 항만 관리자가 되어 하부구조와 상부구조 건설, 소유, 관리의 모든 권리를 가진다. 앞선 임대형과 정기임대형 유형이 공적 주체와 민간기업의 제휴인 데 반해, 소유형은 민간기업이 단독으로 건설 · 소유 · 운영을 하는 형태로 완전한 민영화로 볼 수 있다. 이런 유형의 대표적인 예가 싱가포르항으로 1997년 민영화된 싱가포르항만청이 모든 것을 총괄하고 있다. 항만청은 싱가포르 정부가 전액 출자한 공기업이지만, 재정적으로 독립되어 있고 신규 터미널의 건설 등 내부적으로 자본을 조달한다.

이 유형에는 영국, 뉴질랜드의 항만도 포함된다. 1946년 영국에서 제정된 항만노동법을 바탕으로 항만 운영 및 유지에는 높은 비용이 필요했다. 그러나 펠릭스토우항 등 항만노동법의 적용되지 않는 항만에서는 설비 기계화를 통해 항만을 효율적으로 운영했다. 이러한 상황에서 1989년 항만노동법이 폐지되고 보수당 정권에 의한 항만 민영화 정책이 추진된 결과, 경쟁력 있는 항만으로 발전했다.

2. 미국, 캐나다, 중국의 항만관리와 경영의 변화

19세기 말까지 미국 항만은 일반적으로 철도회사 등 민간기업에 의해 개발·운영되었다. 당시 민간 경영 항만은 독점적인 운임비 설정과 수요에 적절히 대응할 수 없는 등의 문제가 있었다. 경제성장을 위해서 이러한 문제를 해결할 필요가 있고 항만을 공적으로 운영하는 항만관리위원회가 각지에 설립되었다. 주(州) 정부가 항만관리자인 경우는 공기업이, 군(郡)이나 시가 항만관리자인 경우는 내부 부서나 공기업이 각각 그 업무를 담당하였다. 같은 공기업이라도 성격이나 법적 근거는 지역마다 달랐으며 뉴욕·뉴저지나 버지니아의 항만관리위원회는 특수법인 형태를 취했다. 이들 주에서는 주지사(州知事)가 평의회위원의 지명권과 평의회 결정에 대한 거부권을 갖고 있어 영향력이 막강했다. 이에 비해 시애틀항, 타코마항, 포틀랜드항에서는 주 정부의 영향력이 적었다. 미국 연방정부는 항만관리·운영에는 관여하지 않고, 항로 준설과 도로 건설 등 인프라 정비만 실시했다.

1990년대까지 캐나다에 있는 549개의 주요 항만은 연방정부에 의해 운영되었다. 그러나 1995년 국가해운정책과 캐나다 항만법에 의해 모든 항만은 국가항만, 지방항만, 원격지항만으로 구분되었다. 항만은 어업해양부 등 연방정부의 다른 부처나 주 정부로 이관하는 경우, 민간기업에 매각하는 경우, 거래처가 없어 폐기처분이 되는 경우로 바뀌었다. 2010년 현재 캐나다 정부가 운영하는 국가항만, 지방항만, 원격지항만은 총 67개 항만이다. 국가항만 용지는 국유지이므로 항만 당국이 자유롭게 처분할 수 없다. 2008년 캐나다 최대 밴쿠버항은 인근의 프레이저리버항, 노스프레이저항과 합병하여 포트메트로밴쿠버항으로 명칭을 변경하였다.

항만관리·운영을 각 항만에 맡기는 움직임은 중국에서도 볼 수 있다. 지금까지 중국은 중앙정부의 교통부가 중앙집권적으로 항만을 관리·운영해 왔다. 그러나 1980년대 중반에 일부를 제외한 주요 항만의 관리·운영을 교통부와 지방 정부가 공동으로 운영하는 '이중지도, 지방주도(二重指導, 地方主導)'로 불리는 관리 체제로 이관되면서 관리 권한은 항만의 소재 도시로 이양되었다. 이에 따라 1984년에 톈진항, 1986년에 상하이항, 다롄항, 1987년에 칭따오, 옌타이, 난퉁, 롄윈의 항만 관리권의 지방으로 이양되었다.

21세기에 들어서면서 중국 교통부는 전국연해항만발전전략을 발표했다. 이는 세계화에 발맞춰 중국 연안에 분포하는 항만에 대한 발전목표를 세운 것이다(그림 9-6). 이러한 목표를 실현하기 위해 2002년부터 2004년까지 지금까지 교통부가 관할했거나 지방 정부와 공동으로 관리해온 38개 항만의 권한을 모두 지방 정부로 이양했다. 이로 인하여 항만행정과 항만기업경영이 분리되었고

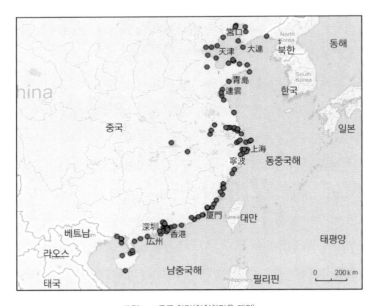

그림 9-6 중국 항만(하천항만은 제외)

주) 지명이 있는 항만은 세계 컨테이너 화물 취급량(2015년) 상위 30위 이내

출처: marinevesseltraffic.com 웹 자료

항만 당국의 공사화(公司化) 즉 기업 체제로 조직이 바뀌게 되었다. 2015년 세계 컨테이너 화물 취급량 상위 30개 항만 중 11개 항만이 중국의 항만으로 이들의 발전 속도는 놀라울 정도로 빠르다.

3. 세계항만오퍼레이터의 세력 확장

세계 주요 항만의 인프라 건설·소유는 항만 관리자가 책임을 지더라도 운영은 외부 오퍼레이터가 담당하는 것이 대세이다. 임대형과 정기임대형 항만에서는 운영 물론 크레인·창고 등 건설, 안벽 등 인프라 건설까지도 오퍼레이터가 담당하고 있는 경우가 많다. 싱가포르, 영국, 뉴질랜드에서는 오퍼레이터가 항만 전체를 총괄하는 소유형이다. 처음에는 오퍼레이터는 단일 항만에서 활동했지만, 지금은 다른 항만에서도 활동하고 있으며 세계항만오퍼레이터(GTO)라고 불리는 기업이 등장했다. 이 유형은 싱가포르계의 PSA인터내셔널, 홍콩계의 허치슨포트홀딩스(HPH) 등이며, 항만의 운영 효율을 중시하는 입장에서 주 활동지와 그 주변에서 활동하고 있다.

또 다른 유형은 선사계 오퍼레이터로 해운 사업을 주업으로 하는 해운 회사(선사)가 자사의 해운 사업을 유리하게 전개하기 위해 세계 각국의 항만 서비스에 관여하는 형태이다. 선사계 오퍼레이터는 모회사의 해운사업을 지원하기 위해 네트워크 구축을 중요시하는 특징이 있다. 네트워크 구축은 경쟁력을 높이는 데 효과적이며 비교적 소규모 투자로 세계 각지의 항만의 네트워크를 구축할 수 있다. 선사계 오퍼레이터는 자사 이외에 타사 컨테이너도 대량으로 취급하는 유형과 자사 해운사업을 위한 코스트 센터로서 활동하는 유형으로 나눌수 있다. 전자 사업형 오퍼레이터는 주변 상황에 따라 불안정한 해운사업 수익에서 안정적인 수익이 예상되는 항만사업에 비즈니스 기회를 찾았다.

현재 유명한 세계항만오퍼레이터(GTO)가 4사 있다. 이 중 싱가포르항을 거점으로 하는 PSA인터내셔널은 중국, 인도, 한국, 일본, 태국, 베트남에 총 15개소, 유럽에서는 벨기에의 앤트워프항을 비롯하여 이탈리아, 포르투갈, 터키에 총 6개소, 중남미 3개소, 중동 1개소 등 총 25개소에서 컨테이너 항만을 운영하고 있다. 허치슨포트홀딩스(HPH)는 홍콩항을 거점으로 하는 오퍼레이터로 세계 26개국 52개 항만에 319개의 터미널을 운영하고 있다. HPH의 전신은 1866년 창립한 조선회사이며, 이 회사는 1969년부터 홍콩항에서 컨테이너 항만 운영을 시작했다. 사업 기반은 홍콩항과 선전을 중심으로 한 중국 본토의 여러 항이며, 2001년 중국이 WTO에 가입한 것을 계기로 중국 항만의 신규 개발에 힘을 쏟게 되었다.

2014년 4월 기준으로 APMT터미널스는 세계 39개국 64개 항만에서 사업을 하는 세계항만오퍼레이터다. 덴마크 마스크그룹에 속하는 사업형 선사계 오퍼레이터로, 2001년 마스크시랜드라인에서 분리되어 설립했다. 이 회사는 자사 터미널에서 타사 컨테이너 화물도 취급함으로 많은 이익을 얻고자 설립되었다. 타사 컨테이너 화물 취급량은 50%(2013년)를 초과하고 있다. 지금까지 높은 평가를 획득한 미국의 9개 항만 외에 최근에는 중국, 중동, 아프리카, 남미 사업 전개에도 힘을 쏟고 있다. 러시아에서도 기업 인수를 진행해 현재는 러시아 항만의 40% 이상을 취급하는 최대 규모의 사업형 오퍼레이터가 되었다.

두바이포트월드(DPW)는 아랍에미리트 두바이를 중심으로 운영하는 전업 오퍼레이터이다. 1979년 개항한 세계 최대 인공항만인 제벨알리항의 관리·운영에서 시작해 현재 세계 6대륙 30개국이 넘는 나라의 60개 항만에서 사업을 전개하는 기업으로 발전했다. 초기에는 자국 주변 항만에서 주로 활동을 했지만, 2005년 홍콩의 항만오퍼레이터 매수, 2006년 영국 기업을 매수하면서 세계 4대 GTO로 부상했다. 수익 없는 항만은 철수하고 성장 가능성이 높은 항만으로 투자처로 바꾸는 전략을 시행했다. 특히 인도 항만에 대한 투자를 중요시하며, 2012년에는 자와할랄네루포트트러스트항(JNPT)에 2억 달러를 투자했다.

표 9-3은 위에서 기술한 4대 GTO를 포함한 상위 10개 사의 화물 취급량 추이를 나타낸 것이다. 표에서 알 수 있듯이 상위 10사가 세계 전체에 차지하는 점유율은 2001년 시점에 40%를 넘고, 2010년에는 65% 가까이 증가했다. 4대 GTO만으로도 점유율이 45%에 이르고 이는 결국 세계 항만 화물 취급량의 50% 가까이 특정 기업들이 점유하고 있다. 4대 GTO에 뒤이은 COSCO퍼시픽은 중국 최대 국유 해운회사인 중국원양운수집단의 자회사로 홍콩을 거점으로 활동하고 있다. 또 MSC(Mediterranean Shipping Company)는 스위스 제네바에 거점을 두고 있으며, 컨테이너선 선복 규모가 마스라인에 이어 세계 제2위이다.

표 9-3 메가오퍼레이터 상위 10위 기업의 화물 취급량 추이

순위	기업명	2001년 화물취급량 (백만 TEU)	비율 (%)	2006년 화물취급량 (백만 TEU)	비율 (%)	2010년 화물취급량 (백만 TEU)	비율 (%)
1	허치슨 포트홀딩스 (HPH)	29.3	11.8	60.9	13.9	72.7	13.3
2	PSA 인터네셔널	19.5	7.9	47.4	10.7	64.3	11.8
3	APM 터미널스	13.5	5.5	52.0	11.9	60.2	11.0
4	두바이 포트월드 (DPW)	4.7	4.0	41.6	9.4	49.5	9.1
5	COSCO 퍼시픽	4.4	0.5	22.0	5.0	48.3	8.8
6	MSC	−	−	7.6	1.7	19.4	3.6
7	유로게이트	8.6	1.8	11.7	2.7	12.3	2.2
8	SSA마린	4.0	1.8	8.9	2.0	9.1	1.7
9	에버그린	4.5	1.7	9.4	2.1	8.9	1.6
10	한진	4.2	1.6	5.4	1.2	8.5	1.6
상위 10위회사 합계		102.7	41.5	268.1	60.9	353.2	64.7

출처: Drewry, Global Terminal Operators, 연도별 자료

칼럼9. '주식회사 고베시'의 '산, 바다로 간다'

해양에 접한 항만은 규모의 확장으로 앞바다 혹은 양옆의 해안을 따라 부지를 확장해 가는 경우가 많다. 육지 쪽으로 확장할 수도 있지만, 대부분 이미 시가지가 형성되어 있어서 항만용지를 찾는 일은 쉽지 않다. 바다 쪽으로 항만용지를 확장하기 위해서는 매립용 토사가 필요하다. 만약 나고야항처럼 수심이 얕아 항로준설에서 발생한 토사로 항만용지를 확장하기는 비교적 쉽다. 또한 항로 준설을 하게 되면 수심이 깊어지기 때문에 일석이조의 사업이다. 그러나 고베항처럼 수심이 깊은 항만은 토사를 가까이에서 조달하기 어렵다. 고베항의 육지 쪽은 시가지와 항만이 구릉지 사이에 있어 바다 쪽으로 확장할 수 없어 매립이 쉽지 않다.

1963년 이러한 문제를 해결할 대책이 마련되었다. 고베시는 1963년 시가지 배후에서 그 묘안을 찾았는데, 이는 시가지의 배후에 가로놓인 롯코산지에 터널을 뚫고, 그곳에 컨베이어벨트를 설치해 산에서 채굴한 토사를 바다로 운반한다는 계획이었다. 흙을 걷어낸 부지는 기업용지나 주택용지로 활용할 수 있기 때문에 일석이조의 사업으로, 1967년 4월부터 사업이 시작되었다. 타카쿠라산을 중심으로 요코오, 묘다니, 세이진종합운동공원지구 등에서 토사를 모아 터널을 통해 바다로 운반했다. 하라구치 츄지로 고베시장이 시작한 이 토목사업은 '산, 바다로 간다'는 이름으로 불렸다. 마치 롯코산이 이사한 후, 그 철거지에 새로운 고베 교외 시가지가 생겨났다. 행정 부서에서 생각한 매우 기발한 아이디어로 후에 고베시를 '주식회사 고베시'라고 불렀다.

이 개발사업은 하라구치 시장이 조력자 역할을 했고, 그 뒤를 이어 고베시장이 된 미야자키 타츠오에 의해 적극적으로 추진되었다. 미야자키 시장은 '최소경비로 최대 시민복지' 실현을 기본이념으로 삼았다. 시민복지를 매출이나 이익으로 대체하여 생각하면 이 이념은 민간기업의 이념이 된다. 5기 20년에 걸친 시장 재임 중에 완공된 인공섬 포트아일랜드를 행사장으로 하여 1981년 고베포트아일랜드박람회(포트피아)를 개최하였으며, 1988년 인공섬 롯코아일랜드를 조성해 주택지를 개발하기도 했다. 여기서 주목할 점은 이 사업의 진행 방법으로 매립지의 매각이익이나 외국 금융기관의 기채(起債)로 사업비를 충당한 점이다. 미야자키 시장은 무리한 개발로 자연 파괴를 초래했다는 비판을 받기도 했지만, 뛰어난 시정 운영은 국내외 큰 관심을 받았고, 환경에 대한 부분은 덜 부각되었다(池田, 1997).

오래된 부두에 컨테이너선을 착안해 화물하역이 가능하도록 포트아일랜드가 설계되었다. 알파벳 E자형인 이 인공섬은 항만용지뿐만 아니라 주택, 상업, 교육, 의료, 연구개발 등 종합적 기능의 집적지이기도 했다. 이 섬에는 4개의 대학의 캠퍼스가 형성되었다. 고베시 면적은 552.3km로, 고베시의 서부 개발이 진행되었지만, 도심부 산노미야에서 새로운 교통 시스템인 포트라이너까지 불과 10분도 안 되는 곳에 새로운 시가지가 형성된 것은 의미가 있다.

미야자키 시장은 항만을 중심으로 한 도시개발에 집중했기 때문에 포트아일랜드의 앞바다에 고베공항 건설을 반대했다. 공항 주변의 소음 문제 등 공해에 대한 시민의 반대가 그 배경에 있다. 결국 칸사이권 신공항 건설 후보지는 고베 앞바다가 아닌 오사카 센슈 앞바다로 결정됐다. 그러나 그 후 상황이 크게 변했고, 고베에도 공항이 필요하다는 의견이 지배적이었다. 다만 공항 반대에 대한 의견은 여전히 있었고, 이러한 찬반 대립과 우여곡절 끝에 고베공항은 고베 대지진(1995년 1월) 발생 후 11년만인 2006년에 완공되었다. 고도 경제성장기에 도시개발에 집중한 미야자키시장이 결과적으로 재해대책이 늦어져 지진 재해피해가 크지 않았냐는 비판도 있었다. 양쪽 모두 예측이 어렵다고는 하지만, 경제변동과 자연재해의 위기가 고베의 도시 발전 과정에 큰 영향을 준 것은 분명하다.

제10장

항만의 배후지(hinterland)와
지향지(foreland)

제1절 배후지와 지향지를 둘러싼 움직임

1. 배후지와 지향지

배후지는 도시와 항만의 배후에 넓게 분포되어 있으며, 그 도시와 항만에 대한 교통수요를 창출하거나 서비스를 제공받거나 하는 지역이다. 특히 항만의 배후지를 가리키는 경우가 많지만, 항만에 국한되지 않고 공항과 철도역의 경우에도 생각할 수 있다. 항만의 배후지는 항만의 영향력이 강하게 미치는 지역과 부분적인 영향을 미치는 지역, 두 곳으로 나눠진다(그림 10-1). 전자는 항만에서 지리적으로 가까운 범위이며 해당 항만의 세력권이라 할 수 있다. 반면 후자는 인접한 항만들과 경쟁하면서 세력 하에 두려는 지역이다. 해당 항만에서 지리적으로 멀리 있기 때문에 강한 영향력은 없다. 단, 항만과 배후지와의 거리에 따라 영향력이 증감한다는 것은 타당하지 않다. 왜냐하면, 경쟁 관계인 근교

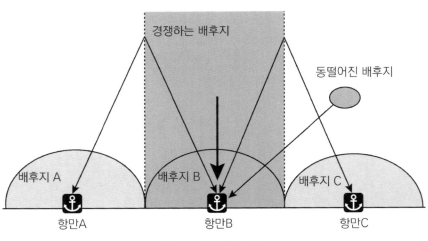

그림 10-1 항만 배후지 모식도

항만의 배후지 내부에 영향력이 미치지 않는 동떨어진 배후지가 존재하는 경우도 있기 때문이다. 어떠한 이유로 거리는 멀지만 가장 가까운 항만이 아닌 그 옆의 항만 서비스를 받는 기업의 경우가 이에 해당한다.

경쟁 관계의 항만 수가 한정되어 있으면 배후지 공간 구조는 비교적 단순하다. 항만 수가 증가하면 기업의 선택 폭이 그만큼 늘어나기 때문에 복잡한 이용 형태가 겹쳐진 공간 구조가 된다. 그림 10-2는 일본 국내 각 지방에서 생산된 제품이 어느 항만에서 선적되어 어느 나라로 수출되었는지 나타낸 것이다. 이 그림에서 살펴보면 한신항은 현지 및 킨키 이외에 츄고쿠, 시코쿠, 큐슈, 오키나와, 츄부, 호쿠리쿠 각 지방에서 생산된 제품 일부가 선적되고 있음을 알 수 있다. 마찬가지로 케이힌항은 츄부, 호쿠리쿠, 홋카이도, 토호쿠에서 생산된 제품 일부가 컨테이너로 수출되고 있다. 따라서 이러한 항만들은 가까운 배후지 외에 꽤 먼 거리의 배후지에도 그 영향력이 미치고 있다.

항만의 배후지와 반대로 항만의 지향지도 살펴볼 필요가 있다. 항만을 통해

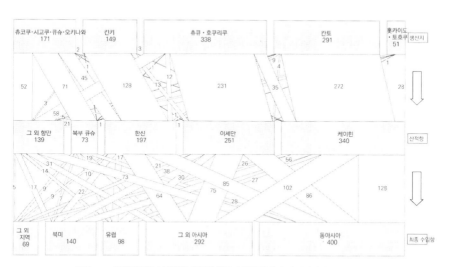

그림 10-2 생산지에서 선적항을 경유해 최종 수입항에 운송된 컨테이너 화물의 흐름

주) 2013년 11월 1개월간 일본 항만에서 수출된 컨테이너 화물량 총 6,924,414톤을 1,000으로 함.

출처: 국토교통성 웹 자료

화물을 수출하는 기업의 최대 관심사는 그 화물의 구입처에 잘 도착하는 것이다. 다시 말해 수출처에서 수입처까지의 유통경로 확보가 중요하다. 수출처에서 보내진 화물은 직접 또는 센터를 경유해 주요 항구로 이동한다. 그중 소규모 항만까지 운반된 후 피더서비스를 이용해 주요 항만(허브항)으로 이동한 뒤 운송되는 일도 있다. 소위 환적 운송으로 해상운송의 대규모화로 인하여 이러한 운송 형태가 증가하고 있다. 최종 수입처인 항만에 도착한 화물은 이와는 반대의 경로로 최종 소비지에 도착한다. 지향지는 배후지와 정반대의 개념이다.

이러한 수출처에서 수입처까지의 유통 경로를 단순한 경로가 아니라 연속된 통일적 시스템으로 구축하려는 것이 공급망(supply-chain)이다. 로지스틱스 시스템이라는 조직화된 물류 관리 개념은 이전부터 있었지만, ① 조직·시스템의 통합성 도모, ② 전략적 의도에 따른 운송, ③ 철저한 재고 압축에서 공급망의 특징이 있다. 전략적으로 소비자에게 높은 만족도 제공을 염두에 두고 기업 간 제휴를 강화하면서 가치 창출에 노력한다. 1990년대 이후 이러한 사고방식이 세계적인 규모로 중시되면서 배후지에 대한 생각도 지금까지와는 달랐다. 다수의 중개업자가 물류와 관련된 다단계식 시스템에서 한정된 수의 기업이 제휴를 통한 물류업무시스템으로 변화했다. 컨테이너화 진전으로 배후지에서 거리가 더 먼 지역까지 화물 운송이 가능해졌다.

2. 배후지, 지향지의 통합화

배후지화 지향지를 연결하는 위치에 있는 항만은 경제 발전과 함께 그 모습이 변한다. 이러한 배경에는 규모의 경제를 통해 비용 절감을 도모해 경쟁력을 높이려는 동기가 있다. 규모의 경제를 실현하는 방법으로는 M&A 즉, 기업의 인수합병을 들 수 있다. M&A에는 수직 통합과 수평 통합의 2가지 유형이 있는데, 항만에서 볼 때 배후지와 지향지는 수직 통합이라고 할 수 있다. 예를 들자면 배후지에 있는 물류센터를 항만사업자가 매수하거나 산하에 두는 경우다. 지향지의 경우는 국제 선사가 컨테이너 항만의 오퍼레이터업무에 참여하는 경우다. 앞장에서 서술한 덴마크의 머스크그룹에 속하는 선사계 오퍼레이터 APMT터미널스가 세계 39개국 64곳 항만에 진출한 사례가 이에 해당한다. 한편, 수평 통합은 경쟁 관계에 있는 기업이 M&A로 규모를 확대하는 경우다. 예를 들면 허치슨포트홀딩스(HPH)와 두바이포트월드(DPW)가 동종업계 타회사를 매수해 규모를 확대하는 사례다. 앞서 설명한 APMT터미널스는 동종업계 타사와의 통합도 진행하고 있으므로 수직 · 수평 통합으로 업무를 확장하고 있다.

항만의 통합화는 M&A에 의한 배후지 또는 지향지의 통합화와는 별도로 중소규모 항만이 대규모 항만의 영향 아래에 들어가는 형태도 포함한다. 대규모 항만이란 허브항을 말하며 인근 주변의 중소규모 항만의 컨테이너 화물을 중계하는 기능을 한다. 중계기능을 가진 허브항의 측면에서 보면 중소규모 항만은 배후지와 같은 존재다. 내륙 배후지에서 운송된 컨테이너 화물이 모이는 중소규모 항만이 다시 허브항으로 화물을 보낸다. 여기에는 컨테이너 화물의 이동과 관련된 계층적인 네트워크가 형성된다. 이를 일본의 경우로 보면 태평양과 접한 요코하마, 나고야 등 5대 항만은 각각 독자적인 배후지를 보유하고 있지만, 동해와 접한 부산항과 같은 중소규모 항만은 동아시아 항만의 배후지에 포함되어 있다.

국제 해운기업은 한 번에 많은 컨테이너 화물 운송을 추구한다. 이는 규모의 경제에 따라 운송비를 절약할 수 있고, 그 결과 경쟁력을 키울 수 있기 때문이다. 빠른 운송 속도도 경쟁력 강화로 이어지기 때문에 정기항로 편성은 기항지를 특정 허브항으로 하게 된다. 한 번의 기항으로 대량의 컨테이너 화물을 취급하는 허브항 입장에서는 배후지인 중소규모 항만의 역할은 중요하다. 배후지 역할을 하는 중소규모 항만도 기항의 가능성이 적은 정기항로보다는 정기적인 기항이 확실한 허브항과의 연계가 안전하다. 국제 해운 네트워크는 이러한 과정을 거쳐 형성된다.

그림 10-3은 일본 발착(發着) 컨테이너 화물 중에 아시아 주요 항구 환적률을 추이한 것이다. 일본 전체 항만에서 보면 1998년 5.4%가 부산과 싱가포르 등의 항만을 거쳐 수출 혹은 수입되었다. 그러나 그 10년 후인 2008년에는 18.0% 즉 20% 가까이 컨테이너 화물이 아시아 주요 항만을 경유한다. 특히 주목할 곳은 슈퍼중추항만을 제외한 지방항만이며, 환적률이 18.3%에서 41.5%로 급속도로 증가했다. 슈퍼중추항만조차도 컨테이너 화물의 10% 정도를 아시아 주요 항만을 통해 경유했다. 대륙별로 살펴보면 북미보다 유럽 방면의 환적률이 높고, 일본 항만의 기항 횟수가 줄어든 만큼 한국, 중국, 싱가포르의 항만

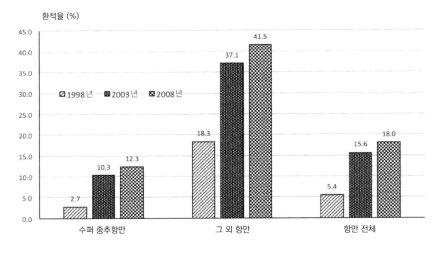

그림 10-3 일본 발착 화물 중 아시아 주요 항만 환적률 추이

주) 수퍼중추항만=도쿄항, 요코하마항, 나고야항, 욧카이치항, 오사카항, 고베항

아시아 주요 항만=부산항, 광양항, 홍콩항, 상하이항, 선전항, 샤먼항, 닝보항, 지룽항, 가오슝항, 타이중항, 싱가포르항, 탄중펠레파스항

출처: 原田昌彦(2010): 「空港·港湾をめぐるメガコンペティションと日本」『季刊政策·経営研究』Vol.1 pp.1-17.

에서 환적되어 일본으로 운송되었다. 북미 방면으로 가는 경우에도 부산항에 기항해 동해 쪽으로 북상해 쓰가루해협을 통과해 가는 것이 태평양에 있는 일본 항만에 들르는 것보다 경제적이다(原田, 2010).

3. 선박 대형화가 배후지에 미치는 영향

선박의 대형화로 인해 중소규모 항만이 중계기능을 하는 허브항에 의존하는 경향이 짙어졌다. 선박이 클수록 허브항에 많은 컨테이너 화물을 하역할 수 있기 때문이다. 하지만 이는 기항 1회당 하역량이며, 다시 말해 지금까지 2회 기항하던 4,500TEU의 컨테이너선이 9,000TEU의 컨테이너선으로 바뀌고 기항 수가 1회가 되면 결국 총하역량은 같다. 그러나 선박의 대형화로 운임비가 낮아지면 허브항에는 이전보다 더 많은 컨테이너 화물이 집중될 것이다. 즉 선박의 대형화로 허브항 규모가 확장되면서, 항만도 규모의 경제를 추구하게 된다.

외양을 항해하는 파나막스형 컨테이너선은 평균 1,700TEU의 화물을 싣는다. 이 규모의 컨테이너선이 착안할 부두 공간은 평균적으로 1.7ha 정도가 필요하다. 이 부두에서 컨테이너 화물을 취급하는 트럭 한 대 적재량을 2TEU라고 할 때 컨테이너선 1척의 적재량은 850대 분의 트럭 운송량과 같다. 850대의 트럭이 도로 위에 줄지어 서면 그 길이는 14km나 된다. 트럭 대신 철도를 이용하면 차량당 4.25TEU를 싣는 기차 400량이 8.5km나 이어진다. 내륙 수상 교통이 발달한 유럽에서는 트럭과 철도 대신에 하천용 선박으로 운송한다. 실제로는 이러한 운송 수단을 조합한 형태일 것이다.

이처럼 항만의 배후지에는 항만에서 취급하는 컨테이너 화물의 규모에 따라 적절한 교통 인프라가 요구된다. 국제 해운 선사들은 규모의 경제를 추구하며 선박을 대형화하고 있다. 2016년 5월 파나마운하 개수 공사가 완료되어 포스트파나막스형 선박도 운항할 수 있게 되었다. 포스트파나막스형 컨테이너선의 평균 적재량은 3,500TEU다. 이전보다 2배 커진 컨테이너선이 착안할 컨테이너 전용부두에는 3.5ha의 공간이 필요하다. 이 화물을 운반할 트럭은 1,750대가 필요하고, 이 트럭들을 직선으로 세우면 길이는 28.8km나 된다. 적재량이 차량당 8.75TEU인 기차로 따지면 17.5km 길이다. 일반적으로 운송 수단의 대형화는 트럭과 철도보다 선박이 쉽다. 도로와 철도의 폭이 고정적인 육상 교통에서 자동차와 기차의 대형화는 어렵기 때문이다. 따라서 국제 운송에서 규모의 경제를 요구하는 움직임은 바다 쪽 지향지에서 발생하기 쉽다. 바다 쪽 규모가 확장되면 그에 맞는 배후지의 교통 인프라의 확장이 필요하다.

제2절 배후지 교통 수단의 지역성

1. 중국, 일본 항만의 배후지 교통 수단

해양에 접한 항만과 연결된 배후지의 교통 수단은 항만마다 다르다. 트럭이 보급되기 이전에는 철도를 이용했지만, 하천과 운하가 항만과 연결된 경우에는 수상 교통을 이용한 운송도 활발했다. 시대에 따른 변화와 항만의 지리적 조건에 따른 차이가 있지만, 대륙 차원에서 보면 그곳에 공통점이 있다. 즉, 항만에서 내륙지역으로 거리가 먼 북미는 철도를 많이 이용했지만, 그 거리가 그다지 길지 않은 유럽과 일본에서는 트럭을 이용한 운송이 많았다.

최근 두드러진 경제 발전 성과를 보인 중국의 경우, 트럭을 이용한 비율이 90% 가까이 차지한다. 중국 항만은 연안부를 중심으로 항만이 형성되어 있지만, 배후지 확대는 제한적이다. 이는 수출용 공업생산이 연안부에 집중되어 있어 항만의 배후지가 겹치지 않는다. 즉 항만의 분포밀도는 높지 않다. 장강이 있는 충칭과 연결된 상하이항도 대부분 트럭운송을 이용하는 데에는 수상 교통과 철도교통의 이용이 제한적이기 때문이다. 주장강 삼각주에 있는 광저우항은 하천항이라 수심이 얕아 홍콩항에 의존하고 있다. 선전항도 홍콩항에 의존하며 대부분 트럭과 트레일러 운송을 하고 있다. 내항 피더가 발달한 주장 삼각주의 항만들은 철도가 배후지 교통 수단으로 이용되는 경우는 드물다.

항만 배후지 교통 수단의 대부분이 트럭과 트레일러라는 점에서 중국과 일본은 닮아있다. 도쿄, 요코하마, 시미즈, 나고야, 오사카, 고베, 기타큐슈, 하카타 등 주요 8개 항만을 대상으로 한 조사(1998년)에 따르면, 일부를 제외한 수출·수입 모두 95% 이상은 트럭과 트레일러를 이용했다(三谷ほか, 2002). 일부 예외적으로 오사카항의 수출 전용으로 4.5%가 페리, 거룻배, 선박 이용, 그 외 6.5%, 또 고베항도 수출 전용으로 10.0%가 페리, 거룻배, 선박 이용, 그 외 3.6%였다. 칸사이 지방 두 항만에서 배후지 교통으로 선박 등을 이용하는 것은 인근 소규모 항만에서 피더 운송을 하기 때문이다. 이러한 항만은 수입의 경우도 2~3%는 선박 등을 이용한 운송이었다. 또한 철도는 거의 이용하지 않으며, 도쿄항과 고베항의 수출용으로 300~600톤 철도운송을 했다.

배후지에서 이용되는 교통 수단은 주요 항만에서 이용되는 교통 수단과 큰 차이가 없다. 그러나 배후지 확장에 따른 차이가 있어 항만마다 특징이 존재하는데, 배후지 확장은 컨테이너 화물의 평균 이동거리로 파악할 수 있다. 그 결과 수출의 경우 고베항이 162km로 가장 길었다(표 10-1). 도쿄, 요코하마, 오사카, 하카타의 4개 항만은 120km 대였다. 이에 비해 나고야항은 59km, 시미즈항은 88km로 거리가 짧았다. 고베항은 수입의 경우도 114km로 길지만, 키타큐슈항은 그보다 긴 131km다(표 10-2). 수출과 비교하면 어느 항만이나 수입의 이동

거리는 짧다. 즉 배후지 확장은 수입보다 수출의 이동거리가 길었다. 나고야항, 시미즈항의 수입은 52km, 53km로, 다른 6개 항만보다 이동거리가 짧다. 나고 야항 평균 이동 거리는 수출입 모두 고베, 도쿄, 요코하마 등과 비교하면 짧다. 그렇다고 나고야항 컨테이너 화물의 물동량이 적다는 것을 의미하지 않는다. 오히려 반대로 수출 컨테이너 화물 취급량은 전체 2위로, 제1위 고베항과 차이 가 나지 않는다. 나고야항의 수입이동거리는 도쿄항, 요코하마항에 이어 제3위 다. 즉 나고야항은 공간적으로 좁지만, 밀도 높은 배후지를 가지고 있다.

표 10–1 항로별로 본 주요 항만의 배후지 평균 이동 거리(수출)

단위 : km

항만	북미항로		아시아항로		구주항로		그외 항로		전 항로	
	1993년	1998년	1993년	1998년	1993년	1998년	1993년	1998년	1993년	1998년
도쿄항	121	132	118	114	142	121	96	145	125	124
요코하마항	134	138	108	125	144	118	129	137	122	128
시미즈항	92	93	64	82	93	90	70	82	84	88
나고야항	59	68	52	58	62	54	69	46	57	59
오사카항	133	148	101	117	166	121	185	144	131	127
고베항	179	148	168	161	176	153	236	60	175	162
키타큐슈항	75	96	109	101	82	140	106	178	108	109
하카타항	97	88	95	133	67	140	87	104	92	124

출처: 三谷正人·楠根経年·平井洋次·渡部富博(2002):「国際海上コンテナ貨物の背後流動距離分析」国土技術政策総
合研究所資料 第20号 p.6.

표 10–2 항로별로 본 주요 항만의 배후지 평균 이동 거리(수입)

단위 : km

항만	북미항로		아시아항로		구주항로		그외 항로		전 항로	
	1993년	1998년	1993년	1998년	1993년	1998년	1993년	1998년	1993년	1998년
도쿄항	76	74	56	67	79	77	160	69	70	70
요코하마항	91	91	98	99	82	73	109	103	96	96
시미즈항	39	53	48	50	44	61	68	50	46	53
나고야항	55	46	58	53	59	51	48	59	56	52
오사카항	95	104	60	55	129	64	71	70	74	61
고베항	110	123	118	113	107	94	113	136	115	114
키타큐슈항	116	44	201	136	37	55	133	94	196	131
하카타항	83	83	90	64	201	83	33	51	88	70

출처: 三谷正人·楠根経年·平井洋次·渡部富博(2002):「国際海上コンテナ貨物の背後流動距離分析」国土技術政策総
合研究所資料 第20号 p.6.

2. 유럽 항만의 배후지 교통 수단

유럽 항만과 배후지의 거리는 비교적 짧다. 그러나 이는 북미에 비하면 짧다는 것으로 아시아 항만들과 비교하면 짧다고 할 수 없다. 평균적으로 600km 정도로 거리가 가까운 항만은 450km, 거리가 먼 항만은 1,200km 정도 되는데, 항만과 배후지의 거리가 짧으므로 주요 항만은 출입하는 항만의 절반 이상(르아브르항 84%, 마르세유항 82%, 함부르크항 66%, 앤트워프항 55%)은 트럭으로 운송한다. 이 때문에 항만 주변은 트럭으로 인한 교통 체증으로 원활한 운송이 어렵다. 이러한 문제를 해결하기 위해 철도와 내륙 수운을 이용한 운송을 계획하고 있다. 철도와 내륙 수운을 이용하면 규모의 이익을 창출할 수 있고, 에너지 효율 향상과 이산화탄소 배출 억제에도 효과가 있다.

내륙 수운의 비율이 30%를 넘는 곳은 앤트워프항과 로테르담항이다. 라인

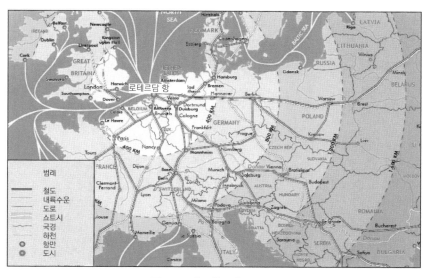

그림 10-4 로테르담항 배후지와 교통망

출처: Port of Rotterdam 웹 자료

강, 스헬데강의 삼각주에 위치한 항만은 이러한 강과 연결되어 하천을 이용해 컨테이너 화물을 옮길 수 있다. 이 중 로테르담항의 경우는 네덜란드, 독일, 벨기에, 프랑스, 스위스, 오스트리아 등의 배후지와 철도와 내륙 수운으로 연결되어 있다(그림 10-4). 독일은 로테르담항이 유럽으로 들어오는 선박의 최초 항만이며, 출항할 경우에는 최종 항만이 된다는 점에서 이점이 있다. 입항하는 배가 로테르담항이 아닌 독일 항만으로 갈 때쯤 로테르담항에 하역한 화물이 철도와 내륙 수운으로 독일에 먼저 도착한다. 출항의 경우에 로테르담항에서 최종 화물을 적재함으로써 가장 먼저 교역항에 도착한다.

마찬가지로 스위스와 오스트리아도 로테르담항에서 선박과 철도가 연결된 인터모달 수송을 활용하고 있다. 이러한 나라 간에 셔틀처럼 철도운송이 이루어지고 있다. 전 세계 1,000항과 연결된 로테르담항의 강점은 국경을 초월한 배후지가 존재한다는 점이다. 벨기에 앤트워프항도 내륙 수운과 연결되어 있다. 스헬데강, 뫼즈강, 라인강의 삼각주에 위치한 지리적 이점을 이용한 내륙 수운으로 먼 곳까지 연결되는 서비스를 제공하고 있다. 가장 먼 스위스 바젤까지 라인강을 거슬러 가면 72~96시간 내에 도착한다. 라인강 중류에 위치한 만하임까지 24~72시간, 하류에 있는 뒤셀도르프까지 18~24시간이 걸린다. 총 길이 1,500km에 이르는 벨기에 국내 내륙 수운은 물론이고 국외로도 확장된 수운망으로 배후지를 확보하고 있다.

북해로 흘러가는 바젤강의 동쪽에 있는 브레멘항은 독일 안에서 중요한 위치에 있다. 독인, 오스트리아, 체코, 폴란드, 슬로바키아 등을 배후지로 철도를 이용한 운송률이 높다. 특히 철도 이용 비율이 59%로 유럽 항만 중에서 가장 많이 이용하고 있다. 브레멘항은 항만 내부에 철도를 개통하고 컨테이너를 하역하는 온도크시스템(ON-DOCK)이 갖춰져 있다. 선박과 철도 간에 화물을 환적하면, 트럭의 혼잡으로 인한 손실과 하역 대기로 인한 시간 낭비를 줄일 수 있다. 콘스탄차항(47%)과 제브뤼헤항(45%)에서 이러한 온도크시스템을 활용한 철도 이용률이 높다. 전자는 흑해 서안(西岸)에 있는 루마니아 최대의 항만이고 후자는 북해에 접한 벨기에 항만이다. 제브뤼헤항은 유럽 최대의 액화천연가스 수입항이며, 영국과 가까운 지리적 우위를 가지고 있다.

3. 북미 항만의 배후지 교통 수단

대륙 국가인 미국, 캐나다는 해안 항만에서 배후지까지 거리가 일반적으로 길다. 그러나 미국의 뉴욕, 햄프턴로즈, 휴스턴, 서배너 등의 항만은 비교적 가까이에 배후지가 있다. 이 때문에 항만과 배후지를 연결하는 교통 수단은 트럭이 차지하는 비중이 크며, 뉴욕은 85%, 햄프턴로즈는 64%, 휴스턴은 80%, 서배너는 86%가 트럭을 이용하고 있다. 햄프턴로즈는 버지니아주 남동부의 해역과 그 주변을 둘러싼 육지의 명칭으로 군사와 관련된 복수의 항만이 있다. 엘리자베스강, 제임스강 등 여러 하천이 체서피크만에 유입되는 천연 양항(현지

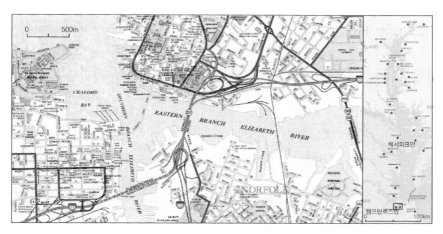

그림 10-5 버지니아주 햄프턴로즈항

출처: roadtothefuture.com 웹 자료

에서는 비공식적으로 '더하버'로 불림)과 부동항(不凍港)이라는 자연조건이 항만 발전에 영향을 미쳤다. 이 주변에는 체서피크, 햄프턴, 노픽을 비롯해 세븐시티로 불리는 7개의 도시가 있으며, 이 도시들은 햄프턴비치벨트웨이로 연결되어 있다. 이 주변 도시에 햄프턴로즈항이 경제적으로 중요한 역할을 담당하고 있다(그림 10-5).

조지아주 서배너항은 대서양에서 내륙으로 29km 떨어진 서배너강에 형성되었다. 조지아항만공사가 관리하고 있으며, 북동부에 있는 사우스캐롤라이나주 찰스턴항과 마찬가지로 플로리다주 잭슨빌항과 경쟁 관계에 있다. 최근 서배너항은 2000~2005년 연평균 성장률이 16.5%로, 전미 평균 9.7%를 크게 웃돌았다. 그 결과 컨테이너 화물 취급량이 미국 국내 4위를 차지했다. 조지아항만공사는 서배너항 외에 브런즈윅항과 내륙 하천항인 베인브릿지항, 콜럼버스항도 관리 운영하고 있다.

북미 대륙 동해안의 항만이 주변부를 배후지로 포함하는 데 반해, 서해안의 항만 배후지는 내륙 깊숙한 곳까지 포함한다. 운송 수단 중 철도 이용률은 높지만 반대로 트럭 이용률은 낮다. 시애틀항의 철도 이용률은 70%, 캐나다 밴쿠버항은 60%다. 로스앤젤레스항과 롱비치항이 있는 산페드로만의 철도 이용률은 42%다. 시애틀과 밴쿠버의 배후는 산악지대로 이를 통과하지 않으면 내륙에 위치한 도시와 연결될 수 없다. 로스앤젤레스항, 롱비치항이 있는 캘리포니아주의 트럭 이용률은 시애틀항과 밴쿠버항보다 높다.

멕시코 최대 규모의 라사로카르데나스항의 철도 이용률은 56%로, 미국 서해안 항만의 특징을 보인다(그림 10-6). 이 항만은 로스앤젤레스항, 롱비치항에서 2,400km 떨어져 있지만, 이 두 곳의 항을 보조하는 역할을 하고 있다. 라사로카르데나스항에서 멕시코를 횡단하듯 북쪽으로 국경을 넘어가는 철도와 고속도로를 이용하면 시카고, 캔자스시티, 휴스턴 각 방면으로 갈 수 있다. 실제로 이 항만은 태평양에서 미국으로 가는 관문 기능을 하고 있지만, 멕시코 정부는 바하칼리포르니아주 푼타콜로넷에 신항을 건설할 계획을 가지고 있고, 만약 이 계획이 실행되면 경쟁 항만이 될 것이다.

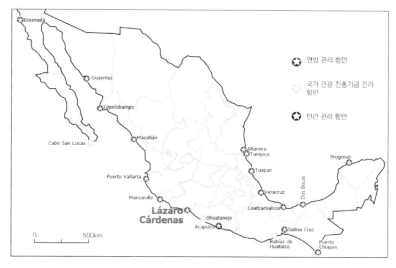

그림 10-6 관리 주체별로 본 멕시코 항만

출처: Slideplayer.com 웹 자료.

제3절 내륙항만인 내륙장치장의 대두

1. 내륙항만인 내륙장치장의 역할과 의의

항만과 그 주변 지역과의 경제적·사회적인 관계가 약해지는 요인으로 내륙항만 즉, 내륙장치장을 들 수 있다. 내륙장치장이란 항만에서 떨어진 내륙에 설치된 컨테이너 화물기지를 말한다. 이러한 곳이 생겨난 배경에는 기존 항만으로는 컨테이너 화물 취급이 어렵기 때문이다. 해마다 증가하는 컨테이너의 하역 및 운반, 컨테이너 정리 · 보관, 그리고 수출입의 경우는 통관 수속 등 이러한 일련의 과정들이 원활히 진행되기 위해서 기존 항만으로는 한계가 있다. 따라서 이러한 업무를 기존 항만이 아닌 그곳에서 떨어진 생산지나 소비지와 가까운 곳에서 대신하게 되었다. 또한, 내륙장치장에서는 항만 화물 뿐만 아니라 항공편 화물도 취급한다.

내륙장치장의 장점은 ① 물류비용 인하, ② 신속한 통관수속, ③ 지역경제의 활성화 촉진 등이다. 내륙장치장은 제조업이 활발한 지역 안에 설치되므로 수출입 화물을 집약해 그곳에서 통관 절차를 끝낼 수 있다. 그러나 모든 내륙장치장에 통관시설이 있는 것은 아니며, 컨테이너 터미널 기능만 하는 곳도 있다. 통관 기능도 가지고 있는 내륙장치장은 선박 · 항공기, 컨테이너, 화물, 재고관리 등에 관한 정보처리도 시행하고 있다. 처음에는 바다에 위치한 항만의 기능이 이행된 형태로 설치되었지만, 이후 내륙의 자치체나 기업단체 등의 요구로 설치되었다.

내륙장치장은 컨테이너의 매칭 역할을 하고 있다. 보통 항만에서 내륙으로 수송된 수입 컨테이너 화물이 하역한 후 컨테이너가 빈 상태로 항만으로 보내진다. 반대로 내륙에서 수출용으로 컨테이너가 필요한 경우는 항만의 빈 컨테이너가 필요하다. 따라서 화물을 싣지 않은 컨테이너를 수송하는 일은 매우 비효율적이다. 따라서 내륙장치장에서 수입 후 텅 빈 컨테이너를 보관하고 이를 수출용으로 사용하면 불필요한 컨테이너 수송이 사라진다. 이를 컨테이너라운드 유스(CRU)라고 하며, 이러한 컨테이너 활용(컨테이너 매칭)으로 경제 효율성 향상 뿐만 아니라 이산화탄소 배출 억제에도 도움이 된다.

그림 10-7은 내륙장치장을 경유하는 컨테이너 매칭 사례이다. ① 유형은 선사가 소유한 컨테이너를 내륙 수입 거점에서 하역하고, 빈 컨테이너를 내륙장

치장과 지방항만 등에 운송한 후 다른 수출거점이나 본래의 항만으로 보낸다. 이에 비해 ② 타입은 화주가 소유한 컨테이너로 빈 컨테이너를 내륙기항지나 지방항만 등을 경유해 다른 수출 거점이나 본래의 항만으로 운송한다. 이외 컨테이너 매칭에는 빈 컨테이너를 수입 거점에서 다른 수출 거점으로 직접 보내거나 수입 거점에서 국내 운송 거점으로 직접 보내는 유형이 있다. 실제로 빈 컨테이너가 내륙장치장으로 운송되는 경우도 있으므로 컨테이너 이동은 위 사례들보다 더 복잡하다.

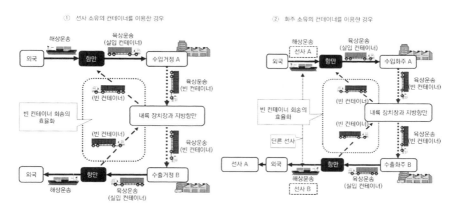

그림 10-7 내륙장치장을 경유한 컨테이너 매칭 사례

출처: 국토교통성 웹 자료

내륙장치장을 구미(歐美)에선 드라이포트로 불린다. 이는 웨이트포트 즉, 바다와 하천에 있는 항만과 비교해 내륙에도 항만 기능을 하는 장소가 있다고 보고 그렇게 불렸다. 항만은 관문(게이트웨이)의 일종으로 실크로드(비단길)에 육로와 해로가 있는 것처럼 화물이 중계되는 관문은 지표상 곳곳에 존재한다. 항만 기능이 집적되어 도시가 형성되듯이, 내륙에도 관문 기능을 가진 도시가 형성된다. 이러한 도시의 주요 산업은 화물의 집산 · 중계 · 보관 등을 담당하는 창고업 · 물류업 · 도매업 등이다. 역사적으로 큰길을 따라 형성된 마을과 철도 노선을 따라 형성된 도시가 있지만, 내륙장치장은 오직 해외 무역을 염두에 두고, 항만 기능을 내륙으로 가져왔다.

2. 일본 내륙항만인 내륙장치장

1971년 하마마쯔시에 설치된 시즈오카현 하마마쯔내륙컨테이너기지가 일본 최초의 내륙장치장이다. 이곳은 도메이고속도로 하마마쯔 IC에 인접한 하마마 쯔유통업무센터 안에 있으며, 시미즈항까지 약 90km, 나고야항까지 약 120km 의 거리에 위치한다(그림 10-8). 이 기지 주변에는 수송용 기기, 악기, 섬유, 섬 유기계를 시작으로 수출 공업제품을 생산하는 기업이 많이 입지하고 있다. 원 래 시미즈항에서 컨테이너 화물로 수출하였으나 원활한 수출업무를 위해 시즈 오카현에 기지를 건설하게 되었다. 제도적으로는 시미즈항 항만 시설의 일부

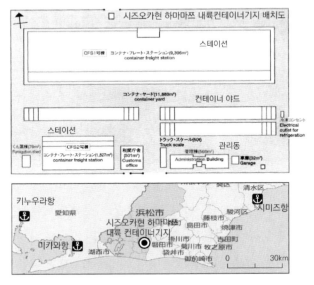

그림 10-8 시즈오카현 하마마쯔 내륙컨테이너기지

출처: 시즈오카현 하마마쯔 내륙컨테이너기지 웹 자료

로, 당시 대장성(大藏省)으로부터 지정 보세(保稅) 구역으로 인가되어 세관출장소가 기지 내부에 설치되었다. 총 컨테이너 취급량(1993년)의 88.2%는 수출이며, 수출의 경우 시미즈항이 67.2%, 요코하마항이 20.5%, 수입의 경우 시미즈항이 74.1%, 나고야항이 18.3%를 차지한다.

하마마쯔 내륙컨테이너기지 이후 야마가타, 우쯔노미야, 츠쿠바, 니가타(미츠케시) 등 각지에 내륙장치장이 설치되었다. 이 중 츠쿠바와 우쯔노미야는 나리타공항을 이용하는 컨테이너 화물의 취급이 많다. 야마가타와 같은 내륙의 오지(娛地)에 내륙장치장을 설치한 경우 컨테이너 매칭으로 화물운송의 효율화를 들 수 있다. 야마가타의 내륙장치장은 JR화물야마가타역이 2002년에 폐선되면서 설치되었다. 2006년 야마가타오프레일스테이션으로 변경해 현내 무라야마 지방 일대를 대상으로 센다이화물터미널과 트럭운송을 이용한 컨테이너기지로 역할을 담당하고 있다. 2007년 미츠케시에 설치된 니가타내륙장치장은 니카타현영 중부산업단지 내부에 있고 호쿠리쿠고속도로를 이용해 니가타항까지 53km, 칸에츠고속도로를 이용해 도쿄까지 260km 떨어진 위치에 있다. 또한, 이 근처에는 츠바메·산죠 등 공업생산이 활발한 지역이 자리잡고 있어 내륙형 컨테이너터미널의 역할을 하고 있다.

그림 10-9는 칸토 지방의 내륙장치장 분포를 나타내고 있다. 내륙장치장은 도쿄항과 요코하마항에서 떨어진 거리에 있는 키타칸토에 다수 위치하며, 키타칸토고속도로와 수도권중앙연결고속도로의 정비하면서 건설되었다. 대부분 운송사업자가 내륙에 위치한 컨테이너 터미널을 건설한다. 건설하는 주된 목적은 화물터미널에서의 컨테이너 매칭이다. 이 밖에 화주형 터미널과 창고사업자형 터미널도 있다. 전자는 특정 화주가 설치하는 유형으로 컨테이너 매칭이 제한적이다. 후자는 운송 수단이 없는 창고사업자가 협력업체 위탁을 전제로 설치하는 유형이다. 이후 공공형 터미널이 증가할 것으로 예상된다. 이는 행정 주

도로 설치되지만, 제3섹터나 지정관리자가 운영한다. 이러한 유형들은 복잡해진 항만 지구에서 떨어진 내륙의 보조터미널로 기능할 것이다.

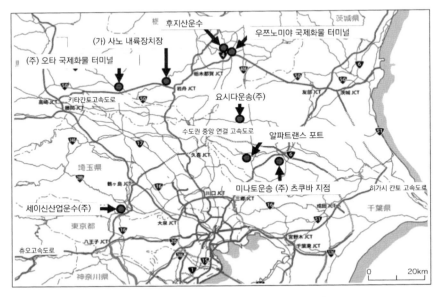

그림 10-9 칸토 지방 내륙장치장(내륙 컨테이너화물터미널)
출처: 국토교통성 칸토지방정비국 웹 자료

3. 구미(歐美)의 내륙장치장 위치와 다양성

내륙장치장(내륙항만)이 가장 발달한 지역은 북미와 서유럽이다. 그러나 이러한 시설에 관해 연구자가 주목하기 시작한 시기는 2000년대 이후다. 이를 반영하듯 내륙장치장(Inland Depot)이라는 명칭은 없었고, Inland Container Depot, Inland Clearance Depot, Inland Port 등 다양한 명칭으로 불러졌다. 1990년대 말에는 Transfer Terminal, Hinterland Terminal, Distribution Terminal 등으로 불리기도 했다. 서로 다른 복수의 이름이 존재한 배경에는 이런 종류의 시설들이 진화·발전 과정에서 있었기 때문이다. 국가와 지역마다 다른 조건들로 공통적인 시설이 없었기 때문이기도 하다.

이외 내륙장치장이 발생한 가장 큰 배경은 세계 규모의 물류시스템 등장 때문이다. 그 원인은 1960년대부터 시작된 컨테이너화와 그에 따른 인터모달 수송 때문이다. 이러한 수송시스템으로 연결되는 운송 수단이 달라도 화물운송이 가능해져 도어투도어(door to door) 운송이 실현되었다. 그러나 실제로 운송 전후 컨테이너 화물을 어딘가에서 환적할 필요가 있었고, 그러한 환적항으로 바다에 접한 항만이 컨테이너 화물 취급을 효율적으로 할 수 있을 것이라 기대를 모으게 되었다. 이러한 효율성 추구로 메가 글로벌 오퍼레이터가 등장했다. 그리고 허브항도 표면적으로는 효율성을 높이는 규모의 이익을 추구한 결과다.

북미와 유럽은 내륙장치장과 거리가 멀어, 이 두 곳 간 물류를 얼마나 효율적으로 운송할 것인가가 큰 과제다. 지금보다 화물 취급량이 많지 않던 시절에는 항만 처리능력이 큰 문제가 되지 않았다. 그러나 현재 내륙장치장의 생산량과 소비량이 이전과 비교하면 증가했고, 공간적으로 제약이 있는 항만 하역업무는 어려워지고 있다. 따라서 지금까지 항만에 집중된 업무가 원활해지도록 내륙의 역할도 필요하게 되었다.

미국은 내륙장치장에 세계적 규모의 물류시스템을 갖추는 것이 목적이다. 그렇다면 세계적 규모의 공급망(supply-chain)을 연결하는 지점에 해당하는 물류 결절점을 어떻게 만들 것인가? 특히 국내 내부 문제로 바다에 위치한 항만과는 별도로 내륙항만을 어떻게 할 것인가가 관건이다. 각 지역의 내륙장치장은 배후지의 교통, 생산, 소비의 여러 가지 여건을 고려해 건설한다. 그러나 이는 지금 상황을 근거로 한 것으로, 앞으로 전국 도시와 인구의 분포, 시장의 동향에 맞는 물류 결절점 네트워크를 고려해 건설할 가능성이 크다. 내륙장치장을 누가 계획하고 건설하든지 기본적으로 물류 기술의 진보와 발전, 규모의 경제 추구가 내륙장치장 건설을 촉발시킨다. 이는 컨테이너 운송방식의 변화, 선박의 대형화, 허브항으로 화물 집중, 메가 글로벌 포트 운영자의 세력 확대를 초래한 요인과 같다.

4. 구미(歐美)의 내륙장치장 사례

지금까지의 내륙장치장을 운송 기능으로 분류하면 위성터미널, 로드센터, 트랜스모달센터로 나눌 수 있다. 이 중 위성터미널은 항만에서 비교적 가까운 거리에 위치하고 있어 항만 기능을 보조하는 역할을 한다. 예를 들면 항만에 컨테이너 보관 공간이 부족한 경우 그 장소를 제공한다. 항만과의 거리는 200km 이내이며, 항만 간 운송 수단은 트럭과 철도 등이다. 이 터미널은 부가가치를 창출하기보다는 화물 운송을 보조하는 업무 정도다.

두 번째 로드센터는 항만에서 배후지로 운반된 컨테이너 화물을 내리거나 싣는 시설이다. 내륙장치장으로 로드센터의 형태가 가장 많다. 배후지 전역에서 접근성이 가장 좋고, 생산의 경우 주변에 분포하는 공장과 소비의 경우 상업·서비스업 시설과 관련이 있다. 일본에서 일반적으로 말하는 내륙장치장도 이런 유형에 가깝다. 로드센터 근처에는 로지스틱스 활동이 전개되고 있고 이는 일본의 내륙장치장에서도 볼 수 있다.

세 번째 트랜스모달센터는 동일하거나 다른 교통 수단의 연결시설이다. 이 시설을 경유해 환적된 화물은 거리가 먼 배후지로 보내기도 하고 반대로 배후지에서 보내진 화물이 이 시설을 경유해 항만으로 보낸다. 항만과 광역적인 배후지 중간에 위치하면서 컨테이너 화물 중계를 담당하고 있다. 교통 수단이 트럭에서 트럭 혹은 철도에서 철도의 연결되거나 트럭, 철도, 내륙 수운 중 하나로 연결된다.

이상에서 설명한 내륙장치장은 실제로 어떤 사례가 있을까? ① Cross Dock, ② Rail Hub, ③ Barge Terminal, ④ Inland Port Logistics Zone의 각 사례를 소개한다. 첫 번째 Cross Dock 사례는 시카고에 있는 UPS 월로스프링스물류센터에서 화물 환적과 운송을 하고 있다. Cross Dock이란 운반된 화물을 그 자리에서 환적하는 것을 의미하며, 어딘가에 저장되지 않는다. 교통 수단은 오직 트럭으로 최종 목적지와 물류센터의 중간에 위치해 있다. 두 번째 Rail Hub는 오하이오주 콜럼버스의 리켄배커 내륙장치장을 들 수 있다(그림 10-10). 이 터미널은 트럭으로 배후지를 연결하고, 철도를 기반으로 한 Hub and Spoke가 특징이다. 미국 이외 벨기에 바이젠 드라이포트도 이 유형에 속한다.

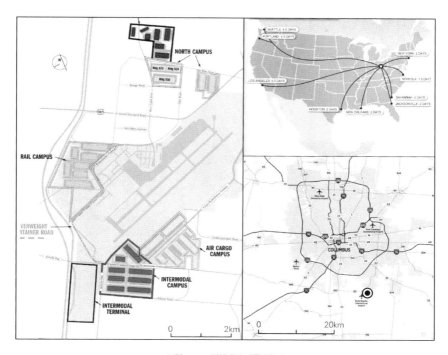

그림 10-10 리켄배커 내륙장치장

출처: bizjournal.com 웹 자료, RICKENBACKER INLAND
PORT 웹 자료, Commercial Search 웹 자료

세 번째 Barge Terminal의 경우는 유럽에 많은데, 특히 벨기에에서 ECT가 운영하는 TCT벨기에와 네덜란드 바지터미널(Barge Terminal) 등이 대표적이다. 항만 간을 내륙 수운이 연결하고, 터미널 시설로 운반된 컨테이너 화물을 트럭이 배후지로 운송한다. 또 트럭이 배후지에 집화된 컨테이너 화물을 이 시설에서 환적해 내륙 수운을 이용해 항만까지 운송한다. 마지막으로 Inland Port Logistics Zone은 독일 뒤스부르크, 프랑스 파리와 스트라스부르, 벨기에 리에주 등에 있다. 철도, 트럭, 내륙 수운이 서로 연결되어 화물 운송과 환적은 물론 통관 업무와 도매 · 창고, 로지스틱스 기능도 갖추고 있다.

그림 10-11은 독일 서부 공업 지역 중심에 위치한 뒤스부르크 내륙장치장이다. 남쪽에서 북쪽으로 흐르는 라인강과 동쪽에서 흘러오는 루르강이 교차하는 곳에 있으며 운하, 철도, 고속도로 등 다양한 교통 수단이 모여 있다. 이 터미널은 컨테이너 화물의 환적지로 좋은 조건을 갖추고 있고 총면적은 로그포

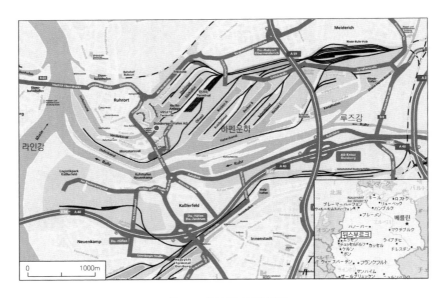

그림 10-11 뒤스부르크 내륙장치장
출처: Port of Duisburg 웹 자료

트 I, II를 합해 300ha로 광활하다. 반경 150km의 배후지 인구는 3,000만 명에 이르며, 이곳의 화물을 취급하기 위해 8개 터미널과 21기 갠트리크레인을 사용하고 있다. 터미널 내 선로연장만 200km에 달해 그야말로 세계 최대 규모의 내륙장치장이다.

칼럼 10. Last Port와 First Port

Port of call은 기항지를 말하며, 따라서 last port of call은 최종 기항지를 의미한다. 예를 들어 호주 남서단에 위치하는 프리맨틀항은 브리즈번, 시드니, 멜버른 등 동부에 위치한 항만을 경유한 선박의 최종 기항지다. 호주의 주요 도시는 국토의 동부에 주로 위치해 있다. 이 때문에 프리맨틀은 퍼스의 외항으로 서부 변두리의 '변경'에 고립된 것처럼 느껴진다. 그러나 국제항로 컨테이너선이 동부에서만 오진 않는다. 오히려 동아프리카나 서아시아 방면 등 인도양을 건너 프리맨틀이 최초 기항지가 된다. 호주에 가장 먼저 화물이 도착하는 항만이라고 할 수 있다. 또 동부에서 서부로 호주의 생산물이 모여 프리맨틀에 최종 기항하는 경우 배에 실을 때까지 시간을 벌 수 있다. 즉 최종 또는 최초 기항지는 중간에 위치한 항만에 비해 이득이 많다.

퍼스 뿐만 아니라 호주 주요 도시인 주도는 모두 임해에 위치하고 있다. 호주를 비롯한 신대륙인 미국, 캐나다 등의 도시는 외부 압력에 의해 형성되었다. 북미의 경우는 임해 도시에서 내륙도시로 개척되면서 발전했다. 그러나 내륙에 광대한 사막이 펼쳐져 있는 호주는 내륙도시로 발전하는 것이 어려웠다. 이 때문에 주요 도시는 항만도시이며, 해상 교통이 편리한 장소가 도시의 출발점이 되었다. 퍼스도 넓은 의미에서는 항구도시이지만, 실제로는 스완강 하구에 건설된 프리맨틀이 항만 기능을 전적으로 담당했다. 또 프리맨틀은 퍼스의 일부이긴 하지만, 행정상으로는 퍼스와 다른 행정구역이다.

수상 교통이 퍼스와 외부 세계를 연결하는 유일한 교통 수단이었을 당시, 프리맨틀이 퍼스를 드나드는 사람과 사물의 관문 역할을 했다. 인도양에서 스완강으로 수상 교통을 이용하던 선박의 크기가 작았을 때는 큰 문제가 없었지만, 선박이 대형화되면서 하구 출입이 어려워졌다. 그리고 이 일대는 석회암 바닥으로 얕은 물이 많아 선박의 항해를 방해했다. 아일랜드 출신의 토목기사 찰스 오코너(C. Y. O' Connor)가 항만 정비 공사를 맡았고, 1897년 공사가 마무리되면서 프리맨틀항이 근대 항만으로 개항했다. 그러나 개항되기까지 순탄치 않았다. 기술적 문제와 자금난으로 장기간 공사가 진행되지 못했다. 1890년대 골드러시로 자금이 조달되면서 비로소 공사가 진행되었다. 항만 건설사업의 일등공신으로 오코너의 업적은 인정받았고, 프리맨틀항만국 옆에 동상이 세워졌다.

퍼스와 주변 지역의 기반 산업인 농업, 광업 자원을 해외로 보내는 항만은 지금도 여전히 중요한 역할을 하고 있다. 현재도 수출 뿐만 아니라 도시민의 생활에 필요한 물자가 이 항만에서 수입된다. 즉 프리맨틀이 퍼스를 지탱하고 있다. 이러한 역할은 국제 항공편이 오늘날만큼 발달하지 않았던 20세기 전반부터 1960년대 무렵까지 이어졌다. 1900년 영국과 남아프리카의 보어전쟁 때 많은 병사가 프리맨틀항에서 바다를 건너갔다. 서호주에 들어오는 이민자들은 이 항만에 도착한다. 자유로운 해외여행이 가능해지면서 프리맨틀은 관광객의 승선·하선 항만으로 기능하게 되었다. 도시 역사로 보면 퍼스보다 프리맨틀이 오랜 역사를 가지고 있고, 항만도시로 형성된 이 마을에는 역사적 건조물도 많다. '변경'이라는 개념은 상대적이며, 시대가 변화거나 방향을 전환해 생각하면 또 다른 해석도 가능하다.

제11장

항만과 배후지를 연결하는 교통망 전략

제1절 포트메트로밴쿠버항 무역과 항만 합병

1. 포트메트로밴쿠버항 수출입 기능

해외 무역 의존도가 높은 나라는 항만의 역할이 매우 중요하다. 뿐만 아니라 항만과 배후지의 원활한 연결도 매우 중요하다. 특히 넓은 배후지를 지닌 항만과 이를 연결하는 철도와 도로 등 교통 인프라가 충분히 정비되어 있지 않으면 원활한 수출입은 어렵다. 대륙국가 중 한 곳인 캐나다는 국토 면적에 비해 도시와 인구가 적고, 게다가 분산적인 도시 분포로 주요 항만과 거리가 멀다(林, 2004a). 이 때문에 도시에서 항만과의 접근성이 중요하고, 이 두 지역의 연결 수단인 철도와 도로 등 교통 인프라에 지장이 생기면 무역에 미치는 영향은 그만큼 크고, 경우에 따라서는 캐나다 국내 경제에도 큰 영향을 미칠 우려가 있다. 또한 캐나다는 미국과 9,000km에 걸쳐 국경을 접하고 있으며, 최대 무역 상대는 미국과는 주로 육로나 항공로로 무역을 한다. 따라서 항만을 통한 무역 대상은 아시아와 유럽이다. 최근에는 동아시아의 경제 발전으로 아시아 무역이 차지하는 비율이 높아지고 있다. 캐나다 서해안에 위치한 밴쿠버는 캐나다 최대 항만으로서 아시아 무역에 있어 중요한 관문으로 기능하고 있다.

북위 49도로 일본의 삿포로와 거의 같은 위도에 위치하면서도 캘리포니아 해류 덕분에 겨울에도 그다지 춥지 않은 밴쿠버는 부동항(不凍港)의 강점을 살려 매년 수출 · 수입을 하고 있다. 주빙하지형인 피요르드는 동서 방향으로 가늘고 길게 뻗어 있으며, 안쪽 깊은 남안(南岸)이 항만 발상지다. 현재 맞은편 북안(北岸)에서도 항만 업무가 이루어지고 있으며, 항만 남쪽 도심부에는 상업 · 서비스업 지구가 또 북쪽에는 주택 지구가 형성되어 있다. 2008년 밴쿠버항은 인근 소규모 항만을 통합하였고 현재 포트메트로밴쿠버가 정식 명칭이다(그림 11-1). 이 통합은 항만조직의 합리화를 추진하여 체질을 강화하고 증대하는 국제무역에 대응하려는 연방정부의 정책 하에 이루어졌다.

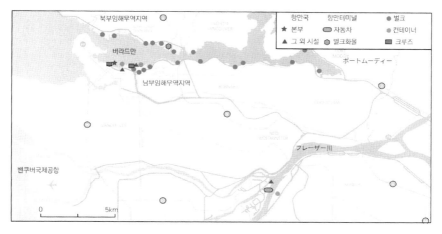

그림 11-1 포트메트로밴쿠버 항만 시설 분포
출처: 포트메트로밴쿠버 홈페이지 게재 자료

포트메트로밴쿠버는 자원대국인 캐나다의 목재, 광물, 농산물을 동아시아로 수출하는 역할과 동아시아 공산품을 수입하는 역할을 하고 있다. 태평양에서 부는 습한 서풍이 해안산맥과 록키산맥에 부딪쳐 대량의 비를 내리기 때문에 서해안 동쪽에는 삼림이 펼쳐져 있다. 이들 산맥과 그 동쪽 앨버타주의 저지대에는 광물자원 산출도 많기 때문에 동아시아로의 자원·에너지 수출도 많다. 또한 동쪽 중앙평원 지역의 밀, 카놀라유, 옥수수 등의 수출용 농산물로 재배되고 있다. 반대로 동아시아의 기계, 자동차, 잡화 등 공업제품이 캐나다로 수입된다. 무게 기준으로 수출이 1,419만 톤, 수입이 826만 톤(2012년)이며, 수출이 수입의 17배가 많다.

전체 수출의 80.3%가 벌크화물로 석탄이 39.0%, 곡물류가 18.9%, 광물이

11.6%이다. 곡물 중 대부분이 캐나다에서 생산된 카놀라유와 밀로 각각 40% 가까이 차지했다. 벌크 형태의 수입 화물이 22.5%를 차지하지만, 전체 67.8%는 컨테이너 형태의 수입 화물이 차지한다. 컨테이너 화물의 수입량 962.6만 톤으로 수출량 1,339.6만 톤을 400만 톤 가까이 밑돌고 있다. 투바이포로 알려진 목제품, 특수 곡물, 기초 금속, 제지·골판지 등 캐나다에서 수출하는 컨테이너 화물은 많다.

2. 동아시아 중심의 무역구조와 외항 크루즈

포트메트로밴쿠버에는 세계 각지의 화물이 수입되고 수출된다. 2012년 국가별로 수입 화물량이 가장 많은 곳은 중국(570.6만 톤)이고, 이어서 한국(189.6만 톤), 미국(179.9만 톤), 대만(87.5만 톤), 일본(69.9만 톤) 순이다(표 11-1). 중국산 수입 화물은 가정용 잡화(205.3만 톤), 건설 재료(94.0만 톤), 공산품·자동차·자동차 부품(57.2만 톤) 등이 대부분을 차지한다. 한국산 수입 화물의 대부분은 건설 재료(30.4만 톤), 공업제품·자동차 부품(25.1만 톤) 등이다. 미국은 휘발유 수입량이 61.8만 톤으로 많고, 항공용 연료가 51.0만 톤, 광물 원료도 34.7만 톤 수입되고 있다. 대만으로부터는 무기 화학제품(21.6만 톤), 건설 재료(15.2만 톤), 가정용품(11.9만 톤)을 수입한다. 일본의 경우 자동차의 수입이 20.9만 톤으로 많고, 건설 재료(19.2만 톤), 공업제품·자동차 부품(11.5만 톤)이 그 뒤를 잇는다.

반면 포트메트로밴쿠버의 최대 수출국은 중국이다. 2012년 중국으로 2,271.0만 톤이 수출되었고 이는 전체 수출의 33.9%에 해당한다. 주요 대중국 수출 품목은 유연탄, 카놀라유, 목재이다. 제2위 수출국은 일본으로 전체 수출의 21.9%를 차지하며, 주요 수출품은 중국과 비슷한 유연탄, 카놀라유, 석탄이다. 제3위

표 11-1 포트메트로밴쿠버 국가별 수입 화물 취급량(2012년)

단위 : 톤

수입	중량	수출	중량	전체	중량
중 국	5,706,260	중 국	22,710,290	중 국	28,416,550
한 국	1,896,938	한 국	14,706,985	한 국	15,406,213
미 국	1,799,066	미 국	11,602,359	미 국	13,499,297
대 만	874,832	대 만	4,493,970	대 만	6,293,036
일 본	699,228	일 본	2,453,383	일 본	3,115,465
멕 시 코	601,460	멕 시 코	2,445,355	멕 시 코	2,582,611
홍 콩	589,660	홍 콩	2,256,858	홍 콩	2,534,126
태 국	337,653	태 국	2,243,331	태 국	237,747
싱 가 포 르	220,311	싱 가 포 르	2,240,632	싱 가 포 르	2,289,527
말레아시아	133,829	말레아시아	1,861,186	말레아시아	1,880,547
합 계	12,859,237	합 계	67,014,349	합 계	76,255,119

출처: 포트메트로밴쿠버 Statistics Overview 2012 자료.

는 한국이며 전체 수출의 17.3%로 유연탄, 석탄, 밀이 주요 수출품이다. 동아시아의 세 나라에 이어 미국이 제4위 수출국이며 전체 6.7%를 차지하며, 칠레, 인도네시아, 인도, 브라질 순이다.

포트메트로밴쿠버에는 아시아에서 수입하는 자동차 터미널이 두 곳 있다. 이들 터미널은 중심시가지 인근 항만 지구에서 멀리 떨어진 프레이저강 하류 기슭에 위치한다. 두 곳 터미널 중 한 곳은 스웨덴·노르웨이 다국적기업 Wallenius Wilhelmsen가 운영한다. 이곳에서 BMW, 혼다, 현대, 기아, 벤츠, 미쯔비시, 닛산, 스바루의 자동차가 수입된다. 다른 터미널에서는 GM, 렉서스, 마쯔다, 토요타, 스즈키가 수입된다. 2012년 포트메트로밴쿠버에 입항한 선박에서 수입된 자동차 대 수는 383,882대이며, 이 중 일본에서 50.9%, 한국에서 34.1%, 캐나다 국내에서 7.7%가 주 고객 대상이다. 미국에서 19,900대가 수입되었지만, 독일과 멕시코에서는 5,000대도 수입되지 않았다. 포트메트로밴쿠버에서 수출된 자동차는 겨우 51대로, 이 항만은 수입차 전용항이다.

포트메트로밴쿠버에는 벌크화물, 브레이크벌크화물, 컨테이너화물, 자동차 수입 그리고 외항 크루즈가 주로 드나든다. 2012년 외항(外港) 크루즈선의 승하차객 수는 666,240명으로 승선객과 하선객 수는 거의 동일하다. 크루즈터미널은 두 곳 있는데, 모두 밴쿠버 도심에 인접해 있다. 발렌타인터미널은 셀레스코프컴퍼니가 운영하는데, 이 회사는 북미의 많은 항만에서 터미널 업무를 담당하고 있다. 또한 캐나다플레이스는 포트메트로밴쿠버 당국 사무실이 있는 터미널이며 밴쿠버 시가지의 편의시설과 더 가까운 곳에 위치한다. 이 두 터미널을 거점으로 외항 크루즈가 연간 119회 입항한다.

3. 국제 무역의 발전을 위한 항만 통합의 움직임

포트메트로밴쿠버는 2008년에 밴쿠버항, 프레이저리버항, 노스프레이저항 등이 합쳐져 만들어졌다. 이 세 곳 중 역사가 가장 길고 규모도 큰 곳이 밴쿠버항이었으며 실질적으로 밴쿠버항이 다른 두 항만을 흡수하면서 신항만이 탄생했다. 그림 11-2는 현재 포트메트로밴쿠버의 항만구역을 나타내고 있는데 그림의 북쪽 동서로 뻗은 버라드만이 구 밴쿠버항의 항만구역이다. 합병한 프레이저리버항은 프레이저강의 하구 부근에서 강 상류로 이르는 하천항이다. 마찬가지로 합병한 노스프레이저항은 프레이저강 본류에서 갈라져 나와 북쪽으로 흐르는 프레이저강 지류와 바다가 맞닿은 지역이다. 이 항만은 브리티시컬럼비아(BC)주에서 생산된 목재를 오랫동안 취급해왔다.

합병 이전 각각의 항만은 연방정부의 법률에 따라 독자적으로 활동하고 있었다. 지리적으로 가까운 이 항만들의 경쟁적·대립적인 관계는 결과적으로 비효율적인 항만 활동으로 이어졌다. 합병의 계기는 2006년 프레이저리버항의 확장공사로 완성된 프레이저서리도크가 제 기능을 하지 못한다는 현지 미디어의

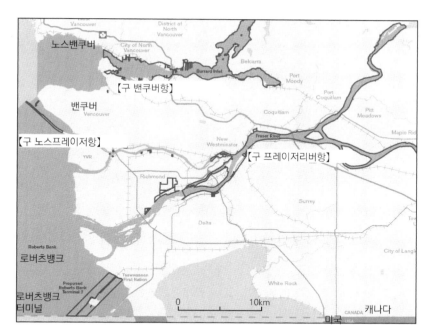

그림 11-2 포트메트로밴쿠버의 항만 구역

출처: Port of Vancouver 웹 자료

방송이었다. 이 도크에서 운영될 CP선사가 밴쿠버항으로 거점을 옮긴 점을 언론이 문제삼았다. 밴쿠버항은 항만 능력이 한계에 달한 데 비해 확장공사된 이 도크는 설비가 놀고 있었다. 이러한 지적이 계기가 되어, 2008년 연방정부가 세 곳의 항만을 합병시켰다.

포트메트로밴쿠버를 관리·운영하는 조직은 밴쿠버프레이저항만관리국(VFPA)이다. 2013년 VFPA는 캐나다플레이스코퍼레이션과도 합병해 그 거점을 밴쿠버의 임해도심부에 가까운 캐나다플레이스에 두었다. 합병 후 포트메트로밴쿠버의 관할 범위는 넓어졌다. 버라드만 양안(兩岸)에서 시작된 밴쿠버의 항만 활동은 태평양에 접한 로버츠뱅크의 신항 델타포트로 확대되었다. 항만 합병으로 프레이저강의 하류 양안을 거점으로 활동해 온 구 프레이저리버항의 도크는 VFPA의 관할 구역에 포함되게 되었다. 여기에 구 노스프리저항의 활동 구역도 추가됐다. 모양새로는 밴쿠버항이 다른 두 항구를 합병한 것 같지만, 지난 150년간 따로 활동해온 항만이 합병된 만큼 항만운영이 목표대로 이뤄질지 장담할 수 없다.

이번 합병의 계기가 포트메트로밴쿠버(대도시권)의 항만 설비가 다수의 조직으로 나누어져 있기 때문에 충분히 활용되지 못하고 있다는 현 미디어의 지적이었지만, 보다 넓은 시점에서 보면 1992년 NAFTA 성립으로 북미 시장의 확대·활성화, 여기에 더해 중국을 비롯한 아시아 경제의 급성장으로 인해 캐나다의 항만이 시급히 대처해야 하다는 부분들의 사회적 배경이 있었다. 천연자원이 풍부한 캐나다는 지금도 아시아 각국이 필요로 하는 자원·에너지, 식료, 목재 등을 대량으로 수출하고, 그 대가로 각종 공업제품을 수입하고 있다(高橋, 2005). 무역 확대에 따른 국가 경제의 성장을 지속하기 위해서는 무역 거점인 항만과 이곳을 연결하는 교통 구조를 강화해야 한다. 포트메트로밴쿠버는 항만 기능을 강화하기 위해 현재 CCIP라는 프로젝트를 진행하고 있다. CCIP는 Container Capacity Improvement Program의 약자이며, 2030년을 목표로 현재의 컨테이너 물동량을 3배로 늘리기 위해 항만 설비를 강화하려는 사업이다. 구체적으로는 현재 델타포트의 컨테이너 물동량을 60만TEU 증가시키고, 제2터미널을 신설해 240만TEU의 컨테이너 화물을 취급할 계획이다. 신설터미널은 3개의 버스를 갖추고, 2020년 현재 가동을 목표로 환경영향평가를 하고 있다.

제2절 아시아태평양 게이트웨이 경로 정비사업

1. 동아시아 경제 발전과 항만 경로의 종합적 정비

무역 의존도가 높은 캐나다의 주요 수출 국가는 미국, 유럽, 아시아이며, 이들 사이에 각각의 국제 운송 경로, 즉 게이트웨이를 가지고 있다. 3개의 게이트웨이 중에서 특히 아시아태평양 게이트웨이가 주목을 받는 배경에는 중국의 가파른 성장과 이에 따른 대중국무역의 급증이 있다(ARC国別情勢研究会編, 2015). 2006년부터 2015년까지 9년간 캐나다의 대중국 수출액은 78억 달러에서 202억 달러로 큰 폭으로 증가했다. 또, 대중국 수입액은 345억 달러에서 656억 달러로 2배 가까이나 증가했다(그림 11-3). 대중국 수입액이 이처럼 늘어난 것은 중국의 수출경쟁력이 높아지면서 과거 한국, 일본, 대만 등에서 수입하던 제품을 중국으로 바꾼 탓이 크다. 그중 일본 기업이 중국으로 생산기지를 이전

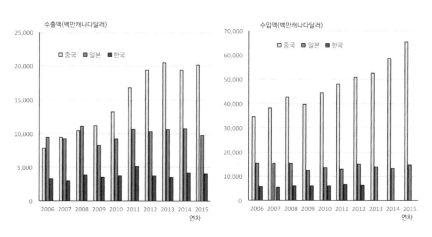

그림 11-3 캐나다와 중국, 일본, 한국의 무역액 추이

출처: Statistics Canada 연도별 자료

하여 중국에서 캐나다로 수출하게 되면서 일본의 수출 점유율은 감소하고 반대로 중국의 점유율이 커진 부분도 포함된다. 실제로 캐나다의 일본 무역 점유율 변화(2001~2011년)는 수출은 2.4%에서 2.3%로, 수입은 4.1%에서 2.7%로 모두 감소하였다. 그러나 주의할 점은 국가별 무역 점유율은 감소했지만, 무역의 절대액은 증가했다는 것이다.

앞으로도 중국의 경제 발전은 계속될 것이다(橫川·板垣編, 2010). 현재 GDP 세계 2위의 경제 대국이지만, 2040년이 되면 미국을 제치고 세계 최대의 경제력을 갖게 될 것이라는 예측도 있다. 이러한 예측의 진위를 떠나 절대적으로 증가하고 있는 아시아태평양지역과의 원활한 무역을 위한 교통 인프라는 이미 한계에 도달했다. 앞으로 늘어날 무역량에 대처하기 위한 노력이 필요하다. 이러한 교통 인프라의 한계를 극복하기 위해서 효율적인 인터모달 시스템을 구축해야 한다. 서로 다른 운송 수단과 항만이 연속적으로 연결되지 않으면 수출입 화물을 원활히 처리될 수 없다. 따라서 서로 다른 운송 수단을 운영하는 주체 간 상호협력을 실현하여 국제적인 운송 시스템를 조절할 수 있는 새로운 조직과 시스템을 구축할 필요가 있다.

캐나다 연방정부는 아시아태평양 게이트웨이 경로 정비계획을 향후 다른 게이트웨이를 계획할 때 참고모델로 할 것이라고 밝혔다(林, 2014a). 이 정비계획에서 연방정부가 채택한 것은 종합적 게이트웨이 접근방식이다. 굳이 종합적이라 한 것은 무역 활동은 다양한 운송 수단과 주체, 거기에 각종 정책, 제도, 방식이 복잡하게 얽혀있기 때문에 그들의 관계를 잘 해석해 진정한 의미에서 상호협력체제를 만들 필요가 있다고 생각하기 때문이다. 교통 인프라와 이를 움직이는 소프트 간 원활한 관계성 구축이 정비계획의 실현을 좌우한다.

2. 아시아태평양 게이트웨이 경로의 전략적 성격

아시아태평양 게이트웨이 운송 경로 정비계획은 캐나다 연방정부 예산 총 5억 9,100만 달러를 들여 추진하기로 했다. 즉시 집행가능한 예산 3억 2,100만 달러, 추후 투자액 2억 6,080만 달러, 나머지 920만 달러가 촉진 조치로 각각 할당되었다. 이 계획의 특징은 아래 5가지 핵심 요소를 기반으로 실시된다는 점이다(林, 2014b). 첫째, 사회적 생산 기반의 전략적인 확립이다. 이는 종합적이며 장기적으로 신뢰할 수 있는 안전한 운송 경로의 완성을 고려하면서 우선은 현 시점의 과제를 해결하려는 것이다. 둘째는 민간 부문의 투자와 혁신이다. 이는 연방정부가 국가적인 규모로 주도권을 발휘하는 것은 당연하다고 할지라도 실제로 민간기업의 투자 없이 운송 경로가 종합적으로 기능하지 않기 때문에 적극적인 민간투자와 사업관행의 혁신을 기대한다는 의미다. 사업관행의 혁신이란 지금까지와 같은 방식에 구애받지 않고 새로운 운송업무형태로 추진하는 것을 말한다.

셋째, 안전보장과 국경통과의 효율성 추구다. 인터모달 수송을 안전하고 효율적으로 실현하는 것은 두말할 것도 없고, 국경통과 시 정치적 안전 보장 시스템을 확립함으로 캐나다의 국제적 우위성을 유지하고자 하는 것이다. 요컨대 캐나다가 무역상대국과 충분히 안심할 수 있는 신뢰 관계를 구축하려는 전략이다. 이러한 배경에는 2001년 911 테러 이후, 국제 관계에 신경이 곤두선 미국이 있다. NAFTA가 발효된 현재 미국행 화물이 캐나다 항만을 통해 들어오는 일은 특별한 일이 아니다. 이러한 화물을 국경에서 원활히 취급할 수 있으면 항만 이용이 증가하기 때문에 경제적 이점이 커진다.

넷째, 21세기에 걸맞은 새로운 통치 체제를 확립할 필요가 있다고 캐나다 정부는 제언했다. 이는 주로 연방정부 내부의 수직적 행정을 개선하고, 부문 간

벽을 허물어 종합적으로 게이트웨이 운송 경로를 실현하려는 의도에 따른 것이다. 어느 나라에서나 정부 내부의 관료적 행태는 백해무익한 적이 있다. 캐나다도 예외는 아니고 항만과 운송을 둘러싼 내부의 영역 싸움이 원활한 운송을 방해한다. 이러한 연유로 새로운 시대에 맞는 통치체계의 확립은 제언한다.

마지막으로 확실한 정책 실행이다. 이는 인프라의 정비계획에 따른 복잡하고 다양한 문제를 정리하고 운송 인프라의 효율적 활용에 직접적인 영향을 주는 과제를 발굴해 이를 정책 대상으로 삼는 것이다. 일반적으로 하나의 사업을 실행하려면 그와 관련된 많은 사업에 영향을 미친다. 그러나 이 모든 것을 동시에 실행하는 것은 불가능하다. 그러므로 과제 발굴을 통해 먼저 실행할 사업의 순서를 정하는 것이 필요하다.

이상에서 살펴본 것처럼, 캐나다 정부는 동아시아의 가파른 경제 발전과 북미 시장의 확대를 염두에 두면서, 아시아태평양 게이트웨이 경로의 기능 강화를 전략적으로 추진하고자 한다. 이 경로는 북미에서 동서로 거리가 먼 캐나다 국내는 물론, 그 남쪽의 미국 중서부에서 남부까지 그야말로 대륙적 규모로 스케일로 이용되고 있다(그림 11-4). 또 아시아태평양 게이트웨이 경로의 서쪽 끝에는 중국, 한국, 일본, 대만 등의 항만이 있다. 포트메트로밴쿠버는 동서를 연결하는 게이트웨이로 중요한 역할을 하지만, 경로 전체의 운송 인프라 수준을 높이지 않으면 원활한 국제화물의 이동은 어렵다.

3. 항만과 항만을 연결하는 경로 정비

아시아태평양 게이트웨이와 운송 경로를 정비하는 데 문제가 되는 부분이 즉각적인 조치로 해결되었다. 그 조치의 일환으로 포트메트로밴쿠버와 연결하는 경로의 주요 프로젝트인 피트강 다리와 메리힐IC가 건설되었다(그림 11-5의 ⑱).

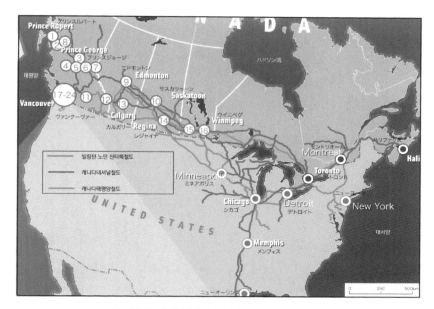

그림 11-4 캐나다 전 지역과 관련된 아시아태평양 게이트웨이 회랑 정비사업과 철도망

주: ① Prince Rupert Port Container Security Program(2,800만 달러), ② Road, Rail and Utility Corridor, Prince Rupert(1,500만 달러), ③ Highway Improvements near Vanderhoof(100만 달러), ④ Ashcroft Terminal(500만 달러), ⑤ River Road, Prince George(280만 달러), ⑥ Twinning of Simon Fraser Bridge(1,610만 달러), ⑦ Highway 97 Upgrade near Prince George(690만 달러), ⑧ Grade Separations, British Columbia(240만 달러), ⑨ Highway 2 and 41 Avenue Intermodal Access, Edmonton(7,500만 달러), ⑩ Freeway Interchanges and South River Crossing Bridge(9,500만 달러), ⑪ Trans Canada Highway Upgrade(720만 달러), ⑫ Trans Canada Highway Upgrade(2.67억 달러), ⑬ 52nd Street SE, CPR Grade Separation and Western Headwaters, Calgary(3,450만 달러), ⑭ Global Transportation Hub(2,700만 달러), ⑮ Highway Interchange and Grade Separation, Portage la Prairie(2,100만 달러), ⑯ Centreport Way, Winnipeg(3,330만 달러)

출처: Asia-Pacific Gatewayand Corridor Initiative 홈페이지 게재 자료

이에 따라 밴쿠버 교외의 만성적인 교통 체증이 해소되었다. 또한 로버츠뱅크 철도 노선의 입체화 사업도 중요한 프로젝트다. 이 사업은 밴쿠버 남쪽 교외에 있는 델타포트에서 동쪽으로 뻗은 길이 65km의 철도 노선의 건널목 정비를 위한 사업이다(그림 11-5의 ㉑). 이 노선에는 건널목이 39곳이나 되어 길이가 3,000m인 화물열차가 달리는 동안 자동차는 멈춰야만 했다. 자동차가 정차

하는 중에 공회전으로 배기가스가 방출되었고 이는 환경 악화로 이어졌다. 따라서 이러한 건널목 정비 후보지로 9곳이 선정되었고, 그중 한 곳인 코리드41B 스트리트가 입체화 사업으로 2012년 완공되었다. 이 사업은 브리티시콜롬비아주 교통·인프라국, BC철도, 캐나다교통부, 포트메트로밴쿠버가 각각 건설비를 부담하여 실행되었다.

포트메트로밴쿠버에서 가장 큰 컨테이너터미널이 있는 델타포토의 연결도로 신설도 대규모 투자(3.65억 달러)를 통해 추진되었다(그림 11-5 ㉒). 델타포트의 잠재적인 컨테이너 물동량이 큰 데도 불구하고 항만의 접근성이 충분하지 않아 제 기능을 발휘하지 못했다. 그래서 델타시 남서부 델타포트웨이에서 고속도로 15호선까지 프레이저강을 따라 길이 40km의 4차선 도로를 신설할 계획을 세웠으며 이 도로는 델타포트 컨테이너 터미널, 프레이저서리도크, 캐나다국유철도(CNR) 인터모달 야드를 비롯한 많은 산업 시설을 상호 연결하는 역할을 기대했다.

포트메트로밴쿠버 발상지인 버라드만의 노스밴쿠버에는 네 개의 프로젝트가 계획되었다. 노스밴쿠버의 항만 지구에 이르는 철도와 도로의 개량 그리고 항만에서 바다로 화물을 실어 나르는 시설 개량이다. 브룩스뱅크애비뉴의 언더패스사업은 이미 완성됐다. 넵튠(Neptune)과 카길(Cargill)의 입체교차화, 플립에비뉴의 입체교차화 그리고 일반도로의 직선화이다. 이러한 개량사업은 버라드만 남쪽에도 실시한다. 총 예산은 4,970만 달러이며, 파웰스트리트의 입체교차화와 스튜어트스트리트의 고가화 사업이다. 이 지구는 낡은 시가지와 접하고 있어 지금까지도 재개발을 해왔다. 아시아의 인구와 자금 유입으로 밴쿠버 시가지는 고밀도화되고 있어 항만으로 가는 교통과 일반자동차 교통의 분리가 필요하다. 따라서 이러한 입체화사업을 통해 항만 업무가 지금보다 더 원활해질 것이다.

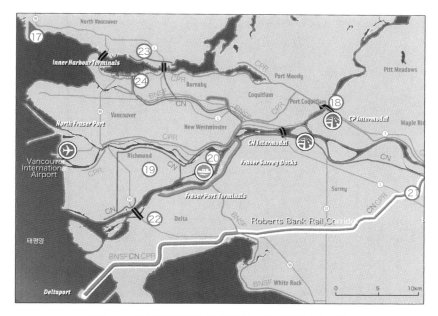

그림 11-5 포트메트로밴쿠버의 아시아태평양 게이트웨이 회랑 정비사업

⑰ Regional Transportation Management Centre(500만 달러), ⑱ Pitt River and Mary Hill Interchange(9,000만 달러), ⑲ City of Richmond(550만 달러), ⑳ Corporation of Richmond(180만 달러), ㉑ Roberts Bank Rail Corridor Road/Rail Grade Separation(7,500만 달러), ㉒ South Fraser Perimeter Road(3.65억 달러), ㉓ Four Burrard Inlet, s North Shore Projects(7,500만 달러), ㉔ South Shore Trade Area(450만 달러)

출처: Asia-Pacific Gatewayand Corridor Initiative 홈페이지 게재 자료

제3절 프린스루퍼트항과 인터모달 정비

1. 프린스루퍼트항과 연결 노선 정비

브리티시컬럼비아(BC)주에는 포트메트로밴쿠버 외에 북쪽으로 800km 떨어진 곳에 프린스루퍼트항이 있다(그림 11-6). 1800년대 중반까지 프린스루

퍼트는 통조림 생산 그리고 소규모 항만과 교역을 하는 정도였다. 1910년 시제 (市制)가 시행되고 2년 뒤에 캐나다 내륙부와 연결되는 철도가 개통되었다. 제 2차 세계대전 중 이 지역의 전략적 중요성으로 인해 인구가 2.1만 명까지 증가 했으며, 1944년 국방상의 이유로 고속도로가 개통되었다. 전후에 목재펄프 생 산이 경제 발전의 계기가 되었고, 그 후 조선과 수산가공 등도 발전하였다. 프 린스루퍼트는 캐나다태평양철도(CPR)의 서쪽 터미널이며, 항만에서는 펄프, 밀, 석탄 등이 수출되고 있다.

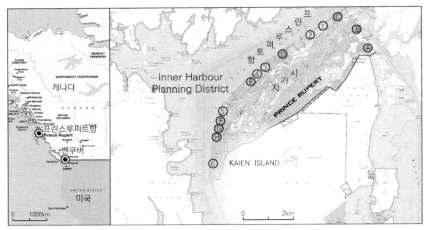

주: 숫자는 터미널, 알파벳은 시설을 표시함

그림 11-6 프린스루퍼트항 터미널

출처: Port of Prince Rupert 웹 자료

캐나다 정부는 지금까지 국제적 지명도가 낮았던 이 항만을 향후 미국 시카 고 방면의 관문으로 기능을 강화하려는 계획을 세웠다. 미국 서해안에는 로스 앤젤레스, 롱비치, 시애틀, 포틀랜드 등 많은 항만이 있었고, 이들 항만이 아시 아의 수입 화물을 내륙 여러 도시에 보내는 중계 기능을 했다. 그러나 미국 중 서부 북쪽이라면, 미국 서해안의 여러 항구만과 경쟁을 할 수 있다고 판단했

다. 예를 들어 아시아와의 거리 면에서 도쿄-로스앤젤레스가 8,829km인 데 반해, 도쿄-프린스루퍼트는 6,788km로, 2,000km 이상이나 짧다. 도쿄-밴쿠버의 7,560km와 비교해도 770km 이상 짧다. 이러한 프린스루퍼트의 지리적 우위성에 캐나다 정부는 주목했다.

포트메트로밴쿠버가 아시아태평양에서 캐나다 내륙으로 향하는 남쪽 경로의 기점이라면 프린스루퍼트는 북쪽 경로의 기점에 해당한다. 2007년부터 프린스루퍼트에는 컨테이너 보안 프로그램이 시작되었다. 이는 바다에서 하역된 컨테이너 화물을 안전하고 효율적으로 통과시키기 위한 사업이다. 이 시스템을 도입하는 데 2,800만 달러가 들었다. 국제 인터모달 수송에서는 항만 통관 업무에 걸리는 시간이 생명이다. 얼마나 단시간 안전하게 화물이 국경선을 통과할 수 있을지가 항만 선택의 관건이다.

또한 프린스루퍼트항에서 1,000에이커 규모를 가진 기업 단지인 리들리아일랜드에 이르는 도로와 철도를 부설하는 사업을 계획하고 있다. 이 사업이 완공되면 심수항만으로 알려진 프린스루퍼트 터미널 확장도 가능하게 된다. 캐나다 연방정부 외에 BC정부, CNR, 프린스루퍼트항만당국 등이 총액 9,000만 달러의 예산을 투자하여 항만 지구를 정비할 계획이다. 프린스루퍼트는 이 밖에 항만 지구에 유일하게 연결된 16번고속도로에 보조 차선을 증설할 예정이다. 이 고속도로는 프린스루퍼트와 내륙 중계지 프린스조지를 잇는 중요한 도로이다.

2. 내륙산간지역에서 평원지역으로 가는 노선 정비

프린스루퍼트는 CNR의 서해안 터미널이며, 철도를 이용해 운반되는 화물 취급량이 많다. 항만에서 동쪽의 철도선로는 산악지역을 지나며 약 720km에 거리에 프린스조지가 있다. 프린스조지는 17세기에서 19세기 후반에 걸쳐 허드슨만회사가 경영한 모피 거래의 교역 거점으로 출발했다. 프레이저강에 네차코강이 흘러드는 지점에 시가지가 형성됐다. 브리티시컬럼비아(BC)주 '북쪽 수도'라 불리는 프린스조지는 16번고속도로와 97번이 교차하고 국유철도도 통과하는 주요한 교통 거점이다. 이러한 위치적 조건을 살려 목재 · 펄프공업, 광업, 제조업이 발생했고, 현재는 이러한 산업을 지탱하는 서비스업이 번성했다. 인구는 7만 명이고, 브리티시컬럼비아(BC)주 북부 중심도시로 발전하고 있다.

프린스조지 시가지 북쪽을 흐르는 네차코강 강기슭에 CNR인터모달터미널이 있다. 이곳으로 목재 · 펄프, 목제품, 농산물 등이 운반된 후 컨테이너에 실어 프린스루퍼트항으로 보낸다. 프린스루퍼트항에는 철도를 이용해 컨테이너가 운반되고 이 터미널에서 컨테이너별로 구분하여 운송된다. 동아시아와 교역이 증가하게 되면 터미널 설비는 이에 따라 증설해야 한다. 2009년 이 터미널과 연결된 교통로 중 프레이저강 다리가 복선화되었다. 또 이 터미널을 통과하는 97번고속도로가 4.2km 구간에 걸쳐 확장되었다. 북방 노선을 달리는 CNR은 밴쿠버 교외와 같은 인구 밀집 지역을 통과하지 않기 때문에 철도건널목에서 교통 체증을 일으키는 일은 없다. 그럼에도 불구하고 프린스루퍼트와 프린스조지의 중간에 위치하는 스미더스는 교통정체가 일어나지 않도록 철도건널목 입체 교차 사업을 실시했다.

프린스루퍼트로의 북방 노선에서 동쪽으로 더 이동하면 앨버타주가 나오는데 이곳도 개량 사업을 계획했다. 주도 에드먼턴은 2번고속도로와 애비뉴41의 교차 부분에 IC를 건설했다. 에드먼턴은 캐나다에서 다섯 번째로 인구가 많은 대도시로 프린스조지와 마찬가지로 모피 거래의 거점에서 시작해 군사 및 행정의 거점으로 발전했다. 이러한 에드먼턴에는 CNR과 CPR의 인터모달 터미널이 있다(그림 11-7). 이 중 CNR터미널은 시의 북쪽이 배후지이고, CPR터미널은 남쪽이 배후지다. CNR터미널은 밴쿠버항과 프린스루퍼트항으로 연결되어 있으며, 철도 서비스는 캐나다 국내 8개 주, 미국 16개 주, 멕시코에 제공된다. 주로 농산물, 목제품, 석유화학제품, 잡화품을 취급한다. 이에 반해 CPR 서비스는 밴쿠버와 몬트리올을 잇는 트랜스캐나디언 노선을 따라 미국까지 이어진다. CNR과 CPR의 인터모달 터미널은 에드먼턴 국제공항과 가깝기 때문에 육지와 항공의 화물 운송을 연결할 수 있다.

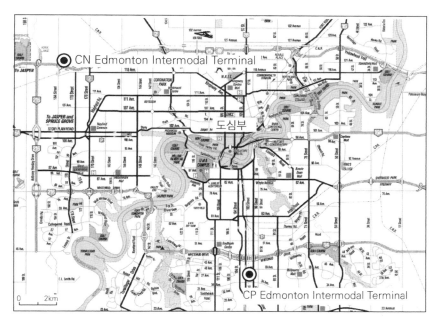

그림 11-7 에드먼드 인터모달 터미널

출처: mapsgalaxy 웹 자료

3. 내륙평야에서 미국 중서부와 남부까지 연결하는 노선

에드먼턴 남쪽 290km에 위치한 캘거리에는 CPR의 본사가 있다. 캘거리에서는 두 곳을 도로 개량하는 한편, CPR과 웨스턴헤드워터운하를 지나는 도로 고가 사업을 실시했다. 이러한 사업들이 완공되면서 CPR인터모달 터미널 주변의 교통이 개선되었다. 1970년대 중반 캘거리는 인구 수가 에드먼턴을 앞서며 캐나다 서부 중심도시로 성장하였다. 이러한 배경에는 1940년대 캘거리 근처에서 발견된 석유 자원의 개발과 그와 관련된 산업 집적이 있다. 몬트리올에 있던 CPR 본사도 캘거리로 이전했고, 시내 남서부에 이 회사의 인터모달 터미널과 북쪽에 경쟁사인 CNR인터모달 터미널이 있었다. 2013년 CNR은 캘거리 북동부에 새로운 인터모달 터미널을 건설했다. 기존에 설치된 인터모달 터미널보다 30%나 넓었고 목제품, 플라스틱용품, 농산품을 주로 취급했다.

앨버타주 동쪽에 위치한 서스캐처원주에서는 주도인 리자이나 중심부에 있던 CPR 인터모달 터미널이 2013년 1월 교외로 이전했다(그림 11-8). 리자이나 인터모달 터미널은 글로벌트랜스포테이션허브(GTH)로 격상되었다. GTH는 이전 물동량의 5배, 즉 연간 25만 개의 컨테이너 화물을 취급하게 되었다. 이에 따라 CPR 철도운송으로 혼잡이 해소되었을 뿐만 아니라 주변 도로의 정체도 완화되어 캐나다 서부 공급망(supply-chain)의 생산성은 향상될 것이다. CPR은 북미에 10개소의 인터모달 터미널을 가지고 있어 새로운 GTH는 이들 장소와 더불어 북미 시장의 운수·로지스틱·배송 업무의 기능 향상에 기여할

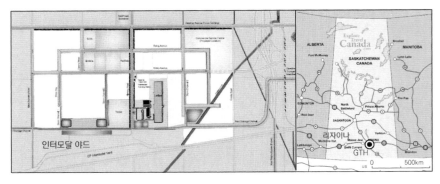

그림 11-8 리자이나 CP 글로벌트랜스포테이션허브(GTH)
출처: SkyscraperPage Forum 웹 자료

예정이다. 또한 서스캐처원주는 사우스서스캐처원강을 건너는 다리 건설과 자동차 전용 도로 건설도 실시되므로 교통 환경이 개선되었다.

앨버타주와 서스캐처원주의 동서 방향으로 CNR과 CPR의 여러 노선이 건설되었기 때문에 프린스루퍼트 기점인 북쪽 노선과 포트메트로밴쿠버 기점의 남쪽 노선의 구별이 애매해졌다. 이 노선들은 동부 매니토바주 내에 모여 다시 동쪽으로 연장되지만, 일부는 그 지점에서 분기하여 미국 국내로 연결된다. 이 노선은 미국 중서부 미니애폴리스, 시카고를 경유하여 최종 목적지인 멤피스, 뉴올리언스에 이르는 장거리 철도이다. 남부에 노선을 연장하고 있는 것은 CNR이며, CNR은 시카고 대도시권 교외 고속도로에 로지스틱스파크가 있다. CNR이 있는 시카고는 캐나다 동부와 서부 그리고 미국 남부 3곳의 항만과 연계할 수 있는 전략적 위치에 있다.

칼럼11. 파나마운하가 대륙국가에 미친 영향

지구상의 두 점 사이를 이동하는 데 필요한 시간을 단축하기 위해서는 여러 가지 방법이 있다. 그 예로 엔진을 고속화하거나 지금까지와는 전혀 다른 이동 수단을 만드는 것이다. 그러나 이러한 노력을 하지 않아도 이동 노선을 변경하는 것을 통해 대폭적인 시간을 단축할 수 있다. 육지를 연결하듯 두 대양(大洋)을 연결하는 운하가 바로 그러한 예다. 1914년 완성된 파나마운하가 대표적 예로, 그전까지 남미 마젤란해협이나 드레이크해협을 통해서 갈 수밖에 없었던 태평양-대서양 연결 경로는 이 운하의 개통으로 변하게 되었다. 1869년 수에즈운하를 건설한 프랑스인 페르데낭 드 레셉스(F. M. V. de Lesseps)가 다시 대운하를 건설하겠다고 나섰다. 그러나 건설자금 문제와 말라리아 유행에 시달리면서 건설은 좌절되고 말았다.

한 번 실패로 끝났던 파나마운하 건설은 암살당한 윌리엄 매킨리(W. Mckinley)의 뒤를 이어 1901년 미국 대통령에 취임한 시어도어 루스벨트(T. Roosevelt)에 의해 이루어졌다. 카리스마을 갖춘 루스벨트는 열정적인 인물이었고, 미국의 사명(Manifest Destiny)을 진정으로 믿고 있었다. 그의 정치적 심정은 서아프리카 속담에서 유래한 "Speak softly, and carry a big stick", 즉 힘을 보이지는 않지만 준비는 해두자는 말에 잘 나타나 있다. 루스벨트는 콜롬비아로부터의 파나마 독립을 군사력으로 지지하는 완성된 파나마운하에 대한 미국의 권익은 조약 체결을 통해 파나마 측에 확실히 인정받았다. 미국은 레셉스를 괴롭혔던 말라리아 구제에도 힘을 쏟았고, 10년간 3억 5,200만 달러의 건설비를 투입하여 1914년 8월 파나마운하가 완공됐다.

제1차 세계대전 전 파나마운하가 완공되었지만, 그 효과가 실질적으로 나타나게 된 시기는 1920년대부터이다. 운하 개통으로 가장 큰 이득을 본 건 미대륙 서해안의 항만도시다. 로스앤젤레스, 샌프란시스코, 시애틀 등인데 특히 로스앤젤레스는 다른 두 도시보다 파나마운하에 가까워 상대적으로 이점이 컸다. 서해안 도시들에게 있어 중요한 점은 얼마나 빨리 대서양으로 가는 시간을 단축하는 것이다. 샌프란시스코에서 철도를 이용하여 출발하면 텍사스까지 49시간 50분이 소요되는 데 비해 로스앤젤레스항에서 텍사스항만까지는 33시간 20분으로 로스앤젤레스항이 더 빨랐다. 파나마운하의 통행료 수입의 80%는 미국 항만이 목적지인데, 이로 미루어 봤을 때 얼마나 미국이 파나마운하와 깊게 관련되어 있는지 알 수 있다.

파나마운하 개통으로 큰 혜택을 본 곳은 미국 서해안 항만도시뿐만이 아니다. 오히려 이 운하의 개통으로 좋은 의미든 나쁜 의미든 영향이 컸던 곳은 캐나다의 도시이다. 20세기 초 우크라이나계 이민자들에 의한 곡창 지역이 된 국토 서부에서는 외화수입원인 밀이 위니펙에 집결하여 이곳에서 오대호를 통해 유럽으로 수출되었다. 캐나다 서부에서 모든 길은 위니펙으로 통한다고 할 정도로 이 도시에 물자가 집중했다. 그런데 파나마운하 개통으로 수출용 밀과 목재, 과일이 밴쿠버로 모이게 되었다. 위니펙에서 유럽으로 보내는 것보다 밴쿠버에서 파나마운하를 경유해 유럽으로 보내는 편이 빠르고 저렴하게 운송될 수 있었기 때문이다. 이전까지 인구 수가 위니펙에 이어 캐나다 국내 4위였던 밴쿠버는 1931년 위니펙을 제치고 3위로 올라섰다. 파나마운하는 캐나다 입장에서 보면 먼 곳에 있는 것처럼 보이지만 캐나다 국내 산업에 끼친 영향은 지대했다. 역설적이지만 동서로 긴 대륙국가여서 오히려 해상 교통의 변화에 따른 영향이 컸다.

제12장

자동차 수출입 항만과
도시와의 관계

제1절 자동차 수출입과 항만

1. 일본의 자동차 수입 동향

일본의 전체 자동차시장에서 해외수입 자동차가 차지하는 비율은 미미하다. 그러나 이 비율은 점점 증가하여 2013년도 신차 등록대수 중 수입차 비율은 8.8%로 역대 최고를 기록했다. 이렇게 증가한 주된 이유는 수입차와 국산차의 가격 차가 줄어들고 있기 때문이다. 대부분 수입차는 독일, 프랑스, 스웨덴 등 유럽에서 생산한 자동차이지만, 최근에는 유럽 이외에 아시아, 아프리카, 북미(멕시코)에서 유럽 자동차회사가 현지 노동력을 이용해 생산하는 경우가 늘고 있다(표 12-1). 이 경우 유럽 자체 생산보다 생산비가 싸기 때문에 일본차와 가격경쟁에서 큰 차이가 발생하지 않는다. 반면 일본 자동차회사들은 차별화를 위해 값비싼 차종을 시장에 내놓고 있다. 일본에서는 특히 독일차 수요가 많고, 차량대수는 42.9%, 금액은 59.8%의 점유율을 가지고 있다. 구미(歐美) 이외 국가의 수입차대수는 33.7%를 차지하지만, 금액은 15.4%밖에 되지 않는다.

표 12-1 일본 수입 국가별 자동차 대수 및 금액 추이

수입처	수입대수 (대)					수입금액 (백만엔)				
	2008년	2009년	2010년	2011년	2012년	2008년	2009년	2010년	2011년	2012년
미국	13,987	7,368	9,162	13,845	20,842	54,047	22,324	26,780	40,586	62,710
영국	20,338	2,100	15,862	13,251	18,764	60,188	28,735	40,821	40,087	54,633
독일	91,366	70,246	91,616	113,013	130,752	380,205	261,957	313,396	403,157	475,118
프랑스	11,368	5,411	12,527	12,860	14,686	19,272	8,968	20,042	20,572	23,667
이탈리아	7,261	5,485	3,293	9,268	9,990	35,096	26,282	21,172	25,969	32,835
스웨덴	3,596	1,704	2,702	4,712	7,054	14,447	5,877	9,843	15,795	23,557

수입처	수입대수 (대)					수입금액 (백만엔)				
	2008년	2009년	2010년	2011년	2012년	2008년	2009년	2010년	2011년	2012년
그외	65,972	29,217	76,152	82,726	102,660	96,682	43,049	90,386	94,227	121,975
합계	213,888	121,531	211,314	249,675	304,748	659,937	397,192	522,440	640,393	794,495

출처: 일본자동차수입조합의 홈페이지 게재 자료

국산차와 수입차의 가격 격차가 줄어드는 상황이 오히려 일본 소비자들이 가지고 있던 유럽 수입차는 비싸다는 이미지를 약화시켰다. 이 수입차는 일부 부유층이나 대기업 관계자가 주요 구매층으로 간주되던 시대에서 중산층, 청년층, 여성까지 다양한 구매층으로 확대되었다. 유럽 자동차회사들도 이런 일본 시장의 변화를 인식하고 일본인이 선호하는 차종을 수출하게 되었다. 자동차 시장에서 큰 점유율을 차지하는 국산차는 다양한 차종만큼 개성과 특색을 드러내기가 쉽지 않다. 싼 가격으로 공급하려면 대량생산을 해야 하고 그러면 특색 있는 차를 생산하기가 어렵다. 서유럽과 북유럽의 생활양식과 미의식이 표현된 자동차가 유럽에서는 일반 자동차라도 일본 소비자에게는 특별해 보여 자신다움을 표현하는 자동차로 높이 평가한다. 이와 반대로 일본에서는 그다지 선호도가 높지 않은 차종이 오히려 해외에서 인기가 많은 경우도 있다. 결국 수입차라는 이유만으로 국산차와 다른 가치가 있다고 생각하는 소비심리에는 국경이 없다.

2. 자동차의 생산지, 판매지와 수출입 항만의 관계

수많은 일본 항만 중에서 자동차 수출입과 관련된 주요 항만은 나고야항, 미카와항, 요코하마항 등 18개 항만이 있다. 이 18개 항만에서 전체 자동차의 90%(2012년)를 취급한다. 그중 나고야, 미카와, 요코하마 세 항만이 각각 34%,

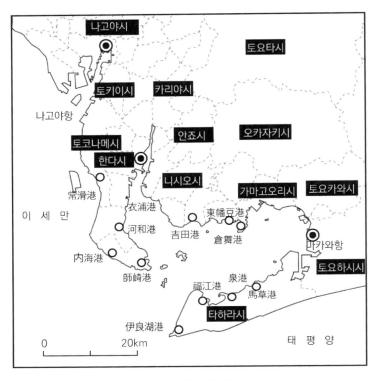

그림 12-1 아이치현 항만

12%, 10%의 점유율을 차지하며, 전체 60% 가까이가 여기에서 수출입되고 있다. 세 항만에서 자동차 수출입을 하고 있다. 나고야항과 미카와항은 이세만, 미카와만에 접한 아이치현에 위치해 있고, 배후지가 자동차생산지역이다(그림 12-1). 아이치현은 제조업 매출액이 일본 1위인데 이 지역 일대가 자동차 생산 관련 산업이 집적하고 있기 때문이다. 단 나고야항은 수출차대수(2012년) 25.8%, 수입차대수 7.7%를 차지하는 데 반해, 미카와항은 수출차대수 14.5%, 수입차대수 39.1%로 수출입 구성비가 다르다(표 12-2).

자동차가 생산·판매되는 지역과 마찬가지로 수출입 항만의 지리적 관계는 같지 않다. 이론적으로 수출용 자동차는 생산지 인근 항만에서 수출하는 것이

표 12-2 주요 항만의 자동차 수출입대수 및 금액 추이

항만		자동차대수					
		2010년		2011년		2012년	
		대수(대)	비율(%)	대수(대)	비율(%)	대수(대)	비율(%)
수출	나고야항	1,368,859	23.7	1,349,682	25.2	1,506,473	25.8
	미카와항	845,074	14.6	640,135	11.9	846,310	14.5
	요코하마항	825,074	14.3	707,518	13.2	686,477	11.7
	칸다항	325,958	5.7	342,642	6.4	363,649	6.2
	카와사키항	338,087	5.9	340,757	6.4	424,775	7.3
수입	미카와항	97,384	39.6	131,435	45.1	137,773	39.1
	치바항	52,324	21.3	53,430	18.3	70,512	20.0
	요코스카항	36,556	14.9	44,596	15.3	46,962	13.3
	히타치항	29,406	12.0	25,725	8.8	45,266	12.9
	나고야항	3,936	1.6	6,997	2.4	27,069	7.7

항만		자동차금액					
		2010년		2011년		2012년	
		금액(억엔)	비율(%)	금액(억엔)	비율(%)	금액(억엔)	비율(%)
수출	나고야항	24,440	26.6	22,932	28.0	27,104	29.4
	미카와항	15,791	17.2	10,790	13.2	15,613	16.9
	요코하마항	14,672	16.0	12,950	15.8	12,269	13.3
	칸다항	6,384	7.0	6,496	7.9	6,775	7.3
	카와사키항	4,045	4.4	3,790	4.6	4,879	5.3
수입	미카와항	226,880	38.1	314,257	42.7	333,352	36.7
	치바항	137,742	23.1	163,657	22.3	221,731	24.4
	요코스카항	31,512	5.3	37,816	5.1	42,321	4.7
	히타치항	120,461	20.2	119,913	16.3	190,993	21.0
	나고야항	5,018	0.8	11,302	1.5	31,524	3.5

주) 비율은 전국 항만 점유율
출처: 나고야관세 홈페이지 게재 자료

바람직하다. 실제로 나고야항 근처는 일본 최대의 자동차 생산지가 있고 토요타, 카리야, 나고야, 욧카이치, 카카미가하라 등에서 생산된 자동차가 나고야항에서 수출되고 있다. 미카와항에도 타하라, 오카자키, 코사이 등 인근에서 생산된 자동차가 수출되고 있으며 특히 타하라 지역 공장에서 수출 차량이 많다.

반면 수입의 경우는 주요 소비시장의 접근성을 고려하면 도쿄, 오사카, 나고야의 각 대도시와 가까운 항만에서 수입하는 편이 경제적이다. 실제로 최대 소비시장인 도쿄 주변의 요코하마항, 치바항, 이바라키항(히타치지구)에서 총

39.3%가 수입된다. 또 2013년 수도권(도쿄, 카나가와, 사이타마, 치바, 이바라키, 군마, 토치기) 수입 신차등록대수가 일본 전체 39.3%를 차지했다. 결국 수입차 비율과 등록차 비율은 같은 값이다. 수입 신차등록대수 비율이 일본 2위는 나고야 대도시권(아이치, 기후, 미에, 시즈오카)으로 15.8%, 일본 3위는 오사카 대도시권(오사카, 교토, 효고, 와카야마, 나라)으로 15.0%이다(표 12-3). 수입 신차등록대수 비율이 수도권과 비교해 나고야 대도시권은 그 절반도 못 미치지만, 나고야 대도시권의 나고야항과 미카와항에서 전체 수입차 46.8%를 취급하고 있다. 이 수치는 칸토 수입 비율(46.2%)과 비슷하다.

표 12-3 3대 대도시권의 수입 신차등록대수와 비율(2013년)

도쿄권			나고야권			오사카권		
	등록대수 (대)	전국비 (%)		등록대수 (대)	전국비 (%)		등록대수 (대)	전국비 (%)
이바라키	7,378	2.1	기후	6,087	1.8	교토	6,872	2.0
토치기	5,238	1.5	시즈오카	12,395	3.6	오사카	22,380	6.5
군마	6,134	1.8	아이치	30,606	8.8	나라	3,530	1.0
사이타마	17,549	5.1	미에	5,702	1.6	와카야마	2,153	0.6
치바	14,844	4.3	합계	54,790	15.8	표고	16,870	4.9
도쿄	52,679	15.2				합계	51,805	15.0
카나가와	32,064	9.3						
합계	135,886	39.3						

출처: 일본자동차수입조합 홈페이지 게재 자료

3. 수출입 자동차 취급량이 많은 유럽의 항만

세계적 규모로 수출입 자동차 대수가 최대인 항만은 독일 브레머하펜항(2012년 기준 218만대)이다. 이 항만은 브레멘 북쪽 60km 베저강 하구에 위치하고 있으며 수출차와 수입차 모두 취급한다. 1990년대 중반에는 수입차가 더 많았지만, 그 이후 수출차가 증가하여 물동량의 70%가 수출차이다. 브레멘시에는 다임러 크라이슬러 공장이 있고, 이 근처에 빌헬름 카르만, 폭스바겐 등 5개의 공장이 있고, 이 중 폭스바겐에만 3개 공장이 입주하고 있다. 이외 수출차는 메르세데스 벤츠, BMW, 오펠, 포드, 아우디이다. 반면 수입차는 토요타, 다이하츠, 미쓰비시, 스즈키, 현대, 기아, 포드, GM, 로버 등이다.

그림 12-2는 브레머하펜항 전역 지도다. 항만은 동쪽(브레머하펜)과 서쪽(빌헬름스하펜)으로 나뉘며, 북쪽(쿡스하펜)에도 일부 항만구역이 있다. 자동차는 3개의 터미널에서 취급되고 있으며 총 면적은 140만m²이고, 자동차 전용 선석은 15개다. 이 터미널은 자동차 수출입 업무뿐만 아니라 자동차 점검, 정비, 수리 등도 하고 있다. 이곳 주차 공간은 수출용 2층식 주차장에 1만 대 분, 수입용 4층식 주차장에 3만 대 분, 실외에 9만 대 분이 확보되어 있다. 착안 시 자동차 전용선 수심은 -10~11m로 컨테이너 전용선만큼 깊은 수심은 필요하지 않다.

2012년 벨기에 제브뤼주항의 연간 수출입 자동차취급 대수는 175만 대로 세계 2위다. 제브뤼주항이 위치한 플란더스시에는 앤트워프항, 겐트항, 오스텐데항도 있어 유럽의 항만 거점을 형성하고 있다. 제브뤼주항에는 독일, 프랑스, 일본 등의 수입차, 겐트항은 혼다와 볼보, 앤트워프항은 마쓰다가 취급된다. 이전부터 나고야항과 앤트워프항은 자매항으로 연계되어 있고, 2013년 제브뤼주항과 자매항이 되었다. 또한 제브뤼주항과 나고야항은 유럽과 일본을 대표하는 항만으로 특히 자동차 수출이 활발하다는 공통점이 있다.

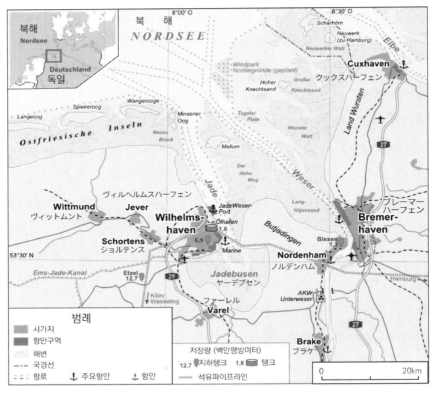

그림 12-2 독일 브레머하펜항

출처: Familypedia 웹 자료

제2절 나고야항의 자동차 수출

1. 자동차 수출 항만과 배후 자동차 생산지

나고야항은 일본에서 해외로 가장 많은 자동차를 수출하는 곳이다. 2012년 나고야세관에서 취급하는 일본 수출 자동차의 비율은 44.3%였다. 이 수출 자동차 안에는 중고차도 포함되지만 대부분(2011년 92.2%) 일본 국내에서 생산된 신차다. 이 비율은 2000년 53.3%를 기록한 적이 있으나, 1979년 이후부터 지금까지 40~50%다. 금액을 기준으로 보면, 2012년 48.6%로 자동차 수 비율보다 웃돈다. 2001년 56.5%(2001년)로 높은 비중을 차지한 적도 있으며, 1997년부터 2009년까지 50%대 점유율이다. 그러나 1995년 자동차 수 비율이 금액 비율보다 웃돌았지만, 1996년 상황이 역전되었다. 다시 말해 나고야세관 관내 항만에서 수출되는 자동차는 1990년대 중반이후 상대적으로 비싼 차가 수출되었다. 나고야 주변 항만 중 나고야, 미카와, 욧카이치 이 세 항만이 자동차 수출을 전담하고 있다.

일본 수출용 자동차 생산지역은 아이치, 기후, 미에, 시즈오카공업지역이다. 나고야세관 이외 수출 자동차는 요코하마세관, 모지세관, 고베세관에서 취급하고 있다. 2011년 수출 자동차수 비율은 요코하마세관 24.3%, 모지세관 15.5%, 고베세관 10.9%다. 금액으로 보면 요코하마세관 25.2%, 모지세관 15.4%, 고베세관 8.0%로 요코하마세관만 이 금액 비용이 자동차 수 비율을 웃돌았다. 요코하마세관의 이러한 경향은 칸토 지방의 자동차 생산지역이 상대적으로 고급 수출차를 생산한다는 사실을 반영한다. 이와 대조적으로 고베세관은 자동차 수가 금액 비율을 웃돌았다. 이는 칸사이의 자동차 수출은 가격이 저렴한 수준의 자동차가 많다는 의미로, 모지세관도 이와 비슷하다.

2011년 나고야항을 중심으로 이세만 주변 여러 항만의 수출 자동차 대수는 전국 44%, 금액으로 49%를 차지했다. 10년 전인 2000년 전후에는 자동차 대수, 금액 모두 전국의 절반 이상을 차지하고 있었기 때문에 그 이후로 감소하고 있다. 이세만 주변 여러 항만 외에도 요코하마항도 점유율이 줄어들고 있다. 1980년대 자동차 대수는 30~35%, 금액은 32~40%로 높았지만, 2011년에는 모두 25% 전후다. 이에 반해 모지세관 관내 하카타항과 칸다항의 자동차 수출 점유율은 1980년대 자동차 대수, 금액 모두 6~7%였지만, 이후 16% 전후까지 증가했다.

2. 자동차 수출 항만과 생산공장의 입지 관계

요코하마항과 나고야항의 자동차수출 비율은 감소했지만, 반대로 하카타항과 칸다항은 증가했다. 이는 닛산자동차, 토요타자동차, 다이하츠공업이 큐슈 북부에 공장을 건설해 이곳에서 해외로 자동차를 수출했기 때문이다(그림 12-3). 1975년 카나가와현에 생산공장이 있던 닛산자동차는 후쿠오카현 칸다에 엔진생산을 시작했다. 1992년부터 토요타자동차도 후쿠오카현 미야타마찌(현재 와카미야시)에서 자동차 생산을 시작했다. 2000년 닛산자동차는 큐슈공장에 전용부두를 통해 직접 해외로 수출했다. 이 시기 큐슈토요타는 일본 국내용

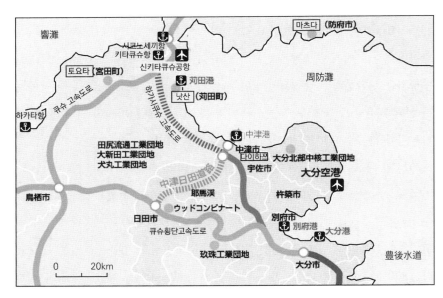

그림 12-3 큐슈 북부 자동차생산공장과 항만

출처: 사단법인 일본매립준설협회 웹 자료

차종에서 해외 특히 북미에서 인기 있는 차종으로 바꿔 수출용 자동차 생산에 힘을 쏟았다.

2004년 다이하츠공업(구 다이하츠차체)은 군마현에서 오이타현 나카쯔시로 이전해 자동차 생산을 시작했다. 공장에 인접한 나카쯔항은 주요 항만으로 국가에서 지정하였고, 이 항만을 다이하츠 전용 항만처럼 사용했다. 다이하츠의 큐슈 진출도 닛산과 토요타의 경우와 비슷하다. 이는 한때 석탄 산업으로 번창했던 큐슈 북부에 풍부한 노동력이 있어 자동차 부품을 생산하는 데 좋은 조건이 갖춰져 있다. 또한 고속도로를 비롯한 교통망의 정비도 진행되고 있어 공장 용지도 풍부하다. 츄부와 마찬가지로 칸토 지방의 공업지역 생산 조건이 열악해지고, 향후 예측되는 자연재해의 위험성 등을 감안할 때 그 대체 지역으로 큐슈 북부가 적합하다고 판단되었기 때문이다.

3. 토요타자동차의 수출거점 나고야항

일본 최대 자동차 생산지역을 가진 나고야항은 101.8만 대(2011년)의 자동차가 수출됐다. 리먼쇼크 직전인 2007년 수출 자동차 수는 152.1만 대로 이전에 비하면 33.3%나 감소했다. 주요 수출지는 서유럽(22.7%), 중동(21.2%), 중앙·동유럽·러시아(18.9%), 오세아니아(13.5%), 아시아(11.1%)다(표 12-4). 북미 수출용이 0.5%에도 못 미치는 이유는 토요타자동차가 큐슈 미카와항에 인접한 자사 공장에서 자동차 51.6만 대를 북미로 수출하기 때문이다. 항만은 도착지별 전용으로 구분한다. 토요타자동차는 나고야항에 자동차 수출전용 부두(신포 부두)가 있으며, 이곳을 기반으로 2012년 자동차 102만 대를 수출했다. 미쯔비시자동차 14.6만 대, 혼다 1.4만 대와 비교하면 압도적인 수출량이다. 미쯔비시자동차는 자사 공장과 가까운 오카야마현 미즈시마항에서 19.1만 대를 수출하고, 오카자키공장에서 생산한 자동차 중 3.2만 대를 미카와항에서 수출한다. 혼다는 일본 국내 3곳에 생산공장이 있고, 이 중 스즈카제작소에서 생산된 5.4만 대는 인근 욧카이치항에 1.4만 대는 나고야항에서 수출했다. 토요타와 미쓰비시에 비해 혼다는 현지 생산 지향성이 더 강하다.

표 12-4 이세만 주변 항만의 도착항별 자동차 수출 대수(2011년)

도착항	나고야항 수출대수(대)	비율(%)	미카와항 수출대수(대)	비율(%)	욧카이치항 수출대수(대)	비율(%)	이세만 3항 합계 수출대수(대)	비율(%)
서유럽	231,539	22.7	10,956	1.5	19,321	24.5	261,816	14.2
중동	215,507	21.2	50	0.0	1,350	1.7	216,907	11.8
중앙 · 동유럽 · 러시아	192,217	18.9	5,449	0.7	208	0.3	197,874	10.7
오세아니아	137,534	13.5	12,598	1.7			150,132	8.1
아시아	113,215	11.1	9,687	1.3	5,049	6.4	127,951	6.9
중앙 · 남미	91,797	9.0	73,228	9.8			165,025	8.9
아프리카	31,233	3.1	3,729	0.5	193	0.2	35,155	1.9
북미	5,089	0.5	632,233	84.5	52,760	66.9	690,082	37.4
합계	1,018,131	100.0	747,930	100.0	78,881	100.0	1,844,942	100.0

출처: 나고야항이용촉진협의회의 『항만진흥기초조사』 게재 자료

일본 최대 완성 자동차 수출항인 나고야항에서 토요타의 존재감은 절대적이다. 2012년 토요타자동차는 일본 국내에서 자동차 349만 대를 생산했다. 이 중 195만 대는 수출됐고 나머지 154만 대는 일본 국내에서 판매되었다. 전체 생산 자동차 대수에서 수출은 55.9%였다. 수출용 자동차 중 102만 대는 나고야항에서, 82만 대는 미카와항에서, 11만 대는 하카타항에서 각각 수출됐다. 나고야항에서 수출된 102만 대는 대부분 배후지인 모토마치, 타카오카, 츠쯔미의 3개 공장에서 토요타자동차가 생산된 것이다. 또한 토요타자동차는 토호쿠 지방에서도 53만 대가 생산되었고, 이 중 일부는 내항을 이용해 나고야항까지 수송해 수출했지만, 그 숫자는 정확하지 않다. 큐슈 전체 자동차 생산은 31만 대이지만, 역시 그중 일부는 내항을 이용해 나고야항에 수송해 수출했다. 이뿐 아니라 타

하라공장에서 생산된 자동차가 일부 육상이나 내항을 이용해 나고야항까지 운송되고 다른 자동차와 함께 수출된다.

이처럼 나고야항에서 수출된 완성 자동차는 대부분 '니시미카와산(西三河製)'이라 하더라도 토호쿠, 큐슈 등이 일부 포함되어 있다. 나고야항에 집결한 완성 자동차는 토요타 전용 부두(신포 부두)를 통해 세계 각지로 수출된다. 2012년 자동차는 유럽으로 34만 대, 중동으로 34만 대, 오세아니아로 27만 대, 아프리카로 7만 대가 수출되었다. 미카와항에서는 북미로 73만 대, 남미로 9만 대가 수출되었다. 단, 미카와항에서 수출된 82만 대 전체가 타하라공장에서 생산된 것은 아니다. 니시미카와 여러 공장에서 생산된 자동차 중 37만 대가 미카와항까지 육로로 운반되고, 타하라공장에서 생산된 자동차와 함께 북미, 남미로 수출된다. 큐슈지역에서 생산된 자동차는 대부분 하카타항에서 중국으로 수출된다.

4. 나고야항, 미카와항의 토요타 외 자동차 수출

2011년 미쯔비시자동차의 완성 자동차 수출 대수는 36.6만 대로, 마쯔다 67.2만 대, 닛산 67.5만 대, 후지중공 37.9만 대에 이어 제5위였다. 다만 나고야항에만 국한하면 미쯔비시는 토요타에 이어 12.9만 대를 수출했다. 미쯔비시의 일본 국내 생산공장은 오카자키(오카자키제작소, 구 나고야제작소), 미즈시마(미즈시마제작소), 기후(파제로제조)이다. 생산된 자동차 수는 각각 157만 대, 28.9만 대, 6.8만 대로 총 51.4만 대다. 미쯔비시자동차는 생산공장에서 가까운 오카야마현 미즈시마항에 완성 자동차 19.1만 대를 수출했다(그림 12-4). 기후현 파제로제조에서 생산된 자동차 4.9만 대는 근처 나고야항에서 수출되었다. 단, 오카자키제작소는 나고야항과 미카와항의 중간 지점에 위치하고 있어 나고야항에는 9.7만 대, 미카와항에는 3.2만 대가 각각 육로로 운송된 후 해외로

그림 12-4 미즈시마항과 미쯔비시자동차공업 미즈시마제작소

출처: 미쯔비시자동차 웹 자료

보내졌다. 완성 자동차 중 수출차 비율은 미즈시마제작소 66.1%, 파제로제조 72.1%, 오카자키제작소 82.2%로 모두 높다.

　미쯔비시자동차는 자동차 수출 의존율이 71.8%로 높고, 주로 유럽으로 수출된다. 나고야항은 유럽으로 7.8만 대, 중앙·남미로 2.1만 대 외에 아시아, 오세아니아, 중동·아프리카로 1.5~1.7만 대를 수출했다. 미즈시마항은 유럽으로 6.9만 대, 북아메리카로 4.6만 대, 오세아니아로 2.8만 대, 중미·남미로 2.0만 대를 수출했다. 미카와항은 북미지역으로 2.4만 대, 유럽으로 0.8만 대를 보냈다. 국내 3곳에서 자동차를 생산하는 미쯔비시자동차는 일부를 제외하고 공장마다 차종이 다르다. 아웃랜더는 나고야공장과 미즈시마공장에서 생산되고, RVR, 콜트는 나고야공장, i-MiEV, 갤런포르티스, 랜서셀레스테는 미즈시마공장에서 생산되고 있는 차종이다. 파제로제조는 이름 그대로 파제로를 생산하고 있다.

　토요타와 미쯔비시에 비해 혼다는 일본 국내 생산 자동차 중에서 차지하는 수출용 자동차 비율은 낮다. 2012년 츄부와 간토 지방의 공장에서 103만 대를 생산했지만, 수출용은 21.5만대로 수출 비중은 20.9%다. 물론 이전에는 혼다도 60만 대가 넘는 자동차를 수출했다. 2008년 리먼쇼크 후 40만 대에서 25만

대로 줄였고, 그 후 이 수준에서 머무르고 있다. 그동안 다른 자동차회사 수출도 전체적으로 줄어들긴 했지만, 감소율에서 혼다가 가장 크다. 리먼쇼크를 계기로 혼다는 일본 수출이 아닌 소비시장과 가까운 해외 공장 생산방식으로 전략을 바꿨다. 혼다도 완성 자동차 수출은 생산공장과 가까운 항만에서 수출한다. 칸토에서 생산된 자동차 중 14.7만 대가 치바항과 요코하마항에서, 츄부에서 생산된 자동차 중 6.8만 대가 욧카이치항과 나고야항에서 수출되었다. 여기서 츄부란 미에현 스즈카제작소로 공장과 가까운 욧카이치항에서 5.4만 대, 그보다 조금 먼 나고야항에서 1.4만 대가 해외로 수출되었다. 정확한 도착지별 자동차 수는 없지만, 욧카이치항은 주로 북미지역, 나고야항은 유럽, 아시아-오세아니아, 중동 지역이 많다.

　미카와항은 토요하시, 타하라, 가마고리 등에 있는 항만 시설로 구성되어 있으며 토요타는 타하라, 미쯔비시는 가마고리에 있는 부두에서 자사 자동차를 수출한다. 토요하시 구역의 부두는 수입차 전용으로 알고 있지만, 실은 시즈오카현 하마마츠시에 본사를 둔 스즈키의 완성차가 이곳에서 해외로 수출된다. 1981년부터 진노 부두에서 스즈키자동차를 수출하였고, 시기적으로는 토요카가 미카와항에서 해외 수출을 시작한 것과 같은 시기이다. 다만 1997년부터 스즈키는 오마에자키항에서도 수출을 하게 되면서 이곳이 주요 수출항이 되었다(그림 12-5). 오마에자키항의 총수출량은 129만 톤(2012년)으로 적지만, 그중 스즈키 자동차가 71.9%를 차지한다. 스즈키는 이 밖에 나고야항을 통해서도 수출하고, 오마에자키항, 미카와항, 나고야항에서 총24만대 정도를 해외수출한다. 스즈키 자동차생산공장은 고사이시, 이와타시, 마키노하라시에 있고, 고사이시 공장은 미카와항(토요하시)과 가깝지만 이와타시, 마키노하라시 공장은 오마에자키항과 더 가깝다. 여기서도 볼 수 있듯이 항만과의 거리가 수출항 선택 기준에 고려된다.

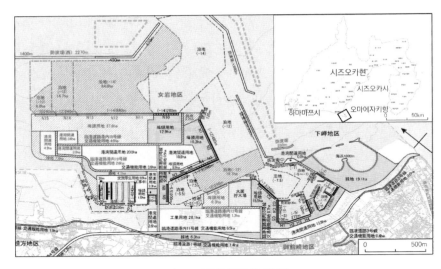

그림 12-5 오마에자키항 항만계획도

출처: 시즈오카현 웹 자료

5. 자동차 전용선의 적재 업무와 환적 운송

나고야항에서 수출되는 완성차는 신포 부두, 시오미 부두, 소라미 부두, 킨죠 부두 등에 접안한 자동차 전용선에서 선적된다. 이 중 신포 부두는 토요타자동 차 전용 부두이며, 부두의 자동차 적재 시설은 토요타자동차메이코센터로 불린다. 이 시설의 면적은 50만m²로 한 번에 무려 25,000대를 수용할 수 있다. 메이코센터는 나고야항에서 수출하는 전체 자동차의 48.0%(2013년)를 취급하며 두 번째로 많은 시오미 부두의 33.6%와 합하면 총 80% 이상이다. 메이코센터에는 매일 자동차 2,500대가 아이치를 비롯해 토호쿠, 큐슈, 칸사이 방면에서 운반되어 온다. 토호쿠, 큐슈의 공장에서는 내항선박을 이용하고, 그 이외 공장에서는 트럭을 이용해 운반된다.

도요타자동차를 해외로 수출하는 곳은 토요타자동차 그룹회사인 토요후지해

운이다. 1964년 설립된 토요후지해운은 처음에는 일본 국내 항만 간에 자동차와 자동차부품을 운송했다. 1971년부터 태국에 자동차를 수출하기 시작했고, 이후 수출처를 늘려갔다. 현재는 동아시아, 동남아시아, 북미, 유럽, 오세아니아 방면으로 외항선을 운항하고 있다. 이 중 북미 항로는 서해안 경로와 동해안 경로가 있으며, 전자는 포틀랜드, 롱비치, 뉴웨스트민스터, 버지니아, 후자는 뉴어크, 볼티모어, 잭슨빌, 앙주앙에 각각 기항한다. 돌아올 때는 미국 공장에서 생산된 토요타자동차를 실어 나고야항으로 들어온다.

세계 최초로 저스트인타임(just in time) 방식으로 생산한 토요타자동차는 자동차 수출업무에서도 낭비되는 시간을 최대한 배제하고 있다. 이는 자동차 전용 운반선을 이용한 방식이다. 토요후지해운은 현재 자동차 운반선을 17척 보유하고, 적재능력 6,000대의 선박이 5척 있다. 운반선 가동률을 높이려면 짧은 시간에 가능한 한 많은 차량을 실어야 한다. 맡은 역할이 다른 15명이 한 팀을 이뤄 입구 두 곳에서 순차적으로 선내로 자동차 5,000대를 옮기는 데 걸리는 시간은 이틀이다. 바다를 항해하는 동안 자동차가 흔들리지 않도록 로프로 고정한다. 놀라운 점은 선박내 자동차 간격이 10cm에 불과하고, 자동차는 모두 출구 방향을 향해 놓여 있어 따로 방향을 바꿀 필요가 없다는 점이다.

나고야항의 킨죠 부두는 전체 수출 자동차의 6.1%, 야토미 부두는 2.7%를 취급하고 있다. 이들 부두는 민간기업이 소유하고 있는 전용 부두가 아닌 일반화물도 취급하는 공공 부두이다. 최근 킨죠 부두는 수출용 자동차 환적 부두로 알려져 있다. 환적이란 해외의 다른 항구에서 운반되어 온 화물을 보관해 두었다가 다른 선박으로 옮겨서 수송하는 것을 의미한다. 일본에서 수출용 자동차를 환적하고 있는 곳은 나고야항과 요코하마항뿐이다. 2011년 나고야항이 8.9만 대, 요코하마항이 5.5만 대 환적했다. 나고야항의 킨죠 부두가 8.6만 대, 야토미 부두가 0.2만 대 환적했다(표 12-5). 일본 항만의 환적은 아시아에서 중미 ·

남미로, 중미 · 북미에서 아시아 · 오세아니아로 중계하는 역할을 한다. 나고야 항의 환적은 태국에서 생산된 자동차를 중미 · 북미로 운반하는 경우가 많다.

표 12-5 나고야항 부두별 완성 자동차 취급 수

단위 : 대

	2006년	2007년	2008년	2009년	2010년	2011년
킨죠부두	55,871	77,667	87,922	44,577	89,791	86,522
야토미부두	5,525	15,503	20,468	1,828	10,752	2,193
그외		742	704	180	348	
합계	61,396	93,912	109,094	46,585	100,891	88,715

주) 자동차 전용 부두는 포함하지 않음.
출처: 나고야항관리조합 제공 자료

제3절 미카와항의 자동차 수출입 동향

1. 일본 국내 자동차 수출입 1위 미카와항

제2차 세계대전 후 수출품으로 자동차가 추가되었다. 자동차 생산에 필요한 철광석과 석유 등의 자원은 오래전부터 수입되었고, 자동차 생산의 증가와 함께 수입량도 늘어났다. 반면 해외에서 자동차가 수입되기 시작한 시기는 최근으로, 이로 인해 수출 구조 변화를 초래했다. 2010년 일본의 수입 자동차는 24.5만 대로 미국(617.5만 대), 프랑스(480.0만 대), 독일(246.1만 대), 영국(194.5만 대)에 비해 매우 적다.

일본 항만 중에서 자동차 수출입을 모두 하는 곳은 제한적이다. 제한되지 않은 항만으로 나고야항, 미카와항이 있으며, 특히 미키와항은 수입 자동차의 취급이 많다. 또 자동차를 취급하는 항만과 배후지와의 관계는 수출과 수입에 따라 다르다. 앞서 자동차수출항만이 생산지와 가까운 편이 유리하다는 것은 이미 말했다. 자동차 수입의 경우는 오히려 소비시장과 가까운 편이 유리하다. 그렇다면 나고야항은 주요 자동차 생산지역에서 가까워 위 설명과 일치하지만, 소비지에서 다소 먼 미카와항에서 자동차 수입이 활발한 이유는 무엇일까?

1988년에 프랑스 푸조사의 자동차가 미카와항에 최소로 수입되었다(표 12-6). 그 후 미카와항에 메르세데스벤츠(1990년), 폭스바겐아우디일본(1991년), 로버재팬(1991년), 포드(1993년), 포르셰(1997년), 일본제너럴모터스(1997년) 등이 수입되기 시작했다. 1990년대 중반 미카와항은 일본 최대 자동차 수입항이 되었고, 지금까지 그 지위를 유지하고 있다(그림 12-6). 리먼쇼크 이후 수입량이 큰 폭으로 감소했지만, 이후 회복세를 보이고 있다. 이전에는 요코하마항, 나고야항에서 자동차가 수입되었고, 지금은 미카와항 외에 치바항, 요코스카항, 히타치항 등에서 주로 수입된다. 다시 말해 1980년대까지 자동차 수입은 요코하마, 치바 등 칸토 지역이 많았지만, 1990년대부터 미카와항에 집중되었다. 해외에서 일본 항만으로 자동차를 운송하는 경우, 운송 거리는 사실 어느 항만이든 큰 차이가 없다. 그렇지만 항만에서 소비시장까지 거리의 차이는

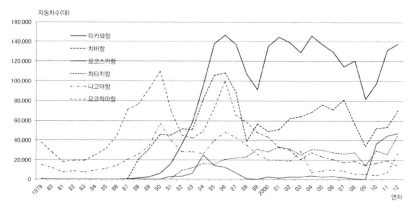

그림 12-6 항만별 수입 자동차 수

출처: 나고야관세 홈페이지 게재 자료

중요하다. 미카와항이 자동차 수입 거점이 된 배경에는 항만과 소비시장의 거리, 집적의 이점이 있었다.

표 12-6 시기별 미카와항 자동차 취급 업무

연차	기업	사항	지구
1967년	미쯔비시자동차(주)	이출시작	가마고오리
1978년	미쯔비시자동차(주)	수출시작	가마고오리
1979년	토요타자동차(주)	타하라공장 조업시작	타하라
1979년	토요타자동차(주)	이출시작	타하라
1981년	스즈키(주)	이출시작	칸노
1981년	토요타자동차(주)	수출시작	타하라
1983년	스즈키(주)	수출시작	칸노
1988년	푸조	수입시작	칸노
1990년	메르세데스벤츠일본(주)	수입시작	칸노
1991년	메르세데스벤츠일본(주)	토요하시 VPC 가동	칸노
1991년	폭스바겐아우디일본(주)	인포트센터 가동	메이카이
1991년	폭스바겐아우디일본(주)	수입시작	메이카이
1991년	로버저팬(주)	수입시작	칸노
1992년	폭스바겐아우디일본(주)	도쿄에서 토요하시로 본사 이전	메이카이
1993년	포드	수입시작	칸노
1995년	로버저팬(주)	조업시작	칸노
1997년	포스쉐	수입시작	메이카이
1997년	일본제너럴모터스(주)	수입시작	칸노
199년	크라이슬러	수입시작	칸노
2002년	일본제너럴모터스(주)	VPC가동	칸노
2002년	재규어	수입시작	칸노
2004년	볼보	수입시작	칸노
2007년	닷지	수입시작	칸노
2010년	메르세데스벤츠일본(주)	미카와항에서 철수	칸노
2011년	피아트그룹오트모빌스저팬(주)	수입시작	칸노
2013년	푸조 · 시티로앵저팬(주)	수입시작, VPC가동	칸노
2013년	마세라티저팬(주)	수입시작	칸노
2014년	메르세데스벤츠일본(주)	수입재개	칸노

출처: 미카와항진흥회 홈페이지 게재 자료

2. 칸토에서 미카와로 바뀐 자동차 수입 거점항

1992년에 폭스바겐아우디일본(현재 폭스바겐그룹재팬) 본사가 도쿄에서 토요하시로 이전해, 아케미지구 회사소유의 부두에서 수입된 차를 사전정비(PDI: Pre-Delivery Inspection)하는 출하전점검센터(PDC: Pre-Delivery Center)를 설치했다. 이 일은 미카와항이 일본 자동차 수입 거점이 된 상징적 사건이었다. 당시 폭스바겐아우디일본은 토요하시 이외에 토마코마이, 히타치, 카고시마도 이전지 후보지로 검토하였다. 최종적으로 토요하시가 선택된 이유는 ① 일본 주요 시장인 도쿄와 오사카의 중간 지점에 위치함, ② 아이치현, 시즈오카현 서부에 자동차 산업이 집중되어 있어 자동차 관련 인재 확보가 용이함, ③ 항만 배후에 수입 자동차 검사장을 마련하기 쉬운 점이었다. 또 미카와항은 수심이 얕지만 깊은 수심이 필요하지 않는 자동차 운반선의 입항에는 지장이 없었던 점도 있었다. 실제로 미카와항에 수입된 자동차는 부두에 인접한 시설 안에서 점검·정비가 가능했다. 따라서 폭스바겐아우디일본은 지금까지 간토 지역에서 실시하고 있던 수입 업무를 미카와항에 집약함으로써 자동차 점검·정비를 부두 인접 시설에서 실시하는 이점을 얻을 수 있었다.

1988년 미카와항에서 자동차 수입이 시작될 당시, 일본에서 가장 많이 수입하고 있던 곳은 요코하마항으로 자동차 수 51.6%, 금액 51.2%를 차지했다. 제2위는 나고야항으로 19.1%, 14.2%였다. 1993년 미카와항은 자동차 수 27.1%, 금액 25.0%로 일본 최대 자동차 수입항이 되었다. 전년까지 최대 자동차 수입항이었던 치바항은 23.6%, 22.2%에 머물렀다. 요코하마항, 나고야항 모두 20%에는 미치지 못했고, 이후 오직 미카와항이 일본 최대 자동차 수입항이었다. 2009년 미카와항은 자동차 수 51.6%, 금액 48.7%로, 일본 국내 수입 자동차의 50%는 이곳에서 수입되었다. 2012년 미카와항은 자동차 수로는 39.1%, 금액은 36.7%이다(표 12-2). 같은 나고야세관 안에 있는 나고야항은 7.7%, 3.5%이고, 두 항만에서 일본 국내 수입차의 40%를 차지했다.

수입 자동차의 40%를 취급하는 미카와항과 나고야항은 완성 자동차의 90%

를 유럽과 북미에서 수입했고 이는 1990년까지 계속되었다. 1995년이 되면 대부분의 수입차는 이들 두 항만에 집중하게 되었다가 2000년에 80%까지 떨어졌다. 2005년에 상황이 변하면서 아시아 자동차 수입이 증가하기 시작했다. 2012년 자동차 수는 유럽(60.1%), 아시아(20.6%), 기타(13.2%) 북미(6.2%)였고, 금액은 유럽(75.8%), 기타(9.8%), 아시아(9.2%), 북미(5.2%) 순이었다. 아시아 수입차의 자동차 수와 금액에서 차이가 나는 것은 저렴한 자동차가 수입되기 때문이다. 여기서 아시아는 태국과 인도네시아로 태국 수입차가 전체 수입차의 4.5%, 인도네시아는 4.2%를 차지한다.

3. 출하전점검센터(PDC), 신차정비센터(VPC)의 역할

미카와항에 수입된 자동차는 출하전점검센터(PDC)에서 품질검사와 보안기준 적합검사를 받아야 상품 출하가 가능하다. PDC는 PDI(Pre-delivery Inspection) 즉, 실제로 검사를 실시하는 시설과 부품 등을 보완하는 시설로 구성된다. 폭스바겐그룹재팬(VGJ)을 예로 들자면, 이 기업의 경우 PDC에서 약 200명의 종업원이 품질검사, 정비, 완성검사 작업에 종사하고 있다. 수입차는 독일 엠덴항에서 약 30일, 남아프리카공화국 포트엘리자베스항에서는 약 25일 그리고 멕시코 아카풀코항에서 약 20일 만에 미카와항에 도착한다. 미카와항의 자동차전용 아케미부두에는 한 달에 5번 정도 자동차운반선이 내항하며 자동차 2,000~6,000대가 들어온다. 전용부두를 통해 들어온 신차는 4,500여 대 수용 가능한 보세 구역에서 통관 절차를 거쳐 신차정비센터(VPC : Vehicle Preparation Center)로 운반된다.

VPC에서 세차된 자동차는 일본에서 의무화된 발연통, 취급설명서 등을 구비한다. 이전에는 보안기준을 통과한 경우 식별표시마크가 부착되었지만, 현재는 산지에서 일본 수출용 자동차를 별도로 검사하기 때문에 불필요하다. PDI 점검은 외관 검사로 시작된다. 유리와 차체에 흠집이나 함몰이 있으면 표시하여 정비공정을 받는다. 정비가 완료된 자동차는 차체 하부, 램프, 스위치 등 기능과 관련된 점검을 받는다. 이전에는 섀시 다이너모미터에 자동차를 싣고 주행 상태를 점검했지만, 품질이 향상되어 불필요해졌다.

마지막으로 일본 도로운송차량법에 따른 완성검사를 받는다. 단 이것도 현재는 생산지에서 일본 법규에 맞춘 검사가 실시되어 완성검사는 일부만 받고 있다. 완성검사가 끝난 자동차는 5,352대를 수용할 수 있는 입체 사일로에 보관된다. 그 후 자동차 대리점의 발주가 있으면 사일로 옆 출하장으로 트럭에 실어 전국 딜러에게 보낸다. 또한 이곳 PDC에는 간판 차종이라 할 수 있는 폭스바겐 외에 포르쉐, 벤틀리, 롤스로이스, 람보르기니 등도 취급한다.

제4절 자동차 수출거점 미카와항

1. 미카와항이 자동차 수입 거점으로 선택된 이유

폭스바겐아우디일본의 뒤를 이어 1991년 메르세데스벤츠일본(MBJ)이 토요하시에 VPC(신차정비센터)를 설치하였다. 1992년에는 유통·트레이닝센터, 1997년에는 상용VPC도 설치되었다. 이러한 세 시설이 토요하시에 설치된 이유는 ① 행정 당국의 열정적 유치, ② 뛰어난 항만 설비와 충실한 내륙 교통 기반, ③ 일본 주요 시장인 도쿄와 오사카의 중간 지점에 위치한 점을 들 수 있다. 폭스바겐과 마찬가지로 점검, 정비, 보수, 외장 확인을 거친 후 주로 서일본 지

역의 대리점으로 운반된다. 그 주된 배송지가 서일본인 것은 메르세데스벤츠
일본이 히타치항에 동일본 전용VPC를 가지고 있기 때문이다. 일본에 메르세
데스벤츠일본을 설립한 다임러는 1998년에 미국 크라이슬러와 합병해 다임크
라이슬러로가 되었다.

이처럼 기업 합병으로 다임러크라이슬러가 한 기업이 되었기 때문에 독일차
이외에 미국차도 수입되었다. 2001년에 일본제너럴모터스가 토요하시에 VPC
를 설립하고, 이듬해인 2002년에는 토요하시 미쯔에 일본제너럴모터스 차량점
검업무센터를 개설했다. 이곳에서 오펠, 쉐보레의 수입과 정비, 캐딜락, 서브를
정비한다. 1991년에 메르세데스벤츠일본이 토요하시에 PAG인포트(현재 볼보
카재팬) VPC를 설립했다. 이 센터는 포드, 랜드로버, 재규어를 취급하고 있으
며, 포드는 미국과 스페인에서, 랜드로버와 재규어는 영국에서 수입된다. 이 밖
에 토요하시에 과거 폭스바겐을 수입하던 야나세가 캐딜락과 사브의 수입 · 판
매, 오펠과 시보레를 판매한다.

2. 미카와항 자동차 수입의 새로운 움직임

앞서 설명했듯, 1988년 미카와항에 수입자동차 푸조가 처음 들어왔다. 수입
회사인 푸조저팬은 2008년에 같은 프랑스차 수입회사 시트로엥저팬과 합병했
다. 이 당시 푸조는 치바항에서 수입되고 있었고, 항만에서 20km나 떨어진 치
바현 쇼난마치 공장단지 내 VPC에서 신차 점검업무를 해왔다. 합병한 푸조시
트로엥저팬(프랑스PSA 일본법인)은 2013년 6월부터 미카와항에서 수입차를
들여오기 시작했고, 그 장소는 미카와항의 진노지구로 스즈요물류회사가 소유
한 3.8ha 부지에 전용 VPC가 건설되었다. 연간 예정 수입차 수는 1.2만 대로 최
대 1.6만 대까지 신차 점검(치바항 최대 점검 수는 1.2만 대)이 가능했다. 일본

주요 시장인 도쿄와 오사카의 중간 지점에 위치한 효율적 배송을 기대할 수 있고, 무엇보다 부두에 근접한 VPC에서 검사업무를 할 수 있다는 장점이 크다.

결과적으로 미카와항이 수입차 푸조의 수입 거점이 되었다. 그러나 미카와항에서 VPC를 철거하는 움직임도 있었다. 2010년 4월부터 메르세데스벤츠일본이 미카와항의 VPC 업무를 이바라키현 히타치항의 VPC에 통합했던 것이다. 1991년부터 9년간 미카와항에서 PDI를 실시했으나, 신차의 품질향상으로 검사업무가 줄어들어 한곳에서 업무를 볼 수 있게 되었다는 것이 이유이다. 지금까지 메르세데스벤츠일본은 칸토·동일본 전용은 히타치항에서, 서일본 전용은 미카와항에서 PDI를 실시하는 전략으로 사업을 해왔다. 그러나 위에서 설명했듯이 연간 6.0만 대의 신차검사가 한 곳에서 가능해졌다. 이로 인해 지금까지 미카와항에 있던 토요하시부품센터도 치바현 나라시노시로 이전했다.

3. 세계 금융위기로 본 미카와항 자동차 수출입

메르세데스벤츠일본의 VPC 통합은 미카와항 수입자동차 취급량에 영향을 미쳤다. 미카와항 수입차 비중이 2009년 51.6%에서 2010년 39.6%로 급감했기 때문이다. 이후 더 큰 변화를 맞이하게 되는데 메르세데스벤츠일본이 철수한 시설을 2011년부터 피아트그룹이 수입차 PDI를 위해 사용하게 된 것이다. 현재 이 VPC에서는 피아트크라이슬러 PDI를 시행한다. 크라이슬러는 1998년부터 2007년까지 다임러크라이슬러로 운영되다가 이번에 피아트와 합병했다. 일본에서는 2012년 피아트크라이슬러저팬이 설립됐다. 이 시기가 매우 복잡하지만, 요약하자면 다임러가 히타치항에 VPC를 통합하여 사용하고, 크라이슬러와 합병한 피아트가 치바항으로 이전해 PDI를 실시하게 된 것이다. 2010년 피아트는 치바항에 자동차 7,500대를 수입한 실적이 있지만, 미카와항은 피아트 외에 알파로메오, 아발트 등의 차종이 수입된다.

2010년 메르세데스벤츠일본은 히타치항에서 자동차 수입 업무를 진행했다. 3년 후 2014년에 이 회사는 다시 미카와항에서 자동차 수입 업무를 보게 되었다. 이는 향후 수입량 증가를 예측하고, 이에 더하여 서일본 소비시장의 편리한 접근성 때문일 것이다. 2013년에 푸조시트로엥저팬이 미카와항에서 수입차 업무를 재개함과 동시에 VPC업무를 시작했지만, 메르세데스벤츠일본의 '미카와항 복귀'로 미카와항의 지명도를 더 높이는 계기가 되었다. 2013년부터 마세라티저팬이 미카와항 자동차 수입을 시작했다. 스포츠카로 잘 알려진 마세라티는 1914년 이탈리아 볼로냐에서 창업해 1993년 피아트 산하에 들어갔다. 이 회사의 일본 법인인 마세라티저팬은 2010년에 설립되었고 본사는 도쿄도 미나토구에 있다.

자동차 수출항 하면 미카와항이라는 이미지는 아직 약하지만, 미카와항은 여전히 많은 자동차를 수출하고 있다. 대부분 미카와항 타하라에 있는 토요타자동차 타하라공장에서 생산된 자동차이며, 수입처는 북미다. 하지만 수출 자동차 수는 2008년 138.9만 대에서 2009년 68.9만 대로 거의 반 토막이 났다. 2008년 리먼쇼크로 미국 소비시장이 얼어붙었기 때문이다. 2010년에 84.5만 대로 회복했지만, 2011년에 다시 64.0만 대까지 감소해, 그 후로는 이 수준에 머물러 있다. 토요타 타하라공장은 생산라인을 축소해 수출 감소에 대응했다. 또한 미카와항 점유율도 2008년 리먼쇼크 이후 감소하였다. 이 역시 리먼쇼크 발생지인 미국에 대부분 자동차를 수출해왔기 때문이다. 다른 항구에 비해 미카와항이 자동차 수출에 따른 타격을 더 크게 받은 것이다.

칼럼12. Sea and Air-바다와 하늘의 연결

　항만과 공항은 공통점이 많다. 두 곳 모두 많은 양의 화물을 모으거나 보내는 거점으로 기능한다. port와 airport라는 단어에서 알 수 있듯이 항만이 먼저 생긴 후 항공기의 발명과 실용화로 공항이 생겨났다. 같은 교통 거점이라도 철도역이나 버스터미널 등과 달리, 항만과 공항은 국경을 넘어 국제적으로 이동하는 선박과 항공기의 거점이다. 과거에는 국제 항만 사이를 선박으로 화물을 운송했지만, 항공기의 등장으로 국제 운송도 경쟁이 시작되었다. 그러나 선박과 항공기는 수송 방식이 달라 경쟁에 대해 크게 우려할 필요는 없다. 선박은 저속도로 운임은 싸고, 항공기는 고속이지만 운임이 비싸다. 어찌 됐든 해상운송이든 항공운송이든 적절한 운송 방법을 택하면 된다.

　최근 씨앤에어(Sea and Air) 즉 해상운송과 항공운송을 결합해 화물을 운반하게 되었다. 일반적으로 사용되는 인터모달 수송처럼 오늘날에는 철도와 트럭을 포함하여 서로 다른 운송 수단을 연속적으로 연결해 화물을 운송한다. 그러나 항만과 공항을 연결하기 위해 철도와 트럭을 이용하는 경우는 자주 있지만, 항만과 공항을 직접 잇는 사례는 그다지 일반적이지 않다. 일본에서 씨앤에어가 등장한 것은 1964년 일본에서 북미 서해안으로 해상 운송된 화물을 북미에서 유럽으로 에어캐나다가 공항 서비스를 제공하게 된 것이 최초이다. 당시 일본-북미 구간 항로가 잘 정비되어 있어 항공기보다 운임이 저렴한 해상운송과 연계하는 것이 더 이점이 있었다. 1970년대가 되면서 항공기 이외에 철도와 트럭을 이용하는 아메리카랜드브릿지가 등장하는 등 운송의 조합이 다양해졌다.

　그런데 1980년대에 들어서면서 동남아시아의 경제 발전과 항공 서비스 향상에 주목하게 되었다. 그래서 홍콩과 싱가포르까지 해상운송을 하고, 그곳에서 비교적 저렴한 항공기를 이용하는 운송 방법이 등장하게 되었다. 그러나 앞서 설명한 에어캐나다 서비스는 1988년에 중단됐고, 동남아시아 공항을 경유하는 유럽 편도 이용이 줄어들었다. 그 원인은 항공운임과 해상운임의 격차가 줄어들고, 해상운송의 속도 향상, 일본 기업의 해외 진출로 인해 일본 출발 화물 감소 등을 들 수 있다. 이러한 원인들로 해상운송과 항공운송을 연결하는 장점이 사라졌다. 그 결과 1990년대 국제화물운송에서 씨앤에어를 이용하는 기업 수는 전성기의 절반까지 줄어들었다.

그렇다면 바다와 하늘을 잇는 국제화물운송은 사라져버린 것일까? 실은 2000년대에 새로운 움직임이 등장했다. 그 움직임은 지금까지와 달리 국내에서의 운송은 해상운송과 항공운송을 동시에 활용하여 바다와 하늘을 잇는 방법, 일본 도착 해상운송화물을 국내 공항에서 해외로 운송하는 방법 등이다. 전자의 사례는 큐슈공장에서 칸사이국제공항으로 또는 나고야항 주변의 공장에서 츄부국제공항(센트레아)으로 각각 해상운송 후 그곳에서 국내외로 보낸다. 나고야항의 경우는 항만 근처의 공장에서 위탁생산한 보잉 787의 동체 부분 등 대형 특수 화물을 센트레아까지 해상운송 후 그곳에서 전용 화물기(드림 리프터)에 실어 시애틀이나 찰스턴으로 운송한다. 후자는 상하이항, 부산항에서 하카타항 또는 한신항까지 해상운송된 화물을 후쿠오카공항 또는 칸사이국제공항에서 운송한다.

1990년대를 경계로 씨앤에어의 형태가 변화했음을 알 수 있다. 항공 운임비가 저렴해지거나 해상운송의 속도 향상으로 바다와 하늘의 특성을 동시에 활용하는 이점이 약해졌다. 또 중국을 비롯한 동아시아의 생산증가로 예를 들면 중국 각지에서 인천, 두바이 혹은 일본까지 해상운송 후 항공운송으로 연결하는 방법이 증가했다. 이러한 경우의 특징은 해상운송을 주로 하고, 일부 구간을 항공운송을 한다는 것이다(또는 그 반대의 경우도 있다). 해상운송과 항공운송의 특성의 차이는 여전하지만, 그 차이가 점차 줄어들고 있다.

相原幸一(1989):『テムズ河－その歴史と文化』研究社出版。

青木栄一(2008):『交通地理学の方法と展開』古今書院。

青木美智男(1997):『近世尾張の海村と海運』(歴史科学叢書)校倉書房。

秋山代治郎(2005):『歴史記述に於ける虚構と真実－知られざる仁川沖海戦と日露戦争への道程』秋山代治郎。

荒木智種(1983):「James Bird, Seaport Gateways of Australia. －経済地理学から眺めたオーストラリア港湾概論」『港湾労働経済研究』第7号 pp.104-118。

有馬元治(1966):『港湾労働法』日刊労働通信社。

池上寛編(2013):『アジアにおける海上輸送と中韓台の港湾』(アジ研選書)アジア経済研究所。

池田　清(1997):『神戸都市財政の研究－都市間競争と都市経営の財政問題』学文社。

池田雅美(1980):「北上川の河道変遷と旧河港について」『歴史地理学紀要』第22号 pp.29-52。

石井　孝(2010):『日本開国史』(歴史文化セレクション)吉川弘文館。

石井吉春編(2014):『港湾整備と地域経済の発展－苫小牧港と北海道の未来』北海道新聞社。

市川猛雄(1992):『港湾運送事業法論』4訂版 成山堂書店。

市村高男・上野進・渋谷啓一・松本和彦編(2016):『中世港町論の射程－港町の原像<下>』岩田書院。

伊東　章(2008):『マニラ航路のガレオン船－フィリピンの征服と太平洋』鳥影社。

今井登志喜(2001):『都市発達史研究』東京大学出版会。

今井清一(2007):『横浜の関東大震災』有隣堂。

運輸省港湾局編(1985):『21世紀への港湾－成熟化社会に備えた新たな港湾整備政策』大蔵省印刷局。

運輸省港湾局編(1990):『豊かなウォーターフロントをめざして』大蔵省印刷局。

運輸省港湾局編(1995):『大交流時代を支える港湾－世界に開かれ，活力を支える港づくりビジョン－』大蔵省印刷局。

ARC国別情勢研究会編(2005):『カナダ』(ARCレポート<2015/16年版>)ARC国別情勢研究会。

遠藤幸子(1991):「都市機能と港湾機能－東京・横浜・大阪・神戸の4都市, 4港湾を事例として」
　　　　『港湾経済研究』第29号 pp.14-26。

遠藤幸子(1996):「都市システムの形成と港湾」『港湾経済研究』第35号 pp.41-48。

老川慶喜(2016):『日本鉄道史 大正・昭和戦前篇－日露戦争後から敗戦まで』(中公新書)中央公論
　　　　新社。

大泉光一(2010):『伊達政宗の密使－慶長遣欧使節団の隠された使命』(歴史新書)洋泉社。

太下金二郎(1959):「大阪港における「はしけ」居住者の可容力とその出身地の地理的性格」『地
　　　　理学評論』第32巻 第2号 pp.192-204。

岡部明子(2003):『サステイナブルシティ－EUの地域・環境戦略』学芸出版社。

岡本哲志・日本の港町研究会(2008):『港町の近代－門司・小樽・横浜・函館を読む』学芸出版社。

奥田助七郎(1953):『名古屋築港誌』名古屋港管理組合。

奥野隆史(1991):『交通と地域』大明堂。

長内國俊(2007):『河村瑞賢-みちのく廻船改革』文芸社。

加藤光子(1992):「港湾運送事業の地理学的研究――一般港湾運送事業とその空間的アプローチに
　　　　ついて」『文教大学教育学部紀要』第26号 pp.49-62。

金井　年(2004):『寺内町の歴史地理学的研究』(日本史研究叢刊)和泉書院。

川名　登(2003):『近世日本の川船研究<上>近世河川水運史』日本経済評論社。

北沢正敏(2001):『概説 現代バブル倒産史-激動の15年のレビュー』商事法務研究会。

北見俊郎(1993):『港湾都市』(港湾研究シリーズ<9>)成山堂書店。

木原溥幸(2008):『讃岐・江戸時代の町, 村, 島』文芸社。

日下雅義(1995):「港・港町の立地と形態―地理的アプローチ」『歴史の中の港・港町1 シンポジ
　　　　ウム』(中近東文化センター研究会報告 第11号) pp.101-118。

栗原誉志夫(2014):「港湾サービス産業の世界動向」『戦略研レポート』三井物産戦略研究所 pp.1-15。

小泉勝夫(2013):『開港とシルク貿易－蚕糸・絹業の近現代』世織書房。

国土交通省港湾局編(2001):『暮らしを海と世界に結ぶみなとビジョン－国と地域のパートナー
　　　　シップにみるみなとづくり－』財務省印刷局。

児玉幸多編(1992):『日本交通史』吉川弘文館。

小林照夫(1999):『日本の港の歴史－その現実と課題』(交通ブックス)成山堂書店。

小林照夫・沢喜司郎・香川正俊・吉岡秀輝編(2001):『現代日本経済と港湾』成山堂書店。

今野修平(1980):「日本における外航海運と外国貿易港の地理学的考察－コンテナ化による外国
　　　　貿易港の配置と変化を中心として」『西村嘉助先生退官記念地理学論文集』古今書院。

今野末治(2008):「相馬港の変容」『福島地理論集』第51号 pp.92-95。

斎藤　憲(1998):『稼ぐに追いつく貧乏なし－浅野総－郎と浅野財閥』東洋経済新報社。

酒井伝六(1992):『スエズ運河』(朝日文庫)朝日新聞社。

榊原英資(2016):『「経済交渉」から読み解く日米戦後史の真実』詩想社。

坂本悠一・木村健二(2007):『近代植民地都市 釜山』(九州国際大学社会文化研究所叢書)桜井書店。

佐藤利夫(2004):『新・にいがた歴史紀行<12>佐渡市』新潟日報事業社。

澤口　宏(2000):『利根川東遷 － 人によって作られた利根川の謎を探る』上毛新聞社。

自治体国際化協会(1990):『ボルチモアにおけるウォーターフロント再開発』(CLAIR report 第16号)自
　　　治体国際化協会。

科野孝蔵(1969):「ロッテルダム港 － 世界港の地理学的研究」『社会科学論集』第6号 pp.111-200。

柴田悦子(1972):『港湾経済』(港湾研究シリーズ<3>)成山堂書店。

柴田悦子・佐伯陽介・岡田夕佳・飴野仁子(2008):『新時代の物流経済を考える』成山堂書店。

杉浦昭典(1979):『大帆船時代 － 快速帆船クリッパー物語』中公新書。

鈴木　公(1968):「鹿児島県の浦町(港町)の地理学的研究 － 第2報」『鹿児島地理学会紀要』第16号
　　　pp.19-26。

須藤隆仙(2009):『箱館開港物語』北海道新聞社。

住藤元重(1958):「酒田・新潟・直江津三港の経済地理的特質(短報)」『地理学評論』第31巻 第1号
　　　pp.15-20。

高槻泰郎(2012):『近世米市場の形成と展開 － 幕府司法と堂島米会所の発展』名古屋大学出版会。

高橋俊樹(2005):『カナダの経済発展と日本 － 米州地域経済圏誕生と日本の北米戦略』明石書店。

舘野美久(2016):「シンガポールとドバイの港湾政策」『運輸と経済』第76巻 第12号 pp.109-115。

田村勝正(1971):「野蒜築港と新市街地の景観」『歴史地理学紀要』第13号 pp.141-166。

田村勝正(1985):『開発の歴史地理 － 野蒜築港と近代東北の開発を中心に』大明堂。

田村喜子(2009):『小樽運河ものがたり』鹿島出版会。

丹治健蔵(2015):『近世関東の水運と商取引続 － 利根川・江戸川流域を中心に』岩田書院。

張　英莉(2006):『「傾斜生産方式」と戦後統制期の石炭鉱業』雄松堂出版。

辻　久子(2007):『シベリア・ランドブリッジ － 日ロビジネスの大動脈』成山堂書店。

津田　昇(1970):『コンテナリゼーション － 陸海空の輸送革命』日本生産性本部。

寺谷武明(1993):『近代日本港湾史』時潮社。

土居晴夫(2007):『神戸居留地史話 － 神戸開港140周年記念』リーブル出版。

土井正幸編(2003):『港湾と地域の経済学』多賀出版。

外山幹夫(1988):『長崎奉行 － 江戸幕府の耳と目』(中公新書<905>)中央公論社。

内藤辰美(2015):『北の商都「小樽」の近代 － ある都市の伝記』春風社。

中村義隆(2001):『幕末維新の港町と商品流通 － 新潟港近代の歩み』刀水書房。

名古屋港史編集委員会編(1990):『名古屋港史<建設編>』名古屋港管理組合。

新潟市編(2011):『新潟港のあゆみ － 新潟の近代化と港』(朱鷺新書)新潟日報事業社。

西脇千瀬(2012):『幻の野蒜築港 － 明治初頭、東北開発の夢』藤原書店。

日本港湾経済学会編(2011):『海と空の港大事典』成山堂書店。

野沢秀樹(1978):「都市と港湾 – 都市地理学的視点から」『人文地理』第30巻 第5号 pp.429-446。

萩田　穣(2007):『このままでいいのか!日本の石油備蓄』樂書館。

蓮見　隆(2008):「小名浜港の港湾整備による変容」『福島地理論集』第51号 pp.102-105。

林　　上(1986):『中心地理論研究』大明堂。

林　　上(1999):『カナダ経済の発展と地域』大明堂。

林　　上(2000):『近代都市の交通と地域発展』大明堂。

林　　上(2004):『都市経済地理学』原書房。

林　　上(2013):『都市と経済の地理学』原書房。

林　　上(2014a):「カナダにおけるアジア太平洋ゲートウエー港湾とルートの整備」『港湾経済研究』
　　　　第52号 pp.81-91。

林　　上(2014b):「カナダにおける戦略的ゲートウエー・コリドー政策による港湾と輸送ルートの
　　　　整備」『人文学部研究論集』第31号 pp.75-102。

原田敬一(2008):『日清戦争』(戦争の日本史<19>)吉川弘文館。

原田昌彦(2010):「空港・港湾をめぐるメガコンペティションと日本」『季刊 政策・経営研究』Vol.1
　　　　pp.1-17。

古田良一(1988):『河村瑞賢』〔新装版〕(人物叢書)吉川弘文館。

朴　映泰・禹　貞旭(2008):「北東アジア時代における釜山港新港の後背物流団地活性化方策」日本
　　　　物流学会誌 第13号 pp.233-240。

マーク・シュナイダー(2008):「中世都市山田の成立と展開 – 空間構造と住人構成をめぐって – 」
　　　　『都市文化研究 Studies in Urban Cultures』第10号 pp.81-95。

椛 幸雄(1975):「交通地理学からみた港湾 – 現代港湾のながめ方と問題の所在」『地理』第20巻 第
　　　　10号 pp.24-30。

松尾卓次(1999):『長崎街道を行く』葦書房。

松本長三郎(2000):『阿波藍の研究』2版 松本長三郎。

三神光麿(1955):「佐渡における港集落の歴史地理的研究 – 特に二見・沢根・両津について」『地
　　　　理学会誌』第3号 pp.43-45

御厨貴編(2016):『大震災復興過程の政策比較分析 – 関東、阪神・淡路、東日本三大震災の検証』
　　　　(検証・防災と復興<1>)ミネルヴァ書房。

三谷正人・楠根経年・平井洋次・渡部富博(2002):「国際海上コンテナ貨物の背後流動距離分析」国
　　　　土技術政策総合研究所資料 第20号 pp.1-102。

宮川則雄(1971):『横浜居留地』淵明社。

宮下国生(1988):『海運』(現代交通経済学叢書<6>)晃洋書房。

宮本　敬(1983):『ユーラシア大陸に架ける橋 – シベリア・ランドブリッジの全貌』双流社。

向笠千恵子(2010):『食の街道を行く』(平凡社新書)平凡社。

山口平四郎(1971):「マンチェスター運河－その水路と港湾の交通地理」『人文地理学論叢 織田武雄先生退官記念』柳原書店。

山口平四郎(1975):「港湾の形態と盛衰－その地理的要因について」『地理』第20巻 第10号 pp.8-11。

山田志乃布(1996):「近世後期における港町の機能－松前地江差を事例として」『歴史地理学』第38巻 第1号 pp.48-61。

山田淳一(2010):「呉港における外貿コンテナ航路開設過程とその地域的背景」『港湾経済研究』第49号 pp.119-130。

山田淳一(2015):「函館港における外貿コンテナ航路開設過程とその地域的背景」『港湾経済研究』第54号 pp.27-39。

山村亜希(2004):「中世津島の景観とその変遷」『愛知県立大学文学部論集』第53号 pp.1-28。

山本勝士(1981):「敦賀港の現状と諸問題」『地理』第26巻 第12号 pp.142-149。

横川信治・板垣博編(2010):『中国とインドの経済発展の衝撃』御茶の水書房。

横山昭男(2006):『最上川舟運と山形文化』東北出版企画。

横山宏章(2006):『長崎が出会った近代中国』(海鳥ブックス)海鳥社。

レイモンド・ヨシテル・オータニ(1993):『FAZ(ファズ)で日本経済は立ち直る』ほんの木。

若生達夫(1993):「地理教育雑録－9－ロンドンの自然地理－1－ロンドン港」『宮城教育大学紀要.第1分冊, 人文科学・社会科学』第28号 pp.129-145。

Alonso, W. (1964): *Location and Land Use : Toward a General Theory of Land Rent*. Harvard University Press, Cambridge, Mass. 折下功訳(1966):『立地と土地利用: 地価の一般理論について』朝倉書店。

Berry, B. J. L. and and J. B. Parr (1988): *Market Centers and Retail Location: Theory and Applications*. Prentice Hall, Englewood Cliffs, New Jersey. 奥野隆史・鈴木安昭・西岡久雄訳(1992):『小売立地の理論と応用』大明堂。

Bird, J. (1977): *Centrality and Cities*. Routledge and Kegan Paul, London.

Braudel, F. (1976): *La Dynamique de Capitalisme*. Miss A. Noble, Paris. 金塚貞文訳 (2009):『歴史入門』中央公論新社。

Christaller, W. (1933): *Die zentralen Orte in Süddeutschland: eine ökonomisch-geographische Untersuchung über die Gesetzmäßigkeit der Verbreitung und Entwicklung der Siedlungen mit städtischen Funktionen*. Gustav Fischer, Jena. 江沢譲爾訳(1971):『都市の立地と発展』大明堂。

Haggett, P. (1965): *Locational Analysis in Human Geography*. London, Edward Arnold.

Haggett, P. (1972): *Geography: A Modern Synthesis*. London, Harper and Row.

Harvey, D. (1985): *The Urbanization of Capital: Studies in the History and Theory of Capitalist Urbanization*. Blackwell Publishers, Oxford. 水岡不二雄監訳(1991):『都市の資本論 – 都市空間形成の歴史と理論 – 』青木書店。

Harvey, D. (1989): *The Condition of Postmodernity: An Enquiry into the Origins of Cultural Change*. Basil Blackwell, Oxford. 吉原直樹監訳(1999):『ポストモダニティの条件』青木書店。

Hayter, R. and J. Patchell (2011): *Economic Geography: An Institutional Approach*. Oxford University Press, Oxford.

Innis, H. A. (1933): *Problems of Staple Production in Canada*. Ryerson Press, Toronto.

Lee, S. W. and C. Ducruet (2009): 'Spatial glocalization in Asian hub port cities: A comparison of Hong Kong and Singapore', *Urban Geography*, Vol. 30, No.2, pp. 162-184.

Lloyd, P. and P. Dicken (1979): *Location in Space: A Theoretical Approach to Economic Geography*, 2nd edition. Harper and Row, London.

Lösch, A. (1943): *Die räumliche Ordnung der Wirtschaft: eine Untersuchung über Standort, Wirtschaftsgebiete und internationalen Handel*. Fischer, Jena. 篠原泰三訳(1968):『経済立地論』大明堂。

Morrill, R. L. (1974): *The Spatial Organization of Society*. Duxburry Press, North Scituate, Rhode Island.

Parr, J. B. (1978): 'Models of the central place system: a more general approach', *Urban Studies*, Vol.15, pp.35-49.

Pacione, M. (1997): *Britain's Cities: Geographies of Division in Urban Britain*. Longman, London.

Rimmer, P. J. (1977): 'A conceptual framework for examining urban and regional transport needs in South-east Asia', *Asia Pacific Viewpoint*, Vol.18, pp. 133-148.

Sidaway, J. (2001): Geopolitical tradition. In Daniels, P., M. Bradshaw, D. Shaw, and J. Sidaway (eds): *Human Geography: Issues for the 21st Century*. Prentice Hall, Harlow.

Taaffe, E. J., R. L. Morrill, and P. R. Gould (1963): 'Transport expansion in underdeveloped countries: a comparative analysis', *Geographical Review*, Vol. 53, pp.503-29.

Taylor, G.T. (1937): *Environment, Race and Migration*. University of Chicago Press, Chicago.

Thünen, J. H. von (1826): *Der Isolierte Staat in Beziehung auf Landwirtshaft und Nationalökonomie*. Jena. 近藤康男訳(1974):『チウネン孤立国の研究』農山漁村文化協会。

Vance, J. E. (1970): *The Merchant's World: The Geography of Wholesaling*. Prentice-Hall, Englewood Cliffs, New Jersey. 国松久弥訳(1973):『商業・卸売業の立地』大明堂。

Weber, A. (1909): *Über den Standort der Industrien, Reine Theorie des Standorts*. Erster Teil, Tubingen. 江沢讓爾監修・日本産業構造研究所訳(1966):『工業立地論』大明堂。

Yeates, M. H. (1997): *The North American City*, 5th edition. Longman, New York.

제1장

제2장

세계의 도시와 항만 네트워크
THE GEOGRAPHY OF CITIES AND PORTS

Copyright © 2017 by FUBAISHA
Copyright © 2017 by HAYASHI NOBORU
Korean Translation Copyright © 2022 by Korean Studies Information Co., Ltd.

All rights reserved.
Originally published in Japan by FUBAISHA
The Korean translation rights arranged with FUBAISHA

이 책의 한국어판 저작권은 저작권자와 독점계약한 한국학술정보(주)에 있습니다.
저작권법에 의하여 한국 내에서 보호를 받는 저작물이므로 무단전재 및 복제를 금합니다.

세계의 도시와 항만 네트워크

초판인쇄 2022년 8월 31일
초판발행 2022년 8월 31일

지은이 하야시 노보루
옮긴이 전지영
펴낸이 채종준
펴낸곳 한국학술정보(주)
주 소 경기도 파주시 회동길 230(문발동)
전 화 031-908-3181(대표)
팩 스 031-908-3189
홈페이지 http://ebook.kstudy.com
E-mail 출판사업부 publish@kstudy.com
등 록 제일산-115호(2000. 6. 19)

ISBN 979-11-6801-976-8 93330

이 책은 한국학술정보(주)와 부경대학교 글로벌지역학연구소의 지적 재산으로서 무단 전재와 복제를 금합니다.
책에 대한 더 나은 생각, 끊임없는 고민, 독자를 생각하는 마음으로 보다 좋은 책을 만들어갑니다.